JN151338

北海道から日本の近代が見える

山家　勝

財界さっぽろ

今を生きる旅を

今、私たちはあまり元気がありません。自信もありません。知識も生活もこんなに豊かな時代になったのに、こんなに孤独で不幸なのはどうしてなのか。私たちには何かが欠けている、私たちは大事なものを失くしてしまったという気がする。気がつくと、もはや帰るべき故郷もなく、やすらかな死も約束されていない。どこで私たちは方向を間違ったのか。それを検証してみなければならない時代に来ているな、と私は思います。

私たちは、日本人はこの150年間どんな時代に生き、どんな人たちと出会い、どんなことを考え、どんなことをしてきたのか、正誤、善悪、美醜の問題としてではなく、事実の問題としてそれを見つめ直してみてはどうでしょうか。そこで、私たちは自分の思っている自分ではない自分を発見したり、私がどんな風にして今の私になったのか、を知ることになります。それは今、私を縛っている多くの偏見や錯覚や混乱から私を解放してくれ、私は、ついに本当の私を発見することになるでしょう。それが私たちの自信というものの出発点ではないでしょうか。

私たちは自分の生きている時代の歴史について、実は相当に無知であることを自覚する必要があります。受験勉強で私たちが頭に入れた歴史知識は、おおむね明治維新どまりでした。開拓使や屯田兵制については聞いたことがあるけど、アイヌ民族の苦悩や、開拓農民や屯田兵の苦闘についてはほとんど知らないというのが正直のところではないでしょうか。

学校や社会から与えられた「歴史」を疑え、というのが私たちの第一の課題です。それらは、現代社会の指導者たちの願望する社会のあり方の投影図です。それを一概に誤りだとは断言しませんが、民衆の立場か

山家　勝

らの見方がそれと異なるのはむしろ当然のことで、日本人の歴史観がそうした国家史観ひとつだということはありえません。今でもかつての戦争体験の記憶や、植民地経営の実態などは、敢えて明瞭に語られていません。その辺りについて私たちの間にはある種の禁忌があり、自然に判断停止装置が働く仕組みがあるようです。私自身についてさえも、時々、危ないなと思うことがあります。

歴史の事象は過去の時間に属するものである以上、何が真実だったのかは誰にも実証できません。人により、立場によりそれぞれの「真実」が語られ、私たちはしばしば混乱します。ここで私たちに求められることは、権威者や多数者の歴史観にとりあえず従うのではなく、自分の目で見ること、自分の頭で考えること、そして自分の足で立とうとすること、です。多少めんどうですが、それだけが私たちを自立させ、自信を持って生きる力を得られる方法です。自分の感性と理性を基にして考えることは、私たちが忘れかけている私たちの本能であり、ちょっとした勇気で誰にでも出来ることだと私は信じます。

この北海道歴史紀行は、北海道に生まれ育った者による、北海道に生きる人々のためのそのためのひとつの実験です。私はこの旅で、北海道を作った近代日本とはどんな時代だったのかの検証を通して、私たち北海道人はその中でどう生きてきたのか、私という個人はどんな風に形成されて来たのか、を考えてみたいと思います。北海道は日本の近代を観測するには絶好の場所です。

さあ、北海道の近代をめぐる歴史紀行を始めましょう。私たちは、そこここで立ち止まってゆっくりと観察し、納得できるまで考え、この大地と私自身の歴史を検証していきましょう。それはこの混乱した現代を生きるための力を得る旅になるでしょう。

目次

旅のノートから

第1章　開拓使の時代

箱館裁判所と箱館府

慶応4年（1868年。この年、9月8日、明治と改元）1月3日の鳥羽、伏見戦争後まもなくの2月27日、清水谷公考《しみずたにきんなる》（天皇侍従、当時24歳）は高野保健（公家）と連名で「蝦夷地開拓の建議」を新政府に提出した。

その建議には「蝦夷島、周回二千里中、徳川家小吏の一鎮所（松前藩）のみ。今般、賊徒（奥羽越列藩同盟）、徳川（榎本武揚軍）、荘内等の者共彼地（蝦夷地）に安居（安住）、島内の民夷（アイヌ）、不軌の輩（無法者）、竊《ひそか》に賊徒の声援をなし申すべくも計りがたく……魯戎《ろじゅう》（ロシア人）、この虚に乗じ、かねて垂涎（欲しがる）いたし候北地（北蝦夷地＝カラフト島）久春古丹《クシュンコタン》等に割拠し、いかさまの（どのような）挙動これあるべくも計りがたく……。一日も早く御人選をもって鎮撫使等御差下し……。且つ漁魚の利も夥しき場所にて、御軍費の一助にも相成るべく候……。寒暖の違いもこれ有り。内地にて二、三月の延引は彼地にて五、六月、又は一年の手後《ておくれ》と相成り、今年内に策略相立て難く候……。警衛人数は有志の者どもかねて相約し候分、箱館諸所散在の者を除き、現在二百人計、軍艦ともこれ有り。金穀（食料購入）の類は紀州（紀伊国）江州（近江国）等に於いて彼地に引き合い（商売先）御座候町人ども尽力したく内願に及び候……今般行幸（天皇の東征）あらせらる以前に勅許に相成り候様」と書かれていた。これを受けて天皇は同年3月9日、旧幕府京都二条城だった新政府太政官代に三職（総裁1人、議定10人、参与25人）を集め、「蝦夷地開拓の得失」を諮問した。

この天皇の諮問への三職からの答申がどんなものだったかの記録はないが、参与の一人であった岩倉具視が、同年3月25日、三職および徴士（諸藩士と他の有能人材から選ばれた官吏）に対し、①箱館裁判所の設置②その総督、副総督、参謀などの人選③蝦夷地の名称変更、蝦夷島に南北二道の開鑿、の3問題について意見を求めたところをみると、この時、蝦夷地の開拓はすでに新政府の既定方針になっていたと思われる。

新政府は、同年4月12日、箱館裁判所の設置を決定し、総督に仁和寺宮嘉彰、副総督に清水谷公考、土井利恒（越前大野藩主）を任じた。ただしこの時、彼らは箱館には赴任していない。同年閏4月5日、仁和寺宮が総督を辞任、新たに清水谷が総督に任命され、土井利恒は職を免じられた。

この「裁判所」とは旧幕府直轄地に新政府が設けた行政機関のことで、幕府の崩壊後、慶応4（1868）年1月から4月にかけて、旧幕府遠国奉行の支配地、箱館、京都、大阪、長崎、新潟、佐渡、神奈川、兵庫に置かれた。その後、旧江戸町奉行支配地の江戸と各裁判所は、「府」に呼称変更され、さらに明治2年7月17日、太政官布告で東京、京都、大阪の3府以外を「県」と改称し、それぞれ府知事、県知事（当時は知府事、知県事という名称）を任命して統治にあたらせた。この時期にはまだ廃藩置県（明治4年7月）が行われていなかったから、これを「府藩県三治制」と呼んでいる。清水谷府知事一行は慶応4年閏4月26日、箱館に到着、幕府箱館奉行杉浦勝誠（誠）からの事務引継を受けた。

越前大野藩

大野藩は越前（現福井県）の山間の4万石の小藩であったが、蝦夷地とは以前から不思議な繋りがあった。大野藩は殖産産業の育成に熱心で、安政年間（1854～1860年）には「大野屋」という商店を領地の内外に設け、西洋式帆船「大野丸」を使って盛んに諸国物産の輸送販売や貿易活動を行っていた。安政2年3月、幕府が蝦夷地の上地（領地召し上げ）と同時に諸藩に蝦夷地開拓の希望を問うと、大野藩はただちにそれに応じ、翌年3月、総勢30人の現地調査団を派遣した。

その後、幕府は蝦夷地直轄方針をとったのでこの計画は中止されたが、その後も大野藩は蝦夷地との交易とその開拓事業を断念せず、安政3年には箱館に店舗を置き、蝦夷地全域（含カラフト島）に関西、江戸、四国、九州等の物産を販売し、安政5年にはついに幕府から北蝦夷地（カラフト島）の開拓を許された。いくつかの不運が重なって、大野藩のこの地の開拓事業は慶応4年3月で打ち切られたが、その縁で藩主土井利恒が箱館裁判所副総督に任じられたのである。同年（9月8日明治と改元）10月には新政府からの要請で旧幕府軍（榎本軍）討伐の兵170人を出し、翌年4月からの蝦夷島西海岸、江差北方の乙部村上陸作戦、木古内での戦闘、箱館五稜郭城包囲戦などで大野藩兵は大いに活躍した。

清水谷公考

清水谷公考は、代々の書道家として知られる清水谷公正（公卿＝上級貴族）の末子として京都に生まれた。その幼時、兄が家督（2百石ほど）を継いだので、自分は出家し、比叡山延暦寺に入ったが、9歳の時、兄の死で還俗、清水谷家に戻った。

安政3（1856）年、通っていた学塾で阿波国（現徳島県）農民の出身で6歳年長の岡本監輔と同門となり、岡本は清水谷家からの依頼を受けてしばらく公考に個人講義をしたという。文久2（1862）年、清水谷公考は17歳で天皇侍従となった。岡本は、その後、江戸へ出て松浦武四郎に蝦夷地のことを学び、文久3年から元治1（1865）年までカラフト島見聞の旅をした。彼は、カラフト島東海岸を丸木船で北上し、日本人として初めて島最北端のガオト岬に達した。そこから西海岸へ出て、いわゆる間宮海峡を通って南カラフト（北蝦夷地）に戻った。彼はこの旅でカラフト島にはすでに多くのロシア人が住み、石炭採掘や農耕に従事しているることを知った。その後、彼は、江戸、京都へ行き、要人たちにカラフト島の実情を語り、その開拓の必要を説いてまわった。

慶応3（1867）年12月9日、「王政復古の大号令」で天皇が主役となる新政府は出来たが、天皇家および新政府には活動資金がない。清水谷公考はその資金を集めようと、岡本とともに比叡山に赴いたが、僧たちは金を出さず、資金集めは不調に終わった。

岡本はこの時、「蝦夷地にはロシア進出の危機が迫っている。われわれは箱館に行き、蝦夷地の人民の安寧を図りましょう。」と公考を誘ったという。そこで公考は、公卿仲間の高野保健とともに新政府に蝦夷地経営の建議書を出し、それが認められた結果、箱館裁判所の副総督、総督を経て箱館府知事に任じられたのだった。

岡本監輔もこの時、箱館裁判所権判事となり、カラフト島行政の全権を委任された。彼は箱館で農工民２百人を募集し、彼らをカラフト島クシュンコタン（のち大泊と改称）に同行して、漁場開発、農業開拓、南下ロシア軍との交渉などに当たった。

明治３（１８７０）年、樺太開拓使が設置された後、岡本は、カラフト放棄論の黒田清隆と対立し、職を辞し東京へ去った。

明治6年、彼は陸軍省参謀嘱託となり、中国へ渡り日中提携論を唱え、中国官民と交わって、明治8年、東京で「東洋新報」を発行。明治25（１８９２）年、「千島義会」を作り、千島開発を志したが失敗。日清戦争（明治27年）の後、台湾総督府国語学校教授、北京警務学校教習を勤め、明治35年帰国、３年後、66歳で死去。一人の「国士」の生涯であった。

開拓使の設置

明治１（１８６８）年10月21日、新政府議定兼行政官輔、岩倉具視（公卿）は新政府の諸制度に関する建議を朝廷に提出した。

その中に「蝦夷地ニ国名ヲ付ケラルベキ事」の一条がある。それはおおむね、「蝦夷地の名称を改めること。奥羽降服人、脱籍者などで終身禁錮、あるいは流罪に処せられた者、また穢多《えた》（被差別民）などを移民として開拓に従事させ、しかる後、内地（日本）からの農民を移住させ、将来一大繁盛の土地となすべきこと。移民、開拓を統率する人物両三名を任命し、箱館府管内に移住民を制圧する常備兵を置くこと」というものであった。

新政府の、かつての敵対者たちへの激しい報復意識と民衆への強い支配意識にも驚くが、蝦夷地の開発とそのための機関設置の構想が、反政府行動者、犯罪者、被差別民等への懲罰と犠牲の強要意識の上に立っていることにはもっと驚く。これは侵略者特有の心理である。「蝦夷地」名称を日本風に改めることで、ここが日本領であることを内外に明示しようとする意図も見える。

箱館戦争の最中、明治2年2月28日、岩倉は新政府の外交、財政問題とともにふたたび蝦夷地開拓について建議し、「……大ニ教化ヲ布洽《ふごう》（行きわたら）セバ、亦一箇ノ小日本国ヲ生ズルナリ。此ノ如クナレバ、内ハ未曾有（かつてない）ノ大利益ヲ興シ、外ハ魯西亜人ガ垂涎ノ念（強い進出願望）ヲ絶チ……。蓋シ（まさしく）、蝦夷地ヲ開クト否トハ皇国ノ隆替（興亡）ニ関ス。」と一刻も早くこの事業に取りかかることを促した。

また「土民（アイヌ）ハ山獣海魚ヲ捕猟シ、其肉ヲ食ラヒ、其皮ヲ衣テ固リ、穴居野処ノ民ナリ。今ヤ土地ヲ開キ教化ヲ施サント欲スルニハ、僅ニ酒ト煙草ヲ与ヘバ之（アイヌら）ヲ使用スルコトヲ得ベシ。」と、彼あるいは当時の日本人一般の偏狭で傲慢なアイヌ観とともに、彼らを農業開拓に利用しようという意図を露わにしていた。

それまで蝦夷地開拓は、植民地の「拓地育民」事業であり、開拓事業の企画立案やその推進は外国事務総督の管掌だった。箱館裁判所ないし箱館府は、新政府の行政執行のために設けられた機関であった。

その外国事務総督からも「（蝦夷地の）開拓、疆土（統治）ノ任ハ、断然運兼候間、事務取扱ノ一局ヲ御設相成リ……」という上申（明治2年2月12日）がなされていた。蝦夷地開拓には新しい責任機関の設立が必要だというのである。

明治2年5月、睦仁天皇（明治天皇、在位1867〜1912年、この年18歳）は新政府高官たちに「蝦夷地開拓に関する諮問」をし、「蝦夷地の儀は、皇国の北門、直に山丹《サンタン》満州（中国北方域）に接し、経界粗定（国境はおおまか）といへども、北部にいたりては中外（中国人・ロシア人）雑居致し候処、是迄官吏の土人（アイヌ）を使役するに甚だ苛酷を極め、外国人（ロシア人）は頗る愛恤（思いやり）を施し候より、土人往々我が邦人（日本人）を怨離し（怨んで離れ）、彼（ロシア人）を尊信（尊敬信頼）するに至る。

一旦民苦を救うを名（名目）とし土人を煽動する（あおり立てる）者これある時は、其の禍たちまち箱館、松前へ延及するは必然にて、禍を未然に防ぐは方今（緊急）の要務に候間、箱館平定の上は速やかに開拓教導の方法を施設（実施）し、人民（日本人）繁殖の域となさしめらるべき儀に付き、利害得失各意見忌憚（遠慮）無く申し出ずべく候こと。」と述べた。

明治2年6月4日、新政府は、前肥前藩藩主鍋島直正（号は閑叟）を蝦夷地開拓督務という職に任じた。

7月8日、新政府は官制改革を行い、開拓使という太政官（内閣）直属の独立機関を設置し、その役所を東京芝の増上寺内に置いた。開拓使の「使」とは、古代律令制における臨機（状況の変化）の判断で活動できる役所のことで、すなわち「開拓使」とは他機関の意向や通常の地方制度とは別個に、独自の政策を以て迅速に蝦夷地開拓の事業にあたる機関（役所）を意味する。開拓長官は、北海道の立法、司法、行政、軍事、警察の権限を独占し、いわば植民地の「総督」並の地位である。

開拓使は、長官鍋島直正、次官清水谷公考、判官（部署、地域担当官）に島義勇（佐賀藩士）、岩村通俊、（土佐藩士）、岡本監輔（阿波国人）、松本十郎（庄内藩士）、竹田信順（越後高田藩家老）、のちに松浦武四郎（伊勢国人、ただし在東京のまま）という陣容であった。

鍋島長官は、病身と高齢（といっても56歳）を理由に一度も蝦夷地に渡ることなく同年8月16日、長官職を辞任した。彼の腹心の部下、島義勇に後事を託しての引退だったと思われる。

箱館府知事だった清水谷公考は、旧幕府軍の函館占拠時の青森撤退の行動を咎められたとみられ、開拓使では次官の地位に落とされた。彼はこの待遇に不満だったようで、明治2年9月、2代目長官東久世《ひがしくぜ》通禧《みちとみ》の赴任とともに職を辞した。

その後明治2年12月、清水谷は、新政府によって創設された大坂洋学校に入学、洋学を学び、学問に志した。明治4年10月、彼はロシア留学を命じられ、岩倉具視一行の欧米視察団に加わって出国。同8年、病を得て帰国、その後、清水谷家の家督を継いだが、明治15年、死去した。享年38。幕末から新国家誕生の時代の公卿（上級公家）ならではの、波乱の人生だった。

肥前鍋島藩

開拓使長官に任じられた鍋島直正は、天保１（１８３０）年、肥前藩（佐賀藩、鍋島藩とも。35万7千石、対馬と壱岐を除く長崎県と佐賀県）藩主となり、前代藩主からの財政危機を、家臣削減、藩政改革、殖産興業、外国貿易（開国以前から密貿易をしていたと言われる）、農村改革などで立て直し、欧米の科学技術の受容につとめ、幕末期には自前で製鉄所、反射炉、蒸気船、大砲（アームストロング砲）などを作りあげ、オランダ、イギリスからも軍艦数隻を買い入れ、約10隻の艦隊を編成していた。

幕府から長崎警備の役（福岡藩と隔年交替）を命じられていたことが彼のこの先進性を形成したと思われる。開明性の反面、彼は頑なな攘夷論者であり、とくに北方ロシアへの警戒心が強く、自藩艦隊を千島諸島、色丹島に派遣してロシアの南進を防ぐべく幕府に献言していた。欧米列強艦隊の侵入に備える江戸品川の砲台（お台場）建造にも尽力した。

安政年間には家臣島団右衛門（弾右衛門とも。のち義勇）らを蝦夷地に派遣、安政４（１８５７）年、箱館奉行堀利煕の東、西および北蝦夷地検分に同行させ、詳細な報告（『入北日記』）を受けていた。同時に蝦夷地産物の高収益性にも目をつけ、佐賀の商人や海運業者に「北前航路」で根室、釧路地方の海産物を伊万里港（佐賀藩日本海側）へ運ばせ、莫大な利益を得ていた。彼は、欧米文化吸収と各種事業の成功で、「蘭癖（西洋かぶれ）大名」「算盤大名」などと呼ばれた。

文久１（１８６１）年、藩主の座を子の直大に譲った。これは、いわゆる隠居ではなく、藩主の公用（雑用）から自由になって藩政治の実権を握るという目的からであったといわれる。

彼は、戊辰戦争勃発時（１８６８年１月）まで尊皇か佐幕かの立場を明らかにせず、皇幕双方から「佐賀の妖怪」と評され警戒されていた。同年１月３日、鳥羽、伏見戦闘での朝廷（薩長）側勝利の後、彼はようやく尊皇方につく意志を示し、その後の対上野彰義隊の殲滅戦から箱館五稜郭城攻撃まで、佐賀藩の最新式の武器、艦隊などを大動員し、新政府樹立を加速したのである。彼はこの功績で新政府内に議定職を得ていた。

開拓使長官の職を与えられたのは、新政府からの、これまでの蝦夷地への関与への顕彰（功績を世に顕すこと）だったと思われる。

蝦夷地分領と「北海道」

開拓使という機関は作ったが、新政府には蝦夷地を開拓していく資金がなかった。

新政府は、明治2年7月22日、「蝦夷地開拓の儀、先般御下問（天皇からの諮問）もこれあり候に付、今後諸藩、士族および庶民に至るまで、志願次第、申出候者は相応の（力に応じた）地、割渡（割譲）し、開拓仰せつけらるべく候事。」という布告を出した。

すなわち全国の藩、士族、庶民に蝦夷地の土地を分割して渡し、各自費用自前で開拓させようとしたのである。新政府の中央集権志向からすればこれは矛盾であり、一時的な窮余の策であった。これに応じて1省、1府、24藩、２華族、８士族団、２寺院が申し出、おおむね同年8月から12月にかけて、38団体が分領の割譲を受けた。ただ24藩のうち進んでこれを申し出たのは水戸、佐賀、斗南（旧会津藩、陸奥国下北に移封）など7藩だけで、それ以外の藩は新政府の強制割当であり、金沢、鹿児島、静岡、名古屋、和歌山、熊本、広島、福岡、山口の9藩は形だけの受領、他8藩もほぼ同じ状況だったから、その後、財政難や寒冷気候を理由として支配地返上の申し出が相継いだ。

開拓使は渡島東部、石狩北部、岩内〜忍路、上川、日高三石、幌泉、根室、カラフト島南半部（旧北蝦夷地）など20所を直轄し、兵部省は石狩、小樽内、山越、白糠を得、佐賀藩は厚岸、、釧路、択捉島（南半部は彦根藩）、秋田藩は国後島、水戸藩は利尻島、天塩、苫前などを与えられた。松前藩（同年６月館藩と改称）はこれまで通り渡島西部を保持した。東京府は開拓使管轄のうち、翌明治3年６月に根室地域の花咲、野付、根室を得た。

士族集団では、有珠、室蘭、幌別、厚田、石狩当別などが仙台藩の数支藩、静内、新冠は淡路島の徳島藩稲田家、少し遅れて兵部省管轄の内、歌棄・瀬棚・太櫓・山越（同3年1月）と開拓使管轄の内、余市（同4年1月）が下北斗南藩に与えられた。東京の増上寺（浄土宗、徳川家菩提寺）は色丹島、京都の仏光寺（浄土真宗）は島牧を得た。

この分領管轄政策は明治4年7月の廃藩置県で中止となり、以後は北海道全域が開拓使の管轄となった。この時、館《たて》藩（旧松前藩、管轄地は福嶋、津軽、檜山、爾志の4郡）は館県となったが、これは同4年9月9日、青森県に併合され、さらに同5年9月20日、北海道に編入され、開拓使の管轄となったこの時期の各団体への土地割譲は、その後様々な変転過程を辿りながらそれぞれの地域の植民地的特色を形成していくことになる。

蝦夷島は明治2（1869）年8月15日、北海道と改称された。これは、岩倉建議を受けて新政府が、各方面から新名称を募り、松浦武四郎が『蝦夷地道名国名郡名之儀申上候書附』中で示した名の一つ「北加伊道《ほっかいどう》」を原案としたものと言われている。松浦は「夷人自ら其国を呼びて曰く、加伊。……今に土人共（アイヌたち）互いにカイノーと呼び、女童の事をカイナチー、男童の事をセカチー、また訛って、アイノーとも近頃は呼びなせり。……」と述べ、この名を推す理由とした。新政府はその「カイ」を「海」として、これを古代律令制の「五畿七道」（東海道、西海道など）に準ずる日本の王土「北海道」と言い換えたのである。松浦の意図はみごとに換骨奪胎（中身をすり換えること）されたというべきであろう。「使」も「道」も、古代王政における名称であり、「北海道」もまた「王政復古」を象徴する語であった。

新政府は、蝦夷島から北海道への改称と同時に、これを11国86郡に区画する布告を発し、かつこれらのアイヌ語地名を漢字表音で表記することとした。アイヌ語地名を日本語（漢字）で表記することには、「北海道」は日本の一部であると主張する意図がある。地名を漢字表音に置き換えた結果、アイヌ語では明瞭な意味を持っていた地名がその意味を失い、また漢字の意味とも無関係な不思議な地名が続々登場した。実際にはこれらの地域のほとんどは日本化していなかったが、これも「王政復古」詐術の一種であった。

国後、択捉の2島を「千島国」として北海道に組み入れたのは、松前藩時代からここに日本人の「商場《あきないば》」が設けられ、安政5（1854）年の「日露和親条約」で日露国境線がエトロフ島とウルップ島の間に設定されたことに基づく領土権の主張である。

色丹島と歯舞群島は根室国花咲郡所属だった。

幕藩制下で「北蝦夷地」と呼んでいたカラフト島南半分は、慶應3（1867）年幕府とロシア政府合意の「カラフト島仮規則」で日露両国民雑居地とされていたので、この時点での内国扱いはできなかったと見られるが、日本政府はこれを樺太州として明治3（1870）年、「樺太開拓使」を設置し、将来的には領有しようとする意志を示していた。

島義勇とサッポロ

明治2（1869）年9月8日、新政府の民部、大蔵両省は、箱館に北海道産物商社を設け、同月17日、これまでの沖の口役所（税関）を「海官所（のち海関所）」と改め、これを箱館、幌泉（日高郡）、寿都（後志郡）、手宮（後志郡）の4港に置くことを布達（行政命令）した。

明治2年9月20日、第2代開拓長官東久世通禧は、島、岩村両判官、官吏、農工民ら510余人とともに、イギリス船テールス号で東京品川港を出航、北海道へ向かった。これより先、9月10日には、岡本監輔判官は、丸山外務大丞、谷元外務権大丞、農工民400人とともにカラフト島へ向けて出航していた。

東久世長官一行は、9月25日、箱館に到着した。開拓使は、地名表記を箱館から函館と改め、旧箱館府を開拓使出張所と改称して北海道開拓の一拠点とした。全北海道開拓の本拠地は、石狩平野の札幌あたりに置く予定だった。

同月28日、開拓使は、場所請負制の廃止を布達したが、請負人の激しい抵抗に遭い、結局彼らの資本と技術なしでは実際の漁場経営も不可能と判断して、請負人を「漁場持」と言い換えただけで。従来の権限を大方認めざるを得なかった。

同年9月30日、松本判官と竹田判官が移民を率い、テールス号で根室、宗谷に向かった。翌10月1日、首席判官島義勇は、東久世長官から1年分の開拓資金6万円（全開拓予算の60%）を受け、担当官吏らとともに陸路石狩へ向けて出立した。

函館から石狩への陸行は、長万部→黒松内→日本海岸→雷電峠→岩内→稲穂峠→余市→手宮（小樽内、現小樽市西部）→銭函→手稲の難路である。10月12日、一行は銭函（小樽市東部）に着いた。

北海道区画一覧（明治2年8月、ルビのカタカナはアイヌ語由来）

11国	86郡
渡嶋《おしま》	亀田《かめだ》・茅部《カヤベ》・上磯《カミイソ》・福嶋《ふくしま》・津軽《つがる》・檜山《ひやま》・爾志《にし》
後志《しりべし》	久遠《クドウ》・奥尻《オクシリ》・太櫓《フトロ》・瀬棚《セタナ》・島牧《シママキ》・寿都《スッツ》・歌棄《ウタスツ》・磯谷《イソヤ》・岩内《イワナイ》・古宇《フルウ》・積丹《シャコタン》・美国《ビクニ》・古平《フルビラ》・余市《ヨイチ》・忍路《オショロ》・高島《たかしま》・小樽《オタル》
石狩《イシカリ》	石狩《イシカリ》・札幌《サッポロ》・夕張《ユウバリ》・樺戸《カバト》・空知《ソラチ》・雨竜《ウリュウ》・上川《かみかわ》・厚田《アツタ》・浜益《はまマス》
天塩《テシオ》	増毛《マシケ》・留萌《ルモイ》・苫前《トママエ》・天塩《テシオ》・中川《なかがわ》・上川《かみかわ》
北見《きたみ》	宗谷《ソウヤ》・利尻《リシリ》・礼文《レブン》・枝幸《エサシ》・紋別《モンベツ》・常呂《トコロ》・網走《アバシリ》・斜里《シャリ》
胆振《いぶり》	山越《ヤマコシ》・虻田《アブタ》・有珠《ウス》・室蘭《ムロラン》・幌別《ホロベツ》・白老《シラオイ》・勇払《ユウフツ》・千歳《ちとせ》
日高《ひだか》	沙流《サル》・新冠《ニイカップ》・静内《シズナイ》・三石《ミツイシ》・浦河《うらかわ》・様似《サマニ》・幌泉《ホロイズミ》
十勝《トカチ》	広尾《ヒロオ》・当縁《トウベリ》・大津《オオツ》・中川《なかがわ》・河東《かとう》・河西《かさい》・十勝《トカチ》
釧路《クシロ》	白糠《シラヌカ》・足寄《アショロ》・釧路《クシロ》・阿寒《アカン》・網尻《アバシリ》・川上《かわかみ》・厚岸《アッケシ》
根室《ネムロ》	花咲《はなさき》・根室《ネムロ》・野付《ノッケ》・標津《シベツ》・目梨《メナシ》
千島《ちしま》	国後《クナシリ》（クナシリ島1郡）・択捉《エトロフ》・振別《フレベツ》・紗那《シャナ》・蘂取《シベトロ》（エトロフ島4郡）

当時、手宮から銭函、石狩地域は兵部省管轄だった。その兵部省石狩役所の担当官井上弥吉は元長州藩士で、維新の功業は薩長にありとする立場から、肥前藩出身の島に対してことごとく反撥し、手宮の役所提供も拒否、地元住民にも「開拓使には米を売るな」と申しつけるありさまだった。一行がようやくにして札幌の地に入ったのは11月初め（現在の12月中旬）だった。石狩平野には、すでに雪が降り積もっていた。

札幌地域は、すでに琴似、篠路、元村などの開墾が進んでいたが、豊平川流域は未開の大樹林と草原で、島はここを切り開いて、北海道行政の中心としての町を築くことにした。

この地が北海道の首都に選ばれたのは①石狩平野の農業開拓の拠点としての機能を優先する②石狩湾から内

陸部を通り太平洋岸（現在の苫小牧）に抜ける道筋にある③平坦な土地が広大で官庁、学校、病院、神社、兵営などの敷地が十分とれ、将来の人口膨張にも対応できる④ロシア南下の防御基地としては北海島南端部の函館ではなく、道央部が望ましいこと、などの理由が考えられる。首都建設の位置決定は開拓使に委ねられおり、開拓使としてはとりあえずこれらの条件が揃っていればよかったのである。それは一旦決定されればそれに従って町を作っていく官製、人工の町であった。

この時、島義勇の頭には京都の町並区画があったといわれ、豊平川を東端、円山を西端として、東西南北に整然と格子状の道路を通し、南北の中心線には幅広の大通、その北側は官庁地、南側は商業地とする構想であった。

工事はその年（明治2年）のうちに始められ、酷寒と食料不足に悩ませられながら、南部藩（岩手県）から送り込まれた大工、工夫、職人と周辺住人、アイヌたちによって工事は徐々に進捗した。

人足の手当は一日米一升、金一分（現代のおよそ２５００円）だった。兵部省はまったく非協力的なだけでなく、石狩湾からの物資、食料の運搬までも妨害するほどだった。島は兵部省の不当を太政官（新政府中枢機関）に訴え、これを認めた新政府は兵部省の石狩地域の管轄を解き、これを開拓使に替えた。

開拓使からの資金６万円は2カ月で底をつき、島は函館の東久世長官に至急新資金の送付を乞うた。東久世は島の「不手際」を怒り、彼を罷免することを決めた。明治３（１８７０）年2月9日、島に突然帰京命令が出た。2月11日、彼は札幌を去り、工事は一旦中断された。後任には岩村通俊判官が着任した。

同年秋、東久世長官は、はじめて札幌へ入り、島の進めていた工事計画の壮大さとその出来栄に驚き、改めて翌4年からの工事続行を岩村に命じた。

その後、島義勇は、天皇侍従、秋田県権令（副知事）を経て、明治6〜7年、郷里佐賀での士族と農民の新政府への反乱計画の鎮撫を依頼され、明治7年2月、佐賀に赴いた。そこで反乱の指導者江藤新平と会うや、島は、その思想と行動に共鳴して、新政府との対決を決意し、この反乱蜂起に加担した。しかし、この「佐賀の乱」は新政府軍の猛烈な弾圧と攻撃に敗れ、島は同年4月12日、斬首刑判決を受け、翌日処刑された。この素早い処置は当時全国に頻発しつつあった反薩長政府運動へのみせしめだったといわれる。

佐賀は、もともと「葉隠」精神の武士道の土地であり、島の士魂が、この時それまでの新政府の数々の「非道、非礼」への怒りとなって爆発した、というべきであろうか。島義勇、52歳の生涯であった。

「旅のノートから」1　本願寺道路

明治政府と東本願寺

浄土真宗は、開祖親鸞（1173〜1262年）以来、民衆の強い支持を得て宗教活動を 持続し、天正19（1591）年、豊臣秀吉によって京都七条堀川に土地を与えられ、本願寺（西本願寺）を建造した。慶長7（1602）年、そのあまりの隆盛を不安に思った徳川家康は、京都東六条に広大な土地を与え、ここに東本願寺を建造させて勢力の分割を図ったという。

それ以来、東本願寺は徳川家との関係が深かった。しかし戊辰戦争では、21代法主厳如は幕末の混沌とした情勢の中で幕府方に就くか朝廷方に就くか、で悩んだ末に朝廷側に就いた。

新政府成立後、この折の逡巡（ためらい）を朝廷に謝罪するために、厳如は、明治2（1869）年6月5日、朝廷に蝦夷地の道路開鑿《かいさく》を申し出、同年8月、許されて実行にかかることになった。これは、新政府の東本願寺への報復処分であり、名誉回復と引き替えの本願寺側の謝罪行為であった。

実際には財政困難で容易に北海道開拓に着手出来なかった新政府が、密かに右大臣三条実美を通して東本願寺に蝦夷地道路の開鑿を要請、その応諾を得た上での願い出と許可だったといわれる。東本願寺が選ばれたの

現如上人立像（国道230号、中山峠）

は、松前藩が東本願寺派のみに布教を許していたので当時の北海道にはその寺と信徒とが多かったことと、資金力と集人力とが優れていたからだといわれ、これは政府の民間資本吸い上げの一形態であった。

明治2年9月、厳如は現地調査隊を派遣、彼らは東京で松浦武四郎からいくつかの貴重な示唆を得て北海道に渡った。

翌明治3年2月10日、厳如は4男現如（１８５２～１９２３年、この年19歳）を北海道に向けて送り出した。

現如一行、百余人は名古屋、信州、越後、山形、秋田を経由して、道々の末寺、門徒（浄土真宗信者）宅で法事を営み、道路開鑿の資金と移住希望者とを募りながらゆっくり北上していった。彼らは、青森で開拓長官が迎えに出した軍艦に乗り、7月7日の夕刻、函館に上陸した。ここで東久世らと打ち合わせをした後、7月10日、陸路函館を発ち、同24日、札幌に入った。

本願寺道路

結局、東本願寺が引き受けた道路は４本だった。これらは一般には本願寺道路と呼ばれ、そのうちの３本は今も一般道路として使用されている。

①は、現在の七飯町東大沼（軍川）地域から駒ヶ岳の東山麓を通り、森町砂原へ抜ける道として作られた。七重村藤代から藤山峠を越えて東大沼へ出る道は、安政３（１８５６）年、箱館奉行からの命令で庵原菡斎が開いていた。

砂原からは船で内浦湾対岸の室蘭地域と結び、さらに④と結んで札幌へ至ることになる。この工事は明治３

（1870）年7月から始まり、同年9月に完成した。これは繁茂する草木の伐採と蝦夷狼の出没に難儀した工事だった。この道は荷駄馬や人の往来によく利用されたが、昭和4（1929）年の駒ヶ岳噴火で埋もれ、今は道筋が消えてしまっている。

種類	場所
① 新道開鑿	渡嶋国、軍川～砂原間4里半（18㎞）
② 改修	渡嶋国、江差旧街道（鶉越山道）19里（76㎞）
③ 新道開鑿	石狩国、札幌山鼻～発垂別（現川沿）間1里半（6㎞）
④ 新道開鑿	胆振国、伊達尾去沢～石狩国、札幌平岸間（103㎞）

④は「有珠街道」と通称され、有珠（現伊達市）から長流川沿いに北上し、洞爺湖北岸から喜茂別に至り、喜茂別岳（1177m）・無意根山（1464m）と札幌岳（1293m）の麓間の中山峠を抜けて定山渓、簾舞、札幌平岸に至る道である。これは安政5（1858）年の冬、松浦武四郎が数人のアイヌたちとともに踏破した経路にほぼ相当する。

有珠街道の工事は、明治3年9月から始まり、冬期間も含めての突貫工事で、翌明治4年10月、竣工した。3間（5・4m）幅に切り開いた土地に9尺（2・2m）の道をつけ、架橋113カ所、敷板の谷17カ所、総工費1万8千両余（現在では約2億円）、延べ5万3千3百人の工夫を動員した大工事だった。

夏はヤブ蚊やブヨ、エゾマムシ、秋は羆の出没、冬は酷寒と狼の来襲に悩まされながら、京都から来た僧侶たち数十人、仙台藩の亘理からの入植者約50人、道東への移住予定待機者約50人、地元のアイヌたち（人数不明）、などがこれに従事した。入植者、移住者たちにとっては、この収入は生活の資としてありがたいものになった。

この道路は、従来の西海岸まわりにくらべ、函館、札幌（石狩）間の距離を大幅に短縮し、かつ馬車も通れる道だったから、開拓のための大量の物資運搬と移民の北上に大いに役立つことになった。この有珠街道は、開拓使が「札幌本道」を開くまで、函館、札幌間の主要道路として十分に機能した。

札幌本道は、御雇い外国人のケプロンなどの意見に従って、函館～森（陸路）、森～室蘭（船）、室蘭～苫小

有珠街道中山峠から見る羊蹄山

牧～千歳～札幌（陸路）を繋ぐ道として作られ、明治6（1873）年6月28日に完成した。
　有珠街道は札幌本道の完成で一時荒廃したが、明治19（1866）年、北海道庁が改修し、重要な街道として再生された。その後、昭和25（1950）年、国道230号となり、現在も中山峠越え短絡道路として盛んに利用されている。
　現如は、最後に江差旧街道（鶉越山道、現国道227、前表②）改修工事の検分をかねて渡島国亀田郡の大野口から檜山郡江差へ出、江差から松前を経由して函館へ戻り、本州島へ渡った。
　現如は、その後、明治5年9月から翌年7月まで、欧州を旅し、各地の宗教事情などを学び、明治22年、22代法主に就任、明治29年、伯爵に叙された。

蝦夷島の先住民

　蝦夷島の先住民、アイヌにとって明治維新とはどんな意味を持ったのであろうか。

　もともと「蝦夷島」とは「蝦夷人（アイヌ）が住む島」という意味である。これを「北海道」と言い換えて、それまで日本人が暗黙の内にアイヌたちのものと認識していたこの島を、明治政府は日本国家の領土であると宣言したのであった。

　すでに幕末期の幕府政策に、この傾向は露骨に示されていたが、明治以前には、公的な認識としては、松前地以外の蝦夷地は非日本地域であった。この蝦夷島から、古代律令制の地域割呼称に由来する北海道への呼称変更は、いわば歴史の改竄《かいざん》ともいうべきものであって、これによって近代の日本人は、北海道（蝦夷島）が、近世まで日本の領土ではなかったことになかなか気づかない。しかし、歴史上、厳然としてかつて蝦夷島は蝦夷人たちの島であり、日本人の島ではなかった。

実際、北海道の地名はほとんどアイヌ語地名の漢字表音表記であり、明治初期以来の北海道開拓の歴史とは、それらの地に住んでいた蝦夷人たちの駆逐ないしは抑圧によってのみ可能だった。現在、観光地にされているアイヌたちの集落とは、かつて蝦夷地のいたるところに居住していた彼らの生活の場のごく一部であった。しかし、一時は絶滅の危機に瀕していると言われたアイヌ民族は健在で、独自の精神文化を持って生き続けている。今、私たちは北海道（蝦夷島）の歴史を考える場合、この「アイヌ民族」の問題を外すことは出来ない。

千島列島、カラフト島は、かつてはアイヌおよび北方諸民族の島々であった。ロシア（ソビエト政権も含めて）のこれらの島々への進出が侵略だったことと同様に、日本人の北海道以北への進出も蝦夷人の土地への侵略であって、日本のロシアへの北方領土返還主張はこの帝国主義勢力同士の勢力争いの結果である。

この間、日本人のアイヌ民族への「人種差別」の非道が、歴史的規模でも、国家的規模でも、個人的規模でも存在し、今も私たちの意識を束縛している。

明治国家の蝦夷地（北海道）政策は、徳川幕府の政策に比べて明瞭に帝国主義的だった。それを、私たちが「文明の進歩」というならば、私たちには欧米諸国の植民地、人種差別政策を非難する資格はないのである。

明治政府の近代化政策の基本は欧米文化の摂取と模倣にあったが、それは機械文明や国家制度や学術文化の域だけのものではなく、「弱小」民族への侵略とその支配という分野にもあったことを、私たちは忘れてはならない。それが、その後の日本国と日本人の悲劇（アジア太平洋戦争）を方向づける最大の要因だったのである。

蝦夷島のアイヌ民族にとって、明治政府の登場は、日本人役人の髪型が丁髷から断髪に代わり、役所の建物が武家屋敷風から西洋風に代わっただけのことで、役人たちは依然として傲慢であり、通詞たちは横柄であり、日本人庶民たちはおおむね差別主義者、狡猾、暴力的であることに変わりはなかった。それはアイヌにとっては、単に支配者の交替以上のものではなかった。明治政府のアイヌ政策は、異民族支配体制から日本国家の国民としてアイヌたちを繰り込んでいくことであり、それはアイヌ民族にとっては、これまでとは異質の新しい苦しみの始まりだった。

「旅のノートから」２　石狩川水系のアイヌたち

イシカリ川水系の「場所」

松前藩草創期（１６００年代初頭）、イシカリ川河口域に、藩主直場所としてイシカリ場所（秋味商場）が設定され、元禄期（１６８８〜１７０４年）前後、イシカリ川の中、下流域に家臣知行地としてイシカリ十三場所が形成された。

イシカリ川は蝦夷地の中でも有数の鮭の産地であった。鮭は魚体が大きく、肉、頭、内臓、卵巣、精巣、皮、鰭がすべて食用になり、それぞれ美味で栄養豊かで、厚い皮は靴の材料にもなる。また肉は、生、乾燥、冷凍（ルイベ）、薫製などさまざまな形で四季を通して食することができたから、縄文時代から北方先住民たちには日常食、保存食、携帯食として重要な食料だった。乾燥鮭（干鮭）はアイヌの重要な交易品であった。鮭は近世以降には日本商人によって塩蔵鮭（塩引鮭）に加工され、本州方面へ大量に移出されるようになった。アイヌたちは鮭を「カムイ・チェプ（神の魚）」と呼んで尊重していた。鮭は秋になると海から大群をなして川を遡上し、生まれ故郷である地下湧水の豊富な扇状地の小砂利の川底に到り着いて、そこで産卵する。イシカリ川水系では、サッポロ周辺部、シコツ川（現千歳川）上流、メム（現深川、湧水の意味）からカムイコタン、現上川盆地の4カ所がその代表的な場であるといわれる。イシカリ川は鮭たちにとってもアイヌたちにとってもまことに「母なる川」だったのである。

イシカリ場所での秋味（秋鮭）漁は、他の蝦夷地諸場所での仕組みとは異なり、もっぱらアイヌたちによってなされ、彼らが、河口に係留（繋ぎ留める）されている藩主あるいは請負人の廻船（弁財船）と「相対（個別）交易」するという方式であった。それらの鮭は、弁財船の船中、あるいは川端に建てられていた「鮭小屋」で塩蔵され、そのほとんどが本州方面へ送られた。鮭の漁獲が所定の量に達したあとはアイヌたちには「場所場所」での漁が許され、「銘々、食料取り候儀は勝手」であった。これは、このイシカリ場所への鮭の遡上量がそれほど豊富であったことによると思われる。

一方、イシカリ十三場所とは、すべて夏期にイシカリ川の中、下流域のアイヌたちが請負商人たちともっぱら干鮭、軽物（獣皮、熊胆など）の交易をなす場所で、「夏商場」ないし「夏場所」と称せられていた。

すなわち、イシカリ場所とイシカリ十三場所とは、その機能が分けられていたのであるが、その両者とも、元文期（1736～1741年）までには請負制（松前藩が商人に漁業権を委託して上納金を受け取る仕組み）によって経営されるようになっていたと思われる。十三場所においては、その周辺のアイヌたちが松前藩士と請負商人たちにその場所に強制的に帰属させられ、交易や使役の労働を強要されるようになったとみられる。

元文期には、イシカリ川上流（上川盆地）の上川アイヌ（ペニ・ウン・クル＝川上に・住む・人）たちは、その居住地域で日本人商人と交易していた。近藤重蔵『石狩川川筋図』（文化4年＝1807年）には、上川盆地のチュクベツプト（現忠別川出口）と、ビビ（現比布）の2カ所に日本人の「番屋（交易場所兼交易品保管場）」が記され、その他チュクベツ川上流に3カ所（場所不明）の番屋があったと注記されているという。

松前藩と請負商人の結託

これらの「場所」は、天明4（1784）年の記録では、小林屋宗九郎（イシカリ場所、藩主直場所）、大口屋宗九郎（トクヒラ場所＝イシカリ川河口左岸、藩主直営の夏場所）、浜屋久七（ハッシャフ＝発寒川）、天満屋三四郎（下サッホロ＝伏籠川、上ツイシカリ＝豊平川）、阿部屋伝吉（上サッホロ、シノロナイホウ＝苗穂川）、薬屋太兵衛（下ツイシカリ＝豊平川）、熊野屋新右衛門（上ユウハリ、下ユウハリ＝夕張川）、大和屋弥兵衛（シュママツ＝千歳川、上カハタ＝樺戸川から雨竜川口）、阿部屋茂兵衛（下カハタ＝豊平川から樺戸川）の各商人の請負であった。

阿部屋《あぶや》村山家は、天明期（1781～1789年）には、上サッホロ、ナイホウ、シノロ、寛政（1789～1801年）初期には下サッホロ、上サッホロ、シノロの場所を持ち、そのほか両期とも東、西蝦夷地に数カ場所をも請負い、「一歳（一年）の得る所、其利惣計六万金」の「松前第一の豪商」と称せられていた。

阿部屋は、寛政８（1796）年、他の請負商人たちによる利権をめぐる策謀とそれに乗じた前藩主松前道広の強権発動により「闕所」（財産等の没収刑）に処せられ、「居所払」（居住地追放）となって失脚した。しかし東蝦夷地へのロシアの進出への幕府の警戒、それに対処する道広の行動への幕府の不信と忌避などに関連してか、寛政10（1798）年、松前藩は方針を転換し、阿部屋へのこの処分は宥免（赦して取り消すこと）された。阿部屋は復権し、松前城下に家屋敷を与えられ、当主村山伝兵衛は「一代侍」に取り立てられ藩主直領のイシカリ場所を含む７カ場所の支配を命じられた。

第１次幕領期（東蝦夷地は寛政11～文政４（1799～1821）年、西蝦夷地は文化４～文政４（1807～1821）年には、松前藩主と家臣たちの蝦夷地全域の諸場所支配は解かれ、これらはすべて幕府直轄機関の箱館奉行所（文化４年、松前に移され「松前奉行所」となる）の管轄するところとなった。箱館（松前）奉行所は、東、西蝦夷地の沿岸部を10区域に分け、それぞれに調役以下の幕吏を配した。東蝦夷地の各場所は幕領化後、幕府直捌による経営となった。西蝦夷地では場所請負制による場所経営を継続し、松前奉行は西蝦夷地各場所を原則として「入札」によって商人に請負わせることとした。イシカリ諸場所は、西蝦夷地フルウ（古宇）からアッタ（厚田）までの区域に含まれた。

西蝦夷地での場所請負制継続は、幕領化の先行した東蝦夷地での幕府直捌制経営失敗の反省からによるものと考えられる。幕府による直捌制はいたずらに役人的煩雑さに陥り、経費、冗員（無駄な人員）が増大し、期待していたほどの利益は得られなかったので、大資本の商人に託して利益を吸い上げる方が得策、との判断だった。アイヌ救恤（貧者救済）よりも利益優先、は幕府も商人も同じだった。

阿部屋の全盛時代

阿部屋は、文化期（1804〜1818年）半ば頃には一時イシカリ場所請負から撤退していたようだが、文政（1818）1年には、イシカリ秋味場所とイシカリ川水系夏鮭十三場所のすべてを請け負うようになっていた。このイシカリ川水系諸場所の阿部屋一手請負は、第2次幕領期（1855〜1868年）に、これらが箱館奉行所の直捌場所となるまで続いた。

阿部屋は、イシカリ川水系の諸場所を一手に請け負うようになると、イシカリ川流域（上川、中川＝雨竜川口〜カムイコタン）のアイヌたちをイシカリ場所に移住させ、その経営に投入するようになった。これは第一に、イシカリ場所の利益が他の場所より圧倒的に多かったこと、たとえば、文化14（1817）年頃、イシカリ場所の運上金（藩もしくは知行主への上納金。請負商人の利益とは別）は2250両、十三場所の総計678両と比してほぼ3・3倍だった。第二に文化期後半に石狩川流域のアイヌ人口が激減したことによる。これは、請負商人たちのアイヌ使役の苛酷さと天然痘の流行による死亡者の増大によるものとみられている。

松浦武四郎は、その紀行に「トクヒラ（イシカリ川河口域）の土人（アイヌ）と申す者、皆上川あたりの者に之有り候。……文政元年戊寅の年五月、（阿部屋の）一手と成り候て請負致し来り申し候。運上屋の我儘は之までと違、他へ憚り候事ども之無き候様に相成候まま、誣訶《ふか》（欺き辱しめる）相募り、昼夜の差別もなく相遣ひ、病者には喰を与えず、老たるは山え追上せ、また幼きをも、働稼の相出来候様に成ば呼下して是を責遣ひ、婦女は少しにても面よきは番人・働方の者等、己が妾となし、夫有るもわが意に任せて是を奪取等し、その婦女が妊娠する時は、己が子供と永く名を残すを憂えて脱胎させ、また土人（アイヌ）の妻にして、己が意を拒まば打たたき、不着産《うまれもつかざる》不具とし、また其がために死せしも多く、……また辛き責を受けて縊死（首縊自死）したるもあり。……浜に居て家なしと志るし有は、雇蔵といへる小家を立て、是へ何軒分をも接《まじ》え追込む有ることなり。依て浜へ出るもの皆家なし。実に牛馬を飼ふの所置にまさりしことなり。」（『丁巳東西蝦夷山川地理取調日誌』、丁巳は安政4＝1857年）と記している。

文政4（1821）年、幕府は蝦夷地の統治権を松前家に返還した。蝦夷地からの収益が期待していたほどにならず、蝦夷地守衛を割り当てられた東北諸藩からの不満と松前家からの猛烈な復領運動に押されて、結局幕府は蝦夷地経営を投げ出したのである。

蝦夷地に復帰した松前家は、蝦夷地全域を藩主直轄とし、家臣団たちへの知行地割り当てを廃止し、藩収入を藩士たちに金銭給与として配分するという仕組みに変えた。しかし、場所請負制自体は温存され、強力な藩主権力を背景に商人たちのアイヌたちへの横暴はむしろ強まった。

石狩改革

安政2（1855）年、幕府は再び蝦夷地の直轄支配に踏み切った。幕府財政の逼迫への打開策として蝦夷地の莫大な自然資源と新規農業開拓による農産物大増産への期待、新植民地の創出計画、相継ぐ列強諸国の日本近海への進出、ことにロシアの蝦夷地への接近、それへの松前藩の対応への不満、場所請負人らのアイヌ酷使、虐待への松前藩の放任、それはアイヌたちをロシアへ同調させることになる、などを幕府はその理由としている。

第2次幕領期に入って4年目の安政5（1858）年4月13日、箱館奉行は、それまでイシカリ場所およびイシカリ十三場所を独占してきた阿部屋に対して「其方儀、是迄石狩場所請負申付置候処、此度改革ニ付、請負差免し……」と申し渡した。幕府は、阿部屋は「追々身上向、不手廻（営業活動の滞り）」「場所世話方も不行届（幕吏や旅人などへの接待不十分）」「土人撫育筋等懈怠致し、剰私曲の儀不少（アイヌへの生活支援怠慢、加えて独断不正多し）」であるとして、イシカリ場所の請負人不適格と断じ、場所請負人の地位を剥奪して「出稼人＝非在住者」の地位に落したのである。このとき、阿部屋村山家とともに、山田文右衛門、恵比寿屋半兵衛、勝右衛門、孫兵衛、吉五郎の5人が「出稼ぎ人」として認定され、新設された「石狩役所」の下でイシカリ場所での鮭取引を許された。幕府は、石狩場所から請負人を放逐して、直捌制をとったのである。イシカリ場所には新たに漁業参入を望む者たちが集まり、石狩役所を中心に、石狩改役所（漁場の監督、交易品の流通、アイヌ撫育など担当）、開発方御用取扱人、石狩直捌問屋（船宿、人夫手配、収税などの業務）などが置かれ、イシカリは大いに賑わった。幕府は、石狩産品（各種鮭製品、軽物など）を本州方面に移出し、その売却利益は幕府にとって貴重な財源となった。

この一連の幕府施策を、当時の文書の用語によって一般に「石狩改革」と呼んでいる。

第2章　王政復古の時代

熱狂と反撥

慶応３（１８６７）年12月９日、一種の詐欺的政変の結果、睦仁天皇（明治天皇、当時15歳）名で発布された「王政復古の大号令」は、正式には「徳川内府、大政返上、将軍職辞職ノ請ヲ允《ゆる》シ、摂関幕府ヲ廃シ、仮ニ総裁、議定、参与ノ三職ヲ置ク」という長い題の古代王政への復活宣言であった。「大号令」とは「天皇の格別の命令」の意味である。

この政変の演出者は、木戸孝允（もと桂小五郎、長州藩士）、西郷隆盛（薩摩藩士）、大久保利通（薩摩藩士）、岩倉具視（公卿）らであった。実際の「王政」の復活は、いわゆる東北、北越戊辰戦争のあとにようやく実現することになる。

古代王政の復活が近代国家の建設になるというのは奇妙な論理である。「文明開化＝西洋化」と古代復帰とは一致せず、むしろ正反対方向の運動であろう。

「散切り頭を外国人の真似じゃと思うは大きな了見違いで、室町時代は帝様はずっと総髪だった。禁裏（皇居）の礼式では椅子を使っている。昔の筒袖、股引は洋服と同じだし、神道では魚や肉を供え、住居も古代は板敷。つまり三百年ばかりの前へ立ち戻ったら、外国人に笑われるような風俗ではなかったのじゃ」（加藤祐一『文明開化』）という、こども騙し的水準のものから、左院（＝明治初期の官選議員による立法諮問機関）の「各その業を分けて世を渡り、……政府もまた各人の自由に任せ、自主の権を保有せしめ……これ、国語（日本語）にて云えばすなわち随神《かんながら》なり、洋語（英語）にて云えばすなわち自由（free）の理なり」という開き直り的説教まで、どう言い繕っても筋は通らない。

「王政復古」とは、政権奪取を狙った反徳川系武士勢力が、徳川政権打倒のために天皇を「出汁」にして掲げた偽看板で、実際には薩摩、長州両藩による徳川政権打倒の宣言であった、と考えた方がわかりやすい。すなわち彼らは、天皇の名目的な権威を利用したのである。

鳥羽、伏見での戦闘に勝利した新政府軍の江戸城総攻撃予定の前日、慶応4年3月14日、天皇の名のもとに発せられた「五箇条誓文」には、さらに薩長政府の政治的宣伝の匂いが濃い。

これは、横井小楠（肥後藩士・開明家で西洋思想の理解者。明治2年1月5日、暗殺死）や坂本龍馬（土佐藩郷士、新しい日本像の提唱者。慶応3年11月15日、暗殺死）らの思想の影響を受けた由利公正（越前藩士、のち東京府知事など歴任）の発案によるものだったが、その最終的修正は木戸孝允によって行われ、由利案にあった「官職、地位の身分的独占阻止」「議会制度」「個人独裁排除」を意味する条文は、天皇制下の政権による天皇と人民の一体化論の趣旨で書き換えられた。

また、由利案では、これは諸侯（各藩主）と天皇とが盟約をかわすという形で発布されるべきものだったが、木戸は、それを天皇が百官群臣を率いて天地の神々と祖霊たちに誓うという形式に変えた。

その後、明治政府はこの「誓文」に印象的にちりばめられた「万機公論」「陋習（古く頑迷な習慣）破壊」「上下同心の経綸（国家を治め整えること）」「智識を世界に求め」などの文言とはほとんど反対の方向に進んでいくことになる。この時期の誓文発布式典の挙行は、新政府が一見開明的な国家方針を提示することで民衆を味方につけ、東北の旧幕府勢力を牽制して戊辰戦争の勝利を狙ったものであった。長い間の武家政権下の厳しい身分差別に慣れてきた人々には、それを否定する（と思われた）「王政復古」も「五箇条誓文」も十分に刺激的で、

> **五箇条誓文**
>
> 一、広ク会議ヲ興シ、万機公論ニ決スヘシ。
> 一、上下心ヲ一ニシテ、盛ンニ経綸ヲ行フヘシ。
> 一、官武一途、庶民ニ至ルマデ、各其ノ志ヲ遂ゲ、人心ヲシテ倦マサラシメン事ヲ要ス。
> 一、旧来ノ陋習ヲ破リ、天地ノ公道ニ基クヘシ。
> 一、智識ヲ世界ニ求メ、大ニ皇基ヲ振起スヘシ。

開放感あふれる宣言だったのであろう。民衆は、新政府の人気取りの減税、義務減免政策を歓迎し、大都市の庶民たちは新到来の西洋文明の産物や知識の豊かさに目を見張り、それらの恩恵をもたらしたのが天皇の権威であると説得され、新政府の意図は不得要領（曖昧でよくわからないさま）ながら、この「御一新」の到来に興奮していた。あれほど強固なものに思われた徳川幕藩政権は水の泡のように消滅し、身分制度とか封建道徳というものも結局は人間の意識が作り出した幻想だったことを証明した。新政府の宣伝工作はとりあえず成功したというべきであろう。

しかし、戊辰戦争の終結のあと、新政府は各地の年貢半減の令を相継いで取り消し、「しばらくは旧慣（幕藩時代の税法）に依れ」との命令を出した。戦乱に疲弊した農村においての旧来通りの課税は、農民にとっては以前よりも過酷な負担になった。

加えて、新政府は巨額の戦費支払いのために、太政官札の大量発行や悪貨や贋貨（にせ金）の鋳造などを行い、諸藩もこれに倣ったから、商品貨幣経済は混乱し、農民（つまり商品生産者）も一般商人も職人も生活に困窮した。新政府はこの政策に反対する者を罰し、太政官札に相場をたてる（太政官札の市価の変動を利用した投機的取引）者は容赦なく投獄した。

これに対して明治1年から2年初めにかけて、奥、羽、越地方（すなわち東北戊辰戦争の舞台）や旧幕府側藩を中心に一揆や蜂起が頻発した。新政府はこれらを武力で徹底的に鎮圧し、急速に権力的、欺瞞的、暴力的、非民衆的体質を現していった。

庶民たちは新政府への期待を次々と裏切られながらも、近代国家の国民としてその役を果たすべく、我慢と無理を重ねる。庶民たちの、この不思議なほどの健気さと、その結果としての国家権力の肥大とが、日本近代の歴史であり、それは結果として、１９４５年８月、日本帝国崩壊の混乱と莫大な悲劇に庶民を巻き込んでいくことになった。

有司専制の国

「有司専制」という言葉は、明治7（1874）年、板垣退助（旧土佐藩士、のち伊藤、大隈内閣の閣僚）、後藤象二郎（旧土佐藩士、のち黒田、山縣、松方、伊藤内閣の閣僚）らによって政府に提出された「民選議院設立建白書」の中の一節「臣等（我々は）、伏シテ方今（今まさに）政権ノ帰スル所ヲ察スルニ、上帝室ニ在ラズ、下人民ニ在ラズ、而シテ独リ有司ニ帰ス」に由来するといわれる。

有司とはもともと「司ある人」、すなわち諸藩の上級役人を意味したが、板垣らはこれを、明治政府の超然主義（政府は議会や政党に制約されないとする思想）藩閥官僚への批判の語とし、有司たちが、議会政治によらず、自分たちの合議だけで国家の方針を決めている現状は、「五箇条誓文」の「公論、公道」を重んずるとした条項に反する「有司専制」である、と批判し、以後、この言葉は、政府批判と議会設置を求める自由民権運動の標語として、しばしば用いられるようになった。

ここで板垣らが「有司」と呼んだのは、薩長藩閥政府権力の頂点にいた参議木戸孝允、参議

明治1・2年の官吏俸給表（井上清『明治維新』などによる）

官等	担当官職名	明治1年6月給与	2年年俸
	総裁（慶応3年12月～4年閏4月）	1千両	
1等官	輔相・議定・行政官知事	7百両	1千2百石
2等官	参与・行政官副知事・府知事	6〃	1千石
3等官	議政官議長・一等県知事など	5〃	7百石
4等官	権弁事・権判事・二等県知事など	3〃	6〃
5等官	史官・三等県知事など	150両	5〃
6等官	二等県判事・一等訳官など	50〃	4百2十石
7等官	書記・三等県判事など	30〃	3百4十石

慶応3年12月、「王政復古」で総裁1人、議定10人（のち4人追加）、参与20人の三職を任命。慶応4年（明治1年）閏4月、「政体書」で太政官制度に改編、総裁職廃止、輔相設置、議定増員。明治2年7月、官制改革で議定職廃止、参与職は参議に引き継がれる。

明治初期と現代との通貨価値を比べる指標がなく、諸物の価値も違うから単純に比較はできないが、例えば当時の1両は金15グラム（現在約7千円）だから、月給1千両は現在では7百万円、年俸米（現在1石約7・5万円）1千2百石は現在の9千万円に相当する。これはかなりの高給であろう。

大久保利通、参議西郷隆盛、小松帯刀（旧薩摩藩家老、明治政府「幻の宰相」と呼ばれたが明治3年7月病死）、太政大臣三条実美、右大臣岩倉具視の６人であった。彼らは民衆水準とは隔絶した高給を受け、大名や旗本から接収した広大な屋敷に住んでいた。天皇は、徳川家の本拠だった江戸城を新皇居とした。

西郷隆盛は、彼らの奢侈贅沢ぶりに嫌悪を感じ、明治1年6月、東京を去り、鹿児島に帰った。

この時の板垣、後藤らの有司批判は正当だったが、後に彼ら自身がその権力機構に入って威勢をふるうことになったのは歴史の皮肉であったというべきだろう。それは支配者意識を捨てきれなかった旧武士たちの宿命であり、明治維新そのものが、武士階級内部の主導権争いだったことの証明だったといえる。

「帝国憲法、議院法、衆議院選挙法」が政府によって公布されたのは、明治22（１８８９）年2月で、第一議会が開かれたのは、その翌年の11月25日だった。

それまでの国家政策は、たとえば版籍奉還（明治1～3年）、廃藩置県（明治4年）、岩倉使節団の欧米派遣（明治4年）、「学制」公布（明治5年）、徴兵令（明治6年）、地租改正（明治6～12）、秩禄処分（明治8年）、大日本帝国憲法の制定と発布（明治15～22年）、内閣法施行（明治18年）などの内国問題や、琉球王国の日本併合（明治5～12年）、台湾出兵（明治7年）、ロシアとの「樺太、千島交換条約」（明治8年）、朝鮮江華島事件（明治8年）、朝鮮内乱への介入（明治15、17年）などの外交問題は、もっぱら「有司専制」で処理されていたのである。

この間、佐賀の乱（明治7年）、西南戦争（明治10年）などの反政府内乱への武力鎮圧もあった。これらはすべて、以後の日本国の進路を決定する重要事件だった。

これらすべてが、「有司」の政策によって基本路線が敷かれた以上、たとえ議会制度が施行されても、それによって政府の方針が大きく変更されるはずはなかった。それはまさしく「帝国議会」だった。開拓使設置による北海道の日本化も、その線上にあった。

「旅のノートから」3　清帝国、近代化と停滞

英仏軍の北京占領

第2次阿片戦争（1856〜1858年）に敗れ、英、仏、米、露との不平等条約（天津条約）の締結と阿片貿易の公認に追い込まれた清国政府は、しかし英仏軍が撤退するとふたたび強硬姿勢に転じ、1859年6月、北京で天津条約を批准するために天津港に向かっていた英国艦隊に、渤海湾大沽砲台から砲撃を加え、これを追い払った。

これに怒った英仏両国は、1860年8月、200隻の艦船で1万7千の兵を送り込み、天津と通州（大運河終着点）で清国政府に交渉を要求した。しかし交渉は受け入れられず、逆に一時、英国領事パークスら英仏人数十人が清国側の捕虜となった。

同年9月、清国咸豊帝（9代皇帝）は、英仏軍の侵攻を恐れ、多数の高官とともに北京の北東250㎞の避暑地、熱河（現河北省承徳市）の山荘に逃げた。

同10月7、8、9日、英仏軍は、北京の西北郊外にあった円明園（清王室の離宮）を襲い、膨大な数の宝物や工芸品、宝石、玉座などを掠奪、その事実の隠蔽のため、同月18、19、20日、庭園のすべてを徹底的に破壊し、宮殿を焼き払った。

これらの掠奪品は、兵士たちの「軍務」記念にされ、のちにロンドンなどで競売にかけられたりしたものもあった。英仏人捕虜は返還されたが、すでに11人が殺されていた。パークスは無事だった。

北京に入城した英米軍は、清国政府に対し、開港場の増加、貿易条件緩和、領土割譲、阿片貿易の合法化など、列強に有利な条項を加えた新条約を要求し、熱河に逃げた咸豊帝の代理、恭親王奕訢（イヒン、咸豊帝の弟）との間に、清英（10月24日）、清仏（10月25日）の「北京条約」を結んだ。ロシアもこれに便乗して同趣

旨の清露条約（11月14日）を手に入れた。咸豊帝は、翌1861年8月、結核が重篤となり、熱河で死去した（31歳）。

死の直前、彼は自分の唯一の男子、懿《い》貴妃の間に生まれた載淳（ザイシュン、6歳）を次期の皇帝とし、王一族の「顧命大臣」8人をその後見とすることを命じていたが、懿貴妃は奕訢らと組んで政変を起こし、後見たちを罪に追い込んで、権力を掌中にした。

懿貴妃は、北京に帰り、載淳を帝位（10代、同治帝）につけ、自らはその生母として紫禁城（王宮）の西殿に住むことになった。それゆえ彼女は、一般に西太后と呼ばれている。太后とは、皇帝の母への尊称である。皇帝の正妃は紫禁城の東殿に住むことになっており、東太后と呼ばれていた。

懿貴妃自身は北京の生まれといわれるが、その一族は満州族（女真族）エホナラ氏を出自とする。

エホナラ氏は、かつて清朝の開祖ヌルハチに敵対したことがあり、そのため清朝には、その子孫を宮廷に入れてはならぬという不文律の掟があった。それにもかかわらず、彼女は17歳のとき、紫禁城での后妃選定の面接試験「選秀女」を受け、合格した。その翌年、彼女は、咸豊帝の後宮に入り、「貴人」の位を与えられて蘭貴人（蘭は彼女の幼名）になり、のちに「嬪」に昇ったとき、蘭を懿と改め、懿嬪と名乗った。1856年、咸豊帝の皇子を生み、その「功績」によって「貴妃」の位を得、懿貴妃となったのである（貴人、嬪、貴妃は王妃の位）。

咸豊帝は、聡明で美しいこの女性を深く愛し、かつ信頼し、自身が病床に臥すようになると皇帝の指示を代筆させるまでになった。しかし、エホナラ氏出自である以上、彼女は正妃になることはできなかった。

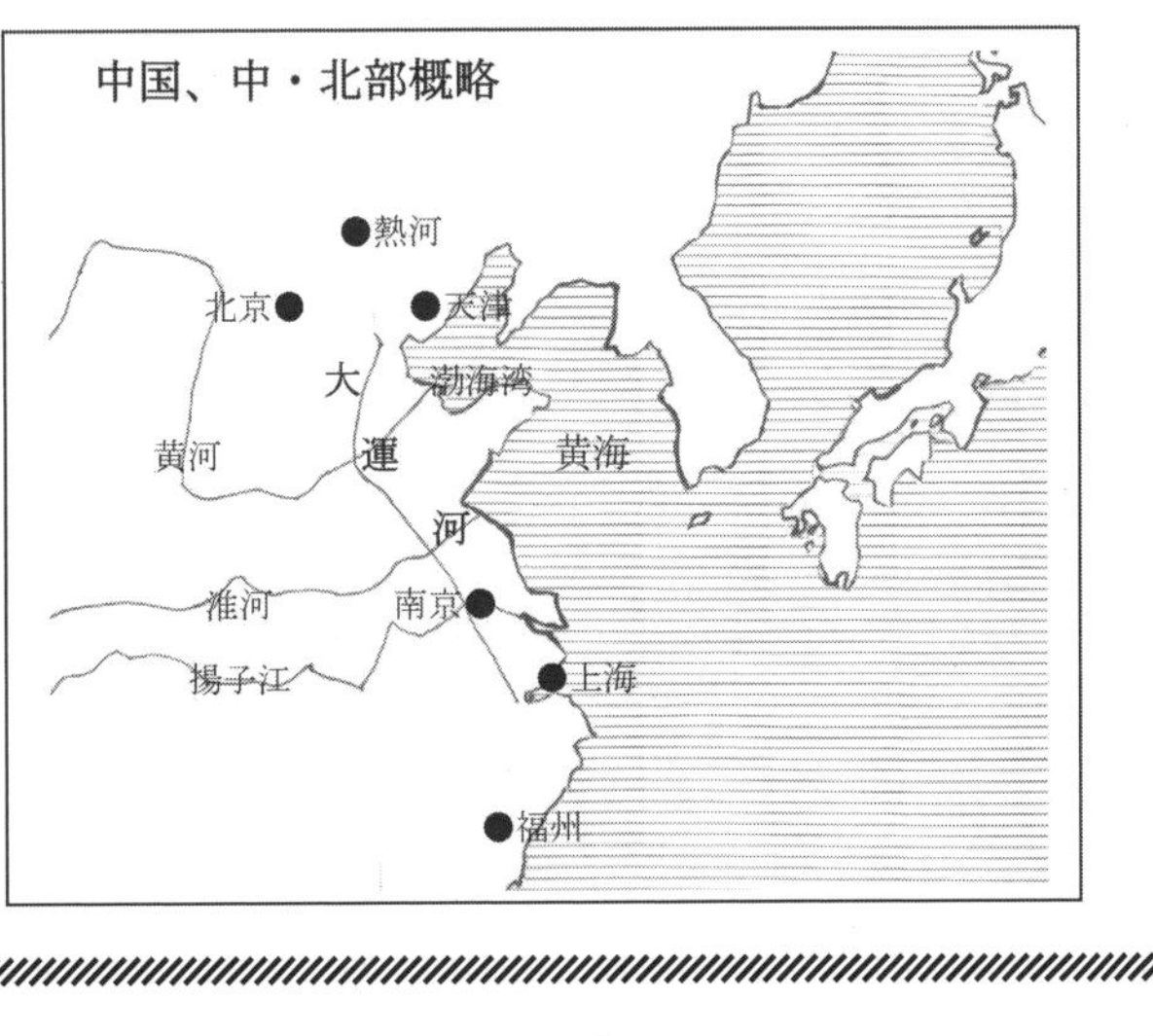

西太后は、東太后（満州族ニウフル氏出自）とともに幼い皇帝の後見となって実際政治を取り仕切った。この東太后は政治には関心のない人だったといわれ、両者の間に対立はなかった。

幼齢皇帝に代ってその後見人が政治をとるこの仕組みを「垂簾《すいれん》聴政」（後見人が簾の中に身を隠して皇帝への奏上を聴く政治）と呼ぶ。

洋務運動の展開

西太后は、奕訢を議政王大臣に任命し、太平天国勢力の鎮圧と欧米列強への対応改善に努めた。英仏側は、北京条約締結のあと、清国に正式な外交機関の設置を要請した。西太后は、それに応じて総理各国事務衙門《がもん》（略称総理衙門）を新設し、それまで「夷務」と呼んでいた各国との外交交渉を「洋務」と改め、有能な漢人官僚を多く登用して、欧米文化の吸収を図った。

総理衙門は、外国語（英・仏・露語）学校「同文館」を設け、満州八旗（満州族の構成集団）の優秀な子弟を教育し、成績に応じて政府機関に任用することにした。奕訢は「各国の現状をよく知りたいならば、まずその言語、文字に精通する必要があり、それでこそ欺かれずにすむのです」と説明した。すなわち、この政策（洋務運動と呼ばれた）は、欧米列強への協調策であると同時に、それへの対抗策でもあったのである。

洋務運動は、主に地方の漢人指導者や有力官僚たちによって推進された。

淮《わい》軍（淮河流域の軍）創始者の李鴻章（リ・ホンチャン）は、1865年、上海に江南機械製造局（兵器・艦船工場）、1866年、天津と南京に機器局（兵器工場）、1873年、上海に輪船招商局（汽船会社）、1877年、上海に機器織布局（紡績工場）創設とその拡充に関わり、曾国藩（ゼン・グォファン）が創設した湘《しょう》軍（湖南省湘郷の地方軍）首領の左宗棠（ズオ・ゾンタン）は、1866年、仏人技師の協力で福建に福州船政局（軍艦建造所）を作った。兵器工場は、各地に作られ、そこでは欧米の科学と技術の研究、教育と、科学技術書の翻訳、出版も行われた。福州船政局の付設学堂では航海術、外国語が教えられ、卒業生の多くは欧州へ留学し、のち清国北洋海軍の幹部になった。

洋務運動は、軍事分野から紡績、鉱山開発、電信設備、鉄道敷設など、産業一般に拡がり、政府はこれらの企業に対して、民間からの資本と人材の募集、税の優遇、営業独占権の保証などの保護政策をとった。

企業経営自体は有力商人に委ねられ、政府は資金融資、外国勢力参入監視などの最低限の監督を行った。この方式は「官督商辦」といわれた。辦は「捌く」の意味で、外国商社の代理人として中国市場と取引をする商人を「買辦」と呼んだのである。

「中体西用」思想

洋務運動は、「中体西用」と呼ばれる思想に主導されていた。李鴻章の参謀、馮桂芬（フェン・グイフェン）は「中国の倫常名教（儒教倫理）をもって根本となし、それを諸外国の富強の術によって補強する」とし、欧米の学問に通じた人材の育成の必要性を説いた。

これは、阿片禁輸のために英国と戦った林則徐（リン・ゼクス）以来の思想で、中国の伝統思想を道（本）、欧米の学問を器（末）とし、長く失われていた中国本来の伝統に、欧米の学問を注入して「本末」を融合させ、「孔子・孟子の道に立ち返る」ことが、中国再生の正しい方法だとする考え方だった。

「中体西用」「洋務運動」という言葉は、日本の幕末、維新期の「和魂洋才」「文明開化」という語と似ているが、西洋文化に対する精神のあり方はそれと異なっている。

日本式の、思想、文化、生活様式にまで及ぶ、無条件、模倣的な西洋化（魯迅の言葉によれば拿来《ナーライ》主義＝もってこい主義）ではなく、理想的な中国社会を再現するための西洋文化の導入であり、それ故、同時に官僚の綱紀粛正が不可欠であるとする考えだった。

洋務運動には、宮廷内外の伝統主義派からの頑強な抵抗があったが、この運動自体はもともとこのような中国の伝統尊重思想に基づいていたのである。

日本のまるごと西洋化路線と中国の伝統保守西洋化路線との違いは、それぞれの民族の文明の質による選択基準の立て方の違いであり、どちらが正しかったかの問題ではでない。しかし、それは近代における両民族の国家形成と国民のあり方に大きく影響し、やがて日本の中国侵略という歴史現象となって現れて来ることになる。

ロシアのウラジオストク軍港建設

ロシアは、北京条約（１８６０年）の仲介の労をとったことを口実に、清露共同管理（１８５８年の愛琿条約による）となっていたウスリー川東方地域をロシア領とすることを清国に強要し合意させた。ロシアはこの後すぐ、この地域をロシア領沿海州に編入、すでに2年前から清国に無断で進めていたハバロフスク市の建設、領有を正当化し、さらに朝鮮国との国境近く、日本海が深く広く内陸に抉り込んだ湾部（現ピョートル大帝湾）にウラジオストク軍港を建設した。「ウラジオストク」とは、ロシア語で「Vladi vostok」すなわち「東方を支配せよ」の意味であるという。

これによって、清国は、朝鮮半島以北の太平洋側（日本海）への通路を失い、朝鮮王国とロシア帝国は、豆満江（トゥマンガン、図們江とも）を挟んで国境を接することになった。

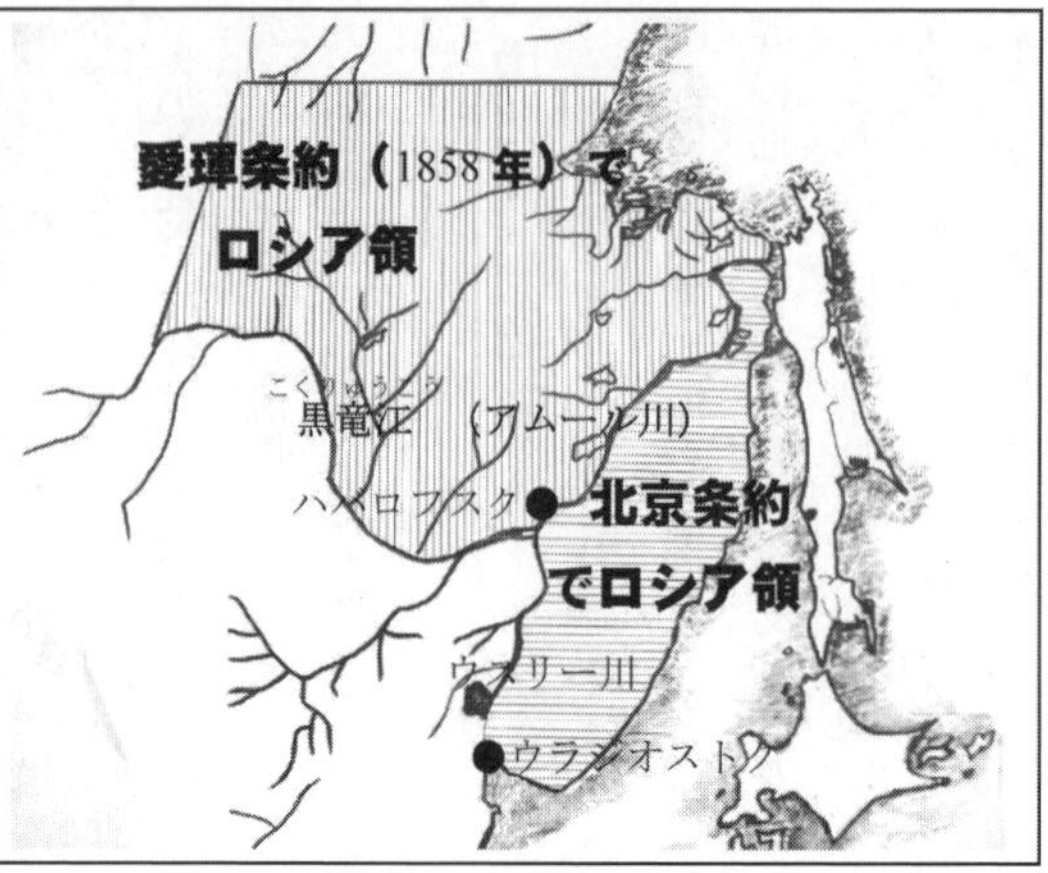

愛琿《あいぐん》・北京《ぺきん》条約後の清露《しんろ》領

ガルトネル農場

文久３（１８６３）年、プロイセン王国の商人リヒャルト・ガルトネル（R.Gartner）は箱館で、貿易業を始めた。プロイセンはもともと現在のポーランドのバルト海に面するドイツ人の植民国家だった。現在のドイツ、ポーランド地域は、19世紀初頭まで神聖ローマ帝国の一部で、ゲルマン系の諸部族の領邦国家が分立していた。当時、プロイセンは、ウィルヘルム１世（１８６１年からプロイセン国王）と宰相ビスマルクの「鉄血政策」で欧州諸地域を席巻（巻き込むこと）する軍事大国になりつつあった。ちなみに、この頃まだ「ドイツ」という名の「国家」は存在していない。「ドイツ」名称の国家は、プロイセンを中核とした北ドイツ連邦（22国）が、フランス（ナポレオン3世）との戦争（普仏戦争、１８７０〜１８７１年）に大勝し、１８７１年1月18日、パリのヴェルサイユ宮殿で成立を宣言した「ドイツ帝国」を最初とする。この皇帝には、ウィルヘルム1世が就いた。

慶応１（１８６５）年、R・ガルトネルの弟コンラート・ガルトネルが、箱館駐在のプロイセン副領事として赴任してきた。ガルトネル兄弟の来箱の事情はわからないが、これはプロイセン王国の海外膨張の一つの結果であったと思われる。例えば、プロイセン王国の初代駐日公使として１８６２年12月に来日したマックス・フォン・ブラントは、ビスマルクに宛てて「蝦夷島（北海道）植民地化計画に関する意見書」を送った。

また、岩倉遣欧米使節団（１８７１年12月〜１８７３年9月）がプロシアでビスマルクに謁見した時、ビスマルクは、国際社会は弱肉強食の原理で成り立っていると説いた。その頃、３人のドイツ人が北海道（蝦夷島）を植民地にすべしという試案を出していたというから、ビスマルクは、すでに東アジア、日本、北海道への進出も視野に入れていたと思われる。岩倉たちは彼の言葉に肝を冷やしたことであろう。

R・ガルトネルは、コンラートを通して箱館奉行杉浦誠（勝誠）に箱館近郊で西洋農法による農場を経営したい旨を申し出、慶応3年、許可された。彼は、プロイセンから種子、各種苗木、農具などを輸入して、亀田村と神山村（ともに函館市）に数反歩の農場を開いた。

慶応4年1月、徳川政権が崩壊するとガルトネルは新政府の箱館府判事井上石見に農場の拡大を説いて七重村（現七飯町）に1万坪の土地を借り受ける契約を結んだ。

七重村一帯には第1次幕領期（1799〜1821年）から八王子千人同心の入植配置などで農地（水田も含む）開墾が行われ、宿場も開かれていた。第2次幕領期（1854〜1868年）には官営の御手作場（農場）、苗木園、薬草園、牧場（外国人用の牛肉、牛乳の生産）などが作られ、久根別川の改修で箱館との間に、薪炭、野菜、肥料などの舟による運搬が盛んに行われていた。

箱館府は、ガルトネルを雇人（1カ年4百ドル）として、これに七重村の農場経営を委ねることにしたのである。最初の予算は3百〜4百両程度とされていたが、いつのまにか、その規模は拡大され、7万坪の土地に莫大な経費を投入する箱館府の大事業に変貌していた。農場計画は進展し、プロイセンからの農具、種苗などが続々到着していた。

同年11月、箱館は旧幕府軍（榎本軍）に占領され、徳川蝦夷政府が成立した。農場計画はここで挫折するかにみえたが、ガルトネルは「新」箱館奉行永井玄蕃（旧幕臣）に交渉し、明治2年2月19日、「蝦夷地七重村開墾契約書8カ条39項」（英文、独文、和文）を取り交わした。この契約は、「徳川蝦夷政府」からガルトネルが「七重並びに近郊の荒野3百万坪を、99年間借り受ける」というものであった。

榎本武揚としては、これを将来の蝦夷地経営の一拠点とするつもりだったのであろう。財政難の榎本軍への相当額の献金もあったと思われる。結果として、農場は七重村112万坪、飯田村29万6千坪、大川村73万1千坪、中島村91万7千坪（以上七飯町）、合計306万6千坪という大規模なものに膨れあがった。

ガルトネルは、ここに欧州から穀類種、蔬菜類種、飼料植物種（クローバ、アルファルファなど）、果樹（林檎、梨、桜ん坊、葡萄、グースベリー、カリンズなど）、家畜動物（馬、牛、豚など）、農耕機材、食品製造機材などを入れ、パン焼き窯、ガラス温室なども造った。彼はこの地に本格的なプロイセン（ドイツ）式農場を作ろうとしたのである。

しかし明治2年5月、榎本軍は敗れ、徳川蝦夷政府は消滅した。

ガルトネルは、明治政府に契約継続を持ちかけたが、交渉は曲折のあと、結局、明治3年11月、日本政府はガルトネルに賠償金6万2千5百ドルを支払い、ガルトネルは土地を日本政府に返却することで決着した。

この一件には当時の欧州商人のしたたかさとともに日本政府（榎本政権も含めて）の外交上の未熟さが見え、そこから欧米列強国の日本観も窺われて興味深い。

ガルトネルのこの農場開設の目的が何だったのかは謎であるが、もし彼がそのまま農場経営を続けていたら、この地域はドイツ風大農場になって、今頃私たちはドイツの農業文化の結実を楽しんでいたかも知れない、などという「不謹慎」な想像も湧く。

その後、開拓使はガルトネル農場の施設の一部を付属の植物、動物類とともに引継ぎ、開拓使開墾場（通称七重官園、七重農業試験場、七重勧業試験場とも）を設置した。

これは「動植物良種を外国に購（購入）し、直ちに北海道に移すも、風土の適否を知るべからず。故にまず、これを東京（東京官園）に試み、その風土に適するを察し、しかる後に七重試験場に移し、漸次（だんだんと）全道に及ぼさんとす。また（東京官園に）現術生徒（農業実習生）を置き、西洋農具使用より牧畜樹芸を伝習し、卒業後七重試験場に遣り、もって全道農業の模範たらしむ、これ当場の設ある所以（理由）なり」（『開拓使業報告』）という性格のものだった。

開墾場は、農地、果樹園、牧場、牧草地、植物園、樹林、製紙場、水車室、家畜房、製煉所（煉＝コンデンス・ミルク）、鮭養殖所などを持ち、米国から移入した小麦、麻なども栽培され、付属の大野村（七重の西隣、

ガルチネルが植えたブナ林の名残（七飯町）

現北斗市）養蚕場、桔梗野（七重の南隣、現・函館市）牧羊場も含めて、北海道の近代農業発祥の地となった。

明治4年7月以降に来日した米国の農業指導者たちも、この開墾場を活用し、しばしばここを訪れて、農場で働く人々に批判、指導、指示、激励を行なっている。

カラフト島をめぐる綱引き

樺太島（サハリン島）は「日露和親条約」（1854年12月締結、「下田条約」とも）によって日露混住の地とされていたが、ロシア政府はそれ以降、続々と軍隊と移民（主として流刑囚）を送り込んで、島の「実効支配」を狙っていた。

駐日イギリス公使パークスは、明治2年8月9日、大納言岩倉具視、参議大久保利通、大蔵大輔大隈重信、外務卿沢宣嘉、開拓長官鍋島直正、外務大輔寺島宗則ら開拓使関連の首脳との会談で、樺太島におけるロシア勢力は日本の10倍もしくは100倍であるとし、ロシアは日本と紛争になればただちに北海道島まで進出してくるだろうと述べ、足元の北海道の開拓にろくに手をつけないで、すでに失われたも同様の樺太島を守ろうとする愚を冷笑し、樺太島を放棄することを勧告した。

実際、すでにロシア軍は樺太島の全域に進出し、明治2年6月末には、ロシア軍艦が島南部のアニワ湾に来航し、日本の本拠地クシュンコタン（のち大泊）に隣接するハッコトマリの日本政府施設や海産物干場を破壊、ロシア軍基地を建設し、日本人との間に暴力事件を数多く起こしていた。

現地のロシア軍将校は、「樺太でひとたび日露が衝突すればそれを口実に北海道島を占領する」と高言していた。ただし、パークスのこの「勧告」は、なにも日本の利益を思ってのものではなく、「ロシアの南進はイギリスの日本、北太平洋地域での利権を損なう」という純然たるイギリス帝国主義の立場からの発想であり、そのためにロシアの進出状況もかなり誇大に表現していたとみられる。

つまりこれは、英、露、日の三帝国主義国家による東アジア地域の利権争奪戦の一部だった。しかし、この勧告で日本政府はロシアの進出に恐怖心を抱き、これと事を構えることを極力避ける方針をとることになった。

鍋島直正は、佐賀藩主時代からの対露強硬論者で、この時もその立場を貫いていたと思われる。しかし、同（明治2）年8月25日、鍋島は開拓長官を退任し、東久世通禧（1833～1912、公卿、のち伯爵）が第2代長官に任じられた。この間の事情は不明であるが、あるいは鍋島の対露強硬姿勢が原因だったかもしれない。その一週間前の8月18日、政府が鍋島を大納言に昇格させたのは、開拓長官を辞任させる意図によるものだったと推測されている。

東久世は長官就任のあと、開拓判官、権判官（判官は長官、次官に次ぐ第三の地位で担当地域の指揮官）らと北海道赴任後の方針を審議し、政府に14項目の「伺」を提出、その是非の判断を求めた。

それらはカラフト島での対露対策、開拓使の組織改革、北海道の独自通貨の発行、開拓行政の進め方、松前藩の処遇、など多岐に亘るものだった　政府はその一部を了承し、他は今後の持ち越し課題とした。

その結果、長官以下の箱館赴任、各判官が石狩、宗谷、樺太に赴任し地方行政にあたること、石狩に本府（開拓の中心都市）を建造すること、箱館、寿都（渡島半島北部日本海岸）、手宮（現・小樽市）、幌泉（えりも町）に沖の口運上所（税関）を設置すること、などが決定された。

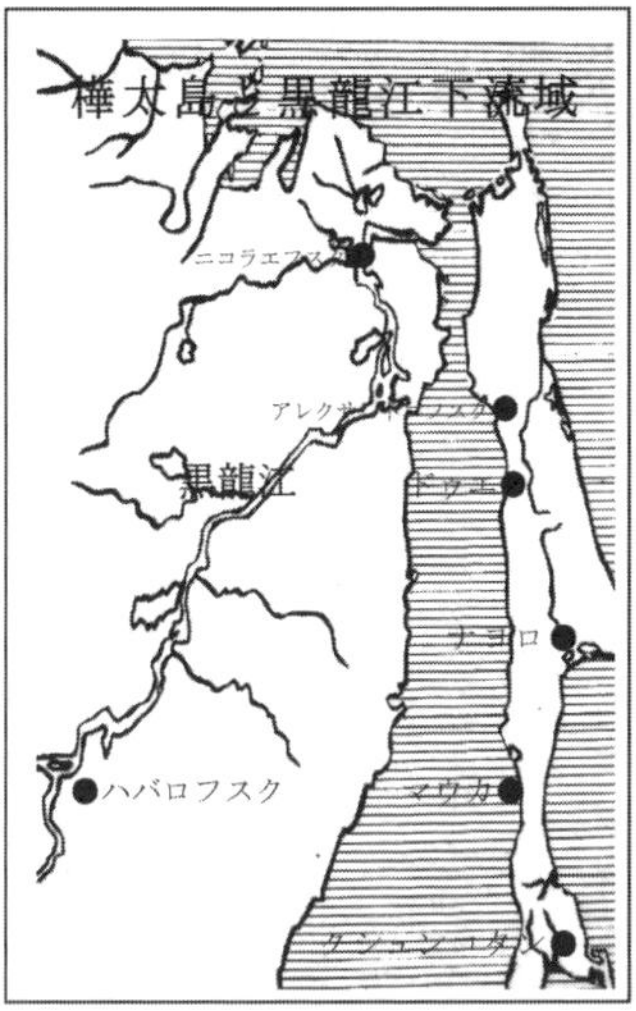

対露対策についての太政官指示は不明であるが、その後まもなく右大臣三条実美が東久世にあてて「礼節を主とし、ロシアより暴行の挙あるとも、わが方においては軽挙な振舞あるべからず」と指示しているので、おそらく融和策、ないしは共存策だったと思われる。

樺太島は、箱館裁判所（明治1年4月設置）時代から岡本監輔権判事が、「日露和親条約は徳川の家臣によって結ばれたものであり、天皇親政の新時代には改めて日露国境の策定が必要」として、島の南半部地域（旧称北蝦夷地）の経営に熱意を持っていた。

岡本ら開拓使役人は、アイヌ民族の「撫育（大事に育てる）」に務めるとともに、日本人5百人（箱館と東京で募集）を移住させ、無税、食料供給などで厚遇して、農業、漁業、牧畜業での開拓を進めようとしたが、移民たちはこの島の寒冷気候に恐れをなし、次々と脱落して日本に逃げ帰ったので、その定住政策は容易に進まなかった。彼らは東京その他で集められた者たちで、無頼の徒や遊民たちも多く混じっていたというから、厳しい開拓作業や極寒の気候に耐えられる人たちではなかったのであろう。

明治3年2月、政府は、岡本の報告によって、樺太島で日本がロシアの劣勢に立たされていることを知り、彼の建言によって「樺太開拓使」を設置した。

樺太開拓使は独自の予算を立て、クシュンコタンの公議所を樺太開拓使庁と改称したが、それ以外はそれまでの組織と変わらず、長官も置かなかったから、実質的には開拓使本庁の管轄下にあったと思われる。この時、開拓使は「北海道開拓使」と改称された。

同年5月、黒田清隆は樺太島専務の開拓次官（樺太開拓使の次官ではない）に任じられた。岡本は開拓判官だから立場上は黒田が上である。

黒田清隆

黒田清隆は、薩摩藩のわずか4石取りの下士の家に生まれた。幕末動乱の勃発と、西郷隆盛、大久保利通らを下士仲間の先輩として持ったことが、彼のその後の人生を決めたといえるであろう。

彼は、文久3（1862）年6月の「薩英戦争」に砲手として参戦し、同年12月、「砲術その他の西洋学を学べ」との藩主下命を受け、江戸の江川太郎左衛門の学塾に派遣された。この時、西郷は「砲技の人となるなかれ、天下の士となるべし」といって彼を送り出したという。

慶応1（1865）年12月、西郷の命令で、土佐藩士坂本龍馬とともに長州に赴き、「反幕府薩長連合」結成の予備交渉にあたった。戊辰戦争（１８６８年1月～１８６９年5月）では、山縣有朋（長州藩）とともに、はじめ北陸戦線で長岡藩軍と戦いこれを撃破。次いで、庄内藩との和平工作を成功させ、戦争の終結に功をあげた。

明治2年1月、軍務官（明治2年7月兵部省と改称）に出仕、同年3月、箱館戦争鎮圧のため北海道に渡り、旧徳川榎本武揚軍を五稜郭城に追いつめ、その降伏を受け入れて東京に凱旋した。その後、黒田が榎本らの助命に尽力したことはよく知られている。彼は、榎本らの西洋知識と能力が、遠からず新政府に必要になることを知っていたのである。

明治2年9月、それまでの軍功に対して7百石の家禄が与えられ、同年7月、外務大丞（外務省第3の地位）に登用された。これは樺太島をめぐる日露対立の解決に黒田を起用せんとする意図によるといわれている。だが、黒田はこの任務を忌避し、軍人として活動することを希望したので、同年11月、改めて、兵部大丞の職を与えられた。

しかしこの頃、兵部省内では、兵制の構成を巡って大久保利通ら薩摩派の「雄藩親兵制」と大村益次郎（明治2年9月、刺客に襲われ、11月5日死去）ら長州派の「国民徴兵制」とが対立、翌3年4月、黒田は兵部大輔（省内第二の地位）前原一誠（旧長州藩士、明治9年10月、山口県萩で反政府挙兵、敗北、斬刑）と衝突し、兵部省を辞任、大久保に勧められ開拓使入りを決めた。黒田はもともとサムライ気性の武断的人物で、新政府内でも軍事指導者の地位を望んでいたが、その道はここでいったん途絶えた。

カラフト島放棄案

明治3年7月、黒田清隆は「全権ヲ以ッテ臨機適宜処分、之アルベキ事」との政府の命令を受けて樺太島に出張し、現地のロシア官吏らと親しく接して島の現状を視察、その後、身分を隠して北海道の宗谷から西海岸、函館地方を視察、10月20日、帰京した。

帰京後、黒田は政府への建議書（いわゆる「十月建議書」）を提出し、北海道の開拓推進のためには開拓使機構の大幅編成替、地勢による分県、石狩鎮府設置による全道統括、総督に大臣級人材の任命、年額150万両の予算確保、樺太開拓使の石狩鎮府管轄化などが必要とし、樺太島はいずれ放棄すべしとの方針を提案した。黒田は、軍事的に未熟な日本に、大国ロシアと一戦を交える力はない、今はむしろ北海道島の開拓に全力を注ぐべきだとし、岡本ら現地役人たちの努力に水を浴びせた。

おそらく黒田は、イギリス公使パークスの勧告で動揺した日本政府首脳、とりわけ大久保利通の対露対立策の指示をあらかじめ受けて樺太島に出張し、現地役人の憤懣を買った親露行動も、帰国後の樺太島放棄提案も黒田の独創ではなく、大久保らの方針に沿ったものだったと推測される。

岡本は黒田の建議書が出た後、これを怒って明治3年閏10月、開拓使を辞任した。

樺太開拓使は、翌4年8月に北海道開拓使に合併され、名称も「開拓使」に戻った。

「樺太島放棄」策は、紆余曲折を経て、明治8（1875）年5月、駐露特命全権大使榎本武揚がロシア政府と締結した「サンクト・ペテルブルグ条約」（いわゆる「樺太、千島交換条約」）で現実のものとなったが、それは、樺太島と千島列島在住のアイヌ民族に、日本とロシアのいずれに属するかという国籍選択を迫り、日本政府（開拓使）による移動強制という新しい悲劇を生みだすことになる。

蝦夷島の開拓と領土問題

政府は開拓使を設置し、樺太島（旧北蝦夷地）、宗谷地域、根室地域に「農工民」を送り込んで蝦夷地の開拓に意欲を示したが、それらの移民たちは開拓民としてほとんど使い物にならず、この「第1次募移民計画」は、ほぼ失敗に帰した。

明治2年7月22日、政府は「蝦夷地開拓を志願する者には相応の土地を割り渡す」との太政官布告を発した。この日本人移民奨励政策は、南進してくるロシアが蝦夷島に達する前に、この島は日本に所属していることを証明するための政府の苦肉の策であった。

帝国主義の論理では「無主の地（ラテン語 terra nullius、領主、年貢負担者の定まらない土地）は、そこに早く到達した者のもの」であり、実際、ロシアはその論理で、ウラル山脈を越え、全シベリアを自領であると宣言し、さらに今、カラフト島と千島列島を手に入れつつ、蝦夷島に迫りつつあった。

もちろん、それらの土地は「無主」だったわけではなく、それぞれの土地にそれぞれの文化と生活を営む民族が居住していたことはいうまでもない。それは火器での威嚇と暴力と詐欺による侵略であり、民族とその文化の抹殺の歴史であった。

日本政府はこのロシアの南進に早急に対抗策をとる必要があった。しかし、蝦夷地は日本領であるという認識を、それまでの日本人が持っていたか、については大いに疑問がある。

徳川幕府は嘉永6（1853）年12月、ロシア特使プチャーチンに対して「アイヌは日本国所属の人民だから、アイヌが住む蝦夷島は日本領である」と主張したが、歴史上の無数の事例によって、幕府や松前藩、あるいは大方の日本人が、アイヌを日本人と同等の人間とは考えていたわけがないことは歴然としており、逆に、彼らを徹底した差別と支配と収奪の

明治初期の開拓使の動向

明治1年（1868）	3/9 睦仁天皇「蝦夷地開拓の得失」諮問 10/21 岩倉建議「蝦夷地ニ国名ヲ付ケラレルベキ事」
明治2年	5/21 睦仁天皇「蝦夷地開拓」に関する諮問 7/8 開拓使設置・初代長官鍋島直正、次官清水谷公考、判官に島、松浦、岩村、岡本、松本、竹田。開拓使役所（開拓使庁）は東京芝増上寺内に設置 7/22 政府「蝦夷地分割統治の志願募集」布告。8～12月、38分割統治実施（明治4年7月まで） 8/15「北海道」改称命名。11国86郡の区画布告 8/25 東久世通禧長官就任。判官、権判官らと開拓方針審議。太政官（政府）に提出、政府から指示を受ける 9/10 岡本判官、カラフトへ出立 9/25 東久世長官、島、岩村判官とともに箱館着 9/30 箱館に開拓使出張所設置。箱館を函館に改称 9/30 松本判官、根室、竹田判官、宗谷へ出立 10/1 島判官、札幌へ出立。札幌本府造営開始 1/? 根室、宗谷に開拓使出張所設置
明治3年	2/13 樺太開拓使設置 5/9 黒田清隆、開拓次官に就任 7/27 黒田、樺太島に出張 10/20 黒田、帰京、「十月建議書」提出 閏10/9 在京の開拓使庁廃止、東京出張所と改称 11/? 開拓使、七重村に開墾場（七重官園）設置
明治4年	1/4 黒田、米国へ 6/7 黒田、帰国。前後してケプロンら来日 5/? 札幌に開拓使本庁、函館、根室に出張開拓使を設置 8/19 政府、「開拓使十年計画」決定、翌年から実施予定 9/? 開拓使、東京に3官園、札幌に1官園を設置 9/21 樺太開拓使を北海道開拓使に併合 10/15 東久世長官転出、黒田、長官代理（明治7年8月、長官就任）

対象として来た。それは「蝦夷地とは異民族蝦夷（アイヌ）が住む外地（化外の地＝非文化圏）」という意識による。従って、「アイヌは日本国所属の人民だから蝦夷島も日本領だ」と言い張るのには相当な虚構が必要であろう。日本側のこの言い方は、ロシアに対抗するために作り上げた我田引水の理屈である。

結局、ロシアも日本も、蝦夷島、カラフト島、千島列島を勝手に「無主の地」と認定して侵出し、その土地と先住民族から収奪を重ねてきたのであり、これは帝国主義国家同士の領土争奪戦であった。

明治政府は、大急ぎで蝦夷島に日本人居住の実績ないしはその見せかけを作る必要があったが、国庫にはその資金がない。開拓使が、「天皇を頭にした一元的中央集権」という国家看板とは若干矛盾する「蝦夷地分割統治案」を実施せざるを得なかったのはこのためだった。

これは、太政官布令に応募して蝦夷島開拓を志願してきた各藩などの団体に、その希望する土地と人民の統治一切を任せるというものであり、明治政府が否定した封建制度（旧藩制度）の一時的な復活であったが、政府にはさしあたって、それら諸団体の「人と資金」に頼る外に蝦夷島の日本人居住の実体を作る方法がなかったのである。

明治2年8月には、蝦夷島を北海道と日本風に改め、その北海道をほとんど実体のない11国86郡に分け、それぞれに漢字地名をつけたが、これも蝦夷島は日本領、とするための工作だった。ただし、その大部分はアイヌ語地名を漢字表記にしただけのものであり、この島が本来はアイヌの地であったことを示すことになったのは、日本政府の意図を裏切る歴史の皮肉である。

政府は、ロシアと日本との軍事力その他の差から見て、この時期に日本がロシアと武力衝突する危険を冒すのはあまりにも無謀で危険な選択と考え、その回避に必死だった。

農民移入政策

明治2年12月、開拓使の島（義勇）判官は、羽前（ほぼ山形県）、越後（ほぼ新潟県）に吏員を派遣して農民を募集させ、これを札幌周辺へ入植させるという「第二次募移民計画」を実施した。この募集に応じた酒田県（山形県庄内地域）、柏崎県（新潟県柏崎）の農民たちは、明治３（１８７０）年４月、５月に、札幌郡の円山（30戸）、丘珠（30戸）、苗穂（36戸）、札幌郡札幌村（22戸）に入植した。札幌村にはそれ以前に23戸の入植農民（幕府の御手作場）があり、新移民の村落は新村、旧村落は元村と呼ばれるようになった。

明治初期の札幌周辺への農民入植（『新北海道史』から）

移住時期	移住人	移住先
①明治3年4・5月	酒田県96戸２９８人 柏崎県22戸96人	円山、丘珠、苗穂、札幌村
②明治4年	盛岡県92戸 登米県24戸 仙台県29戸	花畔、篠路、月寒 対雁 石狩郡生振

開拓使は、翌４年中にも札幌周辺に５００戸の入植を予定していたが、これは２５０戸に半減された（実際の入植数は不明）。それらの農民は、奥羽、越後地方で募集され、明治４年、盛岡県（ほぼ岩手県）から花畔（39戸、現・石狩市）、篠路（10戸、現・札幌市）、月寒（43戸、現・札幌市）に、登米県（宮城県北部）から対雁（24戸、現・江別市）に、仙台県（宮城県中部）から石狩郡生振（29戸、現・石狩市）などに入地した。札幌周辺以外では、明治４年５月、日高国浦河郡西舎と杵臼に、九州の長崎、熊本両県から開拓使募集の移民45戸１６７人の入地があった。

明治４年春、開拓使は、館藩（旧松前藩）を通して福山（松前）の商家20戸を札幌に移住させ、資本金貸与などの優遇をして商品流通の便を図った。明治５年、「漁業改良」を名目に、鹿児島、長崎両県の漁民１１０余人の招募が行われ、また開拓使の援助によって、漁場持（旧称漁場請負人）が、道南、東北各県から根室、厚岸、釧路などへ各数戸から１００戸の漁業移民を入れた。これらは漁場請負制廃止によるアイヌや東北各県からの出稼ぎ人労働力の不足などへの対策だったと見られている。

明治５年９月20日、開拓使は「北海道地所規則」とその一部を抜粋した「北海道土地売貸規則」を公布し、「深山、幽谷、人跡隔絶の地」を除いてその所有を明らかにし、日本人移民には１人10万坪（約33町歩）まで売り下げるとした。ただしそれは日本人に限り、アイヌは対象外とされた。

「旅のノートから」4・アイヌ人骨盗掘事件

森村のアイヌ墓地、盗掘事件

安政5（1858）年7月の日米修好通商条約締結のあと、幕府は同様の条約をオランダ、ロシア、イギリス、フランスなどの欧州諸国とも結んだ。その後、それらの国の船と人とが、日本の開港地を中心に往来、居住するようになった。

箱館にはロシア（1858年）、イギリス、フランス（1859年）、アメリカ（1865年）、プロシア（＝ドイツ。1868年）などの領事館が設けられ、それぞれ自国船舶の利益確保と在留自国民の保護と取締りに当たっていた。

慶応1（1865）年9月13日の深夜、箱館の北方約40km、森村のアイヌ墓地が何者かに盗掘され、3体分の遺骨、1個の頭骨が持ち去られた。その夜、村の旅籠に泊まった自称人類学者、イギリス人ホワイトリ、箱館のイギリス領事館館員のトローンとケミッシュ、同領事館小使の千代吉による盗掘と疑われた。これらの人骨は、領事館に持ち帰られた後、直ちにイギリスに送られた。

同年10月20日、ホワイトリ、トローン、ケミッシュの3人は、イギリス領事館小使の長太郎と庄太郎を伴って再び森村に姿を現し、一泊。翌21日、午前11時頃、森村の北西10kmの落部村に到着、旅籠屋庄六方で休憩し、酒を飲み五升芋（馬鈴薯）を食べてから、鴨撃ちを装って、アイヌの墓地へ向かった。

当時、外国人の遊歩区域は、箱館から10里以内とされていた。森村は辛うじてその範囲内だったが、落部村は明らかにその外側にある。ただし、箱館奉行所は、箱館は東、西と南の三方が海であり、遊歩区域が限られているとして、北方は落部村までの遊歩を黙認していたのである。

墓地に着いた一行は、英国人が墓を掘り、銃を持って周りを警戒し、長太郎と庄太郎も付近の道路を見回っていた。彼らは、13の墓の墓標を剥ぎ取り、墓から骨を掘り出し、主に頭骨類を行李に詰め、庄太郎に背負わせて、旅籠屋に戻り、酒を飲んで休憩した。その後、借り上げた2頭の馬に行李を積んで箱館に持ち帰った。イギリス領事ハワード・ヴァイスは箱館郊外で彼らを出迎えた。しかし、薪拾いに来た村人（日本人）などがこの盗掘現場を目撃し、アイヌの人々に知らせた。

10月26日、これに憤慨したアイヌたちは、箱館奉行所に訴え出た。奉行小出大和守秀実は、イギリス領事ヴァイスに事実の確認を求め、3人を尋問したが、彼は発掘の事実を否認した。ヴァイスは、犯人が判明すれば遺骨を返還させ、過料500ドルを課すか、2年間の入牢処罰にすることを約束した。

10月28日、イギリス領事館で第1回談判がおこなわれ、ポルトガル代理領事（英国商人）、フランス領事、アメリカ領事が立会人として参加した。

11月6日の第2回談判で、落部村で発掘を目撃した日本人が証言し、事実は明白になった。イギリス側は、結局、トローンらの犯行を認め、落部の頭骨を奉行所に返還したが、庄太郎、長太郎は逃亡させ、その追跡を妨害した。彼らは森村の盗掘もトローンらの犯行と認めたが、「臭気がひどかったので海に捨てた」と偽答した。

12月初旬、ヴァイスは自国軍艦で横浜に行き、イギリス公使パークスにこの件を報告、善後策を協議した。パークスは、犯行が厳罰に値することを認めた。翌慶応3年1月17日、在箱領事にガワーが着任し、ヴァイスは箱館を去った。

ガワーは、森、落部両村のアイヌに謝罪し、発掘された人骨の慰霊祭事を行い、慰謝金として一分銀千枚（約333ドル）、出訴費用として一分銀242枚（約142ドル）を支払ったが、これはアイヌたちの手には渡らなかったという。実際には支払われなかったのか、日英いずれかの役人が着服したのかと思われる。

慶応3年4月18日、領事ガワーは、突然、アイヌ遺骨を森村に返還した。だがこれは偽物だったらしく、実際には、2体はロンドン、1体はセント・ペテルスブルグ（ロシア首都）へ送られていたとみられる。英国へのものは、箱館のイギリス領事ハワード・ヴァイスから、その兄のヴァイス大佐（ウィンザー在住）に送られ、「白人種の精神的能力の優越性」証明のための素材にされたらしい。

この結果から見て、この件にはイギリス人だけでなく、複数の欧州人が関与し、背後に欧州の博物館や学界が関与していたのではないかと思われる。骨格や頭骨の測定によって人種の優劣を判定するとは、現代の私たちには無謀な方法にしか思われないが、当時の欧米学界ではそれは「常識」だった。これらは白人種の優位性を絶対の前提とし、それを証明するための「実験人類学」であり、事実と推論の論理逆転であった。

この方法による「人種差別」は、しかし欧米人だけの問題ではなかった。帝国大学（明治30年以降、東京帝国大学）医科大学解剖学教授小金井良精（1858～1944年）は、明治21年、「アイヌ人種の生体の計測観測と、なるべく多くの頭骨、骨格の蒐集」のために北海道各地を歩き回り、医者の診断を装ってアイヌの身体計測をし、アイヌの墓地から、アイヌ人骨、特に頭骨を70体以上、副葬品多数を掘り出し、石油缶につめて東京へ送った。アイヌたちの目を避け、各地の日本人の病院長、収集家、警察署などの助力を得ての作業だった。

翌年も、彼は色丹島、国後島で同様の収集を行った。これらの「成果」を基にして、明治27年、彼は「現生日本人との比較でアイヌ民族の特徴を明らかにした」論文（ドイツ語）を書いた。昭和2（1927）年6月には、赤坂離宮で「本邦先住民の研究」と題する御前講演（天皇列席の講演）を行い、「本邦（日本国）の石器時代の民族、すなわち先住民族はアイノであるという結論に達しました次第でございます」と語った。

京都帝国大学医科大学微生物講座教授清野謙次（1885～1955年）は、大正13年、「カラフトアイヌの出来るだけ純粋な骨格」と「金属器使用以前の石器時代のカラフトアイヌ人骨」の収集のためカラフトに渡った。彼もまたアイヌたちの目を避けながら、各地病院長、巡査部長、村長、小学校校長、青年団などの日本人の協力で貝塚やアイヌ墓地を発掘、「日本石器時代人は、日本原人と呼ぶべき人種で、これが北方や南方の人種と混血して現代のアイヌ民族や日本民族になった」とする自説の裏付けとした。

これらの「学術研究」は昭和時代にも続き、北海道帝国大学医学部解剖学教授の児玉作左衛門（1895〜1970年）は、昭和9（1934）年から同11年にかけて、八雲、落部、長万部、森、十勝浦幌、カラフト、北千島などでアイヌ墓地（彼は遺跡と呼んだ）を発掘し、「アイヌ頭蓋骨後頭部の孔は、アイヌ民族に行われていた迷信的風習（人肉食など）による」などの説を立てた。戦後、昭和44年に、彼はこの説を撤回し、「アイヌの人肉食や人肉薬用は極めて稀なこと」で「長い間アイヌを疑っていたことを深く恥じている」と述べた。

小金井、清野、児玉らは、「アイヌ人骨、特に頭骨の発掘は、日本の学者の世界の学界への責任と、真理の解明という純粋な学問的動機からなされた」と主張し、結果として「アイヌは日本先住民で、現生日本人とは違う」説（小金井）、「アイヌではない日本原人に北方と南方の人種が混血してアイヌと和人（現生日本人）になった」説（清野）「アイヌの頭骨損傷は、アイヌの未開性による行為」説（児玉）などの「発見」によって「アイヌ民族は、現生日本人とは別種であることを証明した」としている。しかし、彼らのいう「真理探究心→発掘→検証→証明」の論理展開は、実際は順序が逆で、「アイヌ蔑視の思想→アイヌ未開人説→その証明のための発掘→科学的根拠のない事実の発見」であったと言える。

それは欧米人学者たちの「白人優位説証明」のための多人種骨格の発掘、比較研究の模倣から始まり、日本国家の帝国主義的発展の思想の中で増幅された「アジア諸民族への差別」意識の流れに加担した動きであり、倫理なき学者たちの非論理的・非科学的行動であった。

帝国主義国家によって徹底的に教育された日本の民衆も、全面的にそれに協力し、何の疑いも抱かなかったし、むしろそれへの協力は彼らにとって正義であり、喜びであり、神聖な義務でさえあった。

この、主に帝国大学医学部系の学者たちによる「アイヌの学術研究の成果」は、国家主義的研究者がしばしば陥る危険の典型例であり、その後も同様の「研究」は、何度となく繰り返されている。それは私たち日本人庶民のアイヌ観に強い影響を与え、大方の現代日本人の頭の中に今も持続しているように思われる。

第3章　士族移民の時代

会津藩士たちの長い旅

　開拓使（政府）の蝦夷島分領化の布告には、諸藩、士族団体、大寺院、東京府、兵部省（のち陸軍省）などが応じた。それらの中でもっとも切実に蝦夷島の土地を希望したのは、戊辰戦争に敗北し、その報復として、減封、領地没収・転封などの処分を受けた東北諸藩の武士たちであった。会津藩は戊辰戦争の敗北で、全領地を新政府に没収され、家名没収、藩主松平喜徳（最後の徳川将軍15代慶喜の実弟）と前藩主松平容保は永禁錮（長期謹慎）、家老3人は天皇への反逆の責任をとって切腹の処分を受けた。この、上に軽く下に重い処分は明治政府の一貫した方針だった。一般藩士たちは一瞬のうちに無位無禄の身に転落し、戦犯として謹慎を命ぜられた。

　その後、明治2年11月3日、政府は、松平容大（容保嫡男）の家名存続を許し、翌3年1月5日、旧会津藩の石高23万石を3万4千石に減らし、陸奥国、三戸郡の一部、二戸郡の一部、北郡の一部（下北半島部）を合わせて新藩の設立を認めた。

　しかし、新政府の、旧徳川政権と会津人への憎悪と報復心はここで十分に発揮された。政府は、肥沃な地域（七戸藩領）をはずして会津藩に与えたのである。実際の陸奥国

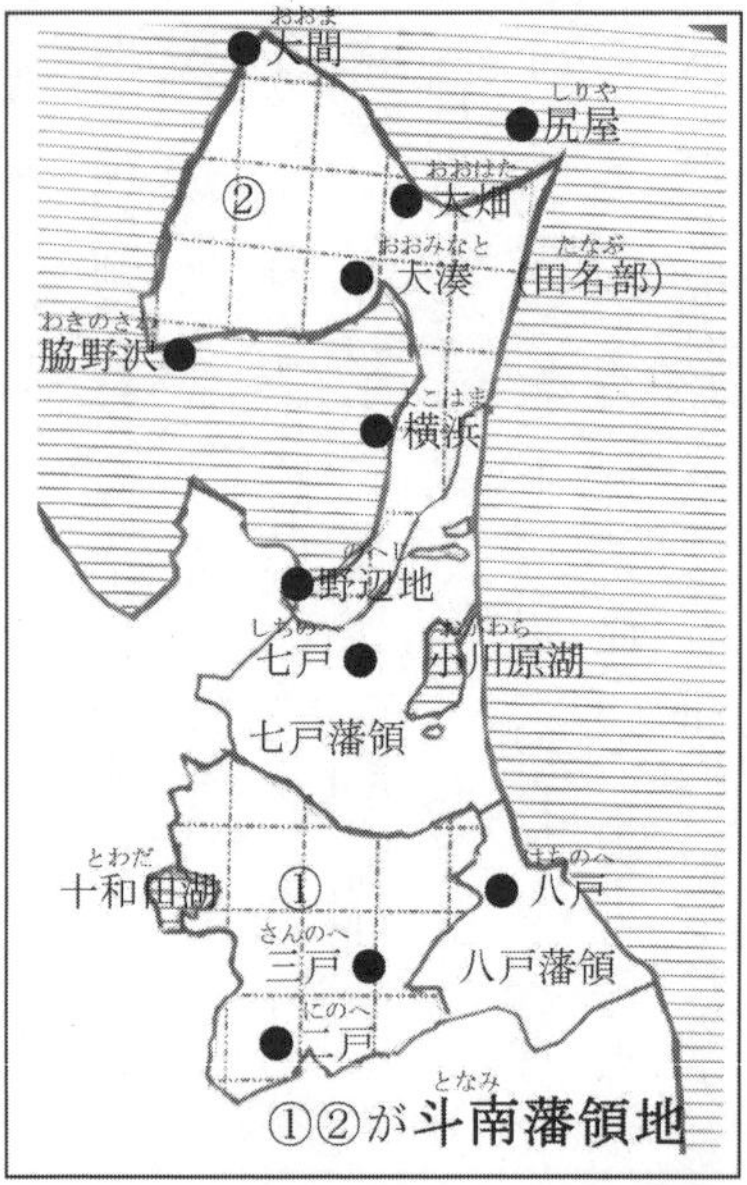

移住地はほとんどが寒冷不毛、農耕不能の荒蕪地で、表高は3万4千石だったが、実高（実収量）はわずか7千石ほどといわれる土地だったのである。その結果、旧会津藩領4千戸からの移住組およそ2千8百戸、1万7千余人は絶望的に困窮した。彼らは日々の食に事欠き、餓死が相継ぎ、女性の身売り等でわずかに生活を凌ぐという状況になった。

藩士たちの困窮の一因は、農業、漁業、林業、あるいはこの土地の伝統産業である馬産の方法を知らず、知ろうともしなかったことにもある。それまで彼らは、武士としての特権身分に安住し、その立場を支えていた生産業に関心を持たなかったのである。

この新藩は「斗南《となみ》藩」と名乗った。これは「北斗以南皆帝州」という漢詩の一節に拠っているという。「北斗星の南はすべて我が帝国である」とはいいながら、人は生業がなければ生きていけないのも明らかなことだった。

瀬棚町若松地区の農協看板

斗南藩には、のちに北海道のいくつかの郡も加えられ明治3～4年にかけて、陸奥斗南藩から、後志国の瀬棚郡12戸、太櫓郡と歌棄郡に28戸、胆振国の山越郡に11戸が入って、そこに新しい町を作っていくことになった。

斗南藩は、廃藩置県（明治4年7月）で廃止され、旧会津藩士たちも八戸、七戸地域への移住が可能になり、彼らのこの地域での新しい活動が始まった。会津人たちはこれで救われた。反面、それは彼らが、陸奥残留組、会津帰郷組、各地離散組に分かれていく結果にもなった。

一方、政府は、東京で兵部省の管理の下に謹慎中の旧会津藩士2百戸を、「流罪」として北海道へ送ることにした。

この時期、北海道の石狩、高島、小樽内、山越、白糠の各郡は、開拓使（政府）の「北海道分領支配政策」によって兵部省に与えられていた。政府は開拓使を通して兵部省と折衝し、その支配地石狩郡に旧会津藩士を入れて農業開拓に従事させ、失業した武士たちに授産手段を与えるとともに、その地に定着させることを考えたのである。それは、勝者の敗者への懲罰ないし報復であり、彼らに反政府の軍事行動をさせないための措置でもあり、また、ロシアの南下にそなえる軍事力の一部にする「一挙三得」の構想であった。

明治2年9月21、30日、旧会津藩士、211戸、7百余人が、兵部省手配の船で小樽港に上陸した。彼らは、上陸すると同時にその「罪」が赦され、札幌地域の農業開拓に当たることになっていた。

しかし、兵部省の札幌周辺の開拓計画は、明治2年10月の開拓使による札幌本府建設開始によって頓挫した。兵部省は、石狩郡当別を開拓地として選定し準備を始めたが、翌3年1月、政府は兵部省の石狩、高島、小樽内支配を廃止、開拓使支配地としたので、この計画も中止されることになった。頼るべき基盤を失った会津藩移住者たちは、開拓使樺太専務の次官黒田清隆（明治3年5月9日就任）を通じて樺太開拓使（明治3年2月設置）に樺太島移住を申し出、これは受け入れられた。黒田は、彼らを樺太行きの日まで待機させるため、一人1日あたり玄米1升と銭百文を支給し、小樽内の西約24㎞の余市の漁業者の家に移した。ところが、樺太開拓使は明治4年8月に廃止され、会津藩士たちの受け入れは不可能となり、彼らは、三度行き場所を失ってしまった。

この当時、戊辰戦争の中核だった薩長藩が兵部省を牛耳っており、彼らは「維新の大功はわれにあり」として、ことあるごとに開拓使の活動を妨害ないしは抵抗の姿勢を示していた。初期開拓使は、初代長官の鍋島直正、判官島義勇の系譜から佐賀藩閥系であり、彼らもまた西南地方の一雄藩として北海道における兵部省薩長藩閥の横暴に不快感を持った。この対立が北海道開拓事業の障害になってきて、政府は兵部省の活動を制限する方針に転じることになったのである。

結局、開拓使は、彼らを余市に定住させ、この地での農業開拓に従事させることにしたのである。ここに会津藩士たちの長い旅はようやく終わることになった。

仙台藩武士の士魂移住

仙台藩は、表高62万５千石、実高は百万石といわれた大藩だったが、戊辰戦争の後、明治１年12月７日、政府はその全高を没収、５日後の12月12日、28万石に減封し、伊達宗基（３歳・前藩主慶邦の４男）を藩主として藩の復活を許した。

仙台藩に属する一門、一家、一族らは、ほとんど全高を減封され、家中の武士を養うことは事実上不可能になった。この時、仙台藩の武士たちには、農民となってこの地にとどまるか、政府の北海道分領布告に応募して北海道に移住し（彼らはそれを「北地跋渉」と呼んでいた）、武士の誇りを保ちながら、農業開拓に従事するか、の二者択一しかないように思われた。

家中での激しい対立、抗争の議論のあと、以下の移住派６諸家の人々は、おおむねその主君を擁して北海道に渡った。

亘理の伊達邦成家は有珠郡紋鼈（現伊達市紋別）、岩出山の伊達邦直家は石狩郡当別（最終地）、白石の片倉小十郎家は幌別郡登別、角田の石川邦光家は室蘭郡、水沢の伊達邦寧家は、家臣団の一部のみが札幌郡平岸村に入り、柴田郡の柴田意広家は移住許可が得られなかったので、家臣団の移住派は隣接の亘理伊達家の移住に同行して北海道に渡った。

一方、明治２年７月、仙台の伊達本藩は、政府の「北海道分領」布告に応募し、日高国沙流郡西部の支配を許された。仙台藩少参事三好五郎清篤は、同藩の卒族（旧藩で足軽以下の下級武士）１４６人を率いてこの地に移住し開拓事業を始めた。

沙流場所（場所＝漁場）は、寛政11（１７９９）年には東蝦夷地の幕領化によって幕府領になり、その後一時松前藩領に復帰のあと、安政２（１８５５）年、再び幕府領となった時、仙台藩にその支配が命じられた。

仙台藩とはその時以来の縁があった。

明治2年の沙流開拓集団には、箱館戊辰戦争で、政府軍と戦った星恂太郎の仙台藩額兵隊（洋式軍隊）一団70余人が合流した。星はこの後、明治3年、開拓使大主典となり、明治9年、37歳で死去した。

沙流郡開拓は、分領政策廃止（明治4年7月）後、三好が開拓使役人になって去った後も開拓使の若干の扶助を受けながら続けられたが、明治10年、沙流川の大洪水で耕地のほとんどが流失し人々はおおむね離散した。しかし、残留して耕地再建に取り組んだ少数の人々がいた。その中の一人、互野留作は、幕末分領期に仙台藩士に従って移住してきた農民だったが、幕府崩壊後、各地を流浪し、函館で仙台藩第2次移住隊に応募して、沙流郡へ入った。明治11年、彼は掛水暖法で水稲栽培に成功し、沙流郡、静内郡、勇払郡の水田耕作への道を開いた。

・亘理《わたり》伊達邦成家の場合

明治2（1869）年1月、亘理（現宮城県亘理市）伊達家の家老常磐新九郎（37歳）は、その主人伊達邦成（通称藤五郎、28歳）に「邦成公自ら家臣を率い、自費で蝦地開拓に従事、家中自活、警備の実効で朝敵の汚名を雪ぐべし」と建言、邦成はこれに賛成し、常磐にその実行を一任した。

同年8月10日、常磐は太政官（政府）に移住願書を提出、同月23日、「伊達藤五郎、胆振国之内有珠郡、右一郡支配ニ仰セツケラレ候事」との辞令を受けた。同年9月、邦成は常盤新九郎改め田村顕允らを第一陣の移民団として先発させ、自らも遅れて渡道、有珠会所（旧運上屋の和賀屋）に開拓支配役所を仮設して、田村とともに一旦帰

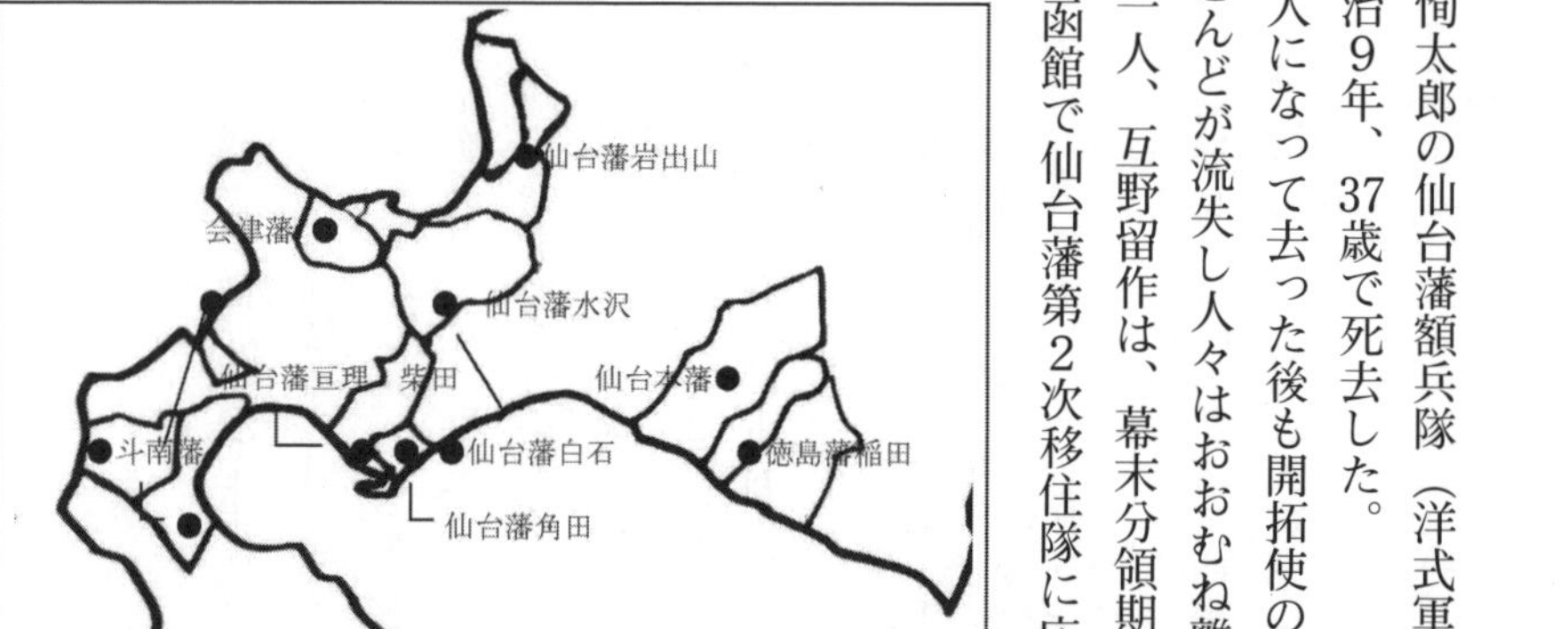

明治初期の士族移住先

伊達家迎賓館（北海道伊達市）

郷した。

明治3年3月29日、第二陣の移民56戸２２０人、大工、土工ら30人が、開拓使汽船長鯨丸で仙台湾寒風沢港を出航、4月6日、室蘭に上陸した。室蘭地方にはまだ残雪が60㎝もあり、婦女子たちの中にはそれを見て泣き出す者もいたという。

翌日、一行は徒歩で有珠へ向かい、同月8～15日、紋鼈川（門別川）東に56戸の仮小屋を作り、ようやく戸別に分住することを得た。同17日、伊達邦成は、支配役所の前に李苗１３本を植え、亘理開拓団の出発を祝った。

その後、亘理伊達主従は西洋果樹の植栽、牧場開設、海運事業、藍栽培、砂糖大根栽培、などの苦労を重ね、この地に新しい郷土を作っていった。

現在、北海道伊達市の「歴史の杜」に、伊達邦成ブロンズ像、開拓記念館、迎賓館、移住時の住宅などの並ぶ一郭がある。迎賓館は、明治25年、伊達邦成が「開拓の功績」によって男爵位を授与された時、旧家臣たちがそれを祝って建てた。木造2階建、外見は和風、１階内部は和室と洋室、２階に和室大広間、という文明開化の雰囲気あふれる様式の建造物で、主に政府役人のもてなしや宿泊に使われたという。

・岩出山伊達邦直家の場合

玉造郡岩出山（現宮城県大崎市）の領主伊達邦直（33歳、通称英橘、亘理伊達邦成の兄）は、戊辰戦争後、城と領地を没収され、家臣団は帰農を命じられた。彼は、家臣団の困窮を救わんと、家老吾妻《あがつま》謙（26歳）の策を入れて北海道自費移住を決意、私財を処分して移住資金を作り、明治２（１８６９）年9月1日、家臣団にその計画を発表した。家臣団一同は彼に従うことを誓った。

同月13日、邦直は政府に移住願書を提出し、10月9日、「石狩国札幌郡、空知郡之内、但シ、地所之儀ハ、石狩府ニテ指図ニ及ブベキ事。右其方支配ニ仰セツケラレ候事」の沙汰書を受けた。吾妻は、仙台藩の藩校養賢堂に学んでいたとき、亘理の常盤新九郎（田村顕允）と知り合い、早くから蝦夷地の開拓に関心を持っていた常盤の影響を受けていた。

伊達邦直は、同年11月、支配地受領のため、先遣隊を派遣したが、兵部省と開拓使の対立で入植地は決まらなかった。

翌明治3年3月末、伊達邦直は、亘理の伊達邦成一行の室蘭行きの船で、家老見習いの鴫目《もずめ》貫一郎（30歳）らとともに渡道、小樽で開拓使判官岩村通俊と会い、「伊達英橘へ石狩国空知郡之内、ナエイ、ナイ（現奈井江町、石狩川中流域）迄ノ土地分割仰セツケラレ候事。午（明治3年）四月、開拓使」との文書を得た。

伊達邦直一行は、石狩川を遡航し、その給付地を見たが、それは狭く、そこへ到る道もなく、洪水多発地でもあった。彼らは、小樽へ引き返し、開拓使に支配地への道路開削と沿海地の拝借願いを提出、厚田郡シップ（現聚富、札幌の北約20㎞、日本海沿岸）の地を与えられた。

明治4年3月2日、岩出山からの第1陣43戸167人は鴫目、吾妻らに率いられて仙台湾寒風沢港から二本マストの蒸気船猶龍丸（加賀藩持船）で、勇払（苫小牧）を目指して出航した。しかし、この船は悪天候のため進路を誤り、しばらく洋上を彷徨ったあと、ようやく3月24日、室蘭の入江（現本輪西）に到り着いた。そこから、男たちは徒歩で陸路をたどり、女、こどもたちは千歳川、石狩川水系を舟行して、4月6日、シップに入った。しかし、邦直は、シップは砂地が多く土質が悪いので農耕には不適と判断し、同年5月19日、開拓使に「当別地区拝借願」を提出、これは受け入れられた。トウベツ（現当別）地区はシップとは増毛山地の南端部を挟んで内陸部にあった。

岩出山開拓団の人々は、同年7月20日から8月1日（10日とも）まで、シップ、トウベツ間約20㎞の原生林を一間（1・8ｍ）幅で伐採し、当別地区への通路とした。この新開の道路は、湿地、泥濘地が多く、荷駄馬での物資運搬はできず、歩行にも多くの困難がともなったが、とにかくシップ海岸からトウベツ地区への通行は可能になった。

次いで、明治5年3月、第2陣44戸１８２人がシップに着いたが、この間、岩出山では北海道移住策への非難が強まり、移住拒否者が続出するという事態になっていた。この時、邦直は、岩出山残留組との交わりを断って、蝦夷地の開拓に邁進（突き進む）することを決意した。彼らには既に帰るべき土地はなかったのである。同5年5月、開拓団は当別への移住を行った。

その後、当別開拓は進捗し、明治12年、邦直は岩出山に赴き、残留帰農者たちに当別への移住を勧誘、56戸２１０人の移住者を得て、当別に帰った。

・白石片倉小十郎家の場合

戊辰戦争終結後、政府は仙台藩白石を片倉家（城主は代々小十郎を名乗った）から没収し、盛岡藩主南部利恭をこの地に減転封させることに決した。盛岡藩はのちに政府への献金70万両によってこの転封を免れることを得たが、白石片倉家の土地はすべて政府に取り上げられたままであった。

片倉家家臣には帯刀禁止が命じられ、帰農することが求められたが、明治2年4月、家臣代表2名が上京し、政府に「百姓になるのはやむをえないとしても、士籍を奪われ、武門の誇りを棄てることはしのび難い、帯刀だけはお許し願いたい」ことを訴え出た。

これに対して政府は、その交換条件として蝦夷島移住を勧めたと推測され、代表の帰国後、片倉家内部では、蝦夷地移住の議論が始まった。

蝦夷地移住の是非を巡って、一時は片倉家内に深刻な対立が生じたが、結局、残る者、行く者、ともに片倉家武士として主君に忠誠を尽くす、という結論に達し、蝦夷島移住を望む者は1千人に達することになった。

改めての政府への移住嘆願は受け入れられ、同年10月（旧暦）、片倉景範（城主片倉小十郎邦憲の嗣子）は、家臣8人とともに胆振国幌別郡（現登別市）の現地調査に渡島した。この季節は、現地ではすでに雪が積もっていて、地質、地形などはよくわからなかったと思われるが、それでも翌3年6月29日、第1陣19戸はこの地に入った。続いて、明治4年3月、第2陣28戸（?）が入植した。

明治4年3月17日、白石で待機中の第3陣に、開拓使から札幌貫族（管轄住民）編入が命じられ、彼らは、札幌に向かうことになった。

同年9月12日、移民398人を乗せた咸臨丸（旧幕府蒸気軍艦）は、仙台湾寒風沢港を出た。しかしこの船は、津軽海峡の泉沢村（函館西方、現木古内町）沖で座礁、移民団全員は村民の懸命な作業で救助された。その後、彼らは函館から後続の第2船庚午丸に乗り込み、その移民団206人とともに小樽に上陸した。開拓使内の連絡不徹底で混乱したあと、彼らは最終的に札幌郡白石と上手稲（あわせて157戸）に移住した。現在の札幌市白石は彼らの郷里にちなんで命名された地名である。

・角田石川家の場合

仙台藩角田の石川家領地も新政府に没収され南部藩の所領となり、石川家家臣団1千3百余戸は行き場を失った。

石川家家臣の泉潔男（のち麟太郎、26歳）は、前当主石川義光（既に隠居中）の寵臣だったが、この窮境から家臣団を救い、且つ天皇新政府への恭順の意を顕すには、政府布告に応え、兵農を兼ねた蝦夷地開拓に向かうしかない、と家中の説得にあたり、家老の広西岱介を代表として政府へ蝦夷地移住嘆願書を提出するに至った。

明治2年9月13日、石川家当主石川邦光（1844〜1923年）は、「胆振国室蘭郡支配」の沙汰書を受け、泉と添田龍吉（泉の兄）らを伴い室蘭へ出向き、同年11月24日、受領地の引き渡しを受けた。

明治3年4月6日、泉は石川家家中の44戸51人の男女を率いて室蘭に入った。

ところが、このあと、広西岱介らが、ある詐欺師の「10万両を政府に献金すれば、旧領への復帰が許される」という口車に乗せられ、移住費用をそっくり騙し取られるという事件が発生し、家臣団の自費移住は困難となった。家臣団の中からは、北海道移住を忌避し現住地帰農を願い出る者が続出し、移住熱は急激に冷めてしまった。ついに石川邦光は支配地返上を申し出、同年5月27日、室蘭郡支配罷免を命じられた。

結局、泉らは石川本家から切り離され、既移住組44戸は2組に分かれ、西半分24戸は伊達邦成の有珠郡、東半分17戸は片倉邦憲の幌別郡の支配に入ることになった（残り3戸は不明）。

その困難にもめげず、泉らは開拓事業を続けたが、あまりの苦難の連続に、開拓団は次第に離散の傾向を見せ始めた。

明治5年9月、泉は郷里角田に帰り、石川家家中の人々に、再度室蘭移住を勧誘した。翌6年、泉は、石川家当主の弟光親（12歳）と3戸の移住者を伴って室蘭に戻った。

室蘭組は本家当主の弟の渡来によって奮い立ち、改めて開拓事業に立ち向かうことになったという。その後、泉は、養蚕、製網、製氷事業などに着手しつつ開拓団の結束に努め、ようやくにして開拓事業を軌道に乗せることを得た。

彼は、明治13年には、郷里から61戸211人の移住勧誘にも成功した。

その後、明治21（1888）年、泉らはさらに広い土地を求めて、北海道庁から夕張郡アノロ（現栗山町阿野呂）に460haの貸し下げを受け、開墾起業組合を作り、男女24人がここに移住した。

これが現在の北海道空知郡栗山町の始まりである。栗山町「角田」の地名は、彼らの郷里仙台藩角田に由来している。

・水沢伊達氏家臣団の場合

水沢（岩手県奥州市）伊達氏の先祖は平安貴族藤原道兼といわれる。その子孫伊沢家景は源頼朝の「奥州征伐」に従って陸奥国に入り、建久1（1190）年、頼朝によって多賀城（宮城県多賀城市）に置かれた陸奥国留守職に任じられた。以後その子孫がこの役職を継承したので、名字も「留守」氏に改めたという。

文禄1（1593）年、陸奥国磐井郡の城主になっていた18代の留守政景は、伊達姓を与えられ、伊達家の「一門」の家格に列することになった。その後、この家系は一関城主、金ケ崎城主を経て、胆沢郡水沢城主となり、水沢伊達氏と呼ばれるようになった。戊辰戦争の敗北で、水沢伊達領は新政府に没収され、諸藩預かりとなった。当主邦寧は仙台藩の新藩主伊達宗基の後見となって仙台に去ったが、家臣団には行き場がなかった。

家臣団は北海道移住を計画したが、邦寧はそれに応じなかった。ちなみに彼は、明治2年、旧姓に復して留守氏を名乗っていた。

明治4年3月、水沢伊達家の旧臣7人と農夫40余人、他地区からの応募者15人、計65人が北海道に渡り、開拓使の扶助を受けつつ、いくつかの経緯を経て、札幌郡平岸村に入植した。

彼らは、その後、開拓使お雇の米人ケプロンの勧めで林檎の栽培を始め、販路確保、海外輸出にも成功し、さらに水稲耕作にも成功して、現在の札幌市の発展の一部を担うことになった。

12歳で平岸村に入植した吉川鉄之助（1859生まれ）は、開拓使修学生となって、近代農業を学んだ。彼は、明治19年、夕張郡馬追原野の夕張川河畔（現北長沼）を視察し、翌20年、家族、水沢以来の仲間とともにここに入植、新しい農村の建設を始めた。これが空知郡長沼町の開基だった。

・柴田郡柴田意広家の場合

仙台藩柴田家家祖の但馬定朝は、柴田郡四保城（船岡城とも。現宮城県柴田町）城主だったが、天文年間（1532～1554年）に仙台伊達藩の「一家」となり、柴田氏を名乗り、胆沢郡水沢を経て、登米郡米谷領主となった。

寛文11（1671）年の「伊達騒動」において、時の当主柴田朝意は「逆臣」原田甲斐の謀反をとどめようとして斬られ、落命した功労により、5千石加増の上四保城に戻ることを許され、幕府崩壊までこの土地の領主だった。

戊辰戦争の敗北で、柴田家領地は南部藩の支配になったので、家臣団は、当主柴田意広を擁しての北海道移住を検討したが、藩論は容易に決しなかった。

この時、この地に進駐していた芸州（安芸国、現広島県）藩士が、この地方で神の使者とされている白鳥を殺し、それに激怒した柴田家家臣に斬られるという事件が起き、意広はその責任から切腹自刃という事態に至った。この事件のため、柴田家は北海道移住の願書提出を禁じられ、移住派の人々は隣郡の亘理伊達家に、北海道移住の同行を申し入れることになった。

明治3年3月、彼らは幼君意成（3歳）を擁して北海道胆振国有珠郡に入植した。最初144戸だった移住希望者は、73戸123人に減ったが、彼らは明治5年3月まで、4次に亘り移住を続けた。ただし、柴田意成は成長後に遊学上京し、二度と北海道に戻らなかった。北海道伊達市の舟岡は彼らの郷里にちなんでつけられた地名である。

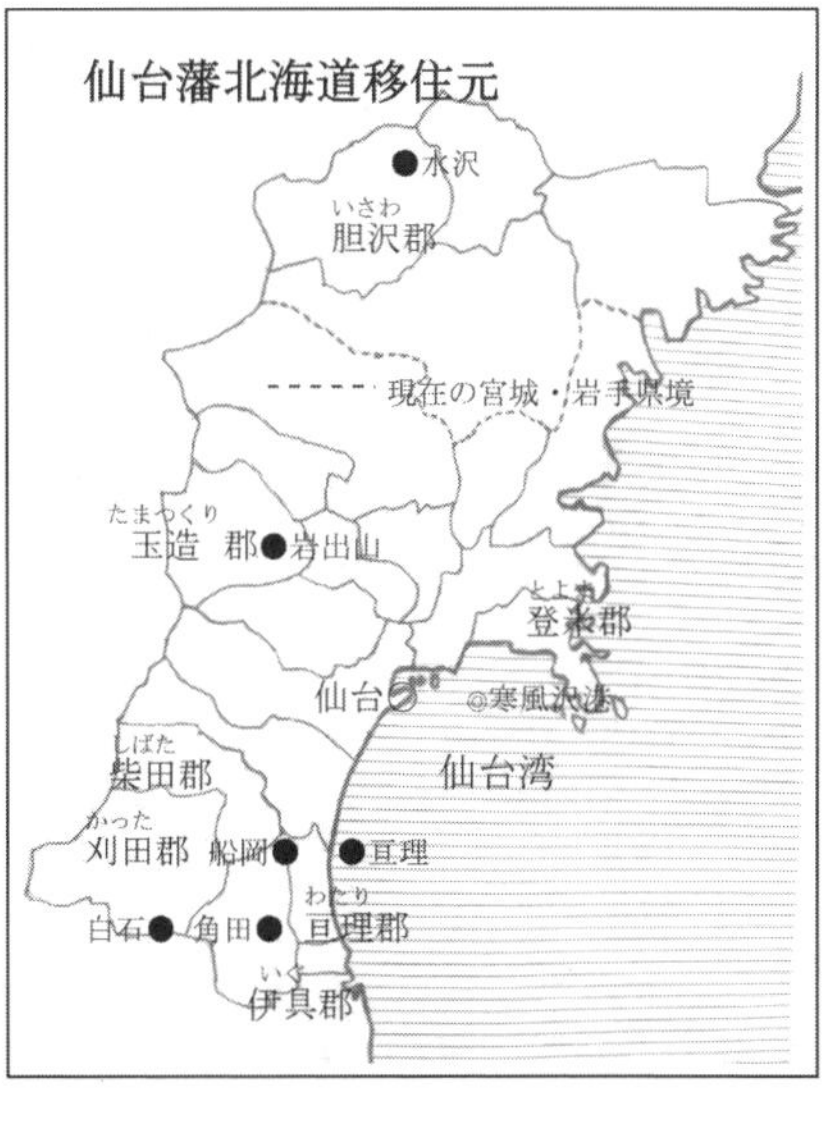

勤王稲田主従の静内移住

四国徳島藩（阿波藩とも）淡路島の洲本稲田家は、徳島本藩領主の蜂須賀家とは、豊臣秀吉の「四国征服（1582年）」以来、対等の盟友関係を維持してきた、と主張していた。

大坂夏の陣（1615年）での徳川方への貢献によって、徳川家康は稲田家を洲本城代（本藩領主の代理人）にすることを徳島藩に命じ、以来、稲田家当主は九郎兵衛を名乗り、この地を支配してきたのである。

稲田家は、徳島藩洲本城代と称してはいたが、実際には洲本1万4千5百石（実高は3万石超といわれていた）城主であり、淡路島のほかにも徳島本藩内に支配地を持ち、さながら独立藩の趣を呈していた。幕末期の稲田家には勤王の家風が強く、京都、大坂からの情報も豊富だったので、徳島本藩の佐幕傾向とは意識の落差が生じ、本藩への優越的対抗意識が強まった。この結果、徳島本藩側には稲田家の非礼を憎む感情が募ってきた。

蜂須賀家は、文政10（1827）年、徳川11代将軍家斉の第22子斉裕（6歳）を養嗣子として迎え、徳島藩主としていた。鳥羽、伏見戦争（1868年1月2・3日）では、徳島本藩も勤王側につき徳川軍と戦った。この直後、1月6日、徳島藩主蜂須賀斉裕が急死し、その次男茂韶（22歳）が新藩主となった。

同年2月、新政府の東征軍が京都を進発した時、稲田家は天皇からの直接命令で東征大総督有栖川宮熾仁親王の護衛大隊に任じられた。一方、徳島本藩は東征参加が許されず、守備隊として京都に残された。これは徳島本藩には屈辱的な扱いであった。これらの鬱積された感情が、のちに稲田家への武力行為として爆発するのである。

明治2年6月、版籍奉還が成って、諸国領主は土地、領民を天皇に返還し、改めて知藩事（藩知事とも）に任命され、旧士分の者は士族に、旧足軽、中間などの陪臣（家来の家来）は卒族に編入された。

稲田家の場合、洲本城代の稲田邦稙（1855生まれ）は、形式上は徳島本藩の一藩士だから、邦稙の家臣団は蜂須賀家陪臣ということになる。それ故、彼らは徳島藩卒族として扱われることになったのである。稲田家家臣団は主家と士分とを同時に失った。

勤王一筋に励んできた者たちが、その成功結果としての政治改革によって、それまでの武士身分を失い、俸禄も大幅に減額されることになること自体は歴史の皮肉だったが、この徳島藩卒族編入は、誇り高き稲田家家臣団には、とうてい受け入れがたいことであった。この一件で、徳島本藩と稲田家家臣団の対立はいよいよ深まり、困り切った蜂須賀茂韶は、政府に稲田家の特別扱いを要請した。

しかし、新政府としてもここで例外規定を作るわけにはいかず、その件は知藩事の判断に任せる、と返答するしかなかった。稲田家では、徳島藩からの分離独立の運動が起き、徳島本藩では稲田征伐の計画が練られていた。茂韶は、結局、稲田家家臣全員を徳島藩士族とするという決断を下したが、時既に遅く、稲田の独立姿勢はもはや揺るがなかった。

明治3年3月下旬、新政府大納言の岩倉具視は徳島に使者を遣り、稲田家の北海道移住を提示した。多少の軋轢のあと、3月27日、稲田家は「何卒、出格（特別）の思召を以て、分藩仰せつけられ候様、朝廷へ御願立仰せ付け下され候へば……断然（意を決して）北地へ移住仕りたく、愚意（私どもの考え）に御座候」との願書を政府使者に提出した。

徳島本藩の対稲田強硬派は、これに激怒し、同年5月13日、ついに銃士１００余人、銃卒４大隊、大砲４門をもって洲本城下を襲い、婦女子を含めて、即死者15人、自刃者２人、深傷者６人、浅傷者14人を出し、稲田邸、藩校益習館の洲本支館など家屋11戸、家臣団長屋13棟を焼き払った。これを稲田騒動または庚午事変と呼んでいる。

事件後の8月、太政官政府から、この徳島本藩の暴挙参加者に、斬10人をはじめとして厳しい罰が課せられ、淡路島の稲田家領は兵庫県（慶応４＝明治1年閏4月設置）に編入された。

同時に稲田邦稙およびその家臣団に対しても「稲田九郎兵衛、従前家禄十分の一、廩米（扶持米）を以て下賜、北海道移住仰せつけられ候こと。日高国静内郡、志古丹島、右開拓仰せつけられ候こと。」との政府命令が下った。これは、新政府の喧嘩両成敗を装った厄介払いだったのであろう。

明治4年2月、稲田家は先発隊として壮年者47人を北海道静内郡に派遣、続いて第2陣が門別（門別川河口、現東静内）に上陸、稲田家当主邦稙（17歳）らも第3陣として6月9日静内に到着、合計１３７戸５４６人の移住が実現した。同4年3月には、徳島藩支配の新冠郡（静内郡西隣）も与えられた。

しかし、第4陣２００余人の乗り込んだ平運丸は、同年8月23日、洲本出航の翌日、紀州海岸周参見沖で難破し、１１０余人が水死、辛うじて救助された者の大方はそのまま洲本へ帰郷してしまい、一部の者だけが陸路を経てようやく静内へ到達した。

彼らは、北海道分領政策の終了（明治4年7月）後も、さまざまの困難に面しながら開拓事業を継続し、明治9年には、耕地面積195町歩に達した。

士族集団の北海道移民一覧

移住時期	移住人	移住先	旧領・旧主・旧石高→減封後石高
① 明治3年	仙台藩卒族146人	沙流郡門別	仙台藩62万5千石→28万石
② 明治3年3・8月	伊達邦成主従292人	有珠郡	同亘理2万3850石→58・5石
③ 明治3年3～5年	柴田意広家臣123人	有珠郡	同柴田5千5百石→22石
④ 明治3年3月	石川邦光の家臣51人	室蘭郡→夕張郡角田	同角田1万1380石→58・5石
⑤ 明治3年6月	片倉邦憲の家臣67人	幌別郡登別	同白石1万8千石→55俵
⑥ 明治3年	箱館脱走降伏人70人	同平取	
⑦ 明治4年2月	伊達邦成家臣788人	有珠郡	②に同じ
⑧ 明治4年2月	稲田邦植主従548人	静内郡	徳島藩淡路洲本城代1万4千石→家禄10分の1、扶持米18カ月給付
⑨ 明治4年3月	伊達邦直主従180人	石狩郡当別	仙台藩岩出山1万4646石→58・5石
⑩ 明治4年5月	伊達邦寧旧臣203人	札幌郡平岸	同水沢1万6千石→没収
⑪ 明治4年9月	会津藩士700余人	石狩郡→余市郡余市	会津松平家23万石→没収
⑫ 明治4年10月	片倉邦憲旧臣621人	札幌郡白石・上手稲	③からの再移住
⑬ 明治3～4年	斗南（会津）藩193人	瀬棚・歌棄・山越郡	斗南藩3万石→北海道分領地
⑭ 明治11年11月	徳川慶勝	山越郡八雲	尾張徳川家61万9千5百石
⑮ 明治14年8月	毛利元徳	余市郡仁木（大江）	長門国毛利家36万石
⑯ 明治14年11月	鍋島直大	石狩郡生振	肥前国鍋島家35万7千石
⑰ 明治16年3月	石川県士族（前田家旧臣）	岩内郡前田	加賀国前田家120万石

（⑭～⑰は、戊辰戦争勝利側のもので、初期の敗北側の移住とは性格が違う。⑱⑲⑳は、農商務省通達「北海道三県ニ移住士族特別保護及取扱規則」（明治16年8月）による士族救済移住。明治20年代以降のいわゆる華族農場は「華族世襲財産法」によるもので、まったく性格が違うのでここには記さない）

⑱ 明治17・18・19年	旧鳥取藩士、105戸520人（513人とも）	釧路郡釧路村	因幡国池田家32万石
⑲ 明治17・18年	全国各地士族277戸1503人	空知郡岩見沢	
⑳ 明治18・19年	旧庄内藩士105戸568人	上磯郡木古内村	庄内藩酒井家13万8千石

北地跋渉《ばっしょう》とはなにか

北海道に集団移住した旧武士たちの好んで使った「北地跋渉」（北の大地の踏破）という言葉には勇壮さと心細さとが両存している。それは自らの不安を無意識に糊塗（うわべを取り繕う）しようとする表現であった。

これらの移住策はすでに計画段階から脱落者が多く、しばしば計画自体が縮小され、実施後も離脱者が相継いだ。そもそも長く特権的生活に慣れてきた武士たちには、農業労働自体が無理であり、ましてや酷寒の地での開拓作業とは無謀な企てだった。実際、それは、彼らの予測を遥かに上回る苦闘の連続であった。

もともと士族（特に戊辰戦争敗者）の北海道移住策とは、明治政府側から見れば、①敗残士族の行き場所確保　②北海道の農業開拓　③南進ロシアへの防御策の3つを同時に解決する「妙案」として策定されたものである。それらは、当面の反政府勢力への「押さえ」であり、いわば、勝者の驕りによる「棄民」政策であったとさえいえる。

それ故、農業開拓自体はさほど重視も期待もされていなかったと思われる。これらの開拓事業が一応成功（失敗例も多い）したのはむしろ奇跡に近い。士族たちの士魂は、政府にとっては想定外の結果をもたらしたのである。

一方、士族開拓に限らず、これらの「開拓事業」とは、先住アイヌ民族からの土地収奪であり、その生活破壊だったことも明かな事実である。侵略者に加害者意識がなく、むしろ逆に恩恵者意識で先住民に対することは、歴史一般に見られ、現在も継続する現象である。

それは、近代日本においても、この蝦夷島（北海道）領有から始まって、沖縄、朝鮮、台湾、さらに中国、南アジア地域にまで拡大して行く「植民地経営思想」だった。

「旅のノートから」5　朝鮮王国の混乱

朝鮮王国の19世紀

李朝の朝鮮王国は、高麗（コリョ）王国（西暦918～1392年）恭譲（コンヤン）王からの禅定（平和的継承）を受けた李桂成（イソンゲ）による建国以来、朱子学（儒学）的秩序を政治の根幹に置いて官民を統治してきたが、それが必ずしも成功していたわけではない。

それは、李氏血統の世襲王が必ずしも英明な君主ばかりではなく、時に暴君、乱君、幼君が登場したこと、嗣子（後継男子）に恵まれなかった王の後継者争いに苦慮したことなどの世襲君主制の宿命的問題に加えて、宮廷支配をめぐっての名門大家や高級官僚らの対立、王妃一族や王の外戚などの政治介入、地方の地主階層と中央集権政府との対立、知識階級の両班（ヤンパン）、士林（サリン）、儒生（ソンビ）などと呼ばれる人たちの党派性と抗争、そして民衆と国家権力との対立、などの混乱の要素が常に含まれていたからである。アジア世界でもその他の世界でも、王国や専制君主国には必然的に同じ現象が起きる。日本も中国ももちろん例外ではない。朝鮮王国の場合も、しばしばそれらが顕在化し、地方の反乱、宮廷内政変、政治体制の混乱、民衆の離反決起などの形で爆発した。この国には、その地理的な位置による周辺民族（中国、満州、日本、ロシアなど）からの絶えざる圧迫と干渉への対処という課題もあった。それらの民族は、朝鮮をしばしば侵略、支配し、この国を苦しめた。

英祖（ヨンジョ、21代王、在位１７２４～１７７６年）の孫正祖（チョンジュ、22代王、在位１７７６～１８００年）の死後、２３代王純祖（スンジョ）が11歳で即位（在位１８００～１８３４年）、英祖王の継妃だった貞純（チョンスン）王后が、執政した。彼女は、英祖とは51歳の年の差がある妃だったが、「老論派」と呼ばれる派閥とともに、英祖の世子（跡継息子）荘献（チョンホン）（１７３５～１７６２年）を讒言《ざんげん》（罪を言い立てる）し、死に至らしめていた。貞純王后は、英祖と正祖とが推進した蕩平策（不偏不党策）をやめ、「僻派（老論の一派）」の知識人を重用し、反対派の排除や天主教（キリスト教カトリック）の大弾圧を行った。

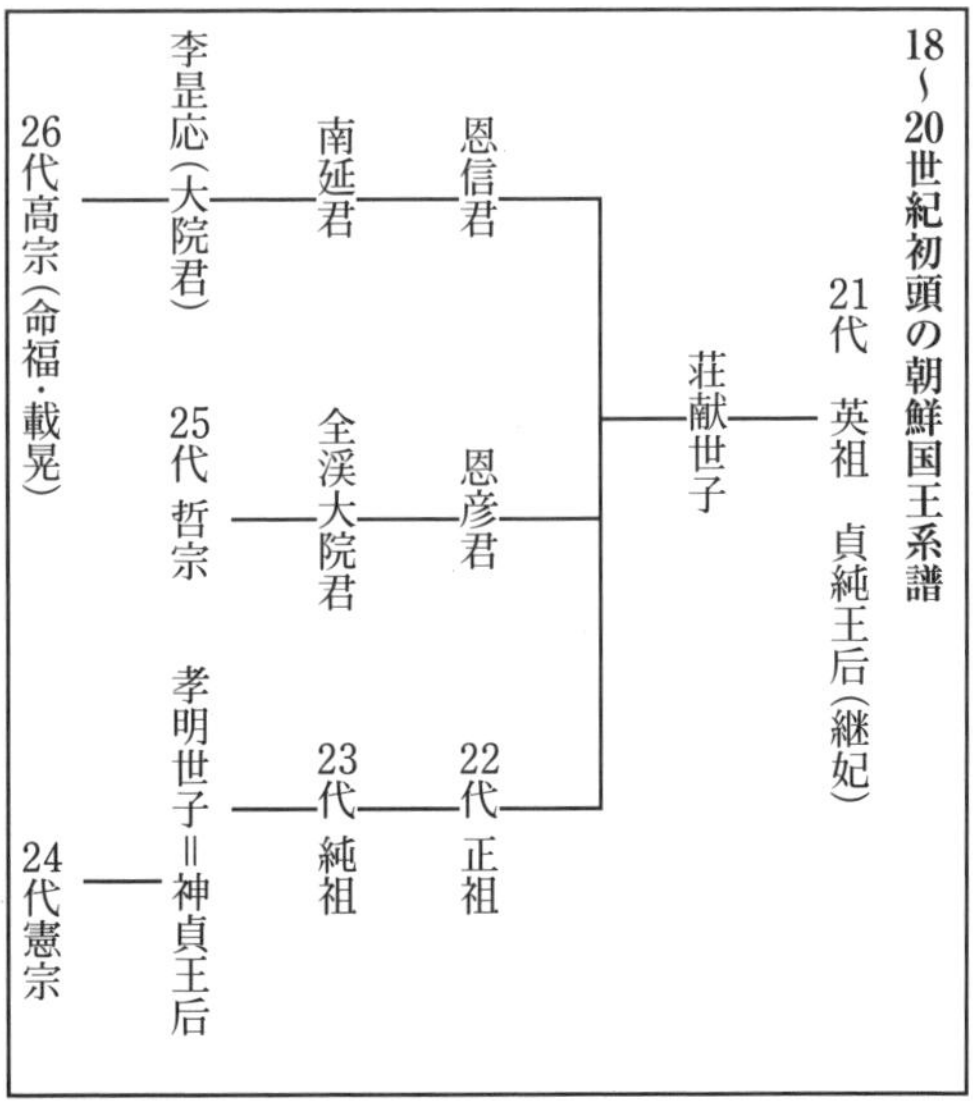

１８０５年、貞純王后が死去すると、純祖の王妃一族で首都漢城の名門家、安東（アンドン）金（キム）氏の勢道《せどう》政治（王の外戚などによる独裁的政治）が始まった。この勢道政治は、24代王憲宗（ホンジョン、在位１８３４～１８４９）代の豊壌趙（ブンヤン・ジョ）氏、25代王哲宗（チョルジョン、在位１８４９～１８６３年）代の復活安東金氏、と続き、その結果は、王族や他の両班（ヤンパン）家門からの不満と抵抗、財政紊乱（秩序の乱れ）、過重徴税、農民流民化、農民蜂起（民乱と呼ぶ）の連続となって顕れ、国内は大いに混乱した。

大院君の「衛正斥邪」政策

１８６３年12月、朝鮮王国25代の王哲宗が嗣子（跡継）を残すことなく急逝すると、26代の王位には、荘献世子の曾孫、李昰応（イ・ハウン、１８２０～１８９８年）の第2子載晃（ジェファン、11歳、幼名命福＝ミョンボク、1852〜1919年）が就いた。これが高宗（コジョン）である。昰応は、王の生父として「大院君」（テウォングン、国王の父への尊称）の称号を受け、興宣（フンソン）大院君として幼王の摂政となり、宮廷に君臨し、政治の実権を握った。

李昰応すなわち興宣大院君は、幼少時から父南延君（ナミ・ヨングン）の優れた教育を受け、成人後はその識見と弁舌の巧みさで、王族中の傑物と評されていたが、青年、中年時代は、王族への敵対と冷遇を露わにする安東金氏の監視の中、放蕩に明け暮れているとみせかけ、金氏への屈服を装いながら、その間、ひそかに自分の第二子命福を朝鮮国王に就かせる工作をしていた。彼は、我が子を王位に就けることで、自分が実質的な王権を得られると考えたのである。

彼は、孝明（ヒョミョン）世子（23代純祖の世子、1809〜1830年）の妃だった神貞（シンジョン）王后の甥たちに接近して、勢道政治の腐敗を攻撃し、王室の権威復活による国威再建を説いた。王室章典の定めるところによれば、嗣子のない王の後の王を指名する大権は王室の最高齢者にあり、それはこの時、神貞王后であった。

1863年末、哲宗が急死したあと、安東金氏一族の方針が定まらない一瞬の隙をついて、神貞王后は、26代の王に「興宣君昰応の第二子、命福」と指名、自らが幼王の摂政として2年間の垂簾聴政にあたると宣言した。これは、金氏一門の腐敗政治に対する不満と憎悪を背景にした大院君の画策の成功であり、実質的な大院君政権の誕生だった。

東学思想と天主教の弾圧

朝鮮王国では1860年、没落両班（ヤンバン）の崔済愚（チェ・ジェウ）が西学（天主教＝キリスト教カトリック）に対抗して東学（トンハク）を興していた。東学思想は、おおむね①「侍天主」、性別、出自を問わずだれでも自分の中の天主と一体になれるという万民平等思想②「輔国安民」、国の悪政を改め、民を安らかにする政治改革思想③「後天開闢《かいびゃく》」、現在の混乱はまもなく終わり、理想の時代が来るとする希望思想④「有無相資」、豊かな者が貧しい人々を資《たす》けるという互助思想、の四要素から成るといわれる。これは朝鮮固有の民間信仰をもとに、儒教、仏教、道教を折衷した思想で、西洋の東洋侵略に対決しうる主体的思想として民衆の広い支持を得た。「真心を込めて呪文を唱え、霊符を飲めば、天と一体となり神仙となれる」とする一種の神秘的性格もあったが、これは明らかに社会改革、革新の思想だった。それ故、大院君政府はこれを、朱子学的秩序を破壊する「左道惑民」思想として危険視し、これを「東学党の乱」と呼んで弾圧し、1863年12月9日、崔済愚を逮捕し、翌年3月10日、処刑した（日付は太陰暦）。

その後、東学思想は2代目指導者崔時亨（チェ・ショヒョン）によって受け継がれ、やがて甲午農民戦争（＝東学農民戦争、1894年3月）に発展、日清戦争（1894年8月～1895年4月）の後半期には日本軍への反乱運動になり、1894年11月末、近代装備の日本軍に敗れるまでこの運動は朝鮮民衆によって持続された。

大院君は、安東金氏一族と老論派知識人たちを排除し、それと対立する「南人、北人」と呼ばれる知識人を高官として登用、「衛正斥邪」（正＝朱子学を衛《まも》り、邪＝東学とキリスト教を斥ける）の政治理念を掲げた。

一方、大院君政権は、1866年1月20日、朝鮮潜入中の天主教のフランス人宣教師12人のうちの9人と8千人の朝鮮人信者を処刑した。これを「丙寅邪獄」と呼ぶ。

同年7月、アメリカ商船ゼネラル・シャーマン号が大同江（テドンガン）を遡航して平壌（ピョンヤン）に至り、開国と通商を要求して発砲した。平安道（ピョンアンド）観察使朴珪寿（パクキュス）は、軍民を指揮してこの船を焼き払い、乗組員24人を殺した。同年8月、先の神父処刑への処罰と開国通商条約の締結を求めてフランス極東艦隊司令官ローズは3隻の艦隊を率いて江華島（カンファンド）付近へ侵入し、そのうち2隻は漢江（ハンガン）を遡り、首都漢城（ハンソン、現ソウル）を脅かした。同年9月、横浜駐屯の海兵隊を乗せたフランス艦隊7隻が江華島に侵入、江華府を占領した。10月、朝鮮軍はこのフランス艦隊を攻撃し、これを撤退させた。

1871年4月、北京駐在のアメリカ公使ロウは、シャーマン号事件の賠償と条約締結を要求しアメリカアジア艦隊を率いて江華島に上陸、砲台3カ所を占領したが、朝鮮側の抗戦にあって撤退した。

もともと「衛正斥邪」思想は、朝鮮に迫る外圧に対抗しようとする攘夷（夷＝欧米列強）論で、早く19世紀前半に発し、1860年代には、富強国家の形成による外圧への対抗をめざす「開化」思想とともに士大夫（支配層）階級の二大思想潮流となっていた。大院君の外交政策はこの攘夷思想の援用であった。

大院君は衛正斥邪派とともに、思想統制政策を推進する一方、軍制改革、軍備強化、慶福宮（王宮、1592年、豊臣軍が焼き払った）再建などで王室の権威を高めようとし、それらの財源として量田（測量）事業による「隠田」（隠し田）摘発と登録、両班書院（両班による私立学校）への課税と課役、貪官（汚職役人）と土豪（地方支配者）の国家財源の中間搾取抑止策などで国庫収入を増やし、民衆からは願納銭（寄付金）、通過税などの特別税を徴収、悪貨発行などを強行した。

しかし、これらは、物価高騰を招き、民衆の生活を苦しめ、人々の怨嗟の的となった。この結果、彼は、内政については衛正斥邪派と対立するようになった。

日本からの開国要求

1868（日本では明治1）年12月19日、対馬藩から日本の「王政復古」を通告する使節が釜山に来航した。その使節が持参した書契（外交文書）中、日本の天皇について「皇室」、「奉勅」の表現があり、大院君は「皇」「勅」は、宗主国である清国皇帝にしか使えない文字であり、それを受理すれば、日本国が清国と並んで朝鮮国の上位にあることを認めることになるとして、この文書の受け取りを拒否した。彼は、日本が朝鮮を隷属させる意図を示していると考えたのである。

この一件を「無礼」とした日本政府は、これを口実に日本国民に「征韓論」熱をかき立てる政策をとった。

結果的に、それは日本のアジア侵略政策の第一歩になった。大院君の観測は正しかったというべきであろう。

閔氏一族の台頭

しかし、大院君の強引な政策遂行は、民衆の不満を招き、１８７３年11月、衛正斥邪派の崔益鉉（チェ・イッキョン）が「大院君の国政不関与」を求める上疏（意見上申書）を高宗に呈した。すでに21歳になっていた高宗と、23歳の王妃は、この機会を利用して大院君を退陣させ、高宗の親政（王自身による政治）を獲得した。彼らには、大院君の独裁政治が不満だったのである。

この閔妃（ミンビ、１８５１〜１８９５年）と呼ばれた王妃は、大院君の夫人の一族、驪興閔（ヨフン・ミン）氏の人で、８歳で両親を失った人であった。高宗の妃の適任者を探していた大院君は、自分の権力を維持するために、さしたる係累を持たない、この小柄で、学問を愛し、従順で聡明そうな女性が、わが子の王の妃に適切であると考えたのだった。高宗自身は、政治に関心がなく、女色と放蕩にばかり熱心な凡庸な人物だったが、この王妃は、実は、頭脳明晰かつ権勢欲と権謀に長けた女性だった。

この閔妃が、その後、驪興閔氏一族を結束させ、大院君と20年以上にわたって熾烈な権力闘争を展開することになるのである。

第4章　中央集権の時代

戊辰戦争で勝利し、徳川家の幕藩体制に替えて中央集権体制を作った明治政府の財政基盤は危うかった。明治3（1870）年9月、大蔵大輔大隈重信（42歳、旧佐賀藩士、のち首相）は「夫（そもそも）、全国ノ高三千石ニ過ギズ、両府県（政府領）ノ管轄スル処ハ八百万石トス。其二千二百石ハ各藩ノ管轄タリ……」と述べている。

「版籍奉還」事業は、同年8月までに全国で終了していたが、これは各藩領主たちが、版（版図つまり領地）と籍（戸籍つまり領民）を「自主的」に天皇に奉還（お返し奉る）するという趣旨のものであり、「政治制度として、日本国は中央政権の仕組みをとる」ということの内外への宣言というべきものであった。これによって各藩藩主とその家臣たちはすべて天皇の臣下とされたが、その旧藩地域の知藩事（藩知事）には一部例外を除いて旧領主が任命（非世襲制）され、旧家臣団の俸給には旧藩の年貢米があてられていた。「藩」はまだ実質的には存続していたのである。

明治政府の不安

このころ中央政府の収入は、主として旧徳川家直轄地（いわゆる天領）、旧旗本領地、「朝敵」諸藩の没収領地などの約8百万石分の土地からの収穫米1千～1千5百万円ほどであり、政府はそれを基に内外債を募り、太政官札を乱発してようやく3千万円規模の予算を確保していた。新政府は、この中から莫大な戦費借金の返済、鉄道、道路、港湾、電信その他の開化事業への投資、政府役人、上級官僚への俸給支払い、皇室と皇族関連費、外交政策費、新領土（北海道・カラフト南部）開拓資金などの支出を行っていたのであるが、これはほとんど無謀というべき綱渡り的財政だった。

政府には、とりあえず収入を大幅に増やすことが必須だった。しかし、財源はどこにもない。この「無から有を生み出す」もっとも有効かつ簡易な方法として、新政府内では土地に税金（すなわち地租）をかけることが考え出された。

全国の農地、市街地、その他の土地から地価に応じて一定の比率で税金を徴収すれば、たしかに安定した国家収入は確保できる。しかし、その「地租改正」の実現には「版籍奉還」程度の理念的国家支配ではなく「廃藩置県」による藩体制の破壊と土地の実質的国家保有が必要であり、それには士族層はもちろん、農民層（農民・地主）からの反撥が必至だった。

中央集権化

戊辰戦争で新政府側（いわゆる官軍）についた諸藩の財政も、莫大な戦費出費によって大きく傾いていた。官軍主力藩が、外国から輸入した火器を用いていたため、他の諸藩もこれに倣わざるを得なかったからそれらの購入費は莫大な額に上り、また、戦線への派遣部隊は武士以外の兵士、銃卒を主としたからその給与を払わなければならず、長期にわたる行軍、滞陣、交戦などには膨大な現金支出がともなった。

内部留保の財源を持たない諸藩の支払い額は藩収入を大きく上回り、諸藩は商人からの巨額借金と各種藩債発行を余儀なくされた。版籍奉還後も藩体制自体はまだ辛うじて存在していたが、すでに商品経済が相当程度発達した社会の中で、藩の維持存続はひどく困難になっていた。

また、この「近代的」戦争の遂行過程では、旧来の武士層と領主たちの無力、無能ぶりが露呈され、その領民への威信は大いに失墜した。それまで藩内武士間の上下関係のみによって運営されていた封建制の土台は根底から揺らいでいたのである。

これに追い打ちをかけるように、政府は明治２年６月25日、諸藩知藩事に対して数箇条の「諸務変革令」を出した。それは、各藩の知藩事（旧藩主）を旧公卿（上級公家）とともに「華族」と改称し、知藩事を明確に政府の一地方長官と位置づけた。旧藩藩士は全国一様の「士族、卒族（旧足軽以下）」として、旧藩主とその家臣という関係を断った。

各知藩事の俸給（形式的には政府からの支給）は、藩実収入の10分の1とした。これによって、知藩事個人の収入は、従来と同じかそれ以上が保証されたことになる。藩収入の残り10分の9は士卒禄の支給、藩債償還などにあてることとした。士卒族の家禄も従来の10分の1とされたが、これは当然にも旧藩主の場合と違って、過酷な削減になった。藩収入の10分の1と、各武士の個人収入の10分の1とでは全く意味が違う。政府は、「同じ10分の1」という詭弁（騙しの理屈）でこれを押し通し、「上に厚く下に薄い」政策でこの地方財政の危機を切り抜けようとした。

一方、諸藩の抵抗に備えて、政府は直属の軍隊の創設を急ぎ、同2年6月21日から数日間、兵制についての大論議を重ね、結局、大久保利通ら薩摩派の主張した「薩、長、土3藩の精兵を東京に置く」ことに決し、大村益次郎、木戸孝允ら長州派の主張する「国民徴兵制」は見送られた。木戸らは、国民徴兵制度の中で士族を優遇し、不平士族の不満を解消させようとし、大久保らは士族層の不平を農民層抑圧に転化利用しようとしたのだといわれる。この頃、政府首脳は、士族層も農民（庶民）層も、ともに信じることができなかったのである。

諸藩の権力衰退と財政危機に乗じて、政府は一気に全国の土地の国家所有化と権力の中央集権化を押し進めようとした。政府は、諸藩に対して、藩札、外債の発行禁止、藩債の償還、刑法改革、兵制改革（藩軍の縮小と兵士の年齢制限）、飛地、預地の整理などを矢継早に命じた。明治3年9月10日の太政官（明治2年7月設置の行政の最高機関）布告の「藩制」（藩制度改革指令）では、藩実収の90％（10％は知藩事家禄）のうち10％を海陸軍資金とし、その半額は海軍資金として政府に上納、半分は藩の陸軍費とすることを命じた。

明治3年11月、日田（大分県）に尊攘派士族と農民とが連合したと見られる暴動が起き、続いて松代（長野県）、福島（福島県）でも同様の事件が起きた。政府は前年に急造した直属軍の部隊を各地に派遣してこれらを鎮圧した。

翌4年2月21日、政府は、3年8月、欧州の兵制視察から帰国した山縣有朋（旧長州藩士、のち陸軍大臣、首相、公爵）の提案により、薩、長、土3藩からの献兵によって「天皇親兵」という名目で8千人の政府直属軍を作り、さらに同年2月23日、東山道の石巻（宮城県）、西海道の小倉（福岡県）に鎮台（のちの陸軍司令部、師団）を設け、付近諸藩の兵を徴してこの地域の警備に当てた。これらは諸藩の抵抗を抑え、旧来の藩軍制を国軍制に移行させる下工作であった。

薩摩に帰っていた西郷隆盛も、東京政府の大久保利通、木戸孝允らの説得で廃藩置県の実行を決意し、薩摩兵5千人を率いて上京し、4月21日、東京市ヶ谷の旧尾張藩邸に駐屯した。

廃藩置県

明治4年6月25日、政府体制の大改革があり、従来の参議はいったん辞任、改めて木戸孝允と西郷隆盛が参議に就き、各省長官以下の大幅な異動が行われた。

同7月9日から政府首脳の木戸、大久保、西郷、山縣らは何度も会合し、「大御変革」決行の手順を討議、同月14日、ついに天皇名で「廃藩置県の詔」を発布するに至った。

それは「朕（天皇の自称、私）惟フニ、更始（改革）ノ時ニ際シ、内（国内では）以テ億兆（人民）ヲ保安シ、外（外国）以テ万国ト対峙（対等に向き合う）セント欲セバ、宜シク名実相副ヒ、政令一ニ帰セシムベシ。朕、曩《さき》ニ諸藩版籍奉還ノ議ヲ聴納シ、新タニ知藩事ヲ命じ、各其職ヲ奉ゼシム。然ルニ、数百年因襲ノ久キ、或ハ其名アリテ其実挙ガラザル者アリ。何ヲ以テ億兆ヲ保安シ、万国ト対峙スル得ザランヤ。朕深クコレヲ慨ス（残念に思う）。仍テ今更ニ藩ヲ廃シ、県ト為ス。是務テ冗（不要物）ヲ去リ、簡ニ就キ、有名無実ノ弊害ヲ除キ、政令多岐（複雑）ノ憂無カラシメントス。汝群臣、其レ朕ノ意ヲ体セヨ（よく理解せよ）」というものだった。

翌7月15日、皇居に参集した太政大臣、左大臣、右大臣、大納言、参議、各省卿（各職名は明治2年7月の官制大改革による）らの議論は、諸藩の抵抗を予測して大激論になったが、西郷の「その時には私が兵を率いてうちつぶします」の一喝で一同は静まった。

廃藩置県後の明治4年11月2日、知藩事制は廃止され、県の長官は「県令」と変称され、諸県県令には原則として旧藩主ではなく、その県とは無関係の者を当てることとし、幕末維新の功労者が多く任命された。

旧藩主たちは、華族という特権身分を保証されて東京在住が命じられ、さらに旧大名家の借金は政府が肩代わりすることになった。彼らはむしろ藩主としての責任から解放されて安堵したであろう。士族たちもすでに藩主との君臣関係は切れていて、これまでの藩からの禄米支給が政府支給にかわるだけだったから、廃藩自体はたいした問題ではなかったのであろう。

政府の予想に反して、諸藩からの抵抗はまったく現れなかった。ここに至るまでの政府の諸工作が功を奏したというべきか、旧武士たちの士魂がすでに失われていたというべきか、あっけない幕切れであった。

ただ、この華族、士族（明治5年、卒族と統合）への禄米支給は、政府の非常な重荷になり、この制度の改革（秩禄処分）が新たに政府の重要課題になった。

廃藩の詔発布の20日後、広島県下の農民ら10万人がこれに反対して一揆を起こした。彼らは自国になじみのない県令の赴任によって、年貢が上げられ、男たちは労役に駆り出されるなどの噂に脅え、旧藩主の東京移住を阻止しようと動き始めた。その感情と行動は中国、四国地方に飛び火し、民衆の日頃の村役人、豪商への不満と怒りを誘発して、各地で廃藩反対一揆の打ち壊し行動が続出し、その要求は貢租増徴反対、寺社宗教政策反対、「解放令」反対などに拡がっていった。

「解放令」とは、穢多、非人などと呼ばれた被差別民を平民（華族、士族以外の一般人民）と同格とするとした太政官布告（明治4年8月28日）で、それは来るべき「地租」徴収に備えて被差別民の土地も平民と同様の扱いにしておこうとするためのものだった。しかし、階級意識にとらわれた「一般平民」層はこれに反対し、激しく反撥した。一般民衆には新時代への反撥と封建体制への執着がまだまだ強かったのである。

政府はこれらに対して「死刑たりとも即決」の方針で臨み、士族隊の動員などでこれらを鎮圧した。

地租改正

廃藩置県後の明治4（1871）年9月、大蔵卿大久保利通、大蔵大輔井上馨は連名で、「地所売買の禁を放ち、分一（その一部）収税法施設（設置）の儀」を正院（当時の最高政策決定機関・政府の任命制）に提出した。以後、大蔵省は正院の許可を得て東京府下、二都（横浜、神戸）開港場、その他の市街地に地券（土地の所有者、地価、地租額などを表示した証券）を発行し、地租（土地税）を徴収し、ついで、明治5年2月、全国の地主、農民の土地私有を認め、地所永代売買を許して、順次「壬申（明治5年）地券」の発行を行うことになる。つまり政府は、それまで諸藩その他が所有していた全国のすべての土地をいったん国家のものとした上で、「土地の私有と売買を認める」という形をとって、改めてそれらの土地に税金を課し、それを国家の収入にしようとしたのである。

これは、全国の土地の国家所有宣言であり、政府の膨大な財源の確保策であった。しかし、全国一律にこれを施行するまでには、予想通り各方面から激しい抵抗があり、政府が「地租改正条例」を公布するに至ったのは、明治6年7月だった。

地租は地価の3％とされたから、一見さして高税率とは見えないが、これは実際の収穫物ないしは収入の3％ではなく、政府によって高めに設定された地価を基準にしたものであり、しかも金銭納で、生産物の年ごとの豊凶による増減もなく厳格に徴収されたから、農民、地主にはむしろ幕藩時代より過酷な負担になった。政府の近代化政策（もちろん北海道の開拓も）は、農民層のこの地税の高負担によってようやく可能になったのである。

そもそも、薩、長、土、肥の各藩連合による徳川幕藩体制の破壊運動は、欧米列強国の侵入への恐怖心と反（ないし嫌）徳川の感情とが出発点で、これは、旧体制打倒の後にどのような国家を作るのかという、肝心な理念と計画性とを欠いた「奇妙な革命」だった。

それは、地方藩と幕府という二重構造を、とりあえず中央政府が、その絶大な権力で民衆を支配する形に替える、という計画であり、その先は明瞭ではなく、いわば「出たとこ勝負」だった。その国家は、天皇を「玉」として担ぎ出し、王政復古という古代幻想と欧米文化とを合体させるという奇妙な革命国家だった。

彼らの目標は、徳川体制の打倒にあり、かならずしも新国家創造の理念や意欲に燃えていたわけではなかった。この運動の担い手はあくまでも旧来の武士階級であり、彼らの身分意識に凝り固まった固定観念では「武士の指導による国家像」程度しか思い描けなかったのは、当然といえば当然であった。

「旅のノートから」６　シベリアのロシア化

罪人、戦争捕虜の流刑地、あるいは自由の大地

ロシア帝国のシベリア流刑は、１５８１年、モンゴル帝国の末裔シビル・ハン国がコサックのイェルマーク軍によって蹂躙されたあと、イワン４世皇帝（雷帝とも。在位１５３３～１５８４）によって始められたと言われている。

それは「罪人」への刑罰であると同時にシベリアの植民政策でもあった。最初は、ポーランド人、リトワニア人の戦争捕虜、官位剥奪の政府高官などが西シベリア各地に送り込まれた。これは危険分子をシベリアに追放し、あわせて彼らにロシア帝国の植民拠点を作らせようとしたのである。

ロマノフ王朝（１６１３～１９１７年）になると、政治犯のほかに盗人、強盗、殺人犯などが流刑囚に加え

られた。

17世紀（1600年代）には、シベリア各地に鉱物資源（石炭、鉄、宝石など）が発見され、政府はその採掘労働者として大量の監獄服役囚を送り込むことになった。

一方、17世紀半ばになると、ヨーロッパロシアの農民たちには、貴族や地主たちへの隷属状態から逃れ、ウラルを越えて西シベリアの「自由の」大地に移住することを望む者が急増した。

ロシア政府は、はじめ、彼らに各種の特典や便宜を与えて移住を促進しようとしたが、まもなく農民の逃亡を恐れる地主層の強硬な抵抗に遭って、1683年、禁止勅令を出さざるをえなくなった。しかし、農民たちは官憲の監視の目をくぐってシベリアに潜入し続け、深い森に隠れたり、林に逃げ込んだりして安住の地を求めた。

彼らの集落はやがてロシア人の村になっていった。1760年、ロシアの地主貴族たちは、政府にシベリアの広大な土地を払下げさせ、そこに自分の農奴を強制移住させて農業開拓に当てることを認めさせた。彼らは、「征服した」先住の狩猟民や遊牧民たちを奴隷化し、そこで働かせた。

1769年、シベリア流刑は法律化され、刑期を終えた者も流刑移住者としてその地に定住させ、農業開拓、鉱山採掘、工場労働などに従事させた。囚人たちにはその家族が後追い同行することも多く、彼らはやがてその地域の定住民となっていった。

ジョージ・ケナン（米人ジャーナリスト、1845〜1924年）の『シベリア流刑史』によると、1823〜1888年の間に77万3千人の流刑者とその家族多数がウラル山脈を越えたという。その時期以外にもシベリア流刑は続いていたから、流刑者の総数は百万人以上に達したと思われている。

戦争捕虜のシベリア送りも続き、ピョートル1世皇帝（大帝とも。在位1694〜1725年）は、スウェーデン人捕虜を、エカチェリーナ2世皇帝（在位1762〜1796年）はポーランド人捕虜を、アレクサンドル1世皇帝（在位1801〜1825年）はフランス人捕虜（ナポレオン軍）を、集団でシベリアに送った。

これらの捕虜たちの優れた技術や能力は、シベリアの「開発」に大いに貢献した。19世紀の後半には自由民の農業移民も徐々に増えていった。

ロシア帝国のシベリア諸民族、諸地域への侵出と支配政策は、1600年代から1900年代まで、ほぼ3百年に渡って続けられた。

それは一貫した計画的なものとは言い難く、むしろ恣意（思いつき）的、場当り的なものだったが、それだけに暴力性、策略性、利己性に満ちており、いわば無意識の国策ないしは国民性とでもいうべきものだった。

先住の狩猟民、遊牧民たちはしばしば果敢に抵抗したが、ロシアの「優秀な」火器とコサック軍を先導とする執拗な攻撃の前に敗れ、ロシアへの服従と同化という屈辱を受け入れるしかなかった。

シベリア街道

ウラル山脈を越えてシベリアを東へ向かう初期のロシア人冒険者たちは、主に水路（河川路）をたどりながら前進した。おおむね平坦なシベリアの大地には、南方の山岳や丘陵から流れ出る大小の河川が縦横に走り、それらを繋ぎながら舟行し、目的地の方向に遡行して分水嶺近くまで上りつめると、舟をかついだり、丸太転を敷いて引っ張りあげたりして山越えをし、反対側の川筋に出る。これをヴォーロク（連水陸路）と呼んだ。

18世紀になると、シベリアを陸路で「横断する」道筋が模索され、まずトボリスク（当時のシベリア経営の中心）まで、ついでトムスクまで宿場（馬の交換所と囚人の仮宿舎）のある道ができた。その先のクラスノヤルスクやイルクーツクまでの陸路は、エニセイ川中流一帯に遊牧していたエニセイ・キルギス族を、駆逐または定着農民化して1730年代に貫通させた。

1725年、ベーリング海峡に到達したベーリング隊本来の任務は、ピョートル大帝の命令によるイルクーツクから東の陸路発見だった。

モスクワからアムール河畔のネルチンスク、またはキャフタまでのこの陸路をふつう「シベリア街道」（モスクワ・シベア街道とも）と呼んでいる。

この道を通って荷物や郵便の運搬馬車や役人や地主貴族たちの馬車が往復し、兵士たちや、囚人とその家族、戦争捕虜や、農奴や自由を求める農民たちが東へ東へと歩いて行ったのであった。

19世紀初頭まで、流刑囚は「コロードニク（足枷をはめた者）」と呼ばれ、どこが配流地なのかも未決定のまま、家畜の群のように銃剣や鞭で追い立てられ、道中の食料も支給されず、沿道の人々に物乞いしながらただ歩くしかなかった。餓死者、疲労死者、病死者、仲間同士の殺し合いでの死者も多かった。

その後、個人証明書が発行され、流刑目的地もあらかじめ明らかにされ、道中の宿営監獄（エタープ）と護送用の軍隊も置かれるようになったが、依然として囚人同士の生存競争は過酷だった。囚人の裏組織（組合と呼んだ）による軍との裏取引やエタープにおける種々の苦痛や屈辱も含めて、これはまさに弱肉強食の世界だった。

１８７８年夏、初代駐露公使の任を終えた榎本武揚は、ペテルスブルグから2カ月という「短期間で」シベリアを横断し、ウラジオストクに至った。

１８８６年6月、官有物払下げ事件で開拓使長官を引責辞職し、閑職にあった黒田清隆は、その世界一周の最初の旅程としてウラジオストクからチュメニまでのシベリア横断旅行を選んだ（チュメニ～ペテルスブルグは鉄道）。

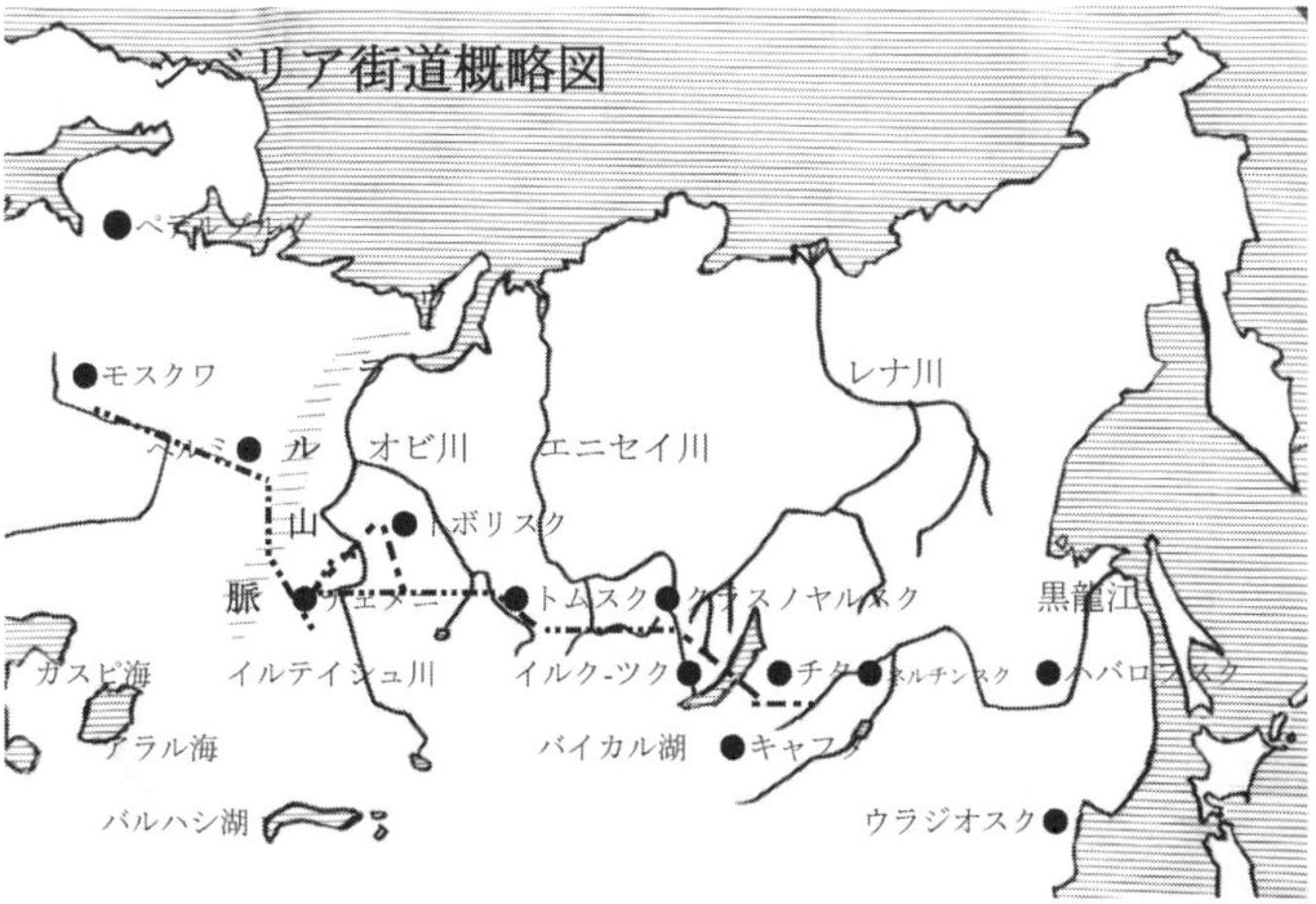

「北海道屯田兵の父」ともいわれる陸軍少将永山武四郎は、米国、欧州、露国の視察の後、1887年6月、シベリアを横断して帰国の途についた。彼らはもちろん、馬車、汽船などを用いて旅したのであるが、辿った道はまさしくこのシベリア街道だった。

流刑の島、サハリン

1858年9月、サハリン(カラフト)島にロシア各地からの最初の流刑囚が送られてきた。これはそれまで現地駐留軍によってなされていたドゥエ(サハリン島中央部、間宮海峡沿岸)の石炭採掘の労役を囚人に肩代わりさせようとする意図による。

サハリン島流刑地化の方針はこれ以後も継続され、1868年には政府が正式にこれを政策として策定した。その特別委員会は「サハリン島は、囚人の大陸への脱走防止、流刑囚の矯正の地として適性」であり、流刑囚による労役は「サハリン島のロシア領有恒久化の基盤、石炭採掘の利益、流刑のサハリン集中による経費節約などの点から有効である」としたが、実際にはほとんど経済的利益がなく、むしろ囚人移送費、囚人、役人、軍人たちへの食料供給、施設建設費、その他で、政府の持ち出しの方が石炭、農産物などの多少の収益よりはるかに多かったという。これは、欧米諸国と日本の北太平洋地域進出への予防ないしは対抗措置だったと思われる。

1869年11月にスエズ運河が開通して、黒海のオデッサ港からスエズ経由でロシア義勇艦隊(1877年のロシア・トルコ戦争のあと、海軍力強化のため国民各層から義援金を集めて作られたのでこの名がある)によるサハリン島への流刑囚の大量移送が可能になったこともこの政策を後押しした。1879年以降は年2回の艦隊移送が行われ、1903年までに2万人以上の流刑囚を島に送り込んだ。

しかし、このサハリン島流刑制度も、シベリア流刑と同じく、軍政官や役人たちの恣意と不正の横行によって流刑囚とその家族、特に女性とこどもたちにとってはまさに地獄だった。

1900年には、島のロシア人は3万4368人（流刑囚2万3062人）、そのうち女性は7891人（流刑囚2514人）、女性はおおむね23％で、その前後の期間を通して、この水準だったと考えられている。それ故、女性たちは常に軍政官や役人、兵士、流刑男性たちの性的欲望の対象になり、主従の情人関係（役人らは女囚を召使いとして使っていた）、不正規同棲、売春などは普通のことだった。過酷な自然環境での労役と孤絶した社会環境は、しばしば飢餓と孤独と絶望となって人々に襲いかかり、各種犯罪も頻発した。

流刑囚たちは刑期が終わると「流刑入植者」として島内の農業開拓地（生産性はおおむね低かった）に送られ、原則として10年（恩赦があれば6年）働くことを強要される。その後は「流刑上がり農民」の身分を与えられ、市民権は回復するが、故郷への帰還とサンクトペテルブルク、モスクワへの移住は禁止された。実際には大陸へ帰る者は少なかったといわれる。長い徒刑のあと、故郷へかえっても彼らを受け入れる土地も人もなく、彼らはもはや、サハリン島の住民として生きるしかなかったのである。

1890年、小説家、戯曲作者としても活躍していた30歳のモスクワ大学医学部卒業の医師チェホフ（Anton Pavlovich Chekhov）は、シベリアを横断してサハリン島に至り、社会諸層の人々の生活調査を敢行した。チェホフは、出生地、過程状況などを記した調査カードを作成し、サハリン島在住の徒刑囚と移民、約1万人を調べたという。その報告として書かれた『サハリン島』には、彼らの生活様相が詳しく描かれている。

これらの政策によって、サハリン島のロシア人人口は増え、農業、鉱業の開発も進んだ。サハリン島の経営は、太平洋地域への進出を賭けたロシアの国策だった。

第5章　開拓使十年計画の時代

アメリカ式開拓

明治3（1870）年11月、開拓次官黒田清隆は、北海道の開拓方式の研究と、農業、鉱物、測量などの技術指導者雇入のために米国、欧州への出張を命ぜられ、翌4年1月4日、7人の開拓使留学生らとともに米国に出立した。

黒田は、ワシントン駐在の森有礼（旧薩摩藩士）少弁務使（代理公使）を介して米国18代大統領ユリシーズ・グラント（もと米国南北戦争北軍総司令官、当時48歳）と農務局長官ホレス・ケプロン（農工実務家出身、当時67歳）に会い、彼らに開拓使顧問団の派遣を要請する機会を得た。彼らとの数度の交渉の結果、意外にも、ケプロン自身がその顧問団の長となって日本に赴くことになり、明治4年3月14日（陽暦1871年5月3日）付で、黒田はケプロンと雇用契約を交わした。

ケプロンの肩書は、日本側公的呼称で「教師頭取兼顧問」（米語でCommissioner and Adviser）だったが、政策決定権は日本政府にあるとされた。

現職の米国農務局長官がいきなり日本の一地方の開拓顧問になるとはかなり奇異なことに思われる。その間の交渉経緯は不明であるが、これは、当時の米国の外交方針だった東アジア利権確保のための橋頭堡（対岸の拠点）作りだったと思われる。ケプロンの無能さや大仰さがグラントに忌避されたという説も有力である。

ケプロンは、アンチセル（化学）、ワーフィールド（機械・土木・測量）、エルドリッジ（医師）、ライマン（地質）、マンロー（地質）、ワッソン（土木測量）、デー（土木測量）、ホルト（機械）、クラーク（機械）、テイラー

（農牧）、シェルトン（農牧）、ダン（農牧）、ベーマー（農牧）等を集め、開拓使顧問団を編成して順次来日させることにし、自身は明治4年7月、一部の部下とともに来日、各種開拓事業を開始した。その後も開拓使は欧米人技術者を次々と雇い入れ、その総数は80人以上に及んだ。

黒田は、米国で、必要な人材を確保したあと、英、仏、蘭、露各国をまわり、帰路、米国で農耕用の農業機械、資材を購入して、同年6月7日、帰国した。

この旅で、黒田は米国の大農法（広大な土地に機械を用いて行う農業）に強く惹かれ、北海道の開拓はこれによるのがよいと確信したようである。

同年10月、開拓長官東久世通禧は侍従長（宮内省の長）に転じ、長官不在のまま黒田次官は長官代理になって、開拓使行政に専心することになる。ただし、黒田はこれ以後も基本的には北海道には赴任せず、在京のまま、政府中枢の人間として活動しながら開拓使を管轄し、そこから現地（すなわち北海道）に各種の指令を出していた。

日本政府からケプロンへの報酬は年俸1万ドル（当時1ドルは、ほぼ1円、1円は現在の7千円ほどと推定されるから、現在なら約7千万円ほど）、これは米国水準でも相当の高額であろう。当時、日本人最高給は太政大臣大臣三条実美で、年俸は9千6百円（現価約6千7百2十万円）だった。明治5年時点での欧米からの御雇外国人は214人、その平均年俸は2582ドルだった。

開拓使はこの時期、欧米への留学生派遣もおこない、黒田の渡米に同行した7人のほかに、明治4年11月には、岩倉欧米使節団に同行させて、女子5人を含む7人を米国、翌5年2月には第3陣として17人を欧米諸国に派遣、日本人自身による欧米の諸技術の吸収を図った。また明治5年1月には、在米中の新島七五三太（襄）と中島政之助を開拓使留学生として採用している。ちなみに、

開拓使留学生（明治4～5年）

分野		留学先	
農学	16	米国	24
鉱山学	8	ロシア	6
工学	2	フランス	3
普通学（女子）	5		
不明	2		
計33人			

同時期の政府派遣留学生総数155人の約5分の1

米国に派遣された5人の女子とは、津田梅子（7歳、旧幕臣家）、山川捨松（11歳、旧斗南藩＝会津藩）、永井繁子（10歳、旧幕臣家）、上田悌子（16歳、旧幕臣家）、吉益亮子（14歳、旧幕臣家）であった。

明治政府は厳しい財政事情の下、外国人への高額報酬と留学生派遣費の莫大な出費に耐えながら、彼らの知恵と力とを借りて、日本の近代化（いわゆる文明開化）を急いだ。当時の日本人の西欧文化理解の速度と吸収力はたしかに驚嘆に値するものであったが、結果のみを求めるその性急で皮相な近代化は、その後の日本に多くの歪みと悲劇を生み出すことになったことも否定できない。

開拓使十年計画

開拓使は、明治4年8月、黒田を中心として「開拓使十年計画」と呼ばれる方針を作成し、それは政府に認められ、翌5年から実施されることになった。ただしこれは、財政的支出の計画が承認されたということであって、具体的な計画が組織的になされた上で実施段階に入ったということではない。

この計画によると、政府は10年間でおよそ1千万円を支出し、北海道の開拓と殖産産業を進展させ、北海道の自給体制を確立し、さらに全国へ北海道の諸産物（農、水、林、鉱産物、工業製品、紡績製品など）を輸出するまでにするという壮大なことになっていた。

この予算には、北海道内からの租税収入なども加算され、総額では2千万円（この間の国家財政の4～5％）を越す巨額プロジェクトになるはずだったが、実際には国家財政の困窮や開拓使内部の対立抗争などで、この十年計画は開始当初から変更と中断が繰り返され、いちおう10年間は持続されたものの、結果は当初の規模から大幅に後退したものになった。

黒田とケプロンとの間に、どのような意見交換があったのかは不明だが、ケプロンが明治5年11月、黒田に提出した「第1次報告」（ケプロン自身が明治8年3月に編集した『開拓使ホラシ・ケプロン報文』に収録）の内容と、開拓使（黒田）の当初施策には共通項が多かったから、この黒田案は、基本的にケプロンの意見が

取り入れられたものと思われる

ケプロンは、第一に、開拓政策の進展には、①気候、地形、地質の調査②測量、地所区画に関する適正な法規の創定③道路網の整備④運送、運賃の便宜化と廉価化⑤米食、家屋構造（ケプロンは「薄紙のような」と言っている）その他、日本人の習慣を欧米風に変革、などの基礎的政策の実行が不可欠とした。

第二に、その基礎の上に立って、①欧米農法の採用（非米穀農業、家畜飼育、肥料設計、換種法、農業機械の導入など）と農業試験場、農学校の設立②林産資源の製材化による輸出振興③漁場の場所請負制廃止、水産物の養殖と増殖法の研究、輸出用塩漬、缶詰製造などによる漁業改革④空知と石狩の炭田の民営開発と石炭の搬出と輸出⑤諸産業分野（製粉、製網、葡萄酒、缶詰、工作機械、木挽機械など）の機械化、工業化、工場設立⑥独立自営民の移住による諸産業の振興、などを想定していた。

黒田の施策は、このケプロンの方針を下敷にしていたと思われ、明治5年から、各市街間連絡道路の建造（明治6年完成の札幌、函館間道路以外は貧弱だったが）、札幌豊平橋架橋、開拓使庁舎建設、各種官営工場、各種官立学校、官営農場（東京、七重、札幌、根室）の設立、通信網整備、屯田兵制の実施、鉄道建設（明治13年、札幌、小樽手宮間開通）などが進められた。

しかし、国家財政の困窮に加え、開拓ないし北海道の未来像に関するケプロンと黒田の理念の違いから、ケプロンの重視した「開拓の基礎部分」の建設は、主に札幌地域に限られ（七重官園などの別格もあるが）、他はほとんど未完成のまま早々に切り上げられ、産業育成を優先し、そこからの収益を目標にしたものになって行った。

米食習慣の変革などは当時の日本人の食生活の常識からいって到底無理であっただろうが、黒田がカラフト出張の折に見てきたロシア風耐寒性住居の建造も、開拓使が建築費の支出を惜しんだので見送られ、その後長い間、民衆のための耐寒性住宅の建造計画はなされなかった。開拓使もまた、幕府時代の役人と同様に、この極寒の地で人が生きていくための智恵を持とうとはしなかったのである。ケプロンは開拓使の不徹底さに不満

イヌ民族の人々などの過酷な労働と多大な苦痛とによって担われることになった。

結局、北海道の開拓は、農、漁、工、鉱の生産民衆、屯田兵とその家族、囚人、タコ部屋労働者、そしてア

を抱き、しばしば開拓使や黒田を強く批判することになった。

福山江差騒動

旧松前藩（明治2年6月、館藩に改称）領地だった渡島半島西部地域の爾志、檜山、津軽、福島の4郡は、明治4年9月、陸奥国弘前県（同年7月、廃藩置県で設置、同9月23日、青森県に併合）の管轄地域となったが、翌5年9月、再び北海道に編入され、翌6年2月、開拓使はその「領収」を完了した。

もともと、この地域の漁民への松前藩および弘前県による徴税は、原則として漁業権への課税であり、漁獲物への課税ではなかった。松前藩は「金穀（金銭と穀物）欠乏の折」、臨時に漁獲物への課税、弘前藩はそれを引き継いで「義蓄金」として漁獲の20分の1（5％）を徴収するということはあったが、それは漁民からの借り受け、または預りという認識によるものであり、税制度として制度化されたものではなかった。

明治6年3月14日以降、開拓使函館支所は「漁税は一割。雑税のうち重要なものは従来通り、些細なものは削減、義蓄金上納は廃止」などを上記4郡に発令した。この新漁税は、これまでのこの地域における漁税のあり方とは基本的に異なり、漁獲量の1割（10％）を現品で徴収するというもので、弘前藩時代の義蓄金に比べてもその2倍であり、しかも現品で徴収されるとなると、漁獲量の調査が終わるまで一定期間漁獲物を売買できなくなり、そのために漁獲物の腐損による莫大な損益が予想された。

開拓使内部にも漁民たちが猛反撥するだろうという不安はあった。開拓使は、漁獲物への1割課税はすでに北海道一般に行われているという理屈でこれを押し切ろうとしたが、実際にはこの課税基準は他地域でも確立されていたわけではなく、おおむね検討中の段階だったのである。

この頃、政府は、「地租改正」によって大増税を図りつつあったが、それはいまだ緒に就いたばかりで、急

激な近代化への財源はほとんど確保されていなかった。開拓使が漁民の反撥を無視してでも現物税の徴収にこだわったのは、これらの徴収物を本州方面へ運んで現金化し、国家財源にしたいという願望によるものだった。「開拓使十年計画」（明治5年）なる北海道開拓政策には巨額の支出が想定されていたが、実際にはその初期段階で既に政府支出分が大幅に減額され、明治5年末から6年にかけて、開拓使の政策はケプロンらが不可欠とした開拓の基礎部分を省略して、開拓使の言によれば「人民安堵繁殖を主体とした政策」、すなわち、容易に実利をあげうる殖産産業分野（農業、漁業、林業、鉱業、工業など）に方向転換されつつあった。開拓使の徴税方針は、「とりあえず取れるところから取る」であり、漁税の新設、徴収もこの増税策の一つだった。

また、同（明治6）年10月2日、太政官政府は「年期奉公人（娼妓）解放ノ令」を布告し、開拓使にもその実施を求めていたが、開拓使はその扱いに困惑していた。それは、北海道西海岸各地に点在する遊郭街、妓楼の主たち、出稼ぎ漁民の独身男たち、娘を娼妓にして稼がせるしかない貧民層の者、そして北海道への人口移入と定着を図る開拓使にとって、「植民地の常識」に反するものだったので、これにも民衆の激しい反撥が予想された。開拓使はこれらの反撥が相まって開拓使行政への不満として爆発することを恐れた。

因みにこの「年期奉公人解放ノ令」は、必ずしも人権的な観点から発想されたものではなかった。明治5年6月、ペルー船籍のマリア・ルス号は、ポルトガル領マカオで清国人苦力231人を乗せ、南米へ向かう途中台風に遭い、船体修理のため横浜港に停泊した。清国人たちは、虚偽の契約でペルーの鉱山労働者に雇われたのだった。彼らは船底に監禁され、水や食事もろくに与えられないという奴隷状態だったが、横浜停泊中に一人が決死の覚悟で海に飛び込み、付近のイギリス軍艦に救いを求めた。日本政府、副島種臣外務卿はこれを重く見て、神奈川県参事の大江卓を裁判長に任じ、特別法廷で審理することとした。大江は同年8月23日、「奴隷売買は無効、清国人は解放」を命ずる判決を出し、清国人苦力たちは、清国特使に引き渡され、帰国することを得た。マリア・ルス号の船長らは、船を放棄して帰国した。

しかし、ペルー政府は、この裁判審理の中で「日本政府は娼妓等の人身売買を認めている」として、奴隷売買についての日本政府の矛盾を衝いて、自らの正当性を主張した。その矛盾を弥縫（とりつくろう）するために、日本政府はあわてて「年期奉公人解放ノ令」を公布したのである。それ故、実際にはこの法令の実効性はほとんど期待されていなかった。開拓使も大判官松本十郎名で明治6年4月、その布令の一部を取り消し、旧慣の実質的継続を通達している。この後、ペルー政府はこの日本側の判決に抗議し、日本政府に謝罪と損害賠償を求めたが、結局、第三国のロシア帝国による国際仲裁裁判となり、ロシア皇帝アレクサンドル2世は1875（明治8）年6月「日本側の措置は国際法にてらして妥当」としてこの裁判は決着した。

漁民たちの反撥

明治6年春の鰊漁は極度の不振で、場所（漁場）によっては、例年の10分の1から4分の1の漁獲だったといわれる。

同年4月15日、爾志郡8カ村（乙部、小茂内、突府、三ツ谷、蚊柱、相沼内、泊川、熊石）の村役人（村民代表兼役所の下役）たちは、相談の上、「改正税五分方御減額（税率を5％に減額）願書」提出のために江差に出た。

この時は同郡戸長（戸籍責任者。現在の町、村長に相当）に説諭されて願書提出はしないで帰村したが、4月29日、乙部と突府以外の6カ村の村役人は再び相集って江差に出、開拓使江差出張所に願書を提出した。開拓使官員は、漁税1割は他郡に比べれば軽く、他村ではこれを承服している、利子の高い仕込み（漁の支度金）に難儀していると言うがそれはどこの村でも同じことだ、この願いは聞き届けがたいとして彼らを追い返した。

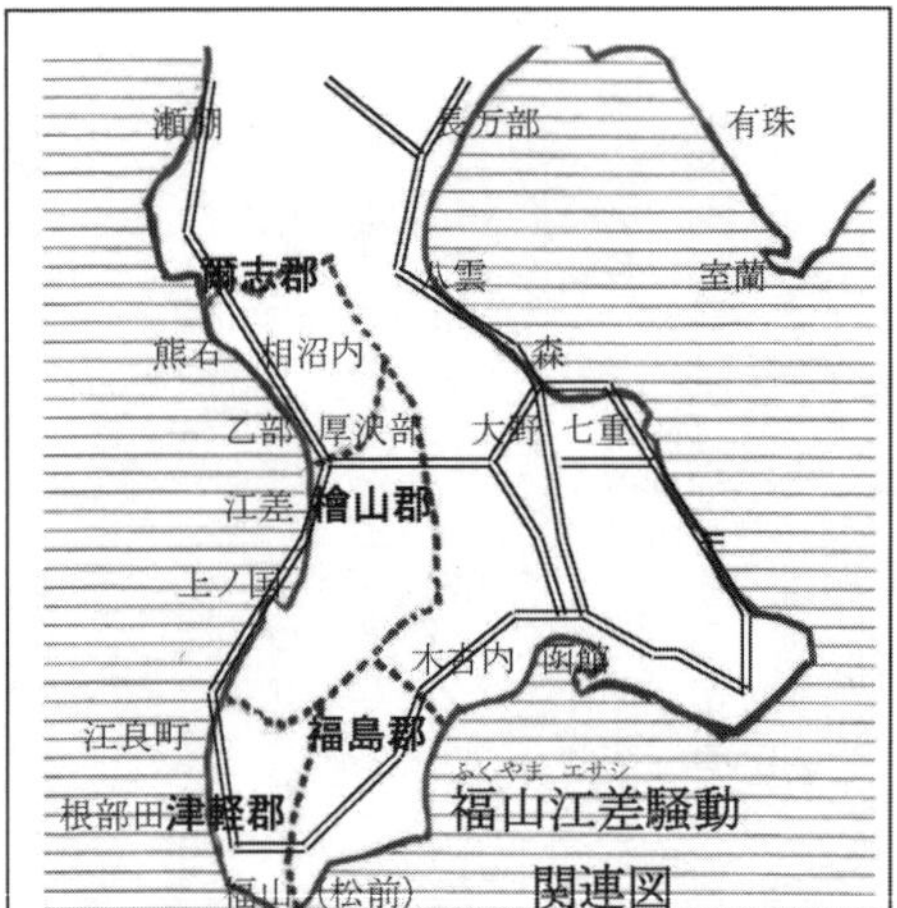

福山《ふくやま》江差《エサシ》騒動
関連図

翌日、村役人たちはこれでは漁民たちを説得できないとして一同そろって退役を願い出た。この時も、官員の説諭により、彼らは願書、退役願いを取り下げ、5月3日までに漁民を説得し、一割納税承諾の返事をしたいとして帰村した。

開拓使江差出張所の責任者大主典（主典は、長官、次官、判官に次ぐ官位の呼び名）佐郷綱文は、官員2名を上記6カ村の「探索、且ハ説得」のために出張させたが、村役人らは期限までに返事をするどころか、ついに5月6日夜「熊石村漁民3百人、不服蜂起」して乙部村まで押し出してくるという事態になったのである。急遽、江差から佐郷が駆けつけ、漁民の前に立ちはだかり、村役人を呼び出したが誰も出てこなかった。佐郷は、漁民を譴責（叱りつけ）し、紙筆を与え、願書をまとめて提出せよ、と命じた。しかしその間にも、乙部、突府の村役人が「村内老幼恐怖狼狽、役人ヲ恨ミ罵リテ止メ得ズノ情実」であり、このままの状態なら「私ドモ村方モ、六カ村ト一列連名ニ仕度」と申し出たのである。佐郷は憤慨し「今更曖昧ノ中立、聞キ難ク、六カ村同一ナラバ其ノ様ニ決意シ、断然（覚悟して）申シ出ルベシ」と、事後の報復を強く示唆して開き直ったので、2村の村役人は恐れ入って引き下がった。

5月7日の夜、6カ村の村役人は、「五分方（税率5％）ニ御猶予ナラレ下サレタキ旨、再応奉リ願ヒ候……」との課税御請書（承諾書）を提出、熊石村漁民たちも、戸長によれば「大ニ悔悟シテ帰村」と報告された。

5月17日、福山（松前）西在八カ村（根部田、札前、赤神、雨垂石、茂草、清部、江良、原口）の村役人たちは、戸長八間田綱右衛門とともに開拓使福山出張所に現れ、「以テノ外（意外なことに）、鯡漁皆無同様ノ不漁ニテ、実ニ窮迫罷リアリ候。此ノ後、仕込受ケ候儀モ頼ミ入レガタキ姿ニ相成候。之ニ依リテ、御場合柄モ顧ズ、願奉リ候モ恐入リ奉リ存候ドモ、当年限リ御税納方ノ儀、御免仰セラレツケ下サレ置キ度、コノ段、嘆願奉リ候」という願書を差し出した。

開拓使福山出張所の松浦権中主典らは、これを認めれば免税措置が北海道一般に波及するとして拒絶し、困窮の者には救助の道もあると諭して村役人たちを帰村させた。

同月17日、福山（松前）東在の6カ村（下及部、上及部、根森、大沢、荒谷、炭焼沢）の村役人からも連印で免税願書が提出され、福山地域でもこの動きが急激に活発化した。

5月24日、福山西在、東在の漁民たちは、大挙して福山市内に入り、市中の者も加わって同日夜、租税掛官員、戸長、捕亡方（警官）などの家七戸を打ち壊した。

開拓使福山出張所はこれに恐れをなし、ついに「鯡税、本年ニ限リ二十分ノ一（5％）」を布告したので、西在の漁民はこれを受け入れ帰村した。しかし東在の漁民は、これに満足せず、「鯡税ノ儀ハ三分方（3％）御収納金納ニ下サレ置度、且又其ノ余、諸業御税ノ廉廉（諸雑税）ハ御免税ニ仰セ付ケ下サレ度、願イ上ゲ奉リ候。尚又菰冠（娼妓）ノ儀ニツキテハ…御目流（黙認）仰セ付ケラレ下サレ置度、……」との願書を再提出し、これが聞き入れられない場合には函館、東京へ出て嘆願をするとして抵抗を続けていた。

同月25日夜には彼らの人数はさらに増え、開拓使の俄編成の兵力では対応不能になったので、神尾中主典は、その指導者を呼び出し、「願意は聞き届けるので早々に解散せよ」と伝えた。同月26日夜明けに、漁民たちは、願書に開拓使役人が「願之趣聞届候事」と添書きしたものを受け取ると直ちに退散した。

同日、これを知った西在の漁民たちは、東在と同じ待遇を要求し、直ちに認められたので、福山地域はようやく静穏に戻った。しかし5月28日、開拓使福山出張所は、熊石方面ですでに1割徴税が始まっているのに福山地域で3分税施行では筋が通らないとして、娼妓問題も含めて従来の布告通りに戻す、と先の申し渡しを取り消した。

福山の騒動は、直ちに檜山郡、爾志郡の漁民へも伝えられ、彼らの蜂起を促すことになった。6月6日には、江差近在の五勝手村、泊村、伏木戸村、柳崎村あたりに、数百人の漁民が集まり、江差市内へ進入する構えを示した。

やむを得ず、開拓使江差出張所は彼らの願書を受け取ることとし、出張所の門を開き燈を掲げて待っている所へ、漁民たちが手に手に手斧、棒、間伐丸太などを持ち、礫を打ちながら乱入、官員たちは辛うじて裏口から脱出した。漁民たちの行動は「声をも揚げず迅速に押し来たり、一句の願意も申し出でず」（佐郷報告）という激しさだったという。漁民たちはたちまち千人ほどに膨れあがり、官員、用達、手代、既納税者らの家を打ち壊し、その数は20軒以上にのぼった。

翌7日夕刻、江差順正寺の僧侶たちの仲介で、漁師たちは役所に「三分方納税（3％）、その他福山同様」の願書を提出、受け取った佐郷は「福山へ持参、決済ヲ得及ブベキ沙汰」として福山へ向かった。それを聞いて漁民たちは翌8日、全員帰村した。

黒田の収拾

明治6年6月6日の江差騒乱は、同月7日夜、開拓使函館支庁に報じられた。翌8日午前に函館の開拓使杉浦中判官は、砲兵30人、羅卒（巡査）20余人を率いて軍艦青開で江差に向かい、同日夜に江差に入って、直ちに騒乱の鎮圧にあたった。

青開艦は、そこから青森に向かい、同月12日、青森駐屯の2小隊（1小隊は30〜50人）を運んで江差に上陸させ、その1小隊はそこから福山に移動した。

それらの武力部隊で、福山では同月13日から「暴徒首魁（指導者）」の逮捕、投獄が始まった。黒田清隆開拓次官は、東京で「福山暴動勃発」の報告を受け、同年6月16日、急遽函館に向け出発、同月18日、函館着、25日、福山に入った。

この頃、漁民たちからは、「先非を悔いて」の謝罪状、減刑嘆願書が相次いだが、それらは「処分ノ目途（概要）既ニ決定」として受け付けられなかった。

同月28日、黒田は、福山で各村の戸長、村役人、「暴徒罪囚」らを呼び出し、改めて「一割漁税、ただし本年分に限り五分納入、残り五分は三年賦」と「家屋破却償却出金」などを命じ、「罪は黒田一人に帰す」として、入牢者13人、役所預の者12人を釈放し、「飢寒ニ迫リ候者ハ救助」すると申し渡した。

30日には江差で、福山同様の「恩典」を行い、「福山、江差騒動」を決着させることにした。黒田は、民衆からの嘆願を認めるのではなく、上からの恩典という形でこれを収めようとしたのである。それは明治政府の民衆への基本姿勢だった。

この事件から私たちは、当時の、開拓使（政府）の財政上の困窮、漁民や一般民衆への重課税、不同意民衆の直接行動による意思表示、弾圧と恩典の並行による民衆への懐柔、民衆の屈服など、政府と民衆が対立する当時の社会構造と社会混乱の様相とを見ることができる。それらは、北海道に限らず全国各地に現れていたのである。

黒田は、この一件で北海道における治安軍備の不足を思い知らされ、それは、彼がこの財政難の中であえて屯田兵制政策実施に踏み切る契機になったといわれる。屯田兵の設置理由の一つは、こうした「不満民衆」の鎮圧にあった。

第６章　明治国家形成の時代

「旅のノートから」７　新しい身分社会

明治維新期の人口動態

徳川幕藩体制（１６０３〜１８６７年）の下の日本人の総人口は江戸期を通して３千万人ほど、武士層の人口は、そのおよそ５％、１５０万人ほどだったと推定されている。この場合の日本人とは、南は薩摩藩から北は松前藩までの諸藩、幕府、朝廷、寺社などに所属する「日本人」であり、琉球国人、アイヌ民族などは含まれていない。

武士層の人口は女性や未成年などの家族を含む数であり、常時刀剣を身に帯びて民衆に威圧感を与えていた「武士」は、その5分の1くらい、30万人ほどだったかと思われる。ただし、幕藩体制下では分国制という性格上、正確な人口動態を把握出来ないから、この数字は各種資料の総合による推定である。

廃藩置県（明治４年７月）によってそれまでの府藩県三治制は３府３０２県の府県制になり、藩は廃止されてすべて「県」となった。

華族、士族、平民の誕生

明治２（１８６９）年６月17日、明治政府は、版籍奉還と同時に、従来の公卿（朝廷の上級官人）、諸侯（旧大名）の称を廃し、これらの家を「華族」とし、同年６月25日には旧武士階級（藩士兵卒）のうち、藩主一門から平藩士までを「士族」、足軽、中間などの武家奉公人を「卒族」とすることを定めた。

　明治2年12月2日、かつての幕臣、旗本を士族に編入し、明治3年12月10日には、多くの地下家（朝廷の下級官人）を士族、公家（朝廷官人の総称）に仕えていた青侍（青の袍衣の六位侍）などの家臣層、幕府御家人を卒族に統合した。

　政府は、明治4（1871）年8月28日、「賤民廃止令」を出し、「穢多、非人の称、廃され候条、自今（今後は）、身分職業とも平民同然たるべきこと」とした。実際にこの「賤民廃止令」によって差別が消えることはなかったが、形の上では賤民（えた、非人、かわた、などと称される被差別階層）は平民階級に繰り入れられ、平民はすべて平等とされた。これが維新政府の作った新しい身分制度であった。

　明治4年11月には、1県の石高を10万石以上として、全国を北海道および3府72県に分割した。旧藩主（華族）たちは知藩事を免官となって東京在住を命じられ、彼らに代って各県の長（県令）にあてられたのは、おもに維新功労者たちだった。

明治6年の人口構成（『明治史要1』）

身分	人口	人口比%
皇族	28	
華族	2829	
士族	154万8563	4・7
卒族	34万3881	1・0
平民	3110万6514	93・4
僧侶	21万6995	0・7
神職	7万6119	0・2
その他	5738	
総人口	3330万0672	

　明治5年に政府が作成した「壬申戸籍」では、日本国の総人口3311万1300人のうち、3・9%、約129万1300人が士族、卒族は2・0%、約66万2200人、合わせて約195万3500人であったという。
　明治9（1876）年、政府修史局が刊行した『明治史要1』には、明治6（1873）年の人口構成は、総人口3330万672人、そのうち士族154万8563人、卒族34万3881人であると記載されている。
　明治5年1月、卒族のうち、世襲の者は士族、一代限りの者は平

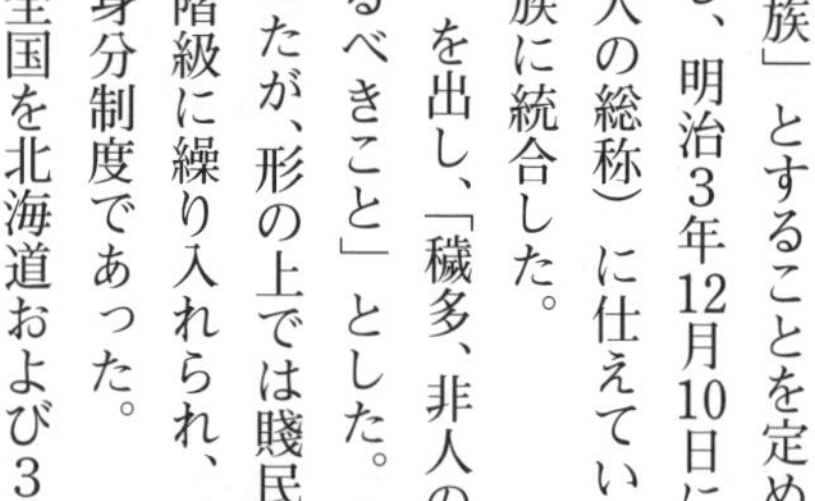
箱館奉行所があった亀田御役所土塁（通称五稜郭）

民籍への編入が決定され、明治8（1875）年までに卒族は完全に解体された。

家禄削減

版籍奉還後の、旧武士階級への俸禄（給料）は、藩主は従来の藩実収の10分の1、士卒族も従来の家禄の10分の1の現米支給とされた。藩主層は藩経営の様々な責任と義務から解放され、従来よりも実質的に高収入で優遇された上に、華族身分に格上げされたのに対して、士卒族層は従来の実収入の10分の1で生活せよ、というのである。武士たちは、過酷な収入削減とともに、藩戦士としての「武士の誇り」をも奪われたのだからたまらない。旧幕臣に対しては、新政府への帰順度によって差をつけ、旧藩藩士並あるいはそれ以下の支給となった。

明治3年9月10日、政府は諸藩に「藩政改革」を指令し、その一項として藩実収入の1割を知藩事家禄、残り9割の10%を海陸軍資金とし、その半額は政府軍資金に上納、同じくその半額を藩の陸軍資金とすること、藩実収入からそれらを差し引いた残額を士族の禄、藩の政務諸費とすることを命じた。

これらの施策の結果、諸藩の家禄支給額は廃藩の時点で維新前より38%削減され、士卒族に限っていえば44%の削減率を示すという。

理屈の上では、版籍奉還後に藩ないしは新政府の官吏として職を得た者は別として、旧来の諸藩武士団、幕府直属の旗本、御家人などはもはや無用の長物であって、制度上では俸禄を受ける資格はないわけであるが、徳川期260年間の長きに亘って持続されてきたこれら武士層を一挙に解体することは、困難であった。彼らがいまだ潜在的に武力を保持している以上、この施策の実施は彼らの、政府への反旗、叛乱を引き出すことは十分に予測されたのである。

中、下級公家に対する禄制改革は、明治3年12月に布告された。近衛家ほかの堂上家（皇居への昇殿を許された上流貴族）１４８家には、分賜米、救助米、方料米、臨時被米を支給するとしたが、実際の支給分は、これらを合算し、それを4割とした場合の10割分の元高を算定して、その元高の2割5分を現石で支給するという面倒な方法だった。

たとえば右の各種受給米が総額４００石の場合、元高は1千石となり、実際の支給額は２５０石である。これは旧藩士、旧旗本などに比べれば優遇ではあったが、実収入は以前の62％であったという。この計算式作成の根拠は不明であるが、結局は、従来の支給額の削減策だったと思われる。これに準じて、中、下級公家たちの収入も大幅な減額となった。

廃藩置県によって、旧各藩藩士たちは最終的に藩主との主従関係を断たれ、その俸禄（禄米）も政府からの支給となった。

国民国家への道

初期の明治政府中枢の担い手はおおむね元武士と一部の公家たちであったが、その職を得られなかった士族、公家たちも庶民への支配者意識を捨てきれず、実質的にその特権を失ってもその「身分」に執着していた。

政府は、旧武士、公家階級への俸禄支払いが、国の機能不全を招くほど膨大な額に上り、結果として国家自体の存続をも脅かしているという現実に直面して、無為にして特権のみを享受していた武士、公家階級の存在の危険さにようやく気づいた。

政府高官たちは自らには破格の待遇を与えていたが、彼らは、それを徳川政府打倒の褒賞と新権威の象徴として当然視していた。そのことと旧武士への俸禄削減ないし廃止とは、彼らにとっては別次元の問題だったのである。

明治政府の目指した国の形態は、武士、公家などの特権身分の消滅を前提とし、その領域内のすべての人々に「国民」としての同質性を要求する、いわゆる「国民国家」だった。

国民国家とは英語「National-state」の訳語といわれるが、強力な中央集権制度、均一化された国民の存在、領土の自己画定、などを基本とする国家形態のことである。

そこでは、義務教育、国民皆兵制などによって、民族的一体感と国家への強い帰属意識を持ち、歴史観を共有し、納税義務を受け入れる「国民」の存在が期待される。

この国家理念は近代欧州の歴史の中で作られたものだった。欧州諸国家は、国民統合の象徴として君主ないし元首を擁立し、国民教育の徹底によって民衆の「愛国心」を養成し、国家的統一のためには国内反国家勢力への弾圧を行うとともに、一方では他民族（特にアフリカ、アジアの諸民族）の生活領域への暴力的侵略や政治的経済的支配、富の収奪などを行ったことは歴史上の事実である。

明治政府は、欧米露勢力の日本侵入に抵抗し、その侵入を防ぐためには、中国皇帝を頂点とする東アジア冊封体制から脱却し、欧米型の国民国家の形成、物質文明（軍事力を含む）の積極的受容が必要と考えた。しかし、北方のアイヌ民族と南方の琉球民族との存在は、「均一化された国民、強力な中央集権制度」という国民国家像に支障となるものであった。それ故、新領土の獲得とそこから得られるはずの経済的、軍事的利益という実利目的とともに、彼ら（アイヌ民族と琉球民族）を「日本人」とすることが明治政府の緊急の課題であった。

政府は、まず蝦夷島を「北海道」（明治2年8月）とし、琉球王国を「琉球藩」（明治5年9月）ついで「琉球県」（明治12年4月）と改称して、これらが日本領土であることを内外に示し、その上で、彼らからその民族性を剥奪し、「日本国民」として日本人に同化させなければならぬと考えたのである。

明治政府は、欧米諸国に対して、日本が彼らと対等の近代的国家であることを主張する論拠を性急に得ようとした。それは、これら二つの民族の文化と歴史への無理解と蔑視を基本感情とする強引な民族差別政策となって、精神的にも経済的にも政治的にも両民族を苦しめる結果になった。

金納租税

版籍奉還、廃藩置県を通して、中央集権国家の体制は整ってきたが、その国家の財政収入のほとんどは、農民からの現物年貢だった。

明治6（1873）年の租税収入の93%は、年貢米とその代金納年貢であった。

支出は現金であり、収入は現物であることは国家経営にとって多くの困難な条件を生じた。年ごとに、米の収穫量、米価は変動し、輸送、保管、販売の手間と出費も予測しがたい。これでは正確な歳入予算も、歳出予算もたてられない。すなわち、近代国家として成り立たないのである。年貢米の現納制を現金による税制に変えることが必要であった。

明治5年2月、政府は田畑地の永代売買の自由を認め、売買譲渡のさい、その所有権を国家が確認する「地券」を交付することを布告し、同年7月にはすべての私有地に地券を交付することを布告した。これは、政府がそれぞれの土地の価格（地価）を押しつけ的に定めて、そこから一定の基準で毎年税金（地租）を徴収するための布石であった。

明治6年7月、政府は「地租改正」を布告し、その具体的な手続きを定めた条例と規則とを公布した。これによると、地租は地価の100分の3、金納、土地所有者から徴収、年々の作柄による租税増減はない、と定められた。

ただし、この法令の布告によって、直ちに全国の土地からの現金租税が得られたわけではない。日本歴史上前代未聞、画期的というべきこの改革は、明治6年の布告により着手され、同8年の地租改正事務局の設置以降本格的に進められたが、同14（1881）年にいたってようやくほぼ完了したとされる。

この全国一律の、土地私有制度に基づく法令は、中小農民層にとっては、過酷な金納制とともに、それまで村落共同体が保有していた入会地（山野海浜の無年貢、共用益地。総面積は田畑の10～12倍と推定される）、山奥の焼畑などを奪われる結果となり、彼らをさらなる貧困に追い込むことになった。

農民一揆の攻撃に脅えていた豪農、大地主層だけがこの私的土地所有権の授与を歓迎したが、税を納入できない農民たちは破産し、大地主の小作人または流民となるしかなかった。それまでの入会地・焼畑などの多くは国、皇室の所有とされた。農業、農村の共同性の理解に疎い大蔵省官僚（旧武士層）が、この農村の伝統的慣行は人を怠惰にさせるという恩着せがましい理屈を立てて、これを強行したのである。

この法令の布告と実施開始当時、非生産者たる華士族（卒族は明治5年士族に統合）への秩禄（俸給）支給には国家歳出のうち3～4割があてられていた。特に廃藩置県後の明治5年には、それは全地租収入２００５万円の約80％、１６０７万円に達した。地租改正布告の翌年、明治6年の地租収入額は６０６０万円だったが、秩禄支出はその約29％、１８０４万円であった。

明治８（１８７５）年9月17日、政府はそれまで現米によって給していた華士族の禄を、各地方過去3カ年の米の平均相場に換算した貨幣禄（金禄）とした。それは金納地租によって可能になったものだったが、同時に、諸近代化の阻害の原因になっていた華士族への秩禄廃止（「秩禄処分」と呼ぶ）への１ステップでもあった。

秩禄処分

明治９（１８７６）年3月、参議兼大蔵卿の大隈重信は「金禄公債証書」に関する建議を太政官政府に提出し、常職を解いた士族の家禄（給料）、賞典禄をなくし、その財源で国家にとって有益な事業を振興すべしと主張した。

そのために家禄の5～14年分の額にあたる「金禄証書」を発行し、金禄の高に応じて毎年5分、6分、7分、1割の利子を給することとして、その上ですべての禄を廃止する。元金は5カ年据え置き、証書下賜の年から6カ年目以降に、毎年一回抽選で選ばれた者に元金を払い渡していき、30年以内に利子、元金ともに償却を終えるというものだった。この金禄公債証書の発行条例は同年8月に公布され、翌10年から実施された。

政府は金禄証券を買い取るための資金として外債募集を計画し、大蔵少輔吉田清成をアメリカに派遣したが、駐米公使森有礼の反対と妨害にあって失敗、募集地をロンドンに変更し、結局240万ポンドの調達に成功した。それは、額面100ポンドに対して発行価格92ポンド10シリング、年利7分、25年で完済するという条件だった。

明治政府の手取り額は222万ポンド（1083万3600円）、明治30（1897）年までに支払うべき利子及びイギリス東洋銀行に対する手数料の合計は1308万円余、元金との総計は2479万2747円余であった。

明治10年から13年の間、金禄公債は総額1億7386万円発行され、支払うべき年利は1161万円、それまでの金禄支給額1年分1767万円に比べて606万円の減額だった。その減額分を元金償却年金とし、年ごとに減少する利子分もそれに加えおよそ20年間で償却を完了する見込みだった。つまり、明治国家は、金禄証券とその利子を退職金として士族たちを解雇したのである。これらの事業に必要な資金は、いずれ地租その他の税金によって賄われることになる。結果として大方の士族も路頭に迷うことになったが、農民層の負担が最も重かったのはいうまでもない。

榎本武揚の出仕

榎本武揚は、箱館戦争終結（明治2年5月18日）の後、榎本軍幹部の松平太郎、大鳥圭介、永井玄蕃、荒井郁之助、澤太郎左衛門、松岡盤吉らとともに朝敵として囚われた。同年5月21日、彼らは、箱館から津軽海峡を船で、青森からは陸路網籠入りで護送され、6月30日、東京に到着した。彼らは五稜郭の同志、渋沢誠一郎、佐藤雄之助、仙石丹次郎の3人とともに、兵部省軍務糾問所の牢に入った。

榎本ら幹部は、別々の房に入れられ、その房の「牢名主」を命じられた。榎本房の前牢名主は、早速に「お前は娑婆（俗世間）でどんな悪事をしてきたか」、と榎本を怒鳴りつけ、脅しにかかったが、「おれは箱館戦争の榎本じゃ」と答えると、たちまち一同平伏、それ以降は榎本に丁重に仕えたという。

彼らの入牢生活は2年半続いたが、その「罪」の大きさにもかかわらず、苛酷な扱いを受けることもなく、明治5年1月6日、特命を以って赦免されることを得た。

首領の榎本だけは当分謹慎、親族預りとなったが、それも同年3月7日に解かれ、完全赦免となった。榎本は、その翌日の3月8日、開拓使四等出仕を命じられた。

四等官とは長官、次官、判官、主典の総称で、「出仕」とは定員外の臨時採用を意味するから、彼はいきなり開拓使の高級幹部に任命されたのである。すでに、松平、永井、荒井、大鳥、澤は、赦免後1月12日、開拓使奏任（太政官から天皇への奏聞で任命される高等官）出仕を命じられていた。

榎本らの赦免には、開拓使次官の黒田清隆の助命奔走があった。これは黒田個人の好意による尽力というより、人材払底、特に外交分野でのそれに悩む政府の方針であったと思われる。五稜郭落城の直前、榎本が黒田にオランダ語版『海律全書』（海の国際法）を贈った行為などで榎本の外交感覚を高く評価した彼らは、榎本を生かしておいて活用しようと考えたのである。慶応義塾創設者福澤諭吉は、政府からこの書物の翻訳を命じられたが「専門語が多くその道の人でなければ訳せない」とこれを返却した。福澤は、暗にこれは榎本にしかできない仕事だと示し、それによって榎本を救おうとしたのだといわれる。ただし、福澤は後に『瘦我慢の説』（明治24年）で、戊申戦争時、無抵抗で薩長に屈した勝海舟と、箱館で多くの将兵を死なせながら明治政府に出仕、栄進した榎本を痛烈に批判した。

榎本は、明治5（1872）年5月27日、横浜港からアメリカの蒸気船「エリエル」号に乗り込み北海道に向かった。彼は、同月30日、函館に上陸、渡島地方の七重、当別、富川、茂辺地、三森、古武井、森などで石油、石炭、鉛、鉄、硫黄などの資源調査を重ね、8月下旬に陸路札幌に到着、以後、開拓使物産調掛として北海道各地の地下資源を調べ歩いた。榎本は、かつて長崎の幕府海軍伝習所でオランダ軍人から気象学、機械術、航海術などを習い、オランダ留学中には化学、鉱物学、地質学などを学んでいたから、この任務には最適の人物だった。

彼は、明治5年、札幌の住人早川長十郎が採集し、開拓使に呈出した空知郡ホロナイ地区の石炭塊を分析、その優良さに注目し、翌明治6年8月、自ら調査隊を率いてイクシベツ（幾春別）川を遡り、この地域の石炭層を調査し、開拓使に「イクシベツ石炭調査」報告を提出した。これがその後の空知炭田開発の基礎資料になったという。

「北の辺境民アイヌ」への諸政策

明治政府は、早く明治2（1869）年8月15日に従来の「蝦夷島」呼称を「北海道」と改称し、北海道島と千島列島のクナシリ、エトロフ2島とを11国86郡に分かち、それぞれに漢字表記での地名を施し、北海道は日本の内国であることを内外に示した。それによって論理的には、そこに住む先住民アイヌは「日本人」とされたのである。

ただ、その時点でアイヌ民族の個々人が日本国籍を持ったわけではなく、明治4年4月4日に公布された「戸籍法」（翌5年2月1日実施）によって「保護すべき全国人民」の一部としてはじめてアイヌ民族が位置づけられ、彼らは「平民」として登録され、初めて「日本国民」になったのである。実際のアイヌの日本戸籍は明治8～9年頃に完成したといわれている。

明治4年10月8日、開拓使は戸籍法公布後、アイヌ民族に、

一、開拓致シ候土人（アイヌ）へハ、居家、農具等下サレ候ニツキ、是迄ノ如ク死亡ノ者コレ有候共、居家ヲ自焼シ他ニ転住等ノ儀、堅ク禁ズベキ事。
一、自今（この先）出生ノ女子、入墨等堅ク禁ズベキ事。
一、自今男子ハ、耳飾ヲ著ケ候儀相禁ジ、女子ハ暫ク御用捨（黙認）置キ相成事。

一、言語（日本語会話）ハ勿論、文字モ相学ビ候様心懸ケルベキ事。

と布達した。

アイヌ民族に農民化を勧め、アイヌ民族伝統の風俗を日本風に改め、アイヌ語使用をやめ日本語を学べ、と命じたのである。『開拓使事業報告』（明治18年、大蔵省発行）には「蝦夷トイヘドモ、斉シク国民タルヲ以ッテ、戸籍編制ノ初メ、華夷ヲ別タズ」とある。「華夷」とは「文明人と蛮族民」という意味である。

開拓使は、政府の「北海道」改称布告の翌年、明治3年9月、従来の場所請負制（魚場の排他独占的占有制度）廃止を布告したが、魚場経営の実務上の困難と旧請負人のしぶとい抵抗に遭って、実際にそれが実施されたのは明治9年（1876）年だった。これは生産漁民や移住漁民たちに魚場を確保するための政策とされたが、この時、鮭の遡上する河川や海の好魚場の多くは日本人の旧請負人や新旧の日本人漁民に与えられたから、アイヌたちは日本人たちの激しい資源収奪の前に結局は自らの魚場を失うことになり、交易品としてはもとより、冬季間の食料としての鮭の確保さえも出来なくなって、その生活は根底的に破滅した。

明治5（1872）年9月20日、開拓使は「北海道地所規則」（その一部抜粋が「北海道土地売貸規則」）を公布し、深山、幽谷、人跡隔絶の地を除いて「原野、山林等一切ノ土地、官属（官有地）及ビ従前拝借ノ分（以前からの借用地）、目下私有タラシム地ヲ除クノ外、都テ売リ下ゲ、地券ヲ渡シ，永ク私有地トシ……」とし、北海道のすべての土地を1人10万坪（約33町歩）に限り売り下げるとした。ただし、その所有者は、日本人に限り、アイヌは対象外としたのである。その後、明治10年12月13日に北海道における「地租（土地税）創定」のために制定された「北海道地券発行条例」では、「旧土人（アイヌ民族）ノ住居ノ地所ハ、其ノ種類ヲ問ハズ当分総テ官有地第三種（官民共有地）ニ編入」とした。この条例によって法制上、北海道のすべての土地は日本国の管轄地とされたのである。

明治5年以降、明治18（1885）年までにこれらの規則によって日本人に売り下げられた土地は、主として石狩、渡島、後志、胆振国の2万9239町歩、無償貸付地（主として鉱山や工業用地）は7768町歩にのぼった。これらの施策によって、アイヌ民族の、漁猟、採集、伐木を主とした生活は不可能になり、彼らは民族的滅亡の危機にさらされることになった。

明治9（1876）年7月19日、開拓使根室支庁（支庁は北海道11分国とは別に地方行政の単位として設定された）は「旧土人、是迄姓氏用ヒヌ者之有リ候処、自今一般姓氏相用フベシ」との通達を発し、アイヌ民族の戸籍登録に際して日本人風の姓と名を名乗ることを強要した。

これを、壬申戸籍（明治5年）作成時、それまで姓を持たなかった日本人の一般平民は創氏（新たに姓を創り）し戸籍登録したので、このアイヌの創氏改名もそれに準じたと解釈されることがあるが、アイヌ民族には本来日本的な姓は存在せず、父方、母方の系譜による個人呼称法だったから、これはアイヌ民族伝統の否定でもあった。

また明治11（1878）年11月4日、開拓使は、その本、支庁宛に「旧蝦夷人ノ儀ハ……古民或ハ土人、旧土人等区々（まちまち）ノ名称ヲ付シ、不都合候条（不便なので）、自今区別候時ハ旧土人ト相称フベシ……」と通達し、アイヌ民族の官庁側呼称を「旧土人」とすることを命じた。

一説に、「土人」呼称は、本来土着の人の意味で古くから使われており、北海道に移住してきた一般庶民すなわち「新土人」に対してアイヌを「旧土人」と呼んだのだともいうが、これは間違いである。実際に公的に「新土人」という名称が使われた例はなく、むしろ、これは戸籍記載を「旧土人」とすることによって民族差別を法的に認定したということに意味がある。

これらの政策は、国民国家の形成に名を借りたアイヌの民族文化の全否定であった。アイヌ民族にとっての明治文明開化は、日本人による新たな民族差別政策の始まりであった。この当時の平民戸籍登録のアイヌ人口は、1万3182世帯、6万6618人だった。

「旅のノートから」8　アイヌモシリの崩壊

萱野茂氏は、その『アイヌ語辞典』に、「モシリ【mosir】静かな大地、国、国土、島。モ＝静か、シリ＝大地、アイヌモシリ＝人間の静かな大地、アイヌ民族は自分たちが暮らしていたこの地（今の呼び名は北海道）をアイヌモシリと呼んでいた。」と記している。

私たちが現在北海道と呼んでいる島は、アイヌ民族の側から見れば、たしかに「アイヌモシリ」であったし、現在でもそうである。私たちは、これまで北海道の旧名として使ってきた「蝦夷地、蝦夷が島」呼称も気楽には使えない。「えぞ」の語源はいまだ明らかではないが、「日本人」は、この「蝦夷」という漢字語を、蛮族、蛮地を意味する語として使っていたからである。「蝦夷地」と「人間の静かな大地」との間隔は限りなく大きい。

嘉永6（1853）年12月、徳川幕藩制時代の末期、幕府露国応接掛川路聖謨は、ロシア帝国の遣日全権大使プチャーチンに対して「あいの（アイヌ）は、蝦夷人のことにて、蝦夷（人）は日本所属の人民なれば、あいのの居候処は則ち日本所領に候」という理屈でこの島は日本領土であると主張した。

この、「アイヌ民族は日本所属の人民」であるという認定は日本側における一方的なものであり、アイヌ民族側がそれを承認していたわけではない。アイヌ民族側に、幕府がしかるべき説明をしたという形跡もない。何の挨拶もなしに自分の生活圏に勝手に入り込んできた他者に、一方的に、「今日からここは俺たちの土地になった、お前たちは俺たちの国に所属することになった」と宣言されたのである。

明治政府が、この島を日本領であると主張する根拠も、基本的にこの幕府の主張に依拠している。これは、歴代中国王朝における周辺諸国との冊封（宗主国と藩属国）体制論理の援用と思われるが、それはあくまでも中国と諸国との双方の了解による上下関係であり、一方的な支配、被支配の関係ではない。

明治政府はこの説に依拠しながら一方では、この島は「無主の地（ラテン語 terra nullius の訳語）」であるとする、はなはだ都合のいい「欧米先進帝国主義国家」の理屈も採用していた。「無主の地」理論とは、すなわち誰のものとも認定されていない土地は、それは一番先にこの地に最初に到達した者の所有物になる、たとえ、そこに先住の人々が居住していたとしても、その存在も生活権も無視していいという理屈である。徳川政府は、アイヌ民族に先住民としての権利を認めていたとは言い難いが、少なくとも松前地以外のエゾ島の大部分はアイヌたちの居住地であることは認めていた。

「アイヌ先住民日本人説」と「無主の地理論」とは、明らかに論理的矛盾である。その矛盾を無視ないし隠蔽して、明治政府はこの島を領有する政策を押し通そうとした。それは、第1に、すでにサハリン島に多数の流刑囚、軍隊などを送り込んでその地を領有し、さらなる南進の意志を示していたロシア帝国の攻勢を防御するには、それに先んじてこの島を植民地として獲得するしかないとする衝動であり、第2に、戊辰戦争敗残藩の侍たち、反政府思想家、犯罪者、浮浪人たちを、本州島とは隔絶した地へ配流し、あわよくば使いつぶし消滅させてしまおうとする意図、第3に、将来この島から得られるであろう農産、水産、林産、鉱産などの資源の魅力、などによるものと思われる。

その基底にあったのは、アイヌ民族は劣等民族であるから、その存在を無視し、あるいは日本人の支配下に置くのが当然であるとする優越的民族感情であった。すなわち、これらは典型的な帝国主義の論理と行為であった。それは、侵略者、支配者側の理屈、自己正当化の言説であり、明治政府もまたその例外ではなく、自らの論理的矛盾を顧みる暇もなく、ただ目前の危機の回避と利己的勘定に追われていたのである。

アイヌ民族の立場から見れば、開拓使の役人も、分領支配者の諸藩も、戊辰戦争敗北藩からの入植者たちも、軍隊式開墾集団たち（屯田兵）も、魚獣類を根こそぎ捕獲してしまう日本人漁師や猟師たちも、すべて勝手な優越感を振り回して自分たちの土地を奪い、文化と生活と生命とを破壊する暴力的な侵略者であった。

今、日本人が、この過去の事実を隠滅ないし改竄（都合のいい改作）しようとするならば、それは実際の収奪行為と、その意識的忘却という二重の破廉恥行為だった、と後世の歴史家たちに評価されることになるであろう。

第7章　帝国主義日本の時代

カラフトアイヌの北海道移住

慶応4年（1868年。9月8日、明治に改元）4月、箱館奉行所詰鈴木陸治は箱館奉行杉浦勝誠（のち誠、最後の箱館奉行。なお新政府行政組織の函館裁判所開所は同年5月1日）に『北地御用留』と名付けたカラフト島調査報告書を提出した。それによると、当時のカラフト島南部（幕府呼称、「北蝦夷地」）の状況は、「小子（私が）案ずる処にては（心配することは）、全体土地取開（開拓事業）の儀は、魯人（ロシア人）は行き届き、日本人は唯漁業のみにて開墾は更に（まったく）致さず、諸侯（諸藩の）警衛とても有名無実故、公平の心を持って勘案（比較検討）いたし候節は、魯人の方遙かに勝り居り。且つ又、魯人は撫育（慈悲的教育）等は格段致さず候へど，役使する時は必ず米酒などを与え候由。それ故土人（アイヌ）ども一同相談の上、日本を棄て魯人に帰服することと相成候と見え申し候」「（クシュンナイでは）魯人、相変わらず開墾、建築等専一勉励（もっぱら努力し）、五升芋（ジャガイモ）、油菜、蕪菁、葱、豆の類を盛んに生立、芋は五六百俵にも上り候由。大工木挽ら専ら其職を励居、牧牛、牧豚、牧馬とも追々蕃殖（繁殖）の趣、マトロス（?）は平生土煖竈を用いて瓦を焼き居候由、室屋（家屋）の製作等一覧候処、（日本人家屋の粗末さに比べて）実に感服愧汗（我が身を恥じる冷汗）の至りに御座候」「（日本人は主食の米でさえ）弁財船（北前航路に使われた大型和船）参らず、備米も食尽くし」という状態であったという（樺太アイヌ史研究会編『対雁の碑』）。

弘化3（1846）年、松浦武四郎がカラフトで目撃したアイヌたちの悲惨な状況は、約20年後、その度合いをさらに増していたと思われる。アイヌたちは日本人の漁場に強制的に動員され、劣悪、長時間の労働を強要され、怪我や病気にも何の手当もなく、不平を唱えれば番人に殴打され、放置されるという状況にさらされていた。アイヌたちの日本人に対する反目は強かった。

一方、ロシア側はカラフト島を自己の領有地として獲得すべく、着々とさまざまの方策を実行していた。そのひとつはアイヌたちへの謝礼だった。ロシア人のアイヌ政策自体もそれほどのものとは思えないが、日本人のそれよりははるかにましだったというべきであろう。鈴木の報告は、近世末期の日本の商業資本の貪欲さと日本人のアイヌ民族への人種的蔑視を明確に指摘している。

明治7（1874）年当時の日本は、台湾派兵を巡っての清国（中国）との交渉や、不平士族からの征韓論（朝鮮侵出要求）などの「外交問題」を抱え、ロシアのこのカラフト島進出政策に対応する余裕はなく、政府のカラフト島対策も混乱していた。

明治7年4月、開拓使はカラフト島南部に居住していた日本人に向けて、「カラフト支庁の官設漁場を当年限りで廃止する」ので「カラフト在留日本人は北海道に転住せよ」と促す旨の通達を発し、同年9月、彼らに手当を給し、官船で護送してその事業を完了した。日本政府はこの時点ですでにカラフト島を放棄する方針を固めていた。日本人経営の漁場に雇用されていたアイヌたちについては、当時の開拓使次官黒田清隆（長官職代行、明治8年2月、長官就任）は「来ようと言う者は連れてこよう、イヤだという者はそのままにしておこう」と語り、アイヌたちの北海道移住は考えていないとしていた。しかし、実際には日本移住への働きかけが執拗に行われていたらしく、各地のアイヌたちの間には深刻な動揺が広がっていたといわれる。

実際問題として、彼らはおよそ70年間に亘り、日本人の伊達屋、栖原屋経営の漁場に雇われて生計を立て、米食その他の日本風の生活に慣れていたから、アイヌたちは日本人が引き揚げたあとの生活に対して不安を抱いていた。予想されるロシアの軍人、懲役人、流刑者との接触も不安だった。しかし、移住して「日本人」となっても未知の土地で慣れない生活に適応できるか、あるいは日本人の人種偏見や差別を撥ね除けて、将来を切り開くことができるか、こちらにも大きな不安があった。祖先たちの墓のある土地を離れることも耐え難かった。

カラフト・千島交換条約

榎本武揚は明治7（1874）年1月18日、海軍中将に任命された。当時の日本海軍では大佐が最高官で、少将以上の者はいなかったから、彼の中将任用は異様なことであった。これは、彼を日本とロシアの領土画定交渉のためにロシアに派遣するための事前工作であった。その役に見合った箔をつけたのである。榎本は、同日付でロシア駐在特命公使を命じられ、3月5日には政府からカラフトの日露国境交渉についての全権を委任された。この時、政府が彼に与えた「対露談判要項」には「樺太島と千島諸島との交換」が指示されていた。

日露の国境問題は、幕末以降、いくつかの紆余曲折を経て、明治5年4月、時の外務卿副島種臣がロシアに「樺太島北緯50度以南の地を日本に売却する」ことを提案、ロシア側はそれを拒否し、それに替わって「カラフト島と千島諸島との交換」を提案する段階に至っていた。その後、日本側もロシア側も、ともに多くの国内問題に直面し、両国交渉は進展しなかったが、その間にも樺太島南部ではロシアと日本の対立と抗争が増大し、ロシアの兵や脱走徒刑囚らによる日本人とアイヌへの暴力、窃盗、放火、強盗、殺人事件などが続いていた。

明治7年1月21日、横浜のロシア領事館で行われた寺島宗則外務卿とロシア代理公使ウラロフスキーとの会談で、ロシア側は千島諸島の漁業資源の豊かさを力説し、それを樺太島と交換する用意があると述べた。日本側としても、ここで強いてロシアと抗争して結果的に国益を損ずることになるよりも、このロシアの誘いに乗ずるほうが得策と踏んで、榎本にその旨指示したのである。

榎本全権大使一行は、明治7年3月10日、横浜を出航、香港からインド洋、スエズ運河を抜け、ベニス、パリ、オランダ、ベルリンを経由して6月10日頃、ロシア帝国の首都サンクト・ペテルスブルグに入った。

交渉は同年6月22日から翌明治8（1875）年5月まで数度にわたって行われ、明治8年5月7日「サンクト・ペテルスブルグ条約」（通称「樺太千島交換条約」）本条約8カ条、付録公文4カ条が締結され、榎本とロシア外務大臣コルチャコフがこれに調印した。

その本条約第１条は、「樺太島ノ一部ニ対スル日本ノ所領権及ビ其他一切ノ権利ヲ露国ニ譲リ、ラペルウズ海峡（日本側呼称間宮海峡）ヲ以テ界トナシ、露国ハ之ニ対スル代償トシテ、占守島ヨリ得撫島ニ至ル十八ノ千島諸島ヲ日本ニ譲リ、カムサッカ・ロパトカ岬ト占守島ノ中間ヲ以テ境界トス」、第4条は「（日本人、ロシア人の）住民ノ残留ハ、其自由ニ任セ、残留者ハ営業及ビ所有ノ権利及ビ信教ノ自由ヲ有シ、新領主ノ属民ト同等ノ待遇ヲ受ク。但シ、新領主ノユリスデクション（英語 jurisdiction 司法・裁判）ニ服ス」だった。

この条約には、この両地域に在住する先住民族の権利については、何も記載されていない。翌明治8年8月22日、東京での批准書交換の際に調印された「条約付録」には、「樺太島及ビクリル（千島）諸島ニアル土人（先住民族）ハ、現ニ住スルトコロノ地ニ永住シ且其ママ現領主ノ臣民タルノ権ナキ故ニ、若シ、其自己ノ政府ノ臣民タランコトヲ欲スレバ、其居住ノ地ヲ去リ、其領主ニ属スル土地ニ赴クベシ。又、其ママ在来シシ地ニ永住ヲ願ハバ、其籍（国籍）ヲ改ムベシ。各政府ハ土人去就（その地を去るか残るか）決心ノタメ、是条約ヲ右土人ニ達（通達）スル日ヨリ三ヵ年ノ猶予ヲ置クベシ。是三ヵ年中ハ、之迄ノ通リ、樺太島及ビクリル島ニテ得タル特許（特別許可）及ビ義務ヲ変セズシテ、漁撈及ビ鳥獣猟其他百般ノ職業ヲ営ムコトヲ妨ゲナシト言ヘドモ、総テ地方ノ規則及ビ法令ヲ遵守スベシ。前ニ述ブル三ヵ年ノ期限過ギテ猶双方交換済ミノ地ニ居住センコトヲ欲スル土人ハ、総テ其新領主ノ臣民トナルベシ」と書かれていた。

つまり、日本人とロシア人は、国境はそのままで現居住地に住むことができるが、先住民にはその権利が無い。樺太島先住民は、日本国籍を維持したいのなら日本に移住せよ、現居住地に住み続けたければロシア国籍に改めよ、の二者択一であるとした。

もともと先住民族の人々は、日、露のどちらにも帰属意識を持たず、自分の国籍がどちらに属しているかなどには無関心だったと思われるから、これは彼らにとってはきわめて無茶で唐突な要求であった。

ちなみに明治6年8月の時点で、樺太島の北緯50度以南の居住者は、カラフトアイヌ２３７２人、日本人５５７人、ロシア人１１１０人であったとされる。ニヴヒ、ウィルタなどの先住民族は主に島の北部に居住していたので、南部での実数は不明である。

結局、この条約は、日本、ロシア両帝国主義国家が、先住民族を無視ないし排除して「新領土」を獲得し、それを双方で分配するための国際的方便であった。その結果は、樺太アイヌにも、千島アイヌにも新しい悲劇をもたらすことになった。

条約成立の電報は同（明治8）年5月25日、『横浜毎日メール新聞』によって報道され、日本国民は初めてこの条約の内容を知り、驚いた。しかし、政府はこれを肯定も否定もしなかった。ある雑誌は、この条約を猿蟹合戦の握飯（樺太）と柿の種（千島）の交換に喩え、その不均衡さを指摘した。その後、政府はこの件に関する一切の報道と評論を停止させた。交換条約の成立に関する報道を許したのは、すべての手続きが完了した同年10月15日であった。

「旅のノートから」9 「琉球処分」の意味

南の辺境の日本化

明治4（1871）年10月、琉球王国（当時）宮古島の漁民66人が首里への年貢輸送を終えての帰途、台風に遭い、台湾島南部の牡丹社に漂着、54人がその地の先住民に殺され、12人が清国官憲に救助されるという事件があった（「牡丹社事件」。「台湾島生蕃（=未開の蛮人）事件」とも）。牡丹社の先住民は、彼ら漂流漁民を侵略者とみなし集落に連行したが、漁民たちは先住民と意思疎通ができないまま恐怖に駆られて逃走を図り、捕えられて斬首されたのだった。

琉球王国を「属国」とみなしていた鹿児島県士族たちはこの報を受けて、日ごろからの中央政府への不満と怒りを「台湾征伐」の形で爆発させようとした。しかし、琉球王国は伝統的に薩摩藩、中国に両属し、まだ日本領として諸外国に認められていなかったから、この時は、政府は自重して軍事行動をとらず、清国政府に対して事件の賠償などを求めたが、清国側は「管轄外の事件」としてこれを拒否した。

明治6（1873）年4月、日本政府の外務卿副島種臣は「日清修好条規」（日清の朝鮮国不可侵、相互外交使節派遣、領事駐在、領事裁判権などの協定。明治4年7月調印）の批准書交換と清国皇帝（光緒帝）の成婚、親政開始への慶賀のためとして清国に赴いたが、本当の目的は、上記「台湾島生蕃事件」についての清国政府への問責であった。副島はこの時、清国政府から「台湾島生蕃の地は化外（非文明）の地」であり「清国の教化の及ばぬところ」との言質をとり、それを論拠として日本政府は、台湾島侵攻は「我独立国（日本）ノ処置ニ帰スルノミ」とした。

明治7年2月、日本政府の内務卿大久保利通、右大臣岩倉具視は閣議に「台湾蛮地処分要略」を提出、「台湾遠征軍の派遣」を決定し、同年4月5日、西郷従道（隆盛実弟）を陸軍中将に任じ、台湾蛮地事務都督とした。

これは、先の事件への報復という名目だった。大久保らは、「征韓論」を封じられた不満士族の矛先を逸らすためにこれを利用しようとしたのである。大久保らは、台湾島は清国政権の及ばない「無主の地」であり「討蛮の公理（一般に認定される論理）」はわが政府にあり、これを実行する、としたが、実際は軍事行動は早々に切り上げて、清国と交渉の上、早期に和解するという方針であった。

「遠征軍」出発の直前、英、米政府の支持を得られないことが判明し、大久保はあわててこれを阻止しようとしたが、西郷従道都督はそれを無視して5月2日、軍艦4隻を長崎から出港させた。中央政府の指示を現地軍が無視して暴走するという日本軍の悪しき伝統が、ここで早くも見られる。6月1日の牡丹社攻撃は1日で終った。現地住民には、この攻撃の意味もわからず抵抗の意思もなかったのである。

清国政府は強硬にこれを指弾し、対日戦争も辞さない姿勢をみせたが、結局は交渉に応じ、同年10月31日、清国政府は「被害琉球人は日本人」と認め、「琉球人への見舞金10万銀両、台湾の日本施設接収代金40万銀両」

を日本に支払うことで妥結した。この賠償金の獲得を日本政府は、清国が「琉球は日本領土である」ことを認めた根拠とした。「台湾出兵」は、日本政府の不満士族対策の混乱から生じた「公理なき」軍事行動であったが、日本政府はそれを、琉球を中国（清国）から切り離し、日本領とする機会に利用したのである。

琉球王国は、中国を宗主国とする東アジア地域の朝貢冊封体制の一王国であった。これは、中国皇帝が周辺諸国の君長に册書（勅書）と称号を授け、その地域の国王に封じ、藩属国は自国の産物などを中国皇帝に朝貢し、皇帝はそれに対して「回賜」として多くの返礼物を与え、相互に君臣関係を維持するいわゆる中華システム（体制）である。藩属国には、中国への政治的、文化的帰服の意志表示が義務づけられたが、一方では独立の「王国」としての自治が認められていた。

慶長14（1609）年、日本の薩摩藩が琉球王国を侵攻し、実質的な支配を始めた。その主たる目的は、中国皇帝から与えられる回賜物の獲得にあり、薩摩藩は、それら中国の優れた各種産品を日本各地に売りさばいて莫大な利益をあげることになった。

この一種の「中継貿易」は徳川幕藩体制の鎖国政策下にも持続された。徳川幕府の鎖国政策から言えば、これは明らかに「密貿易」ではあったが、幕府も諸藩も暗黙のうちにそれを認め、むしろ彼らにとって魅力的な中国産品を争って購入したのである。

薩摩藩は、砂糖をはじめとする琉球の物産をも徹底的に収奪し、巨大な富を蓄積した。それはのちに徳川幕府打倒の資金となったといわれる。薩摩藩にとって、この利益を得るためには琉球王国が中華システムの一環として存在していることが必要条件であり、結果として琉球王国は日本と中国への「両属」状態になったのである。

明治政府は、明治1（1868）年、琉球王府に「琉球の日本への統合」の意思を表示したが、薩摩藩は、廃藩置県（1871年）時においても琉球を日中両属のままにすべきことを主張し、その結果、琉球は、王国のまま当面は鹿児島県の管轄地とされた。その後、明治5年、王府を維持したまま琉球藩が設置され、琉球王尚泰をその藩主とし、日本の旧藩主たちと同じく華族とし、琉球王国の外交権を剥奪した。

琉球王国を日本に併合する明治政府の方針には、各種の反対論があった。この日本本土から遠く離れた島々を領土化し、軍隊、警察官、役人、教師などを送り込むためには相当の出費が必要であり、財政逼迫の明治政府には重荷であった。

『郵便報知新聞』は、内国の施政に全力を注ぐためには「琉玖（琉球）も棄つべし、蝦夷も売るべし」と主張した。政府内からさえも、その「不経済性」を指摘する声が 多かった。また、「琉球人は日本人ではない」とする立場からの反対論も根強かった。大隈重信や木戸孝允もその意見だったし、当時の立法機関だった左院もその立場から、琉球王国を日清両属のまま日本に組み込む案を政府に提出した。左院は「皇国（日本）の下に王国あり、侯国あるは当然の事」と、東アジア的朝貢冊封体制の延長で琉球王国をとらえていた。彼らにとって、琉球人は日本人の下にある者であり、差別の対象であった。

しかし、それにもかかわらず、政府が琉球併合を強行したのは、欧米列強国の日本侵出に対する警戒からであった。軍事力で列強諸国に劣る日本は、できるだけ本国から遠い地域に国境線を引き、そこに防衛拠点を置き、それによって、列強が日本を占領することを防御、阻止しようとしたのである。これは、北海道を対ロシア防衛の前線と位置づけたのと軌を一にする発想 であった。あるいは大東亜戦争（アジア太平洋戦争）末期の沖縄の悲劇は、すでにこの時用意されていたということができるであろう。

琉球王国の併合

明治7（1874）年、台湾出兵の後の日清交渉で、明治政府は、明治5年以降王府を維持したまま「藩」としていた琉球王国の併合方針を明瞭にし、翌8年5月13日、内務省大丞（丞は省内の三位の役職）松田道之（旧鳥取藩士、のち東京府知事）を琉球問題処分官に任じて、王国側と交渉を開始した。

松田は、同年7月10日、那覇に到着し、首里城内において、琉球三司官（実質的宰相職。3人制で、王族、士族らの投票で選ばれる）と会見して、明治政府からの書簡を渡した。

それは、おおむね①清国への朝貢をやめて在清琉球公館を撤去し、中国暦を明治元号に替えること②日本軍の琉球駐留を認めること③琉球の刑法を廃止し、日本の刑法を施行すること④藩政改革をし、日本で「文明の学事」を学ばせるために留学生を東京に派遣すること⑤琉球藩主は、日本天皇への「謝恩」のため上京すること、などを求めたものだった。

松田は、それらの理由として、これは欧米列強の侵出による琉球王国の危険への予防であり、また琉球の人種、地理、歴史、言語、風俗などはいずれも日本と同根同一で、今回の処置は古代以来日本天皇に服属してきた琉球を本来の形に戻すものだ、と説明した。当然、琉球側は、この明治政府の併合策とその理由づけに納得せず、激しく抵抗した。彼らは、明治政府への請願、清国への支援要請、東京の欧州各国公使への救援要請などを繰り返した。

明治12（1879）年1月26日、松田は再度渡琉し、清国との絶交を督促したが同意は得られず、日琉交渉は行き詰まった。松田はついに内務卿伊藤博文に「強行手段による琉球処分案」を建白し、伊藤も「もはや廃藩やむなし」と回答した。同年3月27日、随員、警官、日本軍兵士ら約6百人を引き連れて3度渡琉した松田は、首里城に入り、武力的威圧の下に「琉球王国の日本併合」を宣言した。

同年4月4日、琉球藩廃止、沖縄県の設置が布告され、県令として鍋島直彬（直正の甥、前肥前鹿島藩主）が任じられ、琉球王族の人々は日本華族とされ、「琉球国王」尚泰には他の旧藩主華族と同様に東京在住が命じられた。ここに琉球王国は名実ともに崩壊消滅し、琉球諸島の島々は以後沖縄県と呼ばれることになった。本来「沖縄」とは、琉球王国の王宮のある島の名である。

明治政府の、この強引な琉球王国の併合の過程を、歴史家たちは「琉球処分」と呼んでいるが、この呼称自体が十分に侵略的であり、歴史事象の呼称としては適切ではないであろう。

第８章　屯田兵の時代

屯田兵政策

明治６（１８７３）年１月９日、太政官政府は全国の軍備配置を改め、これを６軍管区に分け、各軍管区に鎮台（陸軍司令部）を設置した。翌７年１月10日、政府は、国民皆兵の「徴兵令」を発布したが、「北海道ノ兵備ハイマダ確定セザリキ」として北海道には鎮台の設置も徴兵令の適用もないとした。要するに、財源が乏しい政府は、「未開地」北海道への軍政施行を見合わせたのである。

明治６年６月19日、福山・江差騒動鎮定のために急遽東京から函館に駆けつけた黒田清隆開拓次官（長官はいなかったので実質的な長官）は、「兎角、兵備これ無く候ては、治民上実際差し支え候」と語ったという。同年11月18日、黒田は右大臣岩倉具視に屯田兵制採用を建議し、その目的と方法を「（北海道に鎮台の）全備ヲ求ムレバ費用甚ダ鉅（大きい）ナリ。今略屯田ノ制ニ倣ヒ、民ヲ移シテ之ニ充テ、且ツ耕シ且ツ守ル時ハ、開拓ノ業、封彊（国境）ノ守リ、両ナガラ其便ヲ得ン。……旧館県（旧松前藩）及ビ青森、酒田、宮城県等士族ノ貧窮ナル者ニテ、強壮ニシテ兵役ニ耐ユベキ者ヲ精撰シ、挙家（家族ぐるみ）移住スルヲ許シ、札幌及ビ小樽、室蘭、函館等ノ処ニ於ヒテ家屋ヲ授ケ、金穀（資金と食料）ヲ支給シテ産業（生産活動）ヲ資クル、別紙ニ載スル所ノ如クシ、非常ノ変（非常事態）アレバ之ヲ募リテ兵ト為ス時ハ、其費、大ニ常備兵ヲ設クルニ減ジ、且ツ以テ土地開墾ノ功ヲ収ムベシ、豈ニ至便ナラズヤ。……」と記した。これを受けて、政府は、ただちに大蔵、陸軍、海軍の三省に諮問し、おおむねそれらからの賛意を得た。

「蝦夷地開拓」の方法については、明治政府発足の前後から清水谷公考（初代箱館府総督）の「ロシア警戒、列藩分領案」、鍋島直正（初代開拓長官）の「対ロシア武装領有案」、西郷隆盛の「鎮台、屯田兵設置案」、開拓使の「東京府士卒による開拓と兵備、十年後屯田兵転化案」その他、各種の案が諸方面から提起されており、岩倉具視も「降伏奥羽諸藩、脱籍人（藩籍離脱者）、流罪人、穢多による開拓案」、「政府直轄開拓案」を提起していた。政府は財政困窮のため、一時的に「北海道分領統治方式」を採用（明治2年7月〜4年7月）したが、同時に開拓使という政府直属の行政機関を設置（明治2年7月）し、この新獲得の領土を自ら開拓し、その永続的保有への意志を示していた。

陸軍省は太政官への答議（返答書）に、それまで兵備のなかった地域に兵を配置すれば、ロシアを刺激する惧れがあるのではないか、としながらも「人民アレバ亦兵備ナキコト能ハズ」として、ロシア軍の侵出には「今僅少ノ軍ヲ置キ、養フニ屯田漁猟ノ法ヲ以テシ、習ハシムルニ小戦闘ノ術ヲ以テシ、一旦有警（敵軍侵入）ノ日ニ方リテハ、敵来ルモ我必ズ戦ハズ、引テ以テ山壑（山と谷）の間に蟄シ（隠れ）、敵去レバ其翼ヲ撃チ其尾ヲ踵シ（追いかけ）、以テ其遺利（残敵）ヲ制シ、勉メテ持久ノ計ヲナサシメン」という戦術で対応すべきだとした。すなわち徹底したゲリラ戦の提案であった。

この時期（明治6年10月）は、いわゆる「明治6年政変」が断行され、政府要人のうち不満士族の救済策として朝鮮侵攻を唱えていた西郷隆盛以下「征韓派」と呼ばれた人々は同年10月23日、一斉に下野し、その直後、「征韓論」に反対していた大久保利通は内務省を設置して自ら内務卿（大臣）に就任し、事実上の大久保独裁体制を敷いた。しかし、大久保政権にとっても不平士族への対応は重大課題であった。

北海道には鎮台も徴兵制も設置せずとした政府方針に応じて、同じ明治6年11月14日、開拓使の中堅幹部、永山武四郎、永山盛弘、時任為基、安田定則（いずれも旧薩摩藩士）の4名は岩倉に建白書を提出し、樺太、北海道の兵備は「外寇ヲ禦ぎ、土寇ヲ鎮スル」にはまったく不足であるから、黒田開拓次官に兵務を兼任させ、開拓使管轄の貫族（北海道に本籍を持つ者）から兵卒を徴募し、「且ツ守リ且ツ食スル土着ノ兵デ隊伍ヲ編成スベシ」とした。「外寇」とはロシアの南進、「土寇」とは同年5、6月の「福山江差騒動」の漁民たちなどの

北海道屯田兵村開設までの関連年表

	日本内政	内事・外交	開拓使・屯田兵関連
明治3 1870	10/2　兵制制定	士族たち、士族兵制を期待 11/　日田・松代・福島に士族と農民の暴動	5/9　黒田清隆、開拓次官に就任 11/　開拓使、七重官園開設
明治4	7/14　廃藩置県 7/　兵部省陸軍部設置	7/14　士族家禄の政府支給 7/29　日清修好条規 11/7　琉球漁民、台湾で殺される 薩摩藩士族に「台湾征伐論」	1～6月　黒田渡米、ケプロンらを招聘、7月以降、米国顧問団順次来日 5/　開拓使本庁、札幌に移転 9/　開拓使、東京・札幌官園開設
明治5	1/10　徴兵令発布（国民皆兵・北海道適用外） 2/　兵部省廃止、陸軍省、海軍省設置	国民皆兵制施行で士族失望、各地士族に征韓論 9/15　朝鮮国草梁倭館（釜山）接収に日本軍艦派遣	開拓使十年計画開始
明治6	7/28　地租改正布告 8/17　西郷隆盛の朝鮮派遣決定（10/23取消） 10/23　征韓派下野		6/6　福山、江差騒乱（増税への漁民反撥） 11/18　黒田、『屯田兵制』建議

	11/10 内務省設置		12/25 屯田兵制採用決定
明治7	2/6 政府、台湾出兵決定	1/ 対露国境交渉に榎本武揚派遣 5/4 台湾出兵（陸軍中将西郷従道指揮、6/1攻撃開始、10/3撤兵） 2/18 佐賀の乱	6/23 黒田、開拓次官、陸軍中将、屯田憲兵事務総理併任 8/2 黒田、開拓長官就任 10/30 屯田憲兵条例制定
明治8	9/17 士族に金録支給	5/7 樺太・千島交換条約 9/20 江華島（朝鮮国）事件	5/23 琴似屯田村開設
明治9	8/ 士族に金録公債証券発行（家禄支給廃止）	3/28 廃刀令 10/24 熊本神風連の乱、福岡藩秋月士族呼応 10/28 萩の乱	5/29 山鼻屯田兵村開設
明治10	1/30~9/24 西南戦争、西郷軍敗北	士族反乱終結	5/19~8/2 屯田兵第一大隊（琴似・山鼻）、西南戦争参戦

民衆蜂起、「且ツ守リ且ツ食スル土着ノ兵」とは屯田兵を想定している。黒田建議はその４日後の11月18日であった。

黒田および開拓使役人らの建議は、不平士族対策に苦慮する大久保の意図を体してのものだったと思われる。それは、開拓使自体が政府直轄の行政機関として設置されたこと、この時期の大久保内務卿の国内治安対策重視政策、この頃黒田が西郷から離れ大久保への兄事を強めていたことなどから推定される。黒田は武人としてはともかく、政治的にはさほど独創能力がなく、むしろ上からの指示を果断に実行する型の人物であったから、これは大久保との連携作戦であったと考えるのが妥当であろう。

農業労働力の投入

一般に北海道への屯田兵の配備はロシアの侵出への防御が第一の目的だったといわれているが、政府の本音は、北海道の初期農業開拓の労働力の確保にあったと思われる。

実際問題として、ロシア軍が本格的に南進して来れば屯田兵程度の軍備で対抗することはまったく不可能だった。この時期、ロシアが北海道へ侵出しなかったのは、主にロシア帝国のロマノフ王朝末期の政治的事情にあり、兵站（前線への物資補給）線の拡大による国庫支出増、樺太島のロシア軍兵士の質の低さへの危惧、英米独仏など帝国主義諸国の東アジア政策との衝突への警戒などによるものと思われる。

成立まもない明治政府には、ロシア軍の南進に対抗する軍事的力量はなかった。また、この時期には、政府はロシア軍の南下を避けるべく、樺太島放棄、千島全島の獲得をほぼ既定の方針としていたから、直ちに北海道に軍事的配備を敷く動機もなかった。

明治政府が「蝦夷島」を北方植民地として確保し、将来的にその地から上がる各種物産の利益を日本近代化の糧とするためには、とりあえず日本本土からの北海道島への移住民の確保が必要条件だった。それなしでは開拓の基盤作り（農地造成、道路、港湾、鉄道、炭鉱、村落形成など）は不可能なのである。

しかし、北の酷寒地への本土からの自主的移住は、ほとんど期待できなかった。政府は、はじめ、旧藩、有力寺院、陸軍省、華族、士族などに蝦夷島各地域を半ば強制的に割り当てて、その開拓にあたらせようとしたが、それらの試みはおおむね失敗した。彼らには、未知未開の土地の開拓にあたる気力も手段も財政的余裕もなかったのである。ついで、政府は、戊辰戦争敗残藩への恩恵的土地支給の名目で、いわば棄民的開拓を試み、これは当該藩士らの「武士の意地」によって意外な成功を収めた。

仙台藩、会津藩、徳島藩稲田士族などの士族とその家族たちの「忠誠と団結」による開拓成功は、官募移民の惨めな失敗とは好対照を見せていた。これらを見て、政府首脳と黒田清隆は、士族授産事業の形で失業士族たちに恩恵を与えながら、北海道開拓の捨石として彼らを利用しようとする意図を持った、と思われる。しかも、貧窮士族たちの起用なら最小の予算で済む。家族（妻子・父母・親族など）単位の移住を条件とすれば、開墾・開拓作業にはその労働力を充てることもできる。ロシアの南進に対する防御となるかどうかはともかくとして、選民（武士）意識を捨てきれない士族たちには北方警備の名誉と地域の治安維持者としての満足感を与えることもでき、政府への不平不満の吸収にもなる。これで北海道開拓が少しでも進めば、まさに「一挙数得」といえる。

士族屯田兵制は、武士層解体をめざす明治政府の方針とは矛盾する方向ではあったが、その矛盾を回避する窮余の策でもあった。士族たちもまた、かつての藩主への忠誠心を天皇へのそれに転換させることで自分たちの存在意義を見出すことができたのである。

明治8（1875）年以降の屯田兵政策は、これらの移住者、すなわち労働力確保政策の延長として考えるべきであろう。対ロシア警戒心を梃子にして、軍隊的規律による農業開拓を強要し、治安維持者として武士的自己満足を与える、という政策は、明治政府による士族および庶民への一種の欺瞞策であった。

実際の苛酷な農業労働と生活の苦労は、おおむね屯田兵の家族たちによって担われ、屯田兵政策の一応の成功は、彼らの忍耐と汗と涙によるものであったと言っても過言ではない。さらに、政府の北海道初期開拓の労働力確保政策は、明治14（１８８１）年以降、北海道各地に設置された「集治監」（徒刑、流刑、終身懲役囚の大監獄）囚人による労役、民間土木会社の請負による「タコ部屋」強制労働に引き継がれていく。

北海道の道路、鉄道、鉱山などは、これらの人々の血と汗によって開かれたのである。

一挙両全の策

明治６（１８７３）年12月25日、太政大臣三条実美は、開拓使宛に「其ノ使（開拓使）管轄北海道へ招募移住之儀、見込通聞届候状、屯田演武之方法等ハ都テ陸軍省ト商議（話し合い）之上、尚伺出ル可シ」と黒田建議を承諾する旨の通達書を送り、屯田兵制度の実施が決定した。翌明治7年3月、この通達に対して開拓使役人、永山盛弘、安田定則は三条大臣に「臣等請フ所、（黒田）清隆ヲシテ軍務ヲ摂セシムルノ議ハ、則チ未だ允愈（許可）ノ命ヲ蒙ラズ、是ヲ以テ自ラ其ノ僭越（無礼）ヲ顧ミズ、謹テ愚衷（心情）ヲ陳情ス」と、開拓次官黒田清隆に陸軍内の相当の地位を与え、「兵農兼務」の屯田兵部隊の指揮をとらしめるよう重ねて建白した。

三条大臣から意見を求められた陸軍省は「彼地（北海道）ハ隣好ノ国（隣国ロシア）ニ接し、辺釁《へんきん》（国境紛争）生ジ易キ場合モ之有リ候へバ、屯田憲兵ヲ為シ置カレ候方、尋常（通常）ノ屯田兵ヨリモ勝リ候コトニ之アルベクヤ。仔細（その理由）ハ憲兵ハ兵ニシテ警察ノ事ヲ兼司トリ候へバ、万一、人民掠奪（ロシア軍の侵攻）等ヲ受ケ候ヘドモ憲兵ニテ緝捕（ロシア兵を捕らえ）致シ候へバ、隣好（日露の友好関係）ニ玭ツキ中サズ候ヘドモ、平常ノ兵ヲ募リ候テハ、一兵ニテモ開釁（開戦）ノ口実ニ相ナリ候儀ニテ、……（中略）……。黒田清隆ヲ陸軍少将兼開拓次官ニ任ジ被レ、猶兼テ北海道屯田憲兵都指揮使（総指揮官）ヲ帯ハシメ、屯田事務ヲ総理（総括）致サセ候様」と具申した。左院（明治4年設置の立法諮問機関）もこれを「一挙両全の策」と同調し、ロシアとの軋轢（対立）に苦慮していた外務省もこれに賛成した。本来、憲兵とは軍隊内警察のことであるが、陸軍省のロシアへの刺激回避策によって、屯田兵は軍隊そのものではなく、陸軍の一部の「屯田憲兵」であるとしたのである。これは、対外、国内向けの苦しい弥縫（取り繕い）策であった。屯田憲兵はまた北海道の特殊事情から、一般民衆への治安警察機能を持つとされた。

同7年6月23日、黒田は陸軍中将兼開拓次官、北海道屯田憲兵事務総理に任じられた。黒田が少将でなく中将になったのは、陸軍省内部の藩閥均衡のためといわれている。

開拓使は明治7年5月、函館支庁（旧館県地域）士族から大野、七重、鶉の各村に移住する屯田兵の募集を布達したが、これは応募者が少なく失敗した。同年10月、開拓使は陸軍省と協議して「屯田兵例則（屯田憲兵例則、屯田兵規則とも）」を定め、「緒言（屯田兵制設置目的）」とともに「編成・検査・昇給・勤務・休暇・給助・罰・諸官の職務・兵器」を太政官達として同年10月30日、公布した。「屯田兵例則」の緒言は「開拓ノ業漸ク緒ニ就キ（開始され）、戸口（家数）従テ繁殖ス。之ヲ保護スルノ兵備ナカルベカラズ。故ニ、今般政府ノ允許（許可）ヲ経、往古（昔）兵ヲ農ニ寓スル（向ける）ノ意ニ基キ、屯田兵ノ制ニ倣ヒ、新ニ人民ヲ召募、兵隊ニ編入シ、永世（永く）其地ノ

北海道屯田兵村配置表（番号は入村順、年次は初入村年）

開拓使時代			
1	琴似《コトニ》	（明治8年）	240戸
2	山鼻《やまはな》	（明治9年）	240戸
3	江別《エベツ》	（明治11年）	220戸
三県一局時代			
4	野幌《ノッポロ》	（明治18年）	225戸
道庁時代			
5	東和田《わだ》	（明治19年）	220戸
6	輪西《ワニシ》	（明治20年）	220戸
7	新琴似	（明治20年）	220戸
8	西和田	（明治21年）	220戸
9	篠路《シノロ》	（明治22年）	220戸
10	北太田《おおた》	（明治23年）	220戸
11	南太田	（明治23年）	220戸
以降平民屯田兵			
12	南滝川《たきかわ》	（明治23年）	222戸
13	北滝川	（明治23年）	218戸
14	美唄《ビバイ》	（明治24年）	160戸
15	高志内《コウシナイ》	（明治24年	120戸
16	茶志内《チャシナイ》	（明治24年）	120戸
17	西永山《ながやま》	（明治24年）	200戸
18	東永山	（明治24年）	200戸
19	上《かみ》東旭川	（明治25年）	200戸
20	下《しも》東旭川	（明治25年）	200戸
21	東当麻《トウマ》	（明治26年）	200戸
22	西当麻	（明治26年）	200戸
23	南江部乙《エベオツ》	（明治27年）	200戸
24	北江部乙	（明治27年）	200戸
25	東秩父《チップ》	（明治28年）	200戸
26	西秩父	（明治28年）	200戸
27	南一已《イッチャン》	（明治28年）	200戸
28	北一已	（明治28年）	200戸
29	納内《オサムナイ》	（明治30年）	200戸
30	上《かみ》野付牛《ノツケウシ》	（明治30年）	199戸
31	中《なか》野付牛	（明治30年）	19戸
32	下《しも》野付牛	（明治30年）	200戸
33	南湧別《ユウベツ》	（明治30年）	200戸
34	北湧別	（明治30年）	199戸
35	南剣淵《ケンブチ》	（明治32年）	169戸
36	北剣淵	（明治32年）	168戸
37	士別《シベツ》	（明治32年）	99戸
	合計戸数		7337戸

入場者数は家族を含めて累計3万9911人。
明治中期北海道総人口の7.2%

保護ヲ為サシム。凡ソ（すべて）其選ニ當ル者（合格した者）、専ラ力ヲ耕稼（農耕）ニ盡シ、有事（戦争勃発）ノ日ニ方テ其長官ノ指揮ヲ受ケ、兵役ニ従事スベシ。故ニ平生農隙（農耕の隙）ノ日ヲ以テ調練ヲナシ、極テ（戦闘力を高めて）闕乏（欠けるところ）ナキヲ要ス。因リテ条例規則ヲ左ニ掲グ」であった。

これによると、屯田兵の使命は、日本人移民の保護、農業開拓への従事、有事の場合の戦闘能力の保持であったが、実際の開拓使ないし政府の意図は、未開の原生林の伐採開墾を主目的として、増え始めた移民への治安取締り、ロシア軍侵入の際のゲリラ的抵抗、にあったといえる。

屯田兵の資格は、18歳から35歳の身体強健の男子とされ、赴任に当たっては妻子、親、親族などの同伴を条件とした。合格者には、移住弁済費として15歳以上は2円、14歳以下は1円、旅費は一日分33銭（6歳以下半額）、駄賃（馬運送費）一日2円60銭（馬2匹分）が与えられた。

兵村には一戸建の兵屋、農具1式、家具一式が用意され、3年（のち5年に延長、ただし4年分、5年分は減額）に限って糧米一日7合5勺（14歳以下は5合、6歳以下3合）、塩菜料（副食費）一日50銭（14歳以下37銭5厘、6歳以下20銭）が支給された。

屯田兵としての服役期限は、明治11年12月と同23年8月の勅令によって「北海道に鎮台が置かれるまで現役3か年、予備役4か年、後備役13年、この期間満了後も10か年の補充兵役」とされた。このすべてを全うすると、30年の兵役義務であるが、実際にはこの苛酷な兵役に耐えられず、一部の「成功」組以外は脱落者、逃亡者が頻発したといわれている。

屯田兵への給与地は、明治8年1月の宮城、青森、酒田3県への政府「達」によれば一戸５０００坪（明治11年に1万坪に改定）とされていたが、明治23年の「屯田兵移住給与規則」によって、兵には１・５万坪まで、下士官には2万坪までに拡大され、兵村には共有地１・５万坪、馬匹飼養料各戸2円などが追加された。

士族屯田兵

明治8年1月、開拓使は、北海道と宮城、青森、酒田の三県に、その士族から屯田兵を募集する旨を通達したが、青森県からは冬季積雪のために管内連絡不能として延期願いが出され、宮城県からは1名の応募もないとの返答だった。宮城県の場合は、開拓使があてにしていた伊達邦成（亘理支藩）の旧家臣が既に平民籍に編入されていて、「士族」という応募条件を満たさなかったのが主な理由だった。そこで開拓使は同年5月、その平民籍の者の応募も認めることとし、ようやく宮城県分の92人を確保した。青森県の採用予定数は62人だったが48人の応募しかなく、その多くは旧斗南藩（旧会津藩を移封）士族だった。

会津藩とともに新政府軍と戦い、敗北の屈辱を嘗めていた酒田県（もと庄内藩）からはわずか10人の応募だった。北海道内の旧館藩（旧松前藩）士族と旧榎本軍士族からは48人の応募で、結局これらの合計198人が第一次屯田兵として採用された。

明治8（1875）年3月、開拓使は屯田事務局を設置、同年5月、青森、酒田の一行は家族ともども青森港に集結し、5月14日、開拓使の手配した汽船通済丸に乗り青森出港、同月16日に小樽港に上陸した。一行はここから約36kmの山坂道を1日で歩いて、5月18日、札幌郡琴似村（現札幌市の西部地域）に用意されていた琴似兵村に入った。

宮城県の一行は、5月中旬、亘理から陸路塩釜港へ出、そこから汽船太平丸で函館を経て小樽港へ着き、5月21日、琴似兵村に入った。最初の屯田兵は、これら198人（戸）、家族とも男女965人（一戸平均4・9人）だった。

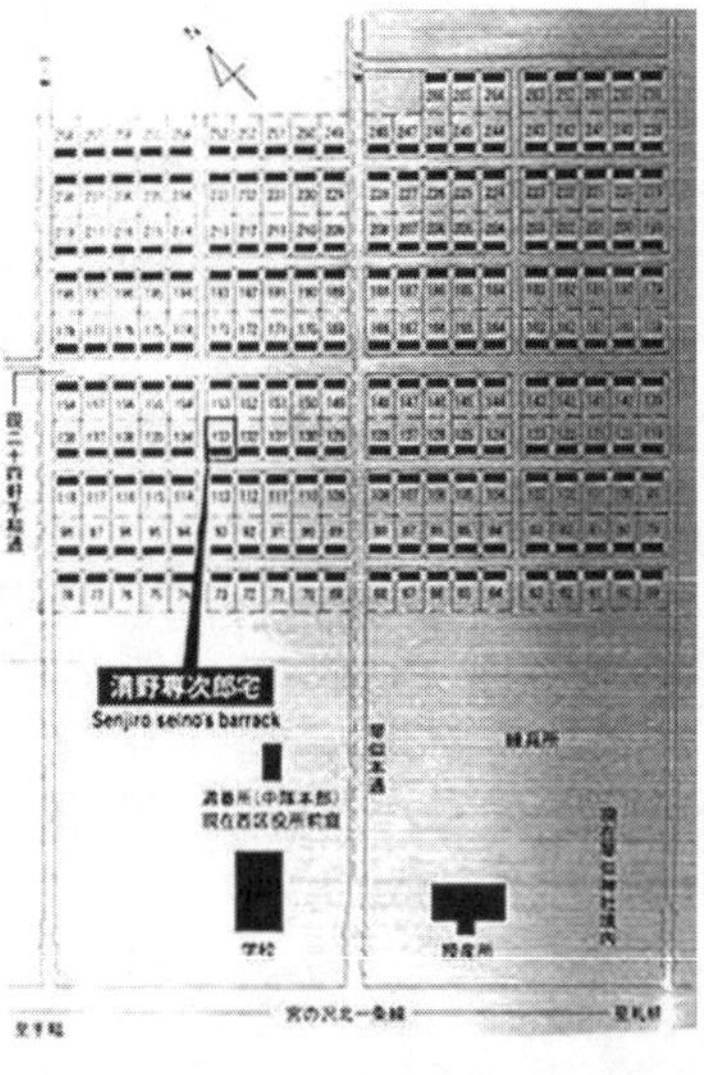

琴似屯田兵屋配置図（復元琴似兵屋の説明板）
兵屋は密集型で、南西側に中隊本部、練兵所、小学校、授産所がある。共同作業で約50町歩を開梱し、各戸に菜園50坪、桑植付畑500坪を割り渡したが、非能率的だったので、明治9年、各戸に3千坪の給与地を与える方式にした

翌９年５月、宮城、福島、秋田、山形、青森、岩手各県からの士族と、北海道有珠郡の旧仙台藩亘理の士族ら、あわせて２７５人の屯田兵とその家族、男女１１７４人（一戸平均４・３人）が札幌郡（現札幌市の南部地域）山鼻兵村（２４０戸）、琴似兵村（３戸）、発寒（琴似の西隣32戸）兵村に入り、これによって、屯田兵第一大隊の第一中隊（琴似発寒地区）、第二中隊（山鼻地区）を編成、屯田兵とその家族による開墾、開拓事業が現実に動きだした。これらの屯田兵は、すべてもと仙台藩、会津藩、秋田藩、庄内藩、南部藩、松前藩などの武士たちだった。初期の屯田兵村が「札幌本府（開拓使本庁を含む札幌市街）」の周辺部に置かれたのは、札幌地域の農業開拓を優先したことと、その住民たちの騒擾（秩序破壊）行動への治安対策のためだった。

「例則」では「練兵ハ十二月ヨリ四月ニ至ル農事ノ間ニ当テ、各所ニ中隊或ハ大隊ノ生兵（未訓練の兵）ヲ集合シ、生兵小隊、撤兵、射的ノ演習ヲ一過スル（一回行う）ヲ要ス。一過セン兵ニ於テハ、農間ニ当リ各長官ノ見（判断）ヲ以テ時々復習セシムルヲ以テ足レリトス」とされていた。しかし、琴似、山鼻兵村の屯田兵には、入村後の３カ月間、一日も休みなく厳しい演習訓練が行われたという。

屯田兵組織は、陸軍と同じで、５人の兵の１伍（指揮官を伍長と称す）を基礎とし、６伍で１分隊（少尉１、軍曹２、計33名）、４分隊で１小隊（中尉１、喇叭卒４、計１３７名）、２小隊で中隊（大尉１、曹長１、計２７６名）、２中隊で１大隊（少佐１、会計方少尉１、医官１、副官曹長１、喇叭伍長１、計５５７名）、３大隊で１聯隊（中佐１、計１６７２名）の形態だった。

ただし、屯田兵は陸軍徒歩憲兵と位置づけられたので、伍長から中佐までの指揮官は、それぞれ「准（準ずる、相当する）」を冠して呼ばれた。

屯田兵屋

現在復元保存されている琴似兵村の兵屋に入ってみると、表口に面して広い土間、これは農作業場兼農具や生活道具置場であったのだろう。土間には板の間がつけられ、板の間には炉が切ってあり、炊事その他の煮炊きと寒季の暖房用に使っていたと思われる。

小さな台所が板の間の端にある。板の間の奥に、障子戸で仕切られる8畳間、4畳半の部屋がある。便所は家屋北側に接続した外便所である。

壁は初期の兵村では内側に土を塗った土壁だったが、それ以降の兵村では板一重だけになった。窓は、いわゆる無双窓（板引戸の開け閉めによる明り取り窓）で、もちろんガラスは入っていない。8畳間、4畳半間には、雨戸をつけた障子戸がある。天井板はなく、屋根は厚柾葺きで最上部に煙出の小屋根がついている。煙突穴はなく、ストーブ使用は想定されていない。井戸と風呂は数軒から10軒ほどの共用だった。

兵屋一軒は、間口5間（9・5ｍ）、奥行3・5間（6・65ｍ）、全体で17坪の家屋だが、間取りを考えると居住空間はかなり狭く、家族（大人4～5人子供数人）は、ほとんど雑居状態だったと想像される。この家屋構造が、以後、各地の屯田兵屋の原型となった。

琴似兵村の屯田兵家族の証言によると、「炉に木の根を投げ込んで煮炊きと暖房にした。煙で喉や目をやられ、煙抜から雪が吹き込み、朝起きると布団に氷がついていた」という。滝川兵村（明治27年設置）の証言では「家にはガラス窓がなく、部屋の仕切りがないから、防寒のため天井の煙出を筵でふさいだ。だから焚火の煙のため目をやられ、トラホーム（伝染性の結膜炎、慢性になると角膜が混濁し視力が低下する）のこどもが多かった。学校では胸に札をつけられて、感染していない子に遊んでもらえなかった。」という。

一重の板壁からも容赦なく隙間風が吹き込んだであろう。そもそも本州並み以下の非防寒家屋で、厳冬期には氷点下20～30度に達する北海道

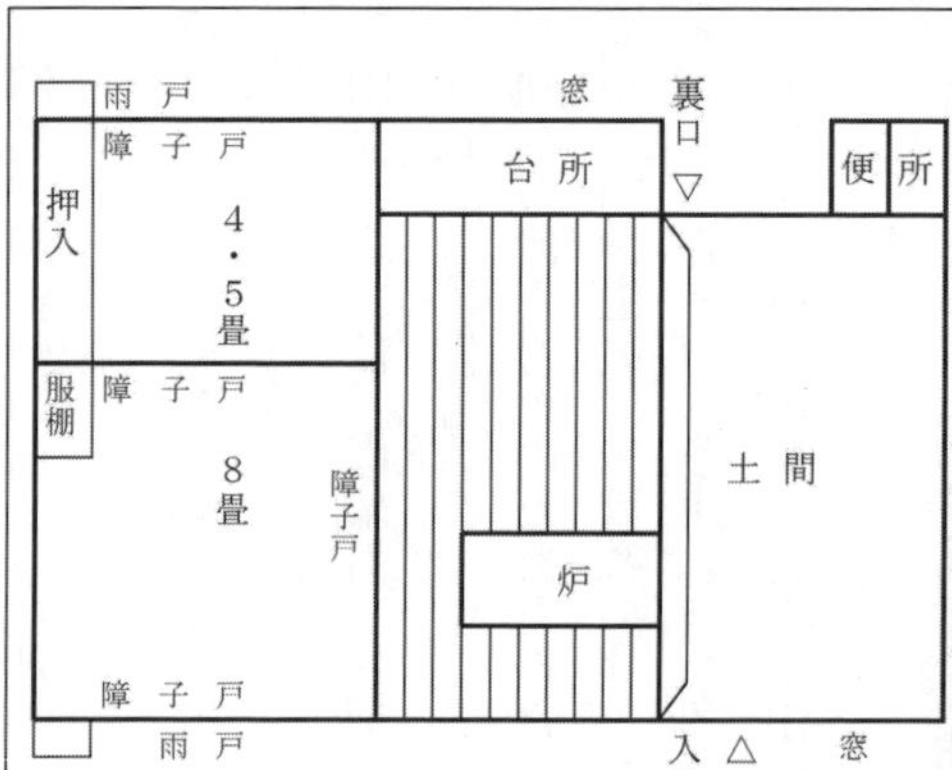

琴似兵村兵屋平面図

琴似兵屋の内部
土間、出入口、窓、炉、土壁、農具などの様子。炉では木の根などが燃やされ家中煙が充満していたであろう

での生活自体が無理なのは、自明のことだった。兵屋への蚊、ブヨなどの侵入を防ぐ手段はなく、そのため夏季にはマラリア発熱が慢性的に発生していた。

このマラリア感染は開拓当初から北海道全域の開拓農民の脅威だった。屯田兵屋の造りはこれら自然の猛威に対してあまりに無防備だったといえるだろう。

最後の屯田兵村だった士別兵村では蒔いたばかりの蕎麦の種を野ネズミが食い荒らすので、道庁に猫の配給を申請し、やっと村全体で3匹だけ与えられたという話が伝えられている。

野外での作業や行動では、それらに加えて、羆、狼の襲来の脅威にも備えなければならなかった。

実は、開拓使はこの家屋構造の欠点はあらかじめ承知していた。明治7年の室蘭屯田兵屋設計図（これは実際には建設されなかったが、琴似兵屋の設計図と同じだったと推定されている）には、18間×4間の4戸建のもの2棟、9間×4間の2戸建1棟、各戸に厩付物置、1棟ごとに井戸屋1棟の10戸を1組としてその10組で計100戸、2戸ごとの境界に煙突と煉瓦作りのkachlofen《カッヘルオーフン》（ドイツ語、薪暖炉）、浴室があったという。この構造は、本州以南の下級武士たちの長屋の形を引き継いだものと思われるが、暖房装置に関しては、いちおう配慮されていた。しかし、この計画は、おそらく建築費節約のために、設計段階だけで終わって、炉、煙出しの構造に変更されたらしい。

開拓顧問ケプロンは、一戸建、防寒構造の洋風家屋建造を勧告し、そのため工事はいったん中止されたが、結局、前記仕様の一戸建家屋の建造の強行となったのだった。しかし、予想通りこの兵屋構造は、アメリカ人顧問団や開拓使内部からの厳しい批判を受けることになった。

開拓使は、明治11年、江別にアメリカ式の防寒兵屋10戸、同12年には篠津にロシア式丸太小屋20戸（両者ともガラス窓、暖炉付）を試作したが、建築費が琴似式のそれぞれ2倍と4倍になるとの理由で以後の建造をやめた。

琴似兵村の1戸あたりの建築費は230円69銭（1坪あたり13・4円）、発寒は207円70銭だった。上級職員（士官、下士官）官舎、中隊本部などは木造ではあったが、西洋型防寒家屋で、暖房用ストーブもあって、坪当たり43・3～51・9円、一般兵屋の3倍以上だった。兵村が、道東（根室和田、厚岸、太田、北見、湧別など）、道央（旭川 深川、滝川など）、道北（剣淵、士別など）の厳寒地に広がるにつれ、屯田兵用兵屋は改良されるどころか、むしろ安上がりに仕上げられていき、明治15（1882）年、開拓使が廃止され屯田兵が陸軍省の管轄になると、その傾向は目立ってくる。屯田兵とその家族たちは、この非防寒、非衛生の兵屋での生活を強要され、生活は厳重に監視され、わずかの規律違反も厳しく罰せられた。それは棄民あるいは犯罪検束者同然の扱いだったといえる。脱落者、逃亡者が頻発したのも当然だった。

士別の復元屯田兵屋
士別兵村は明治32年設置の、最北で最後の屯田兵村。兵屋構造は琴似とほぼ同じだが、壁板は一重、畳床は葦、蓬などで代用、依然としてストーブ、ガラス窓はなく、札幌地域よりはるかに酷寒地なのに、改善どころか、むしろ粗雑な造りになっていることに驚く（上川郡士別市立博物館敷地内）

屯田兵の軍事訓練は峻厳で、些細な失敗にもしばしば鉄拳制裁、銃床尾での殴打があったという。これは士族である屯田兵にとって大いなる屈辱だったであろう。この訓練は、最初、農閑期の12～4月に行われたが、「これでは効果があがらない」として、明治18年からは移住後3カ月間、特科兵は6カ月間、毎日練兵場で訓練を受け、その後は農閑期に訓練を受けた。冬季演習では耐寒訓練も行われた。毎月3～4回、中隊全員の練兵があり、月に1回は大隊訓練を行った。さらに春秋2期に定期機動演習があった。また年1回屯田兵司令官の検閲があり、この時は、武器検査、兵屋の各戸検査が行われ、家族たちはそのたびに兵屋内外を清掃、整頓し、寝具、農具、炊事具などをきれいに洗って展示、家族一同整列の上、司令官検閲を受けなければならなかった。屯田兵とその家族は「軍隊以上の軍隊」であることを要求された。この明治政府および開拓使の役人と軍人たちの非合理性と非人間性は、彼らのお上意識による傲りと北海道開拓事業の困難への無知と無理解に基づくものであった。

屯田兵村の農業

屯田兵村では、夏季（4～9月）は、起床午前4時、就業6時、昼休息1時間、引揚午後6時の11時間労働、冬季（10～3月）は、午前5時起床、就業7時、昼休息1時間、引揚午後5時の9時間労働だった。毎朝、中隊本部前から喇叭卒が起床ラッパを吹いて兵村内を回り、集合ラッパで本部前に集合、点呼を受ける。就業、引揚もラッパでの合図による。栽培作物は、大麦、蕎麦、粟、大豆、小豆、馬鈴薯、大根などの自家食糧作物を優先し、ついで小麦、黍、稗、玉蜀黍などの雑穀類、和洋各種の蔬菜類、梨、林檎、桃、李、杏、桜などの果樹類を植えていった。

明治7年、開拓使は、熊谷（埼玉県）、福島県、置賜（山形県）の三県から桑苗3750株を買い入れ、屯田兵各戸に500坪の桑苗植付地を与えてこれを植え付けさせた。屯田兵家族に養蚕をさせ、現金収入を得させるためだった。絹糸、絹織物は、当時日本の最重要輸出品だった。明治8（1857）年6月、開拓使は、開拓事業の一環として養蚕、製糸業を企て、庄内（山形県）から旧庄内藩士200余名を招いて、札幌と大野村（現北斗市）に養蚕用桑園を造成した。札幌組は、6月から9月まで、70ヘクタールの土地（現中央区桑園）桑園開墾を行った。これは、明治3（1870）年、開拓使大判官松本十郎（旧庄内藩士）が、札幌郡丘珠に入植した庄内藩士が、自生していた野桑を栽培し、養蚕をしていたことに着目して開拓使に献策したことによるものといわれる。

明治8年、開拓使は、札幌浜益通に蚕室を設け、琴似入村後の屯田兵から男女20人（含家族）、札幌郡管内から30人を募集して養蚕技術を学ばせ、翌9年9月、琴似、山鼻両屯田兵村に養蚕所を作った。

麻は、明治9年に苧（茎の皮から麻糸をとる草）10貫目を収穫し、11年3月には琴似、山鼻両村に製麻所と乾麻場を建て、その年、苧麻1千33貫目を得た。以後、製麻、製網の生産は順調に伸び、屯田兵の重要な収入源となった。屯田入地の際支給された農具類は、本州以南の人力農耕用で、北海道の原生林や荒蕪地の開墾にはまったく非力だった。その後、開拓使は、各種西洋農具の使用（売り下げ、貸し付け）とともに、畜力開墾を推進させようとした。

開拓使は琴似兵村に官馬58頭を貸し付け、屯田兵に飼育させて農耕に使役させようとしたが、士族屯田兵たちは農耕馬の飼育方法を知らず、馬耕にも慣れていなかったので、結局他人に貸し渡したりして死亡させることが多かった。彼らは馬を、開墾よりも乗用、運搬に使うことが多かった。運搬仕事は農閑期の貴重な現金収入源だったのである。開拓使は、馬の取り扱いについて賠償責任などを示唆して、何度か「達」を発している。屯田兵村全村の馬数は、明治11年の３８３頭を最多として、以後、放牧から舎育への切り替え、品種改良のための淘汰などで減少し、14年末には１９１頭、ほぼ2戸から3戸に1頭の保有率になった。開拓使は牛耕も促進しようとしたが、牛は馬に比べて飼育、管理が難しかったのであまり普及しなかった。

札幌周辺への屯田兵村配置

江別太の対雁《ツイシカリ》には、明治4（１８７１）年、陸前国遠田郡（現宮城県遠田郡）からの農民21戸76人が入植したが、開墾に難儀し、明治6年に札幌郡雁来村に移住、その跡地は開拓使の上級幹部榎本武揚に払い下げられ、その農場予定地となっていた。

明治11（１８７８）年8月、札幌郡江別太（現江別市）に岩手県からの屯田兵とその家族10戸（分家して12戸）が配置され、江別十二軒と呼ばれた。この時の江別太屯田兵12戸には、札幌農学校教頭のウィリアム・クラークや農業技師のエドウィン・ダンらの指導で、1戸につき1万坪の耕地、土管排水施設、開墾用の牛馬、畜舎、寒冷地向け兵屋（暖炉・ガラス窓付）などが与えられた。明治14年5月には江別太の石狩川対岸の篠津に岩手県から19戸の屯田兵とその家族が入った。

明治15年の開拓使廃止後もこの地域には陸軍省の管轄の下、第2次（明治17年、東北各県から75戸）、第3次（明治18年、九州、中国地方5県から43戸）、第4次（明治19年、中国地方3県から28戸）、またこれに隣接する野幌地区には、明治18、19年、九州、中国地方から225戸の屯田兵が入植し、江別、篠津を第1中隊、野幌を第2中隊として、江別に屯田兵第3大隊が結成された。しかし、前記寒冷地用西洋式兵屋は、費用が嵩みすぎるとの理由で、第2次入植以降は従来の琴似型日本式兵屋に戻された。

札幌周辺の屯田兵村設置は、これをもって終了した

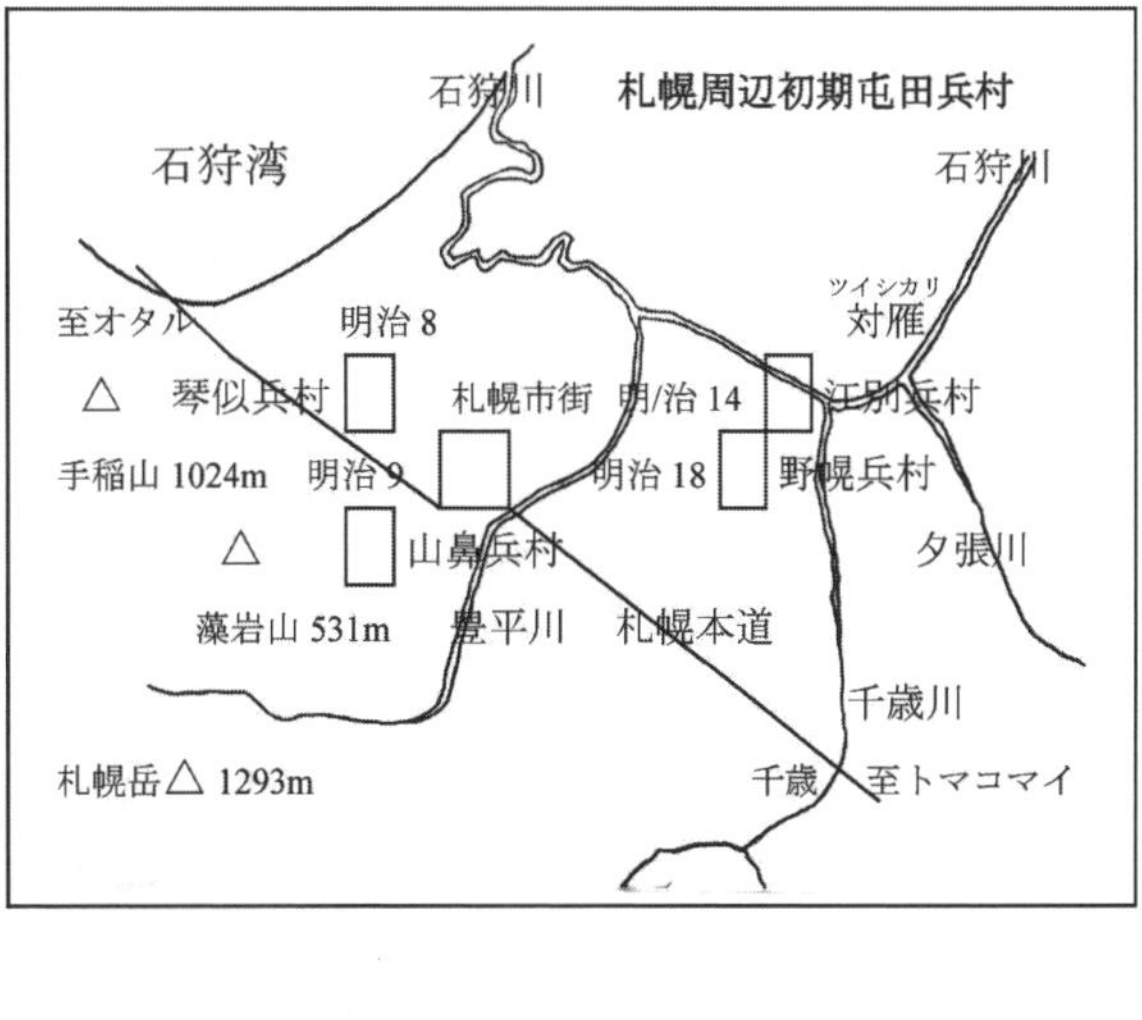

開拓使官有物払下事件

開拓使10年計画（明治5〜14年）に政府が投資した資金は公称2千万円（実際には1千4百万円とされる）だったが、それは行政費が44・6％、事業費は36・6％という本末転倒計画だった。しかも、官営工場の多くは赤字で、「黒田王国」と揶揄《やゆ》された薩摩門閥の開拓使行政の継続には政府の内部からも批判、反対の声が高かった。

開拓使存続が困難と知ると、黒田は私人としての開拓事業継続を計画、開拓大書記官安田定則（旧薩摩藩士、のち茨城県知事、貴族院議員）らとともに、開拓使の農園、炭鉱、ビール・砂糖等の工場、船舶、倉庫などを、総額38万7千円余、30年年賦で払い下げを受けたいとする「伺書」を、明治14年7月21日、太政大臣三條実美に提出した。これは安田らのその旨の願書に黒田自身の意見を添えるという形をとったものだったが、これは

現役の開拓長官が、自身の関与する私会社に、莫大な官営財産を只同様の価格で払い下げてほしいとする破廉恥な願い出であった。さらに黒田は、政商五代友厚（薩摩出身、黒田の幼友達）の「関西貿易社」と組んで北海道の流通機構を独占しようと考えた。まさに薩摩閥北海道「黒田王国」の面目躍如である。明治14（1881）年8月1日、この払下は政府に認可された。

同年7月下旬〜8月、『東京横浜毎日新聞』らの新聞社はこの間の経緯を察知し、徹底的な批判を浴びせた。これに、官僚と政商との黒い結びつきを追求する民権派運動が加わり、その高揚は、政府を政治的危機に追い込んだ。結局、政府は、同年10月11日、この払下の中止を決定した。この時、政府は10年後の国会開設を約束することで、この危機をかろうじて乗り切ったのである。

三県一局制

開拓使10年計画の期間が終了すると、明治15年1月11日、政府は黒田の開拓長官職を免じて内閣顧問（閑職）に退け、西郷従道を新長官とし、同年2月8日、開拓使廃止を決定、北海道を三県（函館、札幌、根室）に分割した。ただし、この「三県」は「内地」の府県と違う開拓使的な任務と、低すぎる人口密度などのため、県議会も市制町村制もなく、各郡役所も正式に置かれず、北海道三県は政府の行政執行機関にすぎなかった。

翌明治16（1883）年1月、農商務省に北海道事業管理局が設置され、屯田兵を除く開拓使官営事業の主要部分を継承管轄することになった。函館県令時任為基、札幌県令調所広丈、根室県令湯地貞基は、いずれも旧薩摩藩出身だった。函館、札幌、小樽を中心にした道議会設置運動の結果、道会議員選挙が行われたのは明治34（1901）年だった。

このいわゆる「三県一局」と呼ばれる体制は、明治19（1886）年1月までの4年間で終わり、以降は北海道庁（略称道庁、本庁は札幌、支庁は函館、根室）が設置され、これが北海道の行政全般にあたることになった。道庁の長は、他府県の知事（内務省所管）と違って「長官」とされ、内閣総理大臣の指揮下におかれた（明治23年以降は内務省所管）。

開拓使廃止で屯田兵組織の管轄は陸軍省に移され、開拓使屯田事務局は陸軍省屯田兵本部と改称、明治18（１８８５）年５月、開拓使屯田事務局長だった陸軍准大佐の永山武四郎（旧薩摩藩士、のち男爵、貴族院議員）が陸軍少将に昇進し、その本部長に就いた。永山は、戊辰戦争の軍功で陸軍大尉に任じられたが、明治５年、軍籍はそのままで開拓使に転じていた。

彼は、明治20（１８８７）年ロシア、アメリカに軍事事情の視察に派遣され、特にシベリアのコサック屯田兵制をつぶさに見聞し、北海道の屯田兵制度拡大の具体策を得た、という。

永山は明治21年６月、陸軍省屯田兵本部長を兼ねながら、第２代北海道庁長官に就任し、以後屯田兵制の改革、増員計画を進めることになった。

北海道三県時代（明治15～19年）郡名図

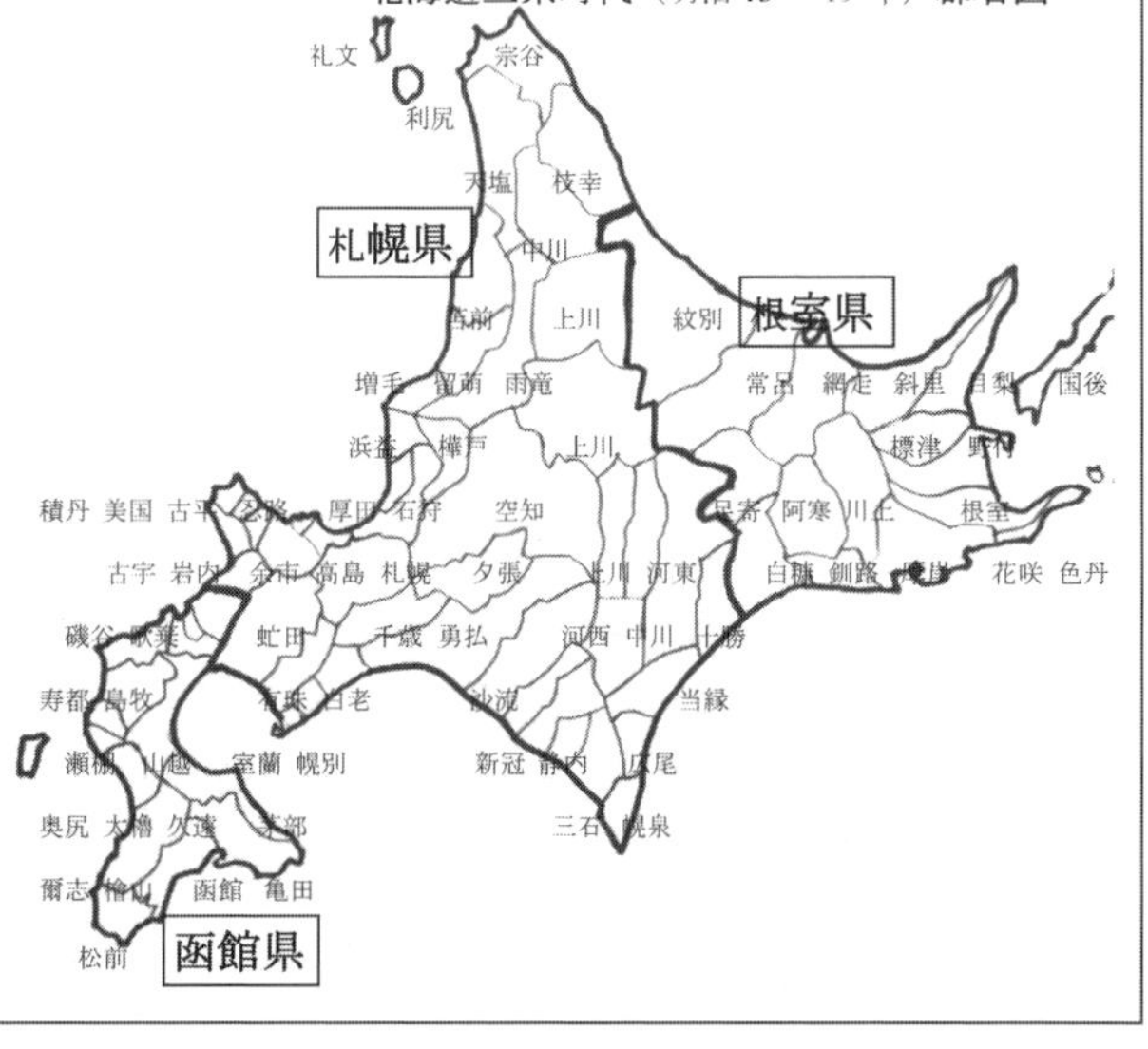

第9章　札幌農学校の時代

開拓使仮学校

明治5（1872）年4月、開拓使は東京芝の増上寺に開拓使仮学校を開設した。増上寺には開拓使創設時（明治2年7月）、開拓使本庁が置かれた。それは本庁の札幌移転（明治4年7月）以降は開拓使東京出張所となり、開拓次官黒田清隆の東京在住時（ほとんどが東京在住だった）の政務の場であったから、ここは実質的には開拓使の中枢機関であった。

開拓使は増上寺の方丈（住職の居家）25棟を購入し、これを開拓使仮学校に宛てたのである。「仮学校」とは、この後しかるべき時期に開校されるはずの「本学校」に向けた一時的教育機関という意味である。

仮学校規則には、その開設目的を「此学校ノ儀ハ、北海道開拓之為ニ設クルヲ以テ、是レヲ彼地ノ首府タル薩孛魯《サッポロ》ニ建テ、彼地ニ住スル者ヲシテ専ラ智識ヲ増シ才芸ヲ進メ、是レヲ以テ開拓之資業トナサシメントノ本旨タリ。然レドモ其業日浅ク、事ニ就ク序有リテ、彼地ニ学校ヲ建ルノ暇アラザルヲ以テ先仮学校ヲ東京ニ設ク」という。

生徒は、まず英語、漢学、算術、窮理（物理）学、歴史などを学んだ後、舎密学（chimie 化学）、器械学、本草（植物）学などの基礎を学ぶ。そののち、①舎密学、器械学など、②鉱山学、地質学など、③建築学、測量学など、④舎密学、本草学、禽獣（動物）学、農学など、の専門4科のいずれかに進む。生徒定員は官費生50人、私費生50人、卒業後、官費生は10年間、私費生は5年間、北海道開拓に従事することが義務づけられていた。仮学校の学科には開設後まもなく仏学（フランス語）が加えられ、女学校が併置された。教員は科目別に2～3人、のちに仏学方教員、女学校掛、医官、土人（アイヌ）教育掛も配置され、全体で40～50人ほどであったと推測される。校長は置かれなかったが、職員中最も官位の高かった荒井郁之助（旧榎本軍幹部）がその職と同等の任を務めていた。

仮学校の入学資格は14～20歳の男子だったが、没落士族の子弟や戊辰戦争の生き残りなどが将来の官吏の地位を求めて集まってきたので、一般に年長者が多く、粗暴で校則に従わず、外国語学習の意欲のない者が多かった。彼らは、教師の言に従わず、毎日のように騒動や喧嘩を起こしたので、黒田はついに怒り心頭に発し、開校の翌年（明治６年）３月、生徒たちを一喝し、全員放校、仮学校閉鎖の挙に出た。ただし、その４月には、改めて職員、教員を編成し、生徒規則、内則など詳細な例則を設け、生徒数50人（全員官費）とし、入学資格も12～16歳と限り、調所広丈（旧薩摩藩士、札幌農学校初代校長）を責任者として再開校した。

黒田の開拓長官就任（明治７年８月）以降、東京の開拓使諸施設の多くは札幌に移転され、開拓使東京出張所も閉鎖された。同年12月、開拓使仮学校に農学専門科設置が決定され、それまでの科学分野全般の人材養成から農学分野技術者養成の方針に転換した。これはケプロンの勧告に従ったもので、仮学校を引き継ぐべき「札幌農学校」開校への布石だった。

明治８（１８７５）年７月29日、仮学校は開拓使札幌本庁所管「札幌学校」と改称され、翌明治９年３月から札幌（現札幌市中央区南１条西１丁目あたり）に校舎、講堂、外国人官舎、生徒寄宿舎などの建造を進め、それらは同年７月に完成、同年９月７日、開拓使大判官松本十郎以下の官吏、東京から移ってきた教職員６人、生徒35人らの出席の下、開校式が行われた。

北海道土人教育所

明治５（１８７２）年４月、開拓使仮学校が開校した頃、東京在住の開拓次官黒田清隆は札幌の開拓使本庁の岩村通俊判官に、北海道のアイヌ１００人を上京させよと命じた。これは、アイヌたちに日本語、日本文化を教え、農業技術を身につけさせ、あわせて皇民化教育を行い、彼らを日本臣民への同化の模範としてアイヌ社会の日本化を狙ったものであった。岩村の努力にもかかわらず、この徴募はうまくいかず、結局、13～38歳の男子26人、女子9人の35人だけが東京に送りこまれた。彼らは、札幌周辺地域の、日本人との折衝役を担わされていた者の家族や関係者から掻き集められた人たちだった。働きざかりの家族を失った家は大変だったであろう。明治7年には余市から2人と択捉島から1人のアイヌ子女が東京に送られ、東京在住のアイヌ青少年は合計38人になった。

東京で、年少者は開拓使仮学校とその附属女学校で日本語の読み書き、算盤、裁縫などを学ぶこととなっていた。年長者は東京の開拓使官園（農業試験場）で農業技術を学ぶことになっていた。増上寺子院の清光院が彼らの寄宿舎と定められ、生活は厳しく監督され、アイヌ習俗、アイヌ語は禁止、日本語、日本食、洋装、日本式礼儀作法が強要された。仮学校内には「北海道土人教育所」が設けられ、そこには「土人教育掛」や「土人取締掛」が置かれた。

しかし、アイヌ、日本人双方とも相手の言葉を理解できず、小学校の教本をそのまま使用した日本語教育や、アイヌ民族の長い狩猟生活の歴史を否定した農事教育は、まったく機能しなかった。この結果、明治7年8月の仮学校と附属女学校の札幌移転までの約2年の間に、38人中、4人が死亡、脱走者1人、病気帰郷者3人ということになり、帰郷願いが頻繁に出されるに至って、「土人教育所」はようやく明治7年7月、アイヌたちの希望調査を行い、5人は仮学校へ編入、帰郷希望者25人のうち20人は退学、帰郷し、5人は一時帰省とした。一時帰省の5人はふたたび上京しなかった。

仮学校に編入した5人は、学校が札幌に移転した後、随時退学し、そのうち2人は刑法局でアイヌ犯罪者尋問の通訳となった。このアイヌ民族への無理解と日本文化優越意識から構想されたアイヌ日本化教育は、ほぼ完全に失敗した。

開拓使女学校

明治4（1871）年6月、欧米視察から帰国した黒田開拓次官は、「開拓をなすには人材を必要とし、人材を生ずるには、優れた母親の育成が鍵である」として「後日、女学校を設ける必要あり」という意見書を政府に提出した。この見解によって、黒田は同年11月の岩倉欧米派遣使節団に、開拓使からの女子留学生5人を託したのである。

明治5年9月、開拓使は、開拓使仮学校内に附属女学校を設置した。生徒は東京と北海道で募集し、定数50人、全員が1カ月10円の給付を受ける官費生徒とした。翌年4月に定められた「入校証書」によると、成業後は五年間開拓使に従事すること、北海道に在籍する者と結婚すること、校則違反などで退学の場合は在学中の学費を弁済すること、などが義務づけられていた。

1期生の入学時年齢は9～16歳、入学者44人のうち士族階層の者36人で、荒井郁之助、大鳥圭介の娘ら、開拓使関係者の血縁者が多かった。明治8（1875）年7月、仮学校が札幌に移転されると、同年8月、附属女学校も札幌に移り、旧脇本陣（公用宿屋）を改修した校舎（中央区南1条西3丁目）で授業が始まった。しかし、開校まもなく仮学校校長の調所、学校掛福住某、さらに開拓長官黒田までもが女子生徒との関係を噂されるようになり、生徒たちの中からもそれを指弾する声があがった。

それらの噂を受けて、清廉の人として知られる開拓使大判官松本十郎が関係者に聞き取り調査をし、政府に「開拓使女学校廃止」建白書を提出、それが認められ、明治9年5月初め、この女学校は廃校となった。松本は、生徒たちに「女学校ノ紛擾（抗議行動による騒動）ハ諸君ノ訴訟ニヨリテ起ル」と認め、「姦事（男女の淫らな関係）ハ他人ノ指称（非難）ニ係ハル。論ズル処無カレ」と釘をさし「諸君ノ訴フル処ハ根拠無キコトナリ」（『松本系譜』）とした。それは、女生徒たちの行末を配慮し、事を荒立てずにこれを処理しようとしたのだという。

しかし、結果として廃校処置としたことは噂の信憑性を認めたからであろう。黒田らの「開拓人材の賢母養成」の女子教育理念とはこの程度のものであった。

札幌農学校の開設

明治7（1874）年3月、黒田開拓次官（実質的長官）は駐米公使吉田清成に、近い将来開設予定の「本学校」に雇用する教師の選定を委嘱した。それは「農学、化学、獣医学、人身窮理（生理）学、動物学、物理学、数学、画学、本草（植物）学、器械学、土木学を教授できる博士3人、教頭（副校長）はその3人から選定し、教頭には農学校経営の経験、手腕を持つ者を望む。」というものだった。

吉田公使の奔走は、マサチューセッツ州アマーストの州立農科大学の学長ウィリアム・クラークに行き着き、交渉はやや難航したものの、クラーク自身の強い希望もあって翌明治8年3月3日、この招聘、雇用契約は成立した。ただし開拓使は2年間の滞日を望んでいたが、現職の州立大学学長のままでの長期間海外滞在は難しく、結局1年間の契約ということになった。クラークは十分な意欲と関心を以って日本行きを承諾したのである。

彼は、自分の教え子ウィリアム・ホイーラとダビッド・ペンハロウの2人が教官として適切と判断し、開拓使に推薦した。彼らは理学士の学位を持つ、まだ20代の青年だった。クラーク自身はこの時、51歳の壮年期にあった。

明治9年6月29日、クラーク一行は東京に着き、早速入学生徒の選抜作業にあたった。

彼らは、文部省管轄の東京英語学校（のちの東京大学予備門）と東京開成学校（のちの東京大学）との2校の15人に口頭試問を行い、全員合格とし11人の入学者を得た。その後クラークら3人のアメリカ人は、黒田次官、官員ら、入学生とともに開拓使官船玄武丸（644トン）で札幌へ向かい、7月30日、小樽に上陸、翌日札幌に着いた。

農学校生徒へのキリスト教教育の出発点として、しばしば語られる逸話では、この航海途上で、生徒たちが船室内の待遇に不満を持ち、甲板上で卑猥な俗歌を大声で歌ったのを見て黒田がその粗暴さを怒り、クラークに最高の道徳を施すべく依頼し、クラークの提案した「キリスト教（聖書）による教育」を受け入れた、とする。しかし、この話には根拠がなく、後世の作り話であるらしい（大山綱雄『札幌農学校とキリスト教』による）。日本政府がキリスト教の日本での布教を解禁（というより黙認）したのは、このわずか3年前の明治6年2月であり、黒田はその前年、函館ハリストス（ロシア正教）教会信徒を「国策を犯した罪」で逮捕した当の本人であったから、この時点で彼があっさりとキリスト教教育を受け入れたとは考えにくい。農学校生徒におけるキリスト教の受容は、クラーク自身の信念と、生徒たちの進取の精神とが合致した結果だったのであろう。黒田としては外国人指導者からの技術導入へのやむを得ざる譲歩だったと思われる。

来札後、クラークらは開拓使札幌学校生徒に対して入学試験を行い13人を合格させた。

明治9年8月14日、開拓使札幌学校は「札幌農学校」と改称され、同日、第一講堂で黒田次官以下開拓使諸官員、教員、生徒、各郡教育所員など100余名によって、農業専門科の開業式が行われた。その最後にクラーク教頭は出席者に向かって演説を行い、勤勉と信頼と健康を保ち、食欲と性欲とを抑制して将来の栄誉を得るための努力をしよう、と呼びかけた。

農学校校長は調所広丈、生徒は原則として官費生、生徒定員は1～4年生合わせて50人、官費生には学業に必要な一切が支給され、卒業後5年間は開拓使に勤めること、北海道への編籍などが義務づけられた。したがって、官費生には、失業武士階級の子弟が多かった。私費生も認められ、生活費、学費として毎月10円を納めることとされた。

「農黌園」と小作農園

札幌農学校は、開拓使が管轄し、北海道の農業開拓に必要な人材を育成するのを目的として開校した。開拓使は、黒田次官の方針で、北海道開拓のための農業技術を主にアメリカから導入しようとした。それはいわゆる大農法であり、当時アメリカの穀倉地帯で展開されていた大規模農地、機械化による農業開発方法であった。黒田らは、北海道にはその成立要件があると考え、これをケプロン（明治4年来日）らアメリカ人農業技術者を介して直接導入しようとしたのである。ただし、ケプロン自身は、この開拓使の方針を批判していた。それは、アメリカでの大農法の成功は、入植時に肥沃で広大な土地が入手できたこと、また農業技術者たちは土地改良、農機具、農業機械の基礎技術の確立に長い時間をかけて来たこと、そして多数の農業大学を設置して研究と実験を重ねて来た結果であることを十分知っていたからである。彼は、北海道開拓の場合、森林伐採、湿地帯の乾燥化など、農地生成から始める原始的環境にあり、農業技術修得もその基礎段階から始める必要があると説いた。黒田は農業開拓の結果を出すことを急ぎ、ケプロンの長期開拓路線と対立した。両者の対立反目はここに発するといえる。

明治9年9月、開拓使は札幌官園の内、100町歩を分割して農学校の農業試験場とし、官園の農具、器械、使役用牛馬、短角種牧牛、器械舎1棟などを同校に附属させ、農学校教頭クラークがその試験場の監督にあたることとした。クラークが開拓使から託された使命は「新開の北海道に良く適し、北海道の農家の模範となる農業を開くこと」だった。この試験場は「農黌園《のうこうえん》」（College Farm の訳語、黌は学び舎の意味）と呼ばれた。

クラークは、即効を期すべき作物として、第一に牧草、第二に玉蜀黍（北海道では唐黍と呼ぶ）、第三に甜菜（砂糖大根）、第四に馬鈴薯（アイルランド薯）をあげ、これらの試作を提言した。特に甜菜については、砂糖を得るだけでなく、その渣滓（絞りかす）その他の剰余物が冬季間の家畜飼料となることを強調した。

クラークが1年足らずの滞在で帰国したあと、政府は、ウィリアム・ペン・ブルックスを札幌農学校教師兼校園監督として招聘した。彼は、アメリカ・マサチューセッツ農科大学、アマースト校で植物学と化学を学び、在学中にクラークのもとで植物生理学の実験にも参加していた。ブルックスは、この農黌園に新種の作物、家畜、農業機械などを導入し、各種肥料の試験、害虫駆除の研究、暗渠排水による農地改良、開墾による農地拡張、建物の新増築、農産品評会、農業仮博覧会、農業技術者養成講習会、などを行い、北海道農業の展開に大きな貢献をした。彼はここに12年間在職し、うち4年間は農学校教頭を兼務した。この間、彼が持ち込んだ外国産食用植物は、ジャガイモ、玉葱（札幌黄）、玉蜀黍、キャベツ、トマト、人参、エンダイブ（菊ヂシャ）、コールラビ（蕪甘藍）、セイヨウ蒲公英（サラダやタンポポコーヒー用）など多種に及んだ。これらの幾種かはその後北海道の大地に根付き、重要農産品となった。

農黌園は、明治21（1889）年、札幌郡平岸村、翌22年、札幌郡札幌村の未墾地で農場経営を始めた。これらの土地は地形が悪く機械が入らないという理由で、低廉（安い）な小作料での小作（地主から借地する小規模農民）農場とし、明治24（1891）年、空知郡栗沢村、夕張郡角田村、明治28（1895）年、亀田郡七重村、翌29年、空知郡富良野村に小作農場を開いた。これらの農場は、道路、排水、橋梁、学校などの施設や模範農園を持ち、農民のために、講話、講習会、種牛馬の貸付け、品評会、農事指導などを行い、産業組合を設けた。これらは、農黌園と同じく農産物試作地、試験場として農学校生徒たちの教育の場であったが、北海道の模範農村を作る意図もあったという。

札幌農学校の生徒たちはアメリカ人教師たちの熱心な指導を受けて、北海道農業の可能性に目を見開かされたであろう。しかし、実際に北海道の初期農業開拓にその知識がどれくらい取り入れられたのかは不明である。ほとんどの生徒たちは、卒業後、実際に農業に従事したわけではなく、開拓使のエリート吏員となったのであり、また農黌園はあくまでも官立の農業試験場であって、一般農家とはその経営基盤も、営農目的も、労働形態も、実作物も異なっており、農黌園での実験結果が農民たちに容易に受け入れられたとは考えられない。

屯田兵村の営農に、この成果もある程度は生かされたと思われるが。屯田兵制そのものが黒田清隆の薩摩流軍隊精神とその家族労働力に依拠し、農学校流の科学的農業とは次元を異にしたものであったから、両者はあまり交わることなく進行したのであろう。

大農理論から中小農理論へ

明治15（1882）年2月、開拓使は廃止され、北海道は、三県一局時代（〜明治19年1月）に入った。開拓使が経営していた事業の大部分が農商務省を中心とした各省に分散され、北海道の行政事務は著しく分断、縮小され、開拓使農学校が北海道開拓のために育成した人材は、それらの部署に入る余地が少なくなり、明治15年に卒業した農学校第3期卒業生の半数は、北海道外に職を得ることになった。

札幌農学校と農黌園におけるアメリカ人教師たちの講義、実習は、小麦を中心とする畑作とアメリカ風大農経営とを前提にしていた。しかし、日本人の根強い米食習慣などのために畑作小麦農業は普及せず、アメリカ風大農法の導入もケプロンの指摘どおりおおむね失敗した。北海道の農民たちの米作志向、無資本貧困移入者、家族単位経営などの現実的諸条件は、大農的経営には適合しない部分が多かったのである。

農学校第1期生の佐藤昌介は明治15年、アメリカに留学し、メリーランド州（東部大西洋岸）ジョンズ・ホプキンス大学で歴史経済学、ドイツ風中小農法などを学び、哲学博士(Doctor of Philosophy）の学位を得て帰国、札幌農学校教授に就任した。第2期生の新渡戸稲造も、佐藤の勧めでアメリカ留学からドイツ留学へ転じ、ボン大学、ベルリン大学などで農政学、農業史、殖民学を学び、農学博士号を得、帰国後同じく札幌農学校教授になった。ちなみに、佐藤も新渡戸も、かつて戊申戦争で新政府軍と戦い、維新後新政府から苛酷な仕置処分を受けた盛岡藩（岩手県）士族の出身であった。

彼らの影響で、札幌農学校は次第に中小農経営と米作に重点を置く農学へと学風が転換していくことになった。また、北海道の一部の民間農業人たちは、デンマークの農酪農法に注目し、これを取り入れようと努力した。新渡戸と同期の内村鑑三も、アメリカにではなく、デンマークに理想の国家像を求めた。

ケプロンのアイヌ政策

1829年、アメリカ合州国第7代大統領となったアンドリュー・ジャクソンは、彼自身、大量の黒人奴隷を雇用する大農場主として「成功」した人であった。彼は、軍人でもあり、欧州からの白人移植者の綿花栽培地獲得のために各地でアメリカ先住民（native American、誤ってインディアンと呼ばれた）大虐殺を行い「インディアン殺し」の渾名で呼ばれていた。彼によれば、これらネイティブアメリカンは自分たちの開拓領域である西部フロンティア（辺境）地帯への前進を妨害する野蛮な敵であり、その「インディアン」を殺すのは神の摂理であった。北海道の開拓を指導すべく派遣されたアメリカ人顧問の長、前農務省長官ホレス・ケプロンもともと軍人で、1833年、同国大西洋岸メリーランド州ボルチモアの民衆騒乱を自警団を率いて鎮圧した功績で同州軍の少佐に任じられ、1852年にはテキサス州の保留地（reservation）におけるネイティブアメリカンの反抗を騎兵隊を率いて鎮圧した人だった。その後、彼は農牧場を経営し、農業技術の改良に大いに貢献したが、南北戦争（1861～1867年）には北軍大佐として参戦し、64回の戦闘を重ねた。彼は農業者であるとともに、ジャクソンの「信念」を継承する勇猛な軍人でもあったのである。

南北戦争の後、アメリカ合州国はネイティブアメリカンへの白人社会への同化政策（農民化と白人による合法的土地収奪）を徹底して進め、結果として彼らネイティブアメリカンは分断され、孤立化し、民族消滅の危機に追い込まれていった。ケプロンは、黒田開拓次官および開拓使官員に、インド、オーストラリア、アメリカ合州国などで、ヨーロッパ人植民者が先住民から土地をどのように収奪し、どのように分配したかについて詳細な説明をおこなった。ケプロンは、北海道では、先住民から取り上げた土地を、白人入植者に自作農地として切り売りしたアメリカ方式を採用すべきであると力説した。彼は、同時に、テキサス州における先住民鎮圧の経験から、先住民族アイヌの「特別」保護区を創設するのではなく、アイヌ民族への大規模な同化政策を促進するよう強く主張した。このケプロンの主張は欧州系白人によるアメリカ合州国自体の人種差別「思想」

の延長上にあったと思われる。これが、それまでの日本人のアイヌ民族への差別観に奇妙に合致し、明治政府、開拓使のアイヌ政策の基本になったのである。

実際、その後、明治32（1899）年に制定された「北海道旧土人保護法」は、1887年、アメリカ合州国でネイティブアメリカンたちの共有保留地を分割私有化し実質的に白人の土地にすることを目的に制定された「ドーズ法」と酷似しているといわれている。

「旅のノートから」10　札幌農学校とは何だったのか

明治国家の人材養成機関

明治の初年代、政府は「近代国家」を作るための人材の養成に苦慮していた。全国規模の測量、鉄道や電信網の敷設、外洋航海の技術、近代的軍隊の創出、農業開拓、鉱業開発、各種工場の建設、新制度と近代法の制定などのすべてに西洋の知識を吸収しそれを実地に使いこなしていく人間が必要であった。しかもそれは緊急課題だった。はじめは破格の高給で雇った欧米人（通称お雇い外国人）に頼らざるを得ない。しかし、そのままでは国家の財政が持たないし、次代の日本への展望も開けない。そこで政府は、維新によって失業した士族の子弟の中から優秀な者を選び、お雇い外国人を教師にして、いわば徒弟的に人材を養成しようと考えた。士族はもともと読書階層だったから、学習能力は高い。失業士族の側からもそれはありがたいことであった。

この課題を実現するために、政府の各省は自分たちの目前の必要に応じて自前で教育機関を持った。工部省の工学寮（明治4年）、司法省の明法寮（同4年）、内務省の農事修学寮（同7年）と樹木試験場（同10年）、開拓使の札幌農学校（同9年）等々である。

それらとは別系統として、政府は旧幕府の昌平黌（儒学）、開成所（西洋語）、医学所、を昌平学校、開成学校、医学校と改称してその教授陣とともに復活させ、「王政復古」の時代の最高教育機関とした。明治2年7月には、昌平学校を「大学校」と改称し、これを国家学制の根幹とし、開成学校、医学校はその附属的なものとした。同年12月には、「大学校」を「大学」、開成学校を「大学南校」、医学校を「大学東校」とした。しかし、明治3年7月、政府は「大学」（旧昌平学校）を封鎖し、洋学派を学問の主流と位置づけた。学術の「王政復古」は無理だったのである。

明治4年7月には文部省が設置され、「大学」を正式に廃止し、「大学南校」を「南校」（明治6年、東京開成学校に改称）、「大学東校」を「東校」（明治7年、東京医学校に改称）と改称し、この二つの学校を中心に国家の教育行政を進めていくことにした。

洋学系の両校では、当然の如く、欧語（大半は英語）の読み、書き、会話の学習が徹底された。教師は欧米人、教科書も欧米語だったから、欧語習得は専門課目に進むための必須条件だった。旧藩からの推薦で入学した学生たちの大半はこれで脱落したという。

東京開成学校は、東京医学校や各省の教育機関などを併合して、やがて東京大学（明治10年）、帝国大学（明治19年）と改称され、明治30年、京都帝国大学の設置により「東京帝国大学」となった。

ただし、各省の教育機関並立の時代には、必ずしも東京大学系が高等教育の本流だったわけではなく、一般に現業官庁系の学校のほうが在学中の待遇は良かったので、受験少年たちは、どの学校が卒業後の出世または好待遇をもたらすのか思い悩みながら、それぞれの事情によって学校を選択していた。

札幌農学校は、開拓使が北海道の農業開拓に必要な開拓使官吏を養成するために開設した教育機関であった。開拓使自体が太政官政府に直属する機関だったから、札幌農学校はいわば政府立の学校だった。

キリスト教精神の醸成

明治９（１８７６）年開校時の「札幌農学校諸規則」によると、「生徒は16歳以上の男子、修学年限は４年、定員は全学年あわせて50人、原則として官費生で、生活、学業に必要なすべてが支給される。卒業後は籍を北海道に置き、５年間の開拓使勤務を義務づけ」られていた。ただし、この制度は明治13年変更され、官費生制度を貸費生制度（返還義務あり）に代え、定員枠、北海道への編籍、開拓使奉職の義務は撤廃された。また、3年課程の予備科（のち予科）が設けられ「12歳以上の男子で国文（日本語の読み書き）の大要に通ずる者」に無月謝、書籍、文具支給で、英語、算術、地理、歴史などを教え、課程終了後農学校に入学させることとしたが、予科からの入学者は毎年ごく少数だったらしい。

札幌農学校の開校にあたって開拓使は、官費による生活と学業の保証という条件を以って、東京開成学校、東京英語学校（開成学校の予科）の生徒たちを勧誘し、佐藤昌介、内田瀞、大島正健ら11人の入学者（他に開拓使札幌学校から13人）を得た。２期生20人（うち私費生１人）のうち内村鑑三、新渡戸稲造、宮部金吾なども東京英語学校の生徒だった。彼らは、おおむね明治維新によって禄を失った貧乏士族の出で、自分とその一族とが生き残るための方策として、札幌農学校を選んだのである。

札幌農学校教頭としてアメリカから招聘されたクラークらの強い感化によって、１期生のうち16人と２期生中の15人はクラークの起草した「イエスを信ずる者の誓約（Covenant of Believers in Jesus）」という文署に署名した。２期生内村鑑三（旧高崎藩士の長男）の『余は如何にして基督信徒となりし乎』によると、彼自身は1期生たちの強引な説得に辟易し、やむなく署名したらしいが、一方で彼（ないし彼ら）には日本の多神的、因習的宗教の曖昧さへの反撥、旧武士層独特の倫理観、選民意識などが根底にあり、それにキリスト一神教の強力な崇神性の魅力、キリスト者教師たちの勤勉さと言動一致への敬愛、彼らが示したアメリカ農業の合理性、科学性への驚き、などが重なってこの行動になったと思われる。明治政府にとっては意外、アメリカ人教師たちにとっては予期以上の結果であっただろうが、これは近代日本人の文明的、精神的活動のあり方のひとつの典型である。彼らは、やがて洗礼を受けて、日本のキリスト教（プロテスタント）信仰者の重要な一派となった。

文部省の管轄へ

明治15（１８８２）年2月、開拓使は廃止され、札幌農学校は三県一局制の下で農商務省北海道事業管理局の管轄、明治19（１８８６）年1月には新設された北海道庁（内閣総理に直属）の管轄となった。この間札幌農学校はその性格が曖昧になり、卒業後の進路も不安定になったので入学志望者は急激に減少し、「不要論」「廃止論」の波に晒されることになった。

明治19年11月、アメリカで農政学を学んで帰国し、札幌農学校教授になったばかりの農学校1期生、佐藤昌介（旧盛岡藩士長男）は、初代北海道長官岩村通俊（明治19年1月着任）に、この農学校は、「（北海道の）学・術共ニ進捗セシムルノ基」であり、道庁が設置された今こそこれを大いに活用すべきだとの意見書を提出した。岩村はこれを受け入れ、同年12月「札幌農学校官制」を制定、翌年3月「札幌農学校校則」を改正し、「修学年限4年の農学科、工学科、4年制予備科、校費生、研究生、農芸伝習科」を設置することとした。農学科は「農学ノ理論及実業ヲ教授」、工学科は「土木工学ニ関スル学業ヲ教授」し「拓地殖民上」急務の課題に応えるとし、両科とも予備科からの入学を原則とした。農芸伝習科は2年制で、北海道内の農家で耕地1町歩以上を所有する者、その子弟、または道内で開墾起業の目的を持つ17歳から32歳までの男子を対象とし、定員50人で在学中は寄宿舎の貸与と1カ月5円の支給を受けた。その授業は日本語で行われ、4月1日から11月30日までは実地の農業技術の伝習、12月1日から3月31日までは農学の講義だった。

明治22（１８８９）年9月、この校則の一部が改定され、予備科は修学年限5年の「予科」と改称し、「尋常小学校卒業の者、若は之と同等以上の学力ある者」に、「尋常中学校（5年制）と同等の普通学科を教授、卒業生には卒業証書が授与される」とされた。これは、北海道にはまだ中学校がなかったための臨時的措置でもあったが、この改定によって実質的に札幌農学校は中学校卒業生を受け入れる教育機関に格下げされたのである。これと同時に、札幌農学校には屯田兵士官を養成する兵学科が設置された。これらの施策で農学校は当面の廃止は免れたものの、運営上の困難は続いていた。

明治23年7月、北海道庁が内務省の管轄になり、また同年から国家予算決定に帝国議会の協賛が必要とされるようになったことで、明治26（1893）年の札幌農学校予算はピーク時（明治21年度）の半分近くに減額された。

明治26年10月、札幌農学校はいくつかの改革を条件として、文部省の管轄下に置かれることが決定された。その改革とは「北海道の農業に従事する実業家、その進歩改良を講究する学者、移住民の師となる人物の養成。卒業生に道内の土地を取得する便宜を図り永住を促進する。給費生制度を作り卒業後10年間北海道の公務、事務に従事させる。外国人教師を全廃。工学科、兵学科、予科を廃止。予科在学生は新設の札幌尋常中学校（5年制中学校、現札幌南高校）に転学させ、農学校は尋常中学校卒業生を入学させることとする」などであった。すなわち、札幌農学校は、これまでの北海道開拓のための「帝国大学レベルの高等教育機関」から「高等農林学校レベル」へ学制上も格下げされたのである。札幌農学校側はこれに激しく抵抗したが、結局この決定は明治28（1895）年4月1日から施行された。

一方、北海道の道路、橋梁、排水路、港湾、築港の建造、漁業振興などが進み、このための技術者の養成が札幌農学校に求められるようになっていた。明治30年（1897）12月、文部大臣浜尾新から意見を求められた札幌農学校校長佐藤昌介は、翌年1月、浜尾大臣に「札幌農学校拡張意見書」を提出した。この意見が受け入れられ、札幌農学校は「尋常中学校卒業生入学の予修科（2年制）設置、予習科修了後4年制の本科」となり、変則的ではあるが、高等学校（3年）、帝国大学（3年）と同等の6年修学が認められ，札幌農学校の格下げ問題は実質的に解決されることになった。また札幌農学校には、中等教育レベルの学科（土木工学科、森林科、水産学科など）が順次開設されることになった。

日本殖民学の拠点

佐藤昌介は、札幌農学校教授に任じられた明治19（１８８６）年以降、精力的に論文を発表し、「本邦（我が国）ノ農家ハ、小農ニ非ズシテ過小農ナリ」（『大農論』明治19年）とし「最小ノ農地、最高ノ小作料、最多ノ労力」に苦しむ日本農民と農業人口の過剰を救済するのは「我北海道ヲ措テ他ニアラザルナリ。夫北海道ノ殖民ハ、即チ内国殖民ナリ。……（北海道への）普通ノ移民ハ、少ナクトモ米国移民払下ノ最小数ナル四十エークル、即チ凡ソ五万坪（約16町歩）ハ之ヲ耕作スルヲ務メザルべカラズ」（『北海道ノ移民ト外国ノ出稼』明治20年）と主張した。これは、北海道庁が当時、植民の標準経営（普通ノ移民＝中小農民）と想定していた1万5千坪（約5町歩）の3・3倍である。

しかし、佐藤のこの「内国植民地論」には、アイヌ民族の権利についての顧慮はまったくない。彼は、アイヌ民族は従順で、日本人を敵視せず、隷属を甘受している（明治19年、「農商務省と道庁への復命書」）、とみなしていた。農学校2期生の新渡戸稲造（旧盛岡藩士の三男、のち農学校教授）も「北海道の植民が大きな困難に遭わなかったのは、アイヌ族が、臆病で、消滅に瀕した民族だったからである」（大正８・１９１９年の講演）と述べている。

佐藤昌介は、大農育成について、明治19年頃には「宜シク十万坪（約32町歩）以上、若クハ二十万坪ヲ耕作スルヲ務メザルべカラズ、嗚呼、北海道ハ実ニ本邦ノ大農ヲ施行スべキ所ナリ」（『大農論』）とし、期待される大農規模は最大20万坪（約64町歩）であるとした。

明治19年1月、北海道庁初代長官岩村通俊は「（北海道は）自今以往（これから先）は、貧民を植えずして富民を植えん。是を極言すれば、人民の移住を求めずして、資本の移住を是求めんと欲す」と北海道開拓の方針を転換し、同年6月「北海道土地払下規則」を公布した。国有未開地の払い下げは、明治5年制定の「北海道地所規則（アイヌは対象外）」と同じく1人につき10万坪以内としたが、その例外として「盛大ノ事業ニシテ、コノ制限外ノ土地ヲ要シ、其目的確実ナリト認ムルモノアル時ハ、特ニ其払下ヲ為スコトアルベシ」とし、大資本家、大商人、大地主、政治家、高級官僚、華族らの大土地所有、大農場経営への道を開いた。

佐藤昌介は、この方針転換に呼応し、これを北海道開拓に資するものとし、新地主層が内地（本州以南の府県）の貧農層を小作に入れればその小作料で相当な利益を得られること、また土地の騰貴（値上がり）による利益も大いに期待できるとして、地主経営の有利説を展開した。彼は「今、北海道に於いて、大農を興さんと欲せば、農学校卒業生の如きは之が管理を為すに適せり。中農を興さんと欲せば、農芸伝習科卒業生の如きは之に適せり。」（『北海道農業の進歩』明治24年）として、農学校卒業生自身が大農場経営に進出することを期待し、同時に、農芸伝習科卒業生を中農たる立場に位置づけ、農学校卒業生が特権的な立場にあることを示唆した。

明治23（1890）年、佐藤自身がこの理論を実践すべく札幌村近郊の苗穂に205・9町歩（約65万坪）の土地払い下げを受け、小作雇用の農場を拓いた。これに続いて農学校卒業生たちの中にも北海道各地に事実上無償の大土地払い下げを受け、農場を拓く者が次々に現れた。

明治30（1897）年公布の「北海道国有未開地処分法」では、移住農民への開墾、牧畜、植樹等に供する土地は「無償ニテ貸与シ、全部成功ノ後無償ニテ付与」とされ、1人あたりの貸付面積は、開墾の場合150万坪、牧畜の場合250万坪、植樹の場合200万坪までとし、会社、組合の出願にはその2倍までを認めた。

明治32（1899）年制定の「旧土人保護法」は、アイヌ民族には1人1万5千坪以内の土地所有を認めただけだった。日本人への土地払い下げ、無償付与は、アイヌ民族から狩猟、採集、農耕のための土地を奪い、彼らを困窮させ、衰弱させる結果になった。佐藤の「内国植民地論」は、これを助長するものにほかならなかった。

北海道の可耕地は大方開拓を終えたが、それによって日本農業の苦況は減るどころか、小作地率が5割を越え、むしろ深刻化していた。佐藤昌介は日露戦争（明治37・1904年）のあと、北海道内国植民地論を海外植民地論へ飛躍させた。彼は「彼の薄利に苦しむ地主、生計難を訴ふる小作人は、宜しく之を内にしては我北海道、樺太、若しくは台湾に向かって益々農業殖民を起こし、之を外にしては満韓（中国満州地域と韓国）若しくは南北米国に向って大に農業の新天地を開発すべく」（『農政上に欠けたる要素』明治40年）とし、海外、とくに満韓地域への日本農民の進出を説いた。佐藤昌介は、当時の国策に乗って、日本農民の中国、韓国（国号は1897年「大韓帝国」、1910年「朝鮮」）への進出を唱える農政学者となったのである。

井上勝生『明治日本の植民地支配』（岩波書店・2013年刊）などによると、札幌農学校19期生（有島武郎と同期）で、佐藤昌介と同郷の岩手県花巻の生まれの佐藤政次郎は、佐藤昌介の「殖民学」講義を受け、明治34（1901）年7月卒業、本科卒業後 石狩郡当別村で牧場経営の後、明治37（1904）年日露戦争で陸軍に召集され、札幌月寒と釧路聯隊区副官に就き、明治39年、中尉で召集解除、佐藤昌介の勧めで釧路から海路横浜へ向かい、東京で韓国統監府技手の職を得た。彼は、明治39（1906）年、韓国へ渡り、京城（現ソウル）の統監府（韓国政府の外交権等を「管理」する日本政府の機関）勧業模範場の木浦出張所、同水原本場（本部）の技手を経て、統監府技師に昇進、明治41（1908）年、韓国政府直属の棉花栽培所初代所長となり、その後韓国各地で棉花栽培事業の指導に従事した。大正8（1919）年、41歳で退官し、ソウルに本拠を置いて農場を経営し、自農場と朝鮮殖産銀行、漢城銀行などの委託秋収籾1万石以上を日本に搬出したという。

新渡戸稲造もまた、明治31（1898）年、札幌農学校教授として「農政学・殖民学」講座を持ち、そこから台湾総督府技官に転じ、日本の台湾統治の経済政策立案に参画して殖民政策家として知られることになった。その後、新渡戸は、京都帝大教授，第一高校校長を経て大正3（1914）年、東京帝大教授になり、殖民政策講座を持った。

平成7（1995）年7月、北海道大学の古河記念講堂1階のある研究室から段ボール箱に入れられた6体の頭蓋骨が発見された。その中の1体の骨の上と、それに添えられていた一枚の紙には、これらは明治27年に惨殺された韓国東学農民蜂起の「首魁」（首謀者）のものであり「佐藤政次郎が明治39年、韓国珍島でこれらを採集した」と書かれてあった。井上勝生は、日本の侵入への抵抗である東学農民蜂起の軍事弾圧に、間接的にではあるが札幌農学校グループが関与していたと推測している。

明治40（1907）年9月、札幌農学校は東北帝国大学農科大学となった。東北帝国大学は同年6月22日、宮城県仙台市に本部が設置され、まず札幌農学校を改組してこれを札幌区（当時の地域呼称）に置いたまま東北帝国大学農科大学としたのである。東北帝国大学農科大学には、日本で最初の「殖民学講座」が開設された。その担当教官は佐藤昌介であった。佐藤の殖民学の系譜は、新渡戸稲造を経て高岡熊雄（農学校13期、のち北海道帝国大学総長）に継承されて集大成され、やがて日本の「満蒙（中国の満州と内蒙古地域）開拓」を主導することになった。

農科大学設置と同時に、改めて「農科大学予科」が札幌に設置された。大学予科とは、高等学校（旧制）に相当する教育課程で、卒業後は大学本科に進学する資格を得る。文部省は、「北海道は他の府県並の高等学校設置の教育環境にないのでその代わりに高等農林学校程度の農科大学予科を置く」とした。高等学校とは、明治27（1894）年の「高等学校令」によれば、本来は「専門学科（法学部、工学部、医学部など）ヲ授クル所」であり「地方における最高学府」として設置されたものだったが、「帝国大学（現東京大学）ニ入学スル者ノ為ニ、予科ヲ設クルコトヲ得」ともされ、実際には次第に専門学科よりも予科が主体となっていった。農科大学予科は、これに準じたものであった。

大正7（1918）年、北海道帝国大学が設置され、東北帝国大学農科大学はこれに移管された。佐藤昌介は、北海道帝国大学総長に任じられた。翌年この農科大学は農学部と改称された。札幌農学校は、ついに帝国大学の一部として大日本帝国の農学部門の一翼を担う場になったのである。これと同時に北海道帝国大学には医学部も設置され、大正13（1924）年に工学部、昭和5（1930）年に理学部が設置された。

佐藤昌介は、昭和3（1928）年、男爵に列せられ、同5年、75歳で北海道帝国大学総長を辞任、退官した。

第10章　カラフト・千島交換条約の時代

流浪するカラフトアイヌ

札幌の琴似、山鼻に屯田兵が配置された頃（明治8〜9年）、開拓使は、北海道開拓に必要な労働力の不足に悩んでいた。日本本土からの移住者は思い通り集まらず、いっそ長い間「撫育」（徳川幕府の用語）し、ロシアに対して「吾が国民の一員」と主張してきたアイヌを開拓事業の作業に充てたいと考えた。

明治8（1875）年8月初め頃（日付不明）、開拓使は、突如カラフトアイヌたちに日本への移住計画を通達し、しかもその移住船は一月後の9月9日にアニワ湾楠渓港（「クシュンコタン」）を出ると通告した。

「カラフト、千島交換条約」（同年5月7日締結）附録にある「三ケ年の移住猶予」を無視したこの通達は、アイヌたちにとっては寝耳に水の大事件だった。黒田清隆開拓長官（明治7年8月、開拓長官に就任）らの意図は、3年の猶予を与えればその間にアイヌたちはロシア側に就いてしまうだろう、彼らがロシアの政策を観察したり考えたりしたりする前に、北海道に移住させてしまう方が得策だ、というものだったと思われる。

アイヌたちは、結局、カラフト島の対岸、宗谷地方ならカラフト島同様に伊達屋、栖原屋の漁場があり、カラフトへの行き来も可能であると考えて、開拓使の説得に応じた。開拓使は彼らを農民化し、北海道の内陸部で働かせることを計画していたが、アイヌたちの「ソウヤ地方、漁業労働」の強い希望をいったんは受け入れる風を装って、彼らを北海道に移住させることにした。

当時のカラフト島の交通事情では、一月という短い期間内に島南部一帯からアイヌたちがクシュンコタンに集まることは難しく、したがって結果的にアイヌ人口2372人のうち移住者は841人（108戸）にとどまり、アニワ湾沿岸部のクシュンコタン附近、シラヌシ地方、湾東部からの人々がほとんどだった。急な出発のため十分な食料や家財を持つことも出来ずに船に乗り込む人々もいた。開拓使としては、アイヌ家族の離散、コタンの崩壊を承知の上での強行策だった。明治8年9月9日から10月1日にかけて、彼らは官船と伊達屋、栖原屋の持船に乗り、北海道宗谷港に上陸、順次宗谷郡内の12の村々に送り込まれた。住居は用意されていなかったので、彼らは自身の手で家作りを行った。宗谷地方からはカラフト島が見え、開拓使からは米や魚などの供給があり、来年以降の漁場での使役も約束されていたので彼らは安心していた。しかし、これは開拓使、黒田清隆らの一時的な懐柔策に過ぎなかった。

すでにこの年6月20日、開拓使中判官（判官は長官、次官に次ぐ官名）長谷部辰連は黒田長官に「樺太アイヌを石狩に移住させる」ことを提案していた。開拓使大判官松本十郎（大判官は北海道全域の行政責任者、松本は明治6年1月就任）は「石狩よりも北見国（当時の「北見国」は現在の宗谷、網走支庁管内全域）が好適地である」としてこれに反対したが、10月7日、黒田は、「樺太アイヌを石狩の対雁《ツイシカリ》地域に移す」決定を各役所に通達した。黒田は、ソウヤや北見ではカラフトに近いからアイヌたちは勝手にカラフトに帰ってしまうのではないか、そうなったらロシアへの恥辱であり、日本の国体（国家の体面）を汚すことになる、と考えたのだという。

対雁地区は石狩川中流域、石狩平野の中央部、現在の江別市対雁に位置し、当時はまったくの未開拓地だった。開拓使は、同年（明治8年）10月6日、「樺太移住土人ニ対スル救護並ニ授産計画」を定め、「移住経費の支給、住宅の給付、三年間米塩の給与、児童のための教育所設置、厚田地区に建網所三カ所を設置し漁業資金を貸し付ける」、などの妥協的施策を打ち出したが、しかしそれは「開拓使の指導監督により、試作畑7752坪でアイヌに農耕の実地訓練をし、農具、種子を支給し、未開地4万9千haを開墾させる。雑穀、馬鈴薯のほか製糸原料の麻栽培を奨励し、製網所を作り製麻、製網の方法をアイヌ婦女子に教える」など具体的で詳細な農業振興策を盛ったものだった。この決定をアイヌたちに伝え、移住を説得するために、開拓使の松本十郎大判官と堀基中判官は同年10月22日、宗谷に入った。

宗谷のアイヌらはこの案に強く反撥したが、松本らの説得に一部の人々は応じ「石狩地方の見聞旅行」に行くことに同意した。彼らは11人の代表を選び、10月26日、松本らとともに宗谷を出発、札幌を経て豊平川から舟行し、対雁、江別太方面を視察し、11月23日、宗谷に帰った。しかし、翌年、明治9（1876）年の4月26日、宗谷在住のカラフトアイヌ代表は松本十郎に嘆願書を提出し、「対雁移住にはあくまで反対である。自分たちは海業の者だから、海岸より十里以上も川上にある対雁では生きていけない。我々の中でこの移住計画に賛成する者は誰一人いない」と述べ。もし自分たちの意志が聞き届けられないならば、「(今後開拓使には）一切御世話にならず候とも致し方之無く、一旦手離されたるに御座候へば（開拓使に手離された以上は）、柯太《カラフト》へ帰るより外御座無く、仮令旧郷へ帰るにもお世話を受けず、私ども手造船へ乗り組み、波浪の為、海死致し候とも決して厭い申さず。この上如何様御諭し相成り候とも、別に申し上げ奉る様御座無く候（これ以上申し上げることはありません）」とその覚悟を鮮明に示した。開拓使側はあわてて「内陸部の対雁での農業に代えて、海岸部の石狩、厚田での漁業」を提案したのでアイヌ側もようやくこれを受け入れた。

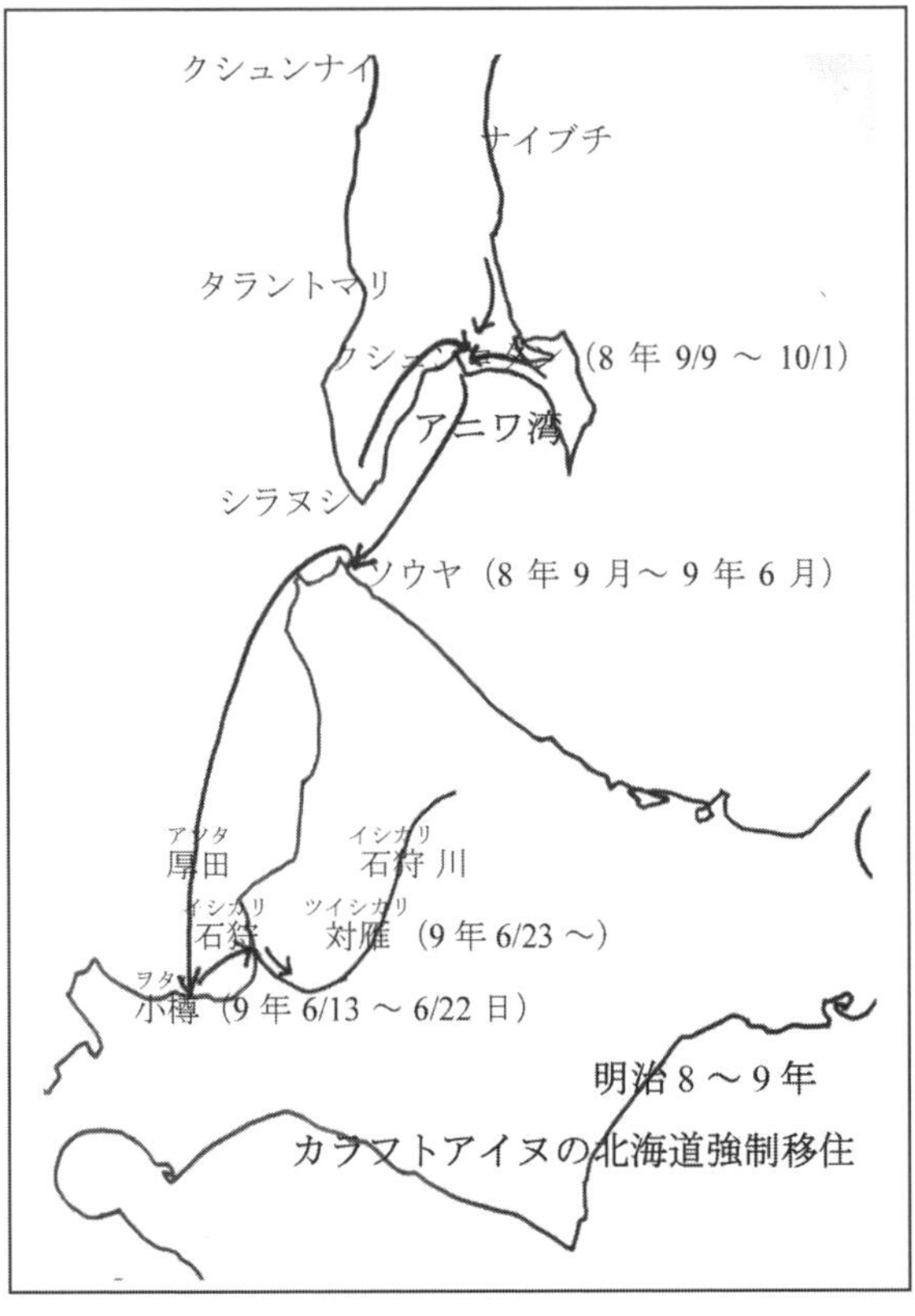

明治8～9年
カラフトアイヌの北海道強制移住

同年6月13～22日、開拓使は、軍艦玄武と矯龍の2艦にアイヌたちを乗せ、彼らを小樽に移送した。小樽からは政府軍船弘明丸に乗り換え、同月23日、石狩方面へ出航した。船が銭函沖にさしかかったとき、開拓使役人はアイヌたちに「行き先は当初の予定通り対雁である」と告げた。アイヌたちは憤激し、対雁行きを拒絶したが、これを予測していた開拓使側はあらかじめ警官25人を船に乗り込ませていて、アイヌたちに銃を向け、軍艦の大砲の空砲の音で脅して、ついに彼らを対雁に上陸させたのだった。

アイヌたちは開拓使の約束違反に対して、この地に定住する意志はないことを示すため、上陸後の住居建築を拒み、仮小屋を作ってこれに立てこもって十数日を過ごした。堀中判官と開拓使役人らは、改めて「石狩、厚田の漁場給与」を約束し、アイヌたちはやむなくこれを受け入れることになった。開拓使は、前年10月に定めた「授産計画」の実施方針に戻ったのである。黒田らはあわよくばそれさえも踏みにじるつもりだったのであろう。

こうして、開拓使の対雁におけるカラフトアイヌの日本人化政策は始められた。

炭鉱使役構想

この時、黒田には、これらのカラフトアイヌたちを、ホロナイ炭山に入れて石炭の採掘作業に使役しようという考えがあったという。

ホロナイ炭山は、明治5（1872）年に札幌の民間人に発見され、翌年6月、開拓使物産調掛榎本武揚、開拓使御雇ベンジャミン・ライマンらの調査行によってその優秀性と広範な空知炭田帯の存在が確認されていた。

開拓使御雇い米国人の長、ケプロンは、明治6（1873）年9月3日、黒田に「既に発見せる二大煤田（炭田）の事につき、ライマン氏の初期報文に據り、愚案を陳述することを得たり。……石狩河畔の石炭は、其の量、実に無数にして、之を開採せば、其の利の大なる想知すべし。…石炭坑より石狩川迄九十四英里（約15㎞、実際には約20km）の間、鉄道を造り、夫より川を下し、ストロゴノフ湾（石狩湾）を横断し、小樽港へ出だす……」との報告ないし進言書を提出した。

榎本武揚は、明治7年6月から明治8年5月まで、ロシアの首都ペテルスブルグで日露国境画定の交渉に当たっていたが、その地から黒田に宛てて「愚考スルニ、昨年樺太島ヨリ移来スル蝦夷人八百人余（内二百人ハ強壮ノ者ト見做ス）ヲ開坑ノ人夫ニ用ユル為メ、幌向イクシベツ辺ニ住マハセ候ハバ、至極便利タルベク、其事タル、彼ノ懲役罪人ヲ用ユルヨリ遥カニ愈ルベク、賢台（貴君）ノ所見伺ヒ度ク候。」といかにも旧武士らしい能天気な手紙を送って来ていた。黒田は、単に北海道における労働力の絶対的不足をアイヌたちの使役労働で補おうと考えただけでなく、この榎本提案などによって「（アイヌは）未開蒙昧（無知識、無能）ノ民ナレバ、石狩ノ炭山ニ入ルルニ若カズ」という政策を得たという。

しかし、この構想には、大判官松本十郎が強く反対した。松本は黒田に宛てて「豈ハカランヤ（どうして考えられましょうか）、閣下、（カラフトアイヌたちを）更ニ石狩川上流ニ移シ、空知夕張ノ石炭鉱の役ニ従事セシメントス。蓋シ石炭炭鉱ニ於テハ、終身徒刑者ノ従事セシムルトコロニアラズヤ。然リ而シテ、樺太移民ヲ開拓ニ使用スル、不肖十郎、之ヲ聞イテ驚カザルヲ得ザルナリ。樺太移民、何ノ罪アルヤ否ヤ。而シテ徒刑者ニ伍シテ使フ、夫レ何ノ謂レアルヤ。而シテ閣下ノ命ニ曰ク、樺太土人ハ蛮民ナリト。不肖十郎ノ最モ解セザル所ナリ。彼スデニ我ガ皇国ニ移ル。皇国ノ良民タリ……。」との手紙を送った。黒田は松本の諫言（戒める言葉）を無視してこれを実施しようとしたが、結局はアイヌたちの頑強な抵抗に遭ってこの構想を放棄せざるを得なくなったのだった。

千島アイヌの強制移住

ウルップ島以北のロシア国籍の千島先住民（千島アイヌ）に対してもカラフト島アイヌと同様のことが要求された。千島列島最北島の占守島には、カラフト千島交換条約締結時（明治8年）106人の先住民が居住していたが、彼らはすでに1世紀以上、ロシアの支配下で生活しており、ほとんどがロシア正教の信徒であった。この106人のうち9人がロシア国籍を選んでカムチャッカに渡ったほかは97人が日本国籍に変更した。彼らは国籍よりも現に住んでいる場所での生活の継続を選んだのである。

しかし、日本政府は明治17（1884）年、この人々を根室半島納沙布岬東方75㎞の色丹島に移住させ、海洋狩猟民である彼らに農業と牧畜業による日本人化を強要し、結果としてその生活を破綻させた。

日本政府の建てた日本家屋や奨励した農業はまったく寒冷地に適さず、彼らの生活習慣にも合わなかったので、多くの病死者があり、彼らの人口は5～6年の間に半減したという。

彼らの悲劇はそれにとどまらなかった。太平洋戦争の最末期、昭和20（1945）年8月8日以降、日本に宣戦布告したソ連（＝ソビエト社会主義共和国連邦、現ロシア連邦）軍の侵攻に備えて、色丹島の千島アイヌほとんど全員の50人（世帯数不明）は北海道への移住を命じられ、30余人は弟子屈原野の国有林で造林人夫になった。それは、食べるものにも事欠くよう暮らしだったという。

さらに、日本の敗戦後、彼らは羅臼、弟子屈、西別、虻田などで杣夫、漁夫などに雇われて苦しい生活を強いられた。のち、彼らのうち4世帯は標津郡上武佐に移住し、馬小屋を改造した家に住み、農耕に従事した。彼らは色丹島の苦難以来の60年間、ほぼ4世代に亘ってロシア・ハリストス（キリスト）教の信仰を守り続けていた。上武佐には今もロシア正教の教会がある。現在、千島アイヌの純血の子孫は一人もいない、とされている。

対雁村、その後

開拓使は、移住アイヌたちへの約束に従って、明治9（1876）～10年、対雁に、開拓使吏員詰所の設置、住居建設資金の給付、鮭漁場の設置、養蚕技術の指導、鰊漁場の設置、子弟の教育所設置、製糸所、製網所の設置、などを進め、農事指導に関しては、明治10年、農事試験所を作り、麻、馬鈴薯、雑穀などの耕作を始めた。

しかし、アイヌの青壮年たちは設置された漁場に出て働き、労働力の低い老年と幼年たちだけが農事に従事したから、農業面ではほとんど成果はあがらなかった。要するに農業労働は彼らに忌避されたのである。開拓使もついに彼らの農民化と定住を諦めざるを得なかった。

鮭漁場は石狩川河口に近いライサッツ（来札）、シビシビウスなどに4カ所、鰊漁場は厚田郡に3カ所が漁場として設置され、開拓使勧業課員が監督し、日本人漁夫を雇って指導にあたらせた。アイヌたちには開拓使から手当が支給された。このために要した資金は漁獲物の売り上げから毎年返済させることになっていたが、不漁や洪水による欠損も多く、返済の出来ない年もあった。

明治12（１８７９）年、3年間の保護期間が終了、アイヌたちへの米塩支給が廃止された。明治15年2月、開拓使は廃止され、北海道は函館、札幌、根室の三県に分割された。移住カラフトアイヌに関連する業務は札幌県に引き継がれたが、札幌県は巨額の経費を要するこの施策を打ち切る意向だった。同年4月15日、札幌県は、前開拓使勧業課吏員で対雁村派出所に駐在していた上野正に今後の問題点の調査を命じた。上野は「対雁村旧樺太移民共救組合」を組織し、自らその組合長になって事業を継続することが妥当だとして、アイヌ代表との約定証を添えて、同年8月15日、札幌県に組合結成の申請を行った。9月1日、札幌県令調所広丈はそれを許可した。これは調所の意向を受けて上野が立てた計画だったのだろう。上野は開拓使の支出超過金2万774円を損金として返還不要とすることを政府に願い出、これはその通り「聞き届け」られることになった。共救組合の基金はおよそ1万5千円、他に鰊漁場、鮭漁場、対雁の共有地、建物などを財産とし、組合員は１３９戸、人口７５０余人だった。

明治19（１８８６）年と翌20年、コレラ、天然痘が日本全国に蔓延し、北海道ではおよそ5千5百人の死者が出た。対雁、石狩、厚田のカラフトアイヌたちにもこの病菌は伝染し、この両年に３５８人の死者が出た。総数では4百人程度の死者が出たと推定され、これは8百人あまりの彼らの人口の約半数である。

彼らの遺骸は対雁の真願寺（明治17年建立、浄土真宗）の墓地に埋葬され、「乗佛本願生彼国」（乗佛本願し彼国に生れん）の石碑が建てられた。同寺の過去帳にはこの時期に死亡した381人のアイヌ名とその戒名が記されてあるという。

この時期には、漁業に従事するため対雁を離れ来札、厚田などに移住する人が多く、対雁の本村には30戸100人ほどが残っていたが、この大量病死事件のあと組合事務所、製網所、住人もほとんど全部が来札に移転したと思われる。

明治25（1892）年から3年間、鰊も鮭も甚だしい不漁で、彼らの生活は困窮を極めることになった。明治26年には、山辺安之助ら13人、明治28年には千徳太郎治ら77人が先祖の墓参の名目でカラフトに「帰省」したが、彼らはそのままカラフトにとどまって石狩に帰らなかった。その後もカラフト島への「帰省」者が相次ぎ、対雁のアイヌ労働力は急激に減少して行った。

明治31（1898）年には石狩川流域に大洪水があり、漁船、漁網の流失などの大被害に見舞われ、「組合」は事実上破産し、働ける若者は職を求めて各地に四散した。

こうして開拓使のカラフトアイヌへの「授産計画」は全面的に失敗に帰したのであった。

日露戦争（1904・2・10〜1905・9・5）の末期、明治38（1905）年7月24日、日本軍はカラフト島全島を占領し、戦後の講和条約によって南カラフトが日本の領土となったのでカラフトへの渡航は自由になった。対雁、来札に残っていたカラフトアイヌたちはようやく「集団帰還」の機会を得ることが出来た。

その帰還の様相や人数は不明であるが、移住から30年後の帰還だったから、故郷にはすでに彼らを受け入れる土地はなかったであろうし、対雁生まれの年代の人々にとっては「故郷」ですらなかったのだから、彼らはまた新しい苦難の道を歩くことになったのであろう。

日本人の「内国異民族」への政策は、一貫して有無を言わせない日本人化の強要であり、かつ、おおむね農民化の強制だった。少数先住民族への日本人の根拠のない優越意識は狩猟、漁撈文化を基盤とする人々への偏見となってしばしば先住民を苦しめたが、ほとんどの場合日本人たちにはその自覚がなく、それが数々の悲劇を生みだすもとになった。カラフトアイヌたちの悲劇を招いたのは日本人、とりわけ政府と開拓使役人のこの傲りと偏見であった。

第11章　根釧屯田兵村設置の時代

和田屯田兵村

三県時代の明治17（1884）年6月、陸軍省屯田兵本部は、根室県花咲郡に屯田兵村を設置することを決定した。『根室市史』（1968・7・30刊）には「本県下へ屯田兵設置の儀、其筋に於て決済の趣、屯田事務局長准大佐永山武四郎より報道あり。続いて該設置に関する地所選択、其他諸般打合せの為同局長来会、諸般協議の末、左の照会書を送れり。」との文書が記載されている。

これは内容からみて根室県側の文書と思われ、これに続いて、屯田事務局からの屯田兵村開設についての依頼文書が紹介されている。これらによると、永山はあらかじめこの地域を視察し、この決定に至ったと思われる。これに応じて、根室県側では、根室外九郡の郡長和田正苗に屯田兵村設置の事務を命じ、土木工事には根室県の勧業、土木の両課が当たることになった。

屯田兵村設置予定の土地は、根室、昆布盛、穂香、幌茂尻の間に連なる原生林と曠野、オンネトウ（温根沼、根室半島付根の沼、アイヌ語で「長い沼」の意味）と太平洋に挟まれたおよそ6百万坪だった。

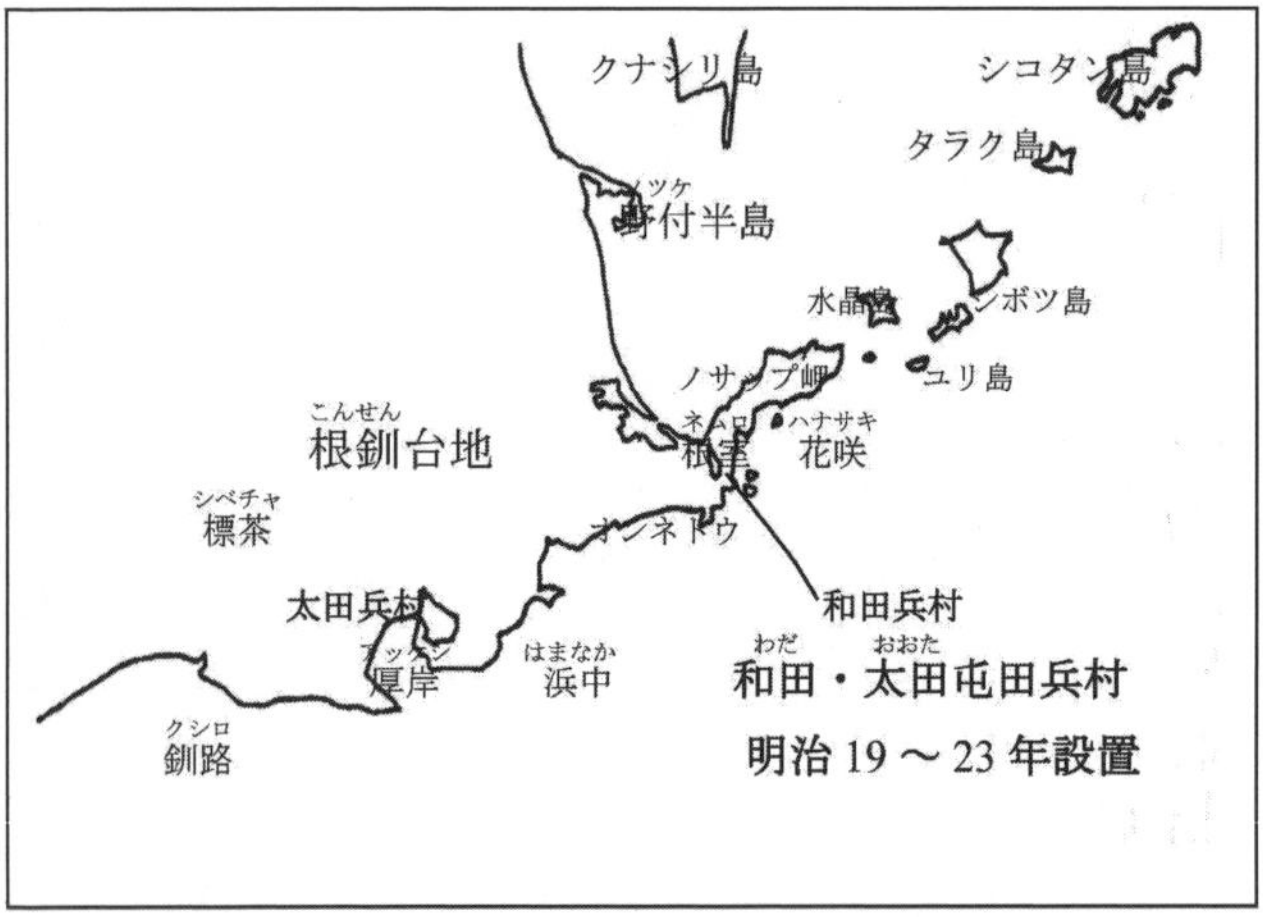

和田《わだ》・太田《おおた》屯田兵村
明治19～23年設置

和田正苗は、屯田准少佐に任命され、陸軍省から派遣された他の諸官とともに兵村開設の準備に奔走した。

明治18（1885）年10月、220棟の屯田兵屋と事務所および附属建物が建てられ、翌19年6月5日、青森、山形、秋田、新潟、石川、福井、鳥取各県からの士族屯田兵220人、家族とも1083人が移住し、屯田兵第2大隊（明治22年、第4大隊に改称）第1中隊となった。同年7月、和田正苗は屯田第2大隊長に任じられこの兵村は和田兵村と命名された。

明治20年10月には、この西側地域に兵屋120棟が建てられ、翌21年5月に鳥取、広島、福岡各県の士族屯田兵120人、家族とも635人、同年10月、さらに100棟が建てられ、翌年7月、石川、愛知、滋賀、鳥取、三重、京都、東京、静岡、福岡各県の士族屯田兵100人、その家族とも490人が入地し、全220名の屯田兵で和田屯田兵第2中隊となった。以降、明治19年入村組を東和田兵村、明治20、21年入村組を西和田兵村と称し、両村の中間地域に大隊（歩兵2～6中隊で構成）本部、官舎、練兵場、将校下士官集会場、被服庫、神社、麻工場、小学校、市街地などが作られた。

しかし、根室半島の付根、太平洋とオンネトウにはさまれたこの地域は農耕にはまったく不適だった。冬季の酷寒気候期はもちろん、夏季にも絶えず海霧（ガスと呼ぶ）が発生し、日照は少なく気温も低い。加えて「出身県別一覧」でわかる通り、大半の者は本州島以南の温暖地方の出身だったから、この苛酷な作業と気候風土のもとでの開墾は困難を極め、心労のため発狂者も出たという。

入村当初こそ、麻、蕎麦、大豆などは、それまで土地に蓄積されていた地力でそれなりの収穫を得られたが、

和田屯田兵村出身県一覧

東和田兵村

明治19年	
青森	20
山形	22
秋田	34
新潟	53
石川	39
福井	49
鳥取	3
計	220

西和田兵村

	21年	22年	計
石川		32	32
愛知		8	8
滋賀		3	3
鳥取	74	5	79
東京		1	1
三重		1	1
京都		1	1
広島		16	16
福岡	38	40	78
静岡		1	1
計			220

この無施肥農業はすぐに生産力を激減させた。わずかに馬鈴薯のみは比較的収量が安定していたが、それも消費地への運送方法がないので現金収入にはならなかった。それ故、3年間の官給期間が終わると、屯田兵とその家族はたちまち生計手段を失い、多くは兵村からの離脱を余儀なくされた。士族の教養を生かして下級官吏、小学校教員、商人などになれた者は運がいい方で、日雇の農業者、漁業手伝い、木材、薪の伐採、運搬などの賃労働でわずかに日々の糧を得るしかない者も多かった（ちなみに、北海道では日雇い労働を「でめんとり」と呼ぶ。これはday menに由来するといわれるが、定かではない）。

この結果、和田兵村では、明治30年には18戸、32年には27戸、34年には19戸が給与地を没収され、離村する者も相継いだ。結局、彼らはこの土地の開墾とそこからの農産収穫を断念せざるを得なかったのである。この給与地没収率は全道37屯田兵村の中で最も高い。

和田神社（上）と和田屯田兵村被服庫
説明板によれば猫の日福子は明治何時喜八年頃の建造、アメリカ西部開拓時代の、内部に柱がなく壁板で家屋、屋根を支えるballoon frame構造とのこと

和田屯田兵村跡の百年記念碑

天よ　聴《き》け
地よ　贖《つぐな》え
茫々《ぼうぼう》たる　荒野
今　豊潤《ほうじゅん》
四百四十の
魂魄《こんぱく》
悠想《ゆうそう》百年

太田屯田兵村

太田屯田兵村は、根室県厚岸郡住民の誘致運動によって作られたといわれる。太田兵村の名は、この兵村の建設に協力した太田紋助に由来している。彼は、移住日本人を父とし、厚岸のアイヌ女性シラリコトムを母とするアイヌ系の人（アイヌ名サンケクル）である。父と母とは正式の結婚ではなかったから、母の戸籍姓太田を姓とし、父が死亡したあと、厚岸国泰寺に寺男として働き、和漢諸学と農業技術を身につけ、明治２（１８６９）年、佐賀藩の根室地域開墾雇となって、同族アイヌの人々を農業開拓事業に誘導したといわれる。彼は、根室県からの要請を受けて、屯田兵村の適地を跋渉調査し、結局、彼自身が開墾を始めていた土地を提供することになった。

明治18（１８８５）年４月２日付で厚岸郡住民代表が根室県令湯地定基に提出した文書には、「厚岸には開拓使の分署が置かれ、病院、学校、警察が設置されてしばらくは大いに活気づいていたが、近来、養蚕試験所、牡蠣缶詰所が廃され、釧路、浜中の水産物（昆布、鯡、鱈、牡蠣など）の増加、郡役所の設置などの活況に押されて、厚岸は次第に衰頽の傾向にある。これを挽回するために屯田兵村の配置を陸軍省に願い出てほしい」との趣旨が記されている。まさに苦しい時の基地頼みである。これを受けて、明治21（１８８８）年、陸軍省は、釧路、標茶、厚岸間の道路を開鑿、翌22年１月から、厚岸北方約５㎞の根釧台地南端部に屯田兵屋を建設（同23年５月竣工）した。これらの工事は、釧路集治監（在標茶、当時は釧路監獄署、明治18年11月開監）の囚人使役で行われた。明治23年６月、山形、石川、新潟各県からの２２０戸（南太田兵村、屯田兵第４大隊第３中隊）、および石川、福井、山口、山形、宮城、兵庫各県からの２２０戸（北太田兵村、同第４中隊）が入村した。

しかし、この地域は冬季の酷寒は言うに及ばず、春から秋には南側の海（太平洋）から吹き上げる海霧に曝され、この風土に慣れたアイヌたちの往来さえ拒み続ける針葉樹の大森林地帯で、地味は痩せていて農業には全く向かなかった。それ故、太田兵村は和田兵村とほぼ同様の経過をたどり、官給期間終了後、耕作放棄、離村者が相継ぎ、給与地没収は29戸に達した。これは、根室和田兵村の４４０戸の内64戸、室蘭輪西兵村（現ＪＲ東室蘭駅の北側と西側、葦や灌木に覆われただった低湿地だった）の２２０戸の内20戸に次ぐ第３位の没収率だった。これらの農業不適地への屯田兵村の設置は、主に陸軍省のロシアに対する防衛の観点からのものだったが、国防、開拓のいわば二兎を追う計画であり、しかも両者とも明瞭な戦略を欠いていた。その無謀で「安上り」の殖民計画は、いたずらに屯田兵とその家族を過酷で不毛な労働に追い込み、莫大な犠牲を生んだのであった。太田兵村民の生活がようやく安定したのは、大正初期（１９１０年代）のことで、それは馬産を中心にした牧畜農業の導入によるといわれる。

陸軍省の根釧地域、和田、太田の屯田開拓は、事前調査の欠如、寒冷地気候風土への無知、交通、運輸手段の不備、営農支援策の不在、そして何よりも屯田兵とその家族の生活環境についての無関心と無理解によって失敗に帰したと言わざるを得ない。士族屯田兵は太田兵村が最後で、これ以降はすべて平民屯田兵になる。

第12章　自由民権運動の時代

不平士族たちの反乱

明治10（1877）年1月末から9月24日まで、ほぼ8か月の間、南九州では薩摩士族の明治政府への反乱、いわゆる「西南戦争」が続いた。これは、「佐賀の乱（明治7年2月）」「熊本神風連の乱（明治9年10月）」「福岡秋月の乱（明治9年10月）」「山口萩の乱（明治9年10月）」など、西日本各地の不平士族たちの、政府への反乱行動の最後のものだった。

太政官政府の「廃藩置県（明治4年）」「国民皆兵の徴兵令（明治6年）」「秩禄処分（明治6年以降）」「廃刀令（明治9年）」などの政策は、それまでの士族たちの生活および武士の誇りを崩壊させ、それらへの不平不満の暴発である「乱」が、ここでついに対政府「戦争」へと押し上げられたのである。士族たちの要求は、失われた武士特権の回復だった。旧薩摩藩に在って倒幕の最大の指導者だった西郷隆盛は、この時期、士族たちの失望と困窮を見、また新政府首脳や官僚、新興産業家たちの特権的功利行動と奢侈（おごり）贅沢とを見て、武士による倫理的政治の復活が必要であると考えるに至ったのだった。彼はその契機を「外征」、具体的には「征韓出兵」に求めた。それは、士族たちの潜在的武力をここで発揮させ、彼らの自信を回復させようという意図による。彼には、この種の外征が、その後、被征服側（この場合は朝鮮王国）にどんな反応を起こすか、あるいは国際関係や国内政治のあり方にどう関わっていくかという観点はほとんどなかった。彼の三條太政大臣への言葉「内乱を冀う心を外に移して国を興すの遠略」（明治5年3月16日）は、その内国型政治家としての限界を示している。この東アジア地域への外征待望論は、明治国家創立以前から折に触れて現れる発想で、欧米露列強に圧迫された日本が、この地域への武力進出によって新たな国益を得ようとする帝国主義の論であった。西郷は、朝鮮王国の些細な「無礼、侮日」(日本側の言い分)に対する征韓派の論に乗じて、不平士族たちに活路を与えようとしたのである。しかし、この西郷の決意は、欧米視察から帰国した大久保利通、木戸孝允らの猛反対に遭って挫折する。欧米諸国の文明度(政治体制、産業力、軍事力、民力など)に圧倒された大久保、木戸らには当面の日本国家の急務は、制度整備、産業興隆による国力充実であり、外征によって国力を消耗することなどは論外の策であった。また、無為徒食の士族への俸給(秩禄)支払いこそが国家財政の破綻を招いているとの認識を持ち始めた彼らには、西郷の士族優遇策や武士道精神の復活策などは到底受け入れがたいものであった。明治6(1873)年10月、西郷は大久保らのクーデタによって政府を追われ、鹿児島に帰った。明治10年1月30日、西南戦争は始まり、政府は徴兵制(非士族)軍隊とその近代兵器の威力を存分に駆使して西郷軍を惨敗に導いた。北海道屯田兵も征討総督有栖川宮熾仁の召集に応じて、600人余の1大隊を編成してこれに参戦した。

政府は、この士族反乱鎮圧の戦費調達のために不換紙幣(金ないし銀との交換の保証がない紙幣)を濫発したので、戦争のあと、大規模なインフレーションが発生した。すなわち、通貨価値が下落し、物価が急上昇し、民衆の生活が困窮するという現象が蔓延したのである。時の大蔵卿大隈重信(旧佐賀藩士)は、外債を発行し、そこで得た銀貨を市場に流し、不換紙幣を回収するという「積極財政」策によって経済の安定を図ったが、大蔵次官の松方正義(旧薩摩士)は、要するに不換紙幣を消滅させればこの危機は解決できるとして大隈と対立し、明治14年の政変で大隈に替って大蔵卿に就任すると、いわゆる「松方デフレ(緊縮)」策を強引に進めた。それは、回収した不換紙幣を焼却して通貨量を減らし、貨幣価値の上昇を図るという荒っぽい方法で、これに加えて煙草税、酒造税の増額、醤油税、菓子税の再設、官営工場の政商への払い下げ、軍事費以外の政府予算の縮小などの実施によって国家財政と物価は一応安定し、物価下落で都市住民の生活は回復したが、それは同時に農民たちの主要収入である繭や米の価格の急激な下落を招き、農民たちに深刻な打撃を与えた。窮乏した農民たちには、小作農に転落するか、都市に流れ込み、下層の労働者となる道しかなかった。農村は疲弊し、土地は地主や高利貸のもとに集積された。農民たちの中には、それに抗して一揆的蜂起行動をとる者が現れ、それは、当時の自由民権運動の動きと連同して反政府運動に発展していった。松方デフレ策は、都市住民と農民の生活格差の拡大、資本家層と労働者層の分離、政商たちの「財閥」への成長などという「近代化」を結果した。

大久保利通暗殺

明治11年5月14日の朝、内務卿大久保利通は、宮中での元老院会議に出席のため二頭立ての馬車で紀尾井坂を通りかかったところを6人の刺客に襲われた。刺客は、石川県士族の島田一良、長豪連、杉本乙菊、脇田巧一、杉村文一、島根県士族の浅井寿篤であった。その中心人物島田は、金沢藩の足軽の子だったが、洋式兵術を学び、戊辰戦争で頭角を現し、陸軍大尉に進んだ。彼は、西郷隆盛に心酔し、熱烈な征韓論者だった。西南戦争では西郷軍に参戦しようとしたが果たせず、その戦後、１４５人の不平士族と共謀して大久保の暗殺を計画し、ついにこれを決行したのであった。

刺客たちは、馬の足を切り、馬丁を斬り殺し、馬車の左右から大久保を刺して馬車からひきずり降ろした。大久保は彼らを「無礼者！」と一喝したが、頭部に刀を浴びて絶命した。記録によると全身に16カ所の刀傷を受け、頭部深くの3カ所の傷が致命傷だったという。大久保利通、満47歳の死であった。そのあと刺客たちは、刀を捨て自首し、大久保の罪五条と他の政府高官、木戸孝允、岩倉具視、大隈重信、伊藤博文、黒田清隆、川路利良（大警視）の罪を列挙した「斬姦状」を天皇に呈上した。それによると、大久保政治の五罪とは「一、公議を途絶し、民権を抑圧し、政事を私した。二、法令を乱発し、公然と賄賂をとり、威福を誇っている。三、不急の土木工事、無用の装飾で国費を乱費している。四、気概、忠節の士を排斥し、憂国の人物を嫌疑し、内乱を挑発している。五、外交の失敗で国権を失った。」ことであった。この主張は、士族民権派特有のものであり、彼らは、士族（旧武士階級）の尊重と救済を叫び、「有司専制」政治による士族切り捨て政策への不満を大久保暗殺という形で示したのである。

西郷、木戸（明治10年5月病死）、大久保ら維新第一世代の死後、日本は、伊藤博文、松方正義、山縣有朋らによる統制（明治憲法体制）と膨張（資本主義の拡大）と外征（軍備拡張）の時代に入っていくことになる。

民権家たちの政府攻撃

明治7（1874）年1月17日、副島種臣（旧佐賀藩士）、板垣退助（旧土佐藩士）、江藤新平（旧佐賀藩士）、後藤象二郎（旧土佐藩士）らの前参議と、由利公正（旧福井藩士）、岡本健三郎（旧土佐藩士）、古沢滋（旧土佐藩士）、小室信夫（旧徳島藩士）は連名で政府に対して「民選議院設立建白書」を提出し、翌18日、これを新聞「日新真事誌」に掲載した。彼らはこれと同時に「愛国公党」を結成し、人民の参政権、人民の代表による立法機関の設立、愛国主義による国民国家、公党による政治行動、などを主張した。これを契機として、いわゆる自由民権論の議論が知識人たちの間で展開された。

同年4月、板垣は土佐（高知県）で「立志社」を興し、立志学舎、法律研究所、図書館などを作り、演説会、討論会を開いて青年たちへの教育活動を行った。その一方、商局を置いて士族たちの生活を安定させるための諸事業を行った。小室も阿波（徳島県）で立志社と同趣旨の「自助社」を興し、これに応じて西日本各地に同様の政治、思想団体が発生した。それらの団体は、明治8年2月、大阪に集結して「愛国社」を結成した。

この時期の民権運動は、生まれながらの治者意識を持つ士族出の知識人によって担われ、その政府批判は西郷や保守的士族の主張と区分しがたいところがあった。それ故に、西南戦争に直面すると、その内部は動揺し、九州在住の一部は薩摩軍に身を投じ、その多くは戦死した。愛国社は活動目的を失い、自然消滅に近い形で解散した。

明治10年6月9日、土佐立志社は「国会開設建白書」を政府に提出し、当面の国家課題を、地租軽減、国会開設、条約改正、とした。1万5千語に及ぶこの長大な建白書は、「陛下任ずる所の大臣」による、無原則的専制、地方無視、徴兵制の困難、特定大資本家への優遇、苛酷な税制、士族軽視、外交の失敗、を挙げて政府を糾弾（問い糺し咎める）し、民選議院を設立し、立憲体制を確立し、人民参加の政治を実現することを要求し、あわせて天皇自身の責任をも問うという厳しい内容だった。これは、同月12日、政府に却下されたが、大量に印刷され、全国に流布した。

同年8月、立志社の林有造（岩村通俊の弟、のち逓信相、農商務務相など）、大江卓（のち神奈川県権令などのあと実業界へ転じ、帝国主義政策を推進）らは、西南戦争を機に政府転覆の挙兵をしようとしたが発覚し、片岡健吉（のち衆議院議長など）社長ら幹部多数とともに政府に逮捕された。この事件には、陸奥宗光（のち外務相）も共謀したとして5年の禁獄刑を受けた。板垣、後藤（象二郎）らも関連を疑われ、大審院裁判では無罪とされたが、これはこれ以上の混乱の拡大を恐れた政府の「国益裁判」だったといわれている。この一件は「立志社の獄」と呼ばれている。

士族たちの自己回復要求から始まった自由民権運動は、士族反乱の失敗のあと、立憲政体の実現を目指して、各地の政社（政治政社）を結集し、専制政府に対抗する方向に向かった。それは「其ノ政体ヲ改メテ、君臣共治ト為シ、政府ノ独裁ヲ廃シテ、人民ヲシテ政権ヲ掌ラシム可キ也」（植木枝盛「明治第二ノ改革ヲ希望スルノ論」明治10年9月）という理念によるものであった。明治11年9月11日、立志社が中心となって大阪で愛国社再建大会が開かれ、その第2回大会（同12年3月、大阪）には西南日本の21社が参加した。第3回大会（同12年11月）には、福井、福島、茨城、山梨の東日本系の豪農系政社も参加、民権運動の地域的、階級的広がりを示しつつ、国会開設の請願運動の開始を決議した。その反面、士族の権利回復のみに執着する政社は、粗暴な言動で民衆の支持を失ったり、一転、権力側についたりして、脱落ないし消滅していった。

明治13（1880）年3月15日からの愛国社第4回大会（大阪）には、全国各地の政社の代表114人が集まり、太政官政府（三條太政大臣、岩倉右大臣、伊藤内務卿、大隈大蔵卿、井上〈馨〉外務卿ら）に「国会を開設するの允可（許可）を上願する書」の提出を決め、愛国社とは別に「国会期成同盟」を結成し、政府に対して国会開設を求める行動を開始した。政府は、大会開催中の4月5日、急遽「集会条例」を公布し、政治集会、政治結社の警察署への届け出および認可制、警察官の集会解散権、警視総監・地方長官の結社解散権、軍人、警察官、教員、生徒の集会・結社への参加禁止、屋外政治集会の禁止、他社との連結通信の禁止、などの規制で民権運動の高揚を阻止しようとした。4月17日、土佐立志社の片岡健吉と福島三師社の河野広中（旧三春藩郷士、のち農商務称など）が西と東の代表として、三條太政大臣に会見を求めたが拒否され、上記「上願書」は却下された。

明治14年8月、政府が開拓使官有物の民間払い下げを認可したことが新聞各誌によって暴露され、崩壊の危機に陥った政府は、同年10月12日、憲法の即時制定を主張する参議大隈重信を政府外に追放した上で、「詔勅（天皇の命令文書）」という形で10年後（明治23＝1890年）の国会開設を約束してこの危機を回避した（通称「明治14年の政変」）。しかし、その詔勅には同時に「若シ、仍ホ故サラニ躁急（ことを急ぐ）ヲ争ヒ、事変（変革）ヲ煽シ（煽り）、国安（国の安定）ヲ害スル者アラバ、処スルニ国典（国法）ヲ以テスベシ。特ニ言明シ、爾有衆《なんじ》（お前たち民衆）ニ諭ス」という反民権的姿勢が示されていた。政府は全国の警察署に、払い下げ一件を弾劾（責任追及）する民権家たちへの徹底的弾圧を指令した。それにもかかわらず、この自由民権運動には、東京、横浜の新聞、雑誌に拠るジャーナリスト、言論人、知識人、また各地に輩出（続々と現れる）した豪農政社が合流し、明治14年10月の「自由党（総理板垣退助、副総理中島信行、常議員後藤象二郎、馬場辰猪、竹内綱、末広重恭）」、同15年4月の「立憲改進党（総理大隈重信、副総理河野敏鎌、他に沼間守一、矢野文雄、小野梓ら）」の結成へと連なっていった。

明治15（1822）年11月11日、自由党首脳の板垣退助と後藤象二郎は、党内の反対を押し切って欧州視察の旅に出た。彼らは、翌年6月帰国したが、立憲改進党は、その資金の出所は政府の工作費だったと暴露、自由党側は、立憲改進党は三菱から金をもらっていると応酬、両党が、互いに「偽党」と非難し合う泥試合を演じた。明治17年3月の自由党大会で、板垣ら首脳部は、「憲法制定の詔勅を信じ、来るべき議会で藩閥政府と政策を争う政党になるための準備政党への転換論」を説いた。憲法の内容についての議論を実質的に放棄するこの提案は、多くの地方自由党員たちに深い失望を与えた。

その後、自由、立憲改進の両党は、政府からの地位提供による懐柔（軟化策）などにあって、事実上自由民権運動から離脱した。明治17（1884）年10月29日、大阪大会で自由党は解党を決議した。

第13章　北海道内陸道路開鑿の時代

函館・札幌間道路の改修

通称「蝦夷地」が「北海道」へ改称されたのは明治2（1869）年8月15日、箱館から函館への改称は同年9月だった。同年11月、明治政府は北海道開拓の政治、経済の拠点としての「札幌本府」の建設に着手した。札幌を北海道の開拓行政の本拠地と位置づけ、この地に人と物と情報と資本が集中する北海道の中核都市を作ろうとしたのである。

札幌の市街地建設は、開拓使主席判官島義勇の計画に従って始められたが、その壮大にして周到な計画は、たちまち政府予算の6万両を使い尽し、開拓長官東久世通禧の怒りを買って島は罷免、翌3年2月に工事は中断、島は東京に去った。この計画が再開され、本格化したのは明治4年1月になってからである。開拓使本庁が東京から函館を経て札幌に設置されたのは同年の5月だった。

明治4年7月、開拓使の招聘（丁重な招き）を受けて来日した前アメリカ農務省長官ケプロンは、同年11月、黒田開拓次官に、「第一次報文書」を提出し、北海道の開拓に関する基本方針を示した。彼はその中で「建国ノ新古ヲ論ゼズ、実際上、国ヲ開クハ道路ノ外ナシ」とし、「首都（札幌）ト室蘭トノ間ニ、一路ヲ開クハ最大要件タルコト明瞭」と述べた。明治5年3月、開拓使は、函館と札幌を結ぶ道路の改修開鑿に着手した。これは馬車通行可能の幅員7～13ｍの道路で、函館・森間42㎞は陸路、森・室蘭間（内浦湾）46㎞は船で繋ぎ、室蘭・千歳・札幌（豊平橋）間はまた陸路で134・5㎞、という長大道路だった。

函館・森間の工事は同年7月、室蘭・札幌間は、翌6年6月に竣工（工事完了）し、この道路は「札幌本道」

と呼ばれた。森と室蘭には、それぞれ船舶用埠頭が作られ、開拓使の汽船稲川丸を就航させたが、これは船賃が高く、破損、故障による欠航も多かったので、旅人は民間の安い船便の利用が多かったと伝えられている。

札幌本道の工事のために、工夫および各種職人たちが、東京、伊豆、南部（岩手県）、鹿児島などから集められた。労働は、午前8時から午後4時までの8時間、工事現場の要所々々には作事小屋、技師、役人詰所、休泊所、人夫小屋、病院が設置されていたという。労務者は延べ70万9543人で、工期全体を約16カ月（480日）とすると、1日平均約1500人が働いていたことになる。総経費は84万3700円14銭、死亡者は71人だったが、それは、のちの囚人使役による道路開鑿事業の過酷さに比べると、別次元の「贅沢な」工事であったといえる。

ただし、札幌本道は、馬車による物資輸送を想定してのものだったが、当時はまだ馬車自体があまり普及していなかったので、その点ではあまり効果はなかったといわれている。

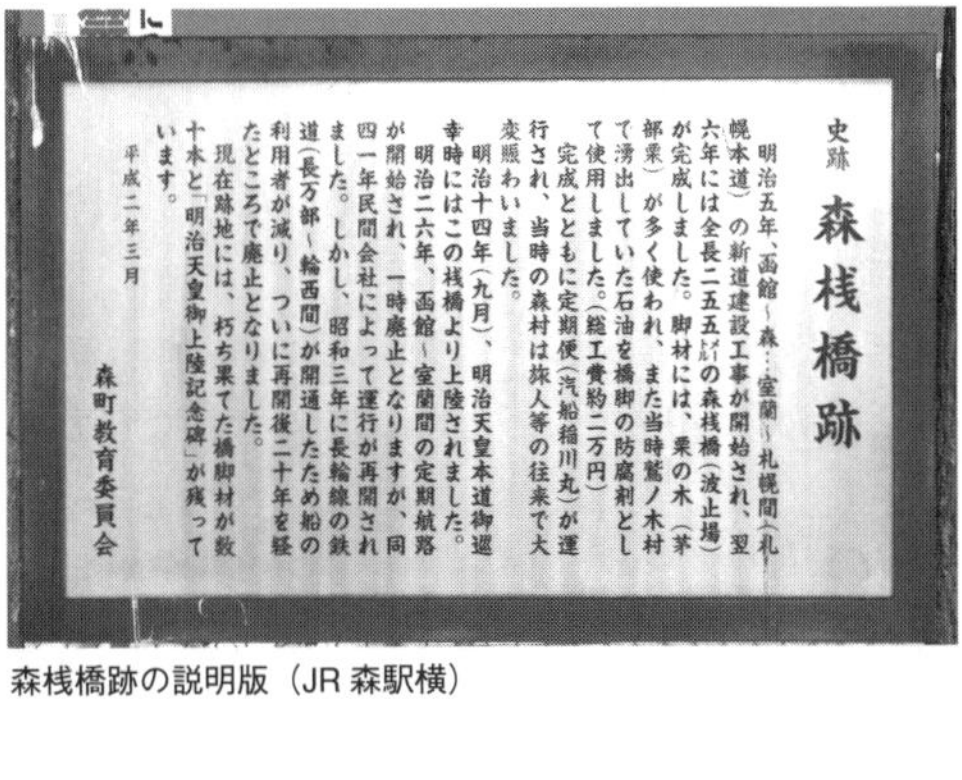

森桟橋跡の説明版（JR森駅横）

小樽・札幌間道路の改修

明治以前まで、小樽・札幌間の陸路通行には、箱館奉行所の強い要望（実際は強要）で、場所請負人、安倍屋伝次郎（石狩）、恵比寿屋半兵衛（小樽）などが自費によって開いた草刈道程度の山道ないし海岸道を使うしかなかった。明治2年、開拓使はこれを応急改修したが、それも依然辛うじて馬の通行ができる程度の道だった。これらは一般に札幌越道路と呼ばれていた。明治4（1872）年と同5年に、開拓使は、札幌・銭函間の道を馬車通行可能の道に改修した。続いて同5年、小樽・銭函間、全長3里（12㎞）、幅2間（3・6m）の海岸道路開鑿に着手し、翌6年、開通させた。この海岸は断崖の連続で、工事は相当困難なものだった

札幌扇状地古河川図（明治6年頃。『札幌市史』1953年版挿図から増補作成）

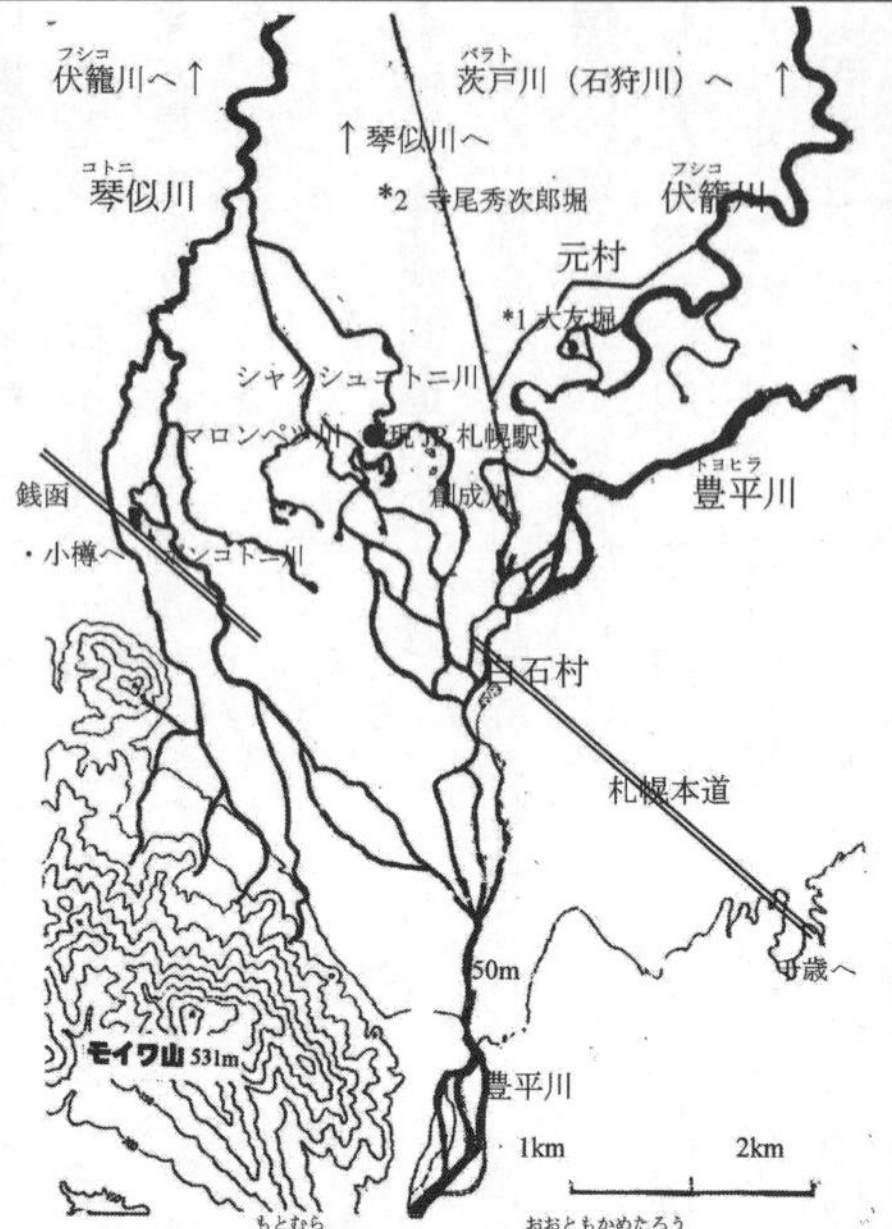

＊1慶応2年、元村《もとむら》開墾のために大友亀太郎《おおともかめたろう》が豊平川分流（鴨々《かもかも》川、胆振《イブリ》川）から伏籠《フシコ》川へ通した水路。創成《そうせい》川の原初形態。＊2明治3年、寺尾秀次郎《てらおしゅうじろう》は大友堀の北6条から琴似川（篠路《シノロ》口）への水路を開く。明治年改修後，創成川と命名。

が、この道の開通によって小樽・札幌間の人馬の往来は格段に容易になった。

しかし、これは、まだ馬車が通れる道ではなかったから、札幌方面への人と物資は、依然、小樽港からの船で石狩川から茨戸川（石狩川の蛇行部分。現石狩市）へ入り、ここから舳先につけた縄を岸道から引く小舟に乗換え、積替えて、伏籠川、大友堀から、または琴似川を遡って札幌の中心部へ運ばれていくのが主だった。

当時の琴似川は、現ＪＲ札幌駅付近の窪地の湧水や小川群の水流を源流とし、シャクシュコトニ川、マロンペツ川、ポンコトニ川などを合わせ北東に向かい伏籠川に入り、篠路付近で茨戸川に流入する川だった。アイヌ語地名コトニ（kot-ne-i「窪地になっているもの」）は、現札幌駅あたりの地形のことで、現在の琴似地区を指すものではなかったらしい。

上川地方への関心

明治初期、北海道内陸部の上川（現旭川市一帯、いわゆる上川盆地）地方は、大方の日本人はもちろん、開拓使にとってもほとんど未知の地であった。そこは、西は石狩平野の原生林、湿地帯、平野北端のカムイコタン地帯の隘路（狭く険しい道）、東は広大峻険（高く険しい）な北見山地、大雪山地に阻まれた、日本人のほとんど入り込めない地域だった。上川のアイヌたちも日本人の侵入を嫌い、事あるごとに日本人を排斥する厳しい行動を示していた。

明治4（1871）年、開拓使札幌本庁の雇員であった高畑利宣は、上川地方の探検調査行を希望し、同年11月21日、開拓判官岩村通俊から「上川郡出張申付候事」との辞令を得た。高畑は京都の郷士の家に生れ、勤王の志士として活動、明治3年、大阪の北海道物産会所（商業取引所）に入り、翌明治4年、東久世開拓長官に随行して渡道した人だった。翌5年6月、彼はアイヌ4人（通訳1人、舟子＝漕手3人）を雇い、酒12樽（1樽1斗＝10升）と大量のタバコおよび旅中食料を大型丸木舟に積み込み、舶来の6連発銃を携行して、札幌の創成川から茨戸を経て石狩川へ漕ぎ出した。彼らは、石狩川を遡行し、上川地方をめざした。カムイコタンの激流地は、土地のアイヌを雇って荷を陸送し、舟は陸から綱で引いてようやく通過した。そのあと、高畑は、チュウベップト（アイヌ語地名chuk-pet-putu、旭川の旧名。忠別太と表記。チュウベツ川の石狩川への流入口。putuは河口の意味）の大平原を発見、ここが膨大な森林資源に恵まれ、農耕にも牧畜にも適した土地であることを確信し、帰札して、岩村判官に報告した。持参した酒とタバコは各地に居住するアイヌたちに配り、来るべき「お上の恩徳」を喧伝（広く知らせる）する証拠にした。

明治9（1876）年6月から7月、開拓大判官松本十郎は、通弁（通訳）亀石熊五郎らアイヌの雇い数人とともに石狩川川筋の調査を行い、石狩川の水源を極め、十勝方面へ山越して、十勝川河口のオホツナイ（大津）へ達し、そこからピロロ（広尾）、シャマニ（様似）、ウラカワ（浦河）、シベチャリ（静内）、ニイカップ（新冠）、ムカワ（鵡川）、ユープツ（勇払）、千歳を経て千歳川、石狩川を下り、石狩川河口に戻った。

しかし、この時の調査報告をめぐって松本と黒田長官との意見が対立し、結局それは開拓使には提出されなかった。松本は同年9月5日、開拓使を辞し、故郷山形県（旧鶴岡県）庄内に帰った。

こうした経緯で上川地方の概要は徐々に開拓使にも知られるようになってはいたが、依然この地域の大部分は謎につつまれていた。

第14章　炭山開発の時代

茅沼炭山の開発

嘉永7（＝安政1、1854）年以降、欧米露列強各国との和親条約で、徳川幕府は、箱館、下田への外国船寄港を認め、薪水の供給などを約束した。外国船の蒸気機関には石炭の補給が必要だったから、各国は幕府に石炭供給も要求した。箱館奉行所は安政2年7月、石炭の採掘を奨励する開拓触書を発した。箱館奉行所は、安政3（1856）年、釧路オソツナイで、翌4年には白糠場所（釧路の西約25㎞）のシリエトで石炭採掘を始め、外国船の要求に応じた。しかし、これらは箱館への輸送に難があったので、元治1（1864）年、幕府は岩内場所（積丹半島の付根、場所＝漁場）近くの茅沼炭山での採炭に切り替えた。茅沼では、安政3年4月、ある猟師が石炭塊を発見し、彼は開拓触書が出たことを知っていたので役人番屋に届け出た。箱館奉行所はこの石炭を掘り出し、叺（藁筵の袋）30俵に詰めて、岩内に運んだ。以来、箱館奉行所は毎年、いわゆる狸掘（穴掘）で掘られたこの石炭を、岩内経由で箱館に廻漕していた。この炭山は、石炭の品質は優れていたが、坑道が崩れやすく、海岸までの上り下りの道が急坂のため搬出に手間がかかり、長崎物（高島炭）に比べ出炭経費が5割ほども高くなったので、幕府は慶応1（1865）年限りでいったん採炭を中止した。

慶応2（1866）年、箱館奉行杉浦誠は、箱館に在留していたイギリス人鉱山技師ヘンリイ・ガウワーを雇って、茅沼炭山を調査させ、彼からの提言を受け、幕府の許可を得て新坑開発に着手、海岸までの連絡道路、海岸部の石炭庫、官宅などの施設を作った。この年の出炭量はおよそ100トンだった。

いったん休止された茅沼炭山の経営は、幕府崩壊後、開拓使設置とともに再開され、ガウワーの「外国製の軽便鉄道などによっての炭山開発」提言に従って、木材レールに鉄板を貼り付けた「鉄道」の上を牛馬、人力、轆轤式ケーブルで曳く貨車で、坑口から海岸部まで約2・8㎞の石炭運搬を行い、明治2年に410トンだった出炭量は、明治3年には1400トン、明治6年には7700トンへと上昇した。それらは開拓使官用船で函館に運ばれ、外国船と開拓使所有の蒸気船に供給されただけでなく、海外への輸出品としても重要な産物になった。

明治4（1871）年9月、来日早々の開拓使米国顧問団の地質・鉱物担当トマス・アンチセルが、茅沼炭山を視察し「石炭積み出し港の修築がなければ茅沼炭山は発展しない」と指摘した。翌5年9月には、箱館戊辰戦争の首領としての罪を許されて開拓使出仕を命ぜられた榎本武揚が茅沼炭山で約40日間の調査を行った。明治6年6月にはアンチセルの後任ライマンが茅沼炭山を調査し、「茅沼炭山には十分な炭層があるが、石炭積み出しの船着場は危険で、隣接の渋井湾（現在の北電泊原発近く）に築港すべきだ」と開拓使に建言した。このように、茅沼炭山は良質の石炭が豊富にあると想定されていたが、開拓使の方針が定まらず、これらの技術者たちの指摘への反応は鈍く、改良の努力がなかったので、明治7年ころには年間出炭量は大きく落ち込んだ。

明治7（1874）年、開拓中主典の伊知地季雅（旧薩摩藩士）がこの地に赴任し、意欲的に、道路、新抗などを開いて経営を立て直したので、出炭量はふたたび増加した。その後も開拓使は、この炭山開発に取り組んでいたが、明治15年、開拓使が廃止され、北海道の石炭山は農商務省管轄となって、その主力は幌内炭山の開発に移り、さらに小樽への石炭大量輸送手段としての幌内炭山鉄道の開通によって、官営茅沼炭山は衰微し、明治16年閉鎖された。

幌内炭山の発見

幌内（アイヌ語 poro-nai「大きい沢」。現三笠市）炭山の発見は、明治1（1868）年の冬、石狩の杣夫木村吉太郎によると伝えられる。彼は、小樽本願寺の建築用材を切り出しに幌内付近の山へ入ったところ、露出し黒光りする炭層を発見、その石炭塊を持ち帰った。その話を聞いた島松の猟師紺野松五郎は、それは蒸気船の燃料に使われる石炭であると考え、明治4年、自ら幌内の山へ入り数個の石炭塊を持ち帰って札幌の開拓使本庁に奉呈した。しかし、開拓使は当面の諸難題に追われていたので、それを調査、研究する余裕がなく、それは庁内に保管されたままであった。

翌明治5年、その噂を聞いた札幌在住の早川長十郎が、幌内に近い利根別川で石炭塊を採集し、開拓使にこれを提出した。この時、開拓使庁には政府から開拓使出仕を命ぜられ、北海道の鉱物資源の調査にあたっていた榎本武揚がいた。

榎本はこの石炭塊を分析してその優秀さを認め、「(利根別の石炭は)、高島(長崎県南部の海底炭田)ニ並ビ駕シテ(うわまわって)、唐津(佐賀県北西部の炭田)ニ渝《かわ》レル(交替しうる)」とし、これを黒田次官に報告した。早川長十郎はその行為を賞され、報労金を与えられて開拓使雇いに採用された。

明治6(1873)年になって、黒田は、開拓使顧問ケプロンに、幌内炭山の調査を依頼した。ケプロンはこの調査に、それまでのトマス・アンチセルに替えて、ライマンを起用することにした。当時、ケプロンとアンチセルとの間には、激しい対立があった。その対立は、北海道の気候認識の違いから発したといわれている。ケプロンは、北海道は豊かで爽やかな気候に恵まれ、農業にはまったく支障がない、としたが、アンチセルは、札幌は亜寒帯であり、農産品はつねに冷害に見舞われる危険があるとし、それ故、彼らの北海道開拓の基本方針は異なったものとなった。そこから両者の関係は急激に悪化し、ケプロンはアンチセルを排除しようとするようになった。その後アンチセルは黒田に、自分への年俸4000ドルを8000ドルに増額することを要求し(ケプロンの年俸は1万ドル)、受け入れられなければ帰国すると言い出したので、明治5年2月、黒田はいったん彼に帰国を申しつけ、その後、同年4月に開拓使仮学校の教頭という閑職に転出させた。これはケプロンの意向を受けてのものだったと思われる。両者のこの対立の遠因は、両者の強すぎる自負心と個性にあったようで、ロンドン王立医科大学卒業で医学博士のアンチセルは、ことあるごとに「学識のないケプロンのもとでは働けない」と広言していたという。たしかに実社会での叩き上げ型のケプロンにはさしたる学歴がなかったが、しかしそれを理由とする傲慢なアンチセルの態度は上司ケプロンには許しがたいものであっただろう。加えて、ケプロン自身もまた自分流の正道を守り、対立する意見を決して認めまいとする頑な性格の人だったから、この両者の対立は必然だったと思われる。お雇い外国人にもさまざまな問題があった。

榎本武揚は、はじめアンチセルとともに幌内炭山の早期開発を計画したが、明治6年1月から3月まで5回の黒田、ケプロン会談（榎本とライマンも同席。於東京）で、「アンチセルの起用は不可、幌内炭山の早期開発は不可、幌内炭山開発の着手は全道の地質調査終了後」とするケプロンを説得しきれず、開拓使直営による幌内炭山早期開発を断念せざるをえなかった。ちなみにケプロンとアンチセルは外資を含む民間資本での炭山開発を主張し、黒田、榎本の官営経営論とは激しく対立していた。

ライマンは、明治5年11月に地質測量鉱山師長として開拓使と雇用契約し、東京に滞在していた。ライマンは、助手のマンロー（のち東京開成学校教官、コロンビア大学教授）とともに来日し、日本語を勉強しつつ、開拓使仮学校の生徒たちに測量方法、地質鉱物学、地図作成技術などを教えていたのである。ライマンはマサチューセッツ州ノーサンプトン出身で、ハーバード大学文系学部を卒業後、測量、地質調査の分野に転じ、アイオワ州、ペンシルベニア州、インドなどで地質や石油調査に従事したあと、フランス、ドイツの鉱山学校で鉱物調査技術を学んだ。

ライマンは、明治6年5月18日、東京を発って北海道へ渡り、道南から道央一帯の鉱物資源の調査旅行を行った。この旅行には、助手のマンローと日本人助手の学生7名が同行した。彼らは茅沼炭山、ユーラップ鉛山、幌内炭山、岩雄登硫黄山、山越内、鷲の木、泉沢の石油地で地質と測量の調査を行った。ライマンはさらに、積丹半島、定山渓、有珠、登別、樽前、幌別、登刺別、駒岳、恵山、古武井などを巡視調査した。

明治6年6月末に幌内に入ったライマンの調査報告に基づいて、ケプロンは同年9月3日、黒田次官に幌内炭山開採についての建言を行った。それは、「近頃ライマン氏ガ測量セル石狩河畔ノ石炭ハ、其量、実ニ測ルベカラズ。之ヲ開採スル時ハ、其実効（有効性）大ナル想ヒ知ルベシ。同氏、既ニ、開採ニ便ナル層脈六箇ヲ看出セリ。其厚サ三尺（90㎝）乃至六尺（180㎝）ニシテ、其位置モ開採ニ便ニ、水ヲ出スニ人工ヲ藉ルニ及バズ。同氏其量ヲ測リテ、良好ノモノ二億五千万噸ナルベシト云フ。」（『開拓使日誌』）と、この炭山の優秀性を指摘し、その品質は九州の高島炭に劣らないとした。榎本武揚も、前記早川長十郎の案内で、ライマンに二月ほど遅れて幌内に入った。彼らは利根別川河畔で9日間の野営をして調査し、その後石狩川本流に出てこれを遡り、空知川に入り、その沿岸一帯に膨大な石炭層があるのを発見して札幌に戻った。

ケプロンはライマンの建言に「此石炭ヲ互市場（売買市場）ニ運輸スルニ二道アリ。一ハ石炭坑ヨリ石狩河迄、凡ソ14マイル（約22・5㎞）ノ間鉄道ヲ造リ、夫ヨリ河ヲ下シ、ストロゴノフ湾（石狩湾。1805年、世界一周航海時にロシアのクルーゼンシュタインが命名）ヲ横切リ、小樽港ニ出ダスニアリ。其距離凡ソ七十マイル（約112・7㎞）トス。又一ハ室蘭港迄直ニ鉄道ヲ通ズルニアリ。其距離凡ソ八五マイル（約137㎞）トス。」との意見を加え、第一案は、水陸両用運輸による費用増加と運送中の量目減少、小樽港の冬季結氷などを理由として不可とし、第二案によれば、坑口から直に石炭を運び出せ、鉄道敷設の費用は民間からの資本投資が十分期待でき、室蘭港は通年使用ができる、としてこれが得策であるとした。

これに対して、榎本は「此説、頗ル漠然ニ属スルニ似タリ。何トナレバ、千歳付近新道ヨリ石炭山迄ノ際ハ、其地ノ高低ト捷迂《しょうう》（近道と回り道）ト山河ノ難易ヲ踏分ケシ者未ダ一人モナク、又好地図モナキヲ以テ、仮令善キ見込ニモセヨ、確証ナキ、一ナリ。三百万円ニ近カルベキ本銀（国費）ヲ費シ、以テ新道ヲ鉄道ニ変ズルハ、開拓の一大挙ニシテ、極メテ願シキ事タリト雖モ、其出銀ヲ償フノ方法ヲ概算スルニ非ザレバ容易ニ従事シ難キ、二ナリ。」として、石狩川水運利用説を主張した。榎本は、ケプロンのいう「民間資本の導入」とは外国資本の導入の意図を含んでおり、それは外国支配の排除と官営による石炭山開発という日本政府の方針に反すると考えたのである。政府はこの頃、征韓論の沸騰、各地士族たちの反乱、台湾出兵事件、大幅な入超（輸入超過）による財政危機などに直面しその対応に追われ、開拓使も財政緊縮を余儀なくされていた。また、開拓使はそれまでの膨大な資金と時間を要する開拓の基盤整備策から殖産産業の即効実利政策へ転換、屯田兵村の設置などを行おうとしていて、政治的にも資金的にも、幌内炭山の早期開発は難しい状況だった。

開拓使出仕だった榎本武揚は、明治7（1874）年1月、ロシアとの国境策定問題のために在露特命大使に任じられ、露都サンクト・ペテルスブルクへ赴任、ケプロンも明治8年5月、開拓使との契約期間が終わり米国に帰り、ライマンもまた同年12月、開拓使を辞した。これにより、幌内炭山からの石炭搬出計画のうち、室蘭への鉄道敷設方式は自然消滅した。これ以降、黒田開拓長官（明治7年8月長官就任）は幌内炭山の、官営による開採計画を進行させることになった。

幌内炭鉱の開発

明治8年5月、工部省出仕の大鳥圭介（箱館戦争の降将、明治5年1月開拓使出仕）は、幌内炭山を巡検調査し「石狩川南岸対雁村ヨリ東南三里許リ、幌向川ヲ遡ル凡ソ二里、岐レテ二トナリ、右ハ幌向川本流ニシテ、左ハ郁春別川トス。郁春別川ヲ遡ル凡ソ二里、幌内太ニ達ス。是即チ幌内炭山ノ谷ナリ。此ヨリ奥ニ入ル、凡ソ一里、煤炭多ク露出ス。之ヲ幌内煤田トス。此地近傍諸山、煤炭多ク露出スト雖モ、幌内ノ地勢最モ運便ニ宜シク、開坑先ヅ此地ヨリ始ムベシ。」と黒田に報告した。

明治9年8月、太政大臣三條実美、参議寺島宗則、同山縣有朋、同伊藤博文が北海道巡視を行い、山県、伊藤は幌内炭山に入った。彼らは、この炭山の規模と炭質に驚嘆したが、「只恨むは、運搬の不便。数百万金を費やすにあらざれば海岸に出す不能」とした。

明治10年2月、黒田開拓長官は、札幌農学校の数学と土木の教師ウィリアム・ホイラーに、札幌・小樽間の輸送路開鑿についての調査を依頼した。ホイラーは、開拓使の土木顧問でもあった。黒田は、彼に①札幌・茨戸間の運河開鑿②札幌・小樽間の車道開鑿③札幌・小樽間の鉄道敷設、の三案を示し、それらの優劣を比較検討することを依頼したのである。ホイラーは、開鑿経費、輸送能力、将来性などを考慮して、札幌・小樽間の鉄道建設がもっとも有利である、と結論した。ただし、工部大学校（東大工学部の前身）教授のペリーの工事費見積によると、それは85万4200円の巨額にのぼり、財政逼迫の政府には到底支出不可能な金額だったから、この案は当分棚上ということになった。ただ、これによって、札幌・小樽間の鉄道という案が具体化したことには意義があった。因みに、ホイラーは、農学校の演武場（現時計台）、農場畜舎の設計、豊平橋（明治11年流出）の復旧設計などでも知られている人である。

明治10年秋、西南戦争に勝利した太政官政府は、財政窮迫と殖産興業策（軍需工業、官営工業の育成による資本主義化政策）強化のために、企業公債の募集を検討していた。それを知った黒田は、開拓使四等出仕の山内隈雲に「幌内煤田開採見込概算書」の立案を命じ、同年12月、その成案を得た。山内は榎本武揚の縁戚で、洋学を学び、幕府の欧州使節団に通訳として随行した人である。榎本武揚とは五稜郭（箱館）戦争の同志でもあった。黒田は、この概算書を基に「幌内炭鑛開採、岩内炭鑛改良之義伺」を作成し、三條太政大臣に提出した。それによるとこの計画の必要資金は、炭山開坑諸費、鉄道建築費、船舶費、石狩川河口改良費などを含む計150万円だった。

明治11（1878）年5月、政府は「起業公債証書発行条例」を公布、「運輸交通ノ便ヲ開キ、殖産興業ノ発達ヲ図ル」ためとして1250万円を募債した。政府は、開拓使に対し「（炭山開発等の資金要請の）伺ノ趣聞キ届ク。経費ノ義ハ今般発行起業公債募集金ノ内ヲ以テ下シ渡スベク候」と申し渡した。これによって、開拓使は、ようやく炭山開発と石炭の鉄道ないし船舶輸送の事業を推進する資金の裏づけを得たのである。この資金150万円は、「4カ年8回に分けて受領し、幌内関連分は25年年賦、岩内関連分は15年年賦、船舶関連費は10年年賦で償還する」という計画であった。

明治11年6月、黒田開拓長官は、幌内炭山の石炭を本州方面へ搬出する鉄道と水運路線の開設指導に当る適切な人物を求めて、ロシア滞在中の榎本武揚にはオランダ人の水利技師、駐米公使吉田清成にはアメリカ人の鉱山、土木技師の選考を依頼した。

明治11年10月、開拓使は札幌本庁内に、山内を事務長、開拓使御用掛松本荘一郎を事務副長とする煤田開採事務所を設けた。これを本拠にして、幌内炭山の開採、石炭運送路開設の工事を開始することにしたのである。

松本荘一郎は、嘉永1（1848）年兵庫生まれ、旧大垣藩（現岐阜県大垣市）士で、大学南校（現東京大学）を卒業、明治3（1870）年、米国に留学し、土木工学を学んだ。明治9年に帰国、東京府御用掛として出仕していたところを、山内に懇請されて開拓使に転じた。彼はのち鉄道庁に入り、日本全国の鉄道建設にあたり、鉄道庁長官などを歴任した。

札幌、幌内炭山間の道路開鑿

明治4年11月、旧仙台藩白石の片倉那憲の旧家臣団と農民団100余戸、400余人が、札幌市街の東部、豊平川の東岸、モ・ツキサップ（アイヌ語、mo は「小さい」、chi-kisa-p は「アカダモ＝春楡のあるところ」の意か。月寒と表記）に入植し、その地域を白石村と命名した。翌明治5年4月～5月、この白石村と札幌市街地とを結ぶ全長5・1km、幅9・1mの道路が開鑿された。東橋（明治22年架橋）はまだなかったから、これは豊平橋を経由する道路であった。豊平橋は豊平川の最初の橋として明治4年4月に架けられたが、これは二連の丸太橋で、完成後1カ月で雪解水の氾濫のため流出、その後何度も架け替えられたが、いずれも短期間で流出し、大正13（1924）年の鉄橋完成で、札幌市街と白石村間の通交はようやく安定した。ただし、この札幌・白石村間道路は「……雨湿の際、悪路の為、往還仕り難く、……泥入、脚一没し、はなはだしきは馬股に達するに至り……運輸不便」（明治8年、白石村総代らの開拓使への道路改修請願書）という道路であり、明治26（1893）年の白石村から北海道庁への請願でも同様の文言が記載されているから、相当の長期間に亘って、原生林の谷地（泥炭地）地帯を切り開いただけの悪路だったのである。ちなみに明治4年当時の札幌の人口は624人であった。

明治8（1875）年前後に、開拓使は、札幌と幌内炭山を結ぶ連絡道路の開鑿を始めたと見られる。大蔵省編『開拓使事業報告』によれば、「明治8年7月、雨龍道路（現・札幌市東区東2丁目通り）ヨリ雁木村ニ達スル馬車道開鑿ス。明治9年7月、馬車道成ル。8月、札幌ヨリ幌内煤炭田ニ達スル通路ヲ開鑿ス。明治11年8月、幌内炭鑛開採ニヨリ、先ツ対雁ヨリ恵別（江別）村ヲ経テ、幌向太（石狩川河畔の船着場）ニ達スル新道ヲ開鑿ス。明治12年6月、炭山ヨリ幌向太ニ至ル路線実測図成ル。因リテ道路開鑿ニ着手シ、小屋数棟ヲ建設ス。7月、炭山ヨリ岩見沢迄ノ道路橋梁成ル。8月、幌向太ヨリ市来知《イチキシリ》（現・三笠市）ニ至ル開路ニ着手ス。」とあり、明治12年頃までに、札幌、雁木、対雁、江別、幌向太、幌内炭山を結ぶ道路網が形成されていたと見られる（『北海道道路史』所収、桑原真人「中央道路」）。これらは、来るべき幌内炭山の開業、炭山鉄道の建設と、その労働力確保のための「空知集治監」建設を想定しての道路開鑿であった。この道路はおおむね豊平川と石狩川沿いの道だったから、融雪期などにはしばしば洪水で通行不能になり、札幌県や北海道庁はその改修に苦労したという。

幌内鉄道の敷設計画

明治11（1878）年12月13日、開拓使は、駐米公使吉田清成の推挙によって来日したアメリカ人の土木、測量技師、クロフォードと「到着届ヲ為シタル日ヨリ三ヵ年間、北海道炭山ニ連絡スル鉄道並ビニ輪車路建築技師兼土木顧問」の雇用契約を結んだ。クロフォードは、翌12年2月、札幌の開拓使札幌本庁に着任し、煤田開採事務所に所属した。クロフォードは、ペンシルバニア大学工学部を卒業後、北アメリカ大陸のアトランチック鉄道、パシフィック鉄道などの測量技師、建築監督を勤め、南北戦争では北軍の大尉として野戦堡塁（砦）の建造を経験した人だった。

一方、開拓使は、駐露公使榎本武揚に推挙されたオランダ人水利技師 ゲントと、明治12年2月17日、「石狩川河口改良水理工師長」の雇用契約をした。黒田開拓長官は、オランダ国の水利事業の成功と榎本のオランダ留学の経歴とに着目してこの人選をしたといわれる。

この時期、黒田および煤田開採事務所の山内、松本らは、幌内からの石炭搬出方法として、幌内炭山から鉄道で石狩平野を横断して幌向太へ運び、ここで船積みして石狩川を下り、石狩川河口から小樽へ運ぶという案を第一に考えていたようである。それは、榎本武揚案を基礎としたものであり、彼への信頼厚い黒田としては当然の選択であっただろう。小樽、札幌間の道路は、未だ馬車通行の出来ない状態だったし、また、この間の鉄道敷設には、カムイコタン（現小樽市張碓海岸付近）などの超難所があって、技術面でも費用面でも、相当の困難が予測されていたのである。ゲントの来日に先立って、山内、松本らは、石狩川河口から幌向太に至る航路を実地調査し、幌内太、対雁、茨戸、石狩に測水標を立てて水深、流速、冬期間の結氷状況などの測定を始めていた。ただ、幌向太経由の船舶運送案には、埠頭、機械場、停車場、石炭倉庫などの建設、人員配備、船舶確保、それに冬期間の輸送の困難などの問題があった。黒田らは、2人のお雇い外国人の調査、実験、報告の比較検討で、これらの方法の優劣を決めようとしたのである。

クロフォードは、幌内地域の地図、煤田報告書などを検討して「鉄道建築見込書」を作成し、開拓使に提出した。彼は、開拓使の依頼で函館の水道事業計画、小樽・銭函間道路の調査などに当たった後、明治12年3月、幌内炭山、幌向太間の鉄道予定路線を踏破測定し、開拓使にこの間の鉄道築造費概算書を提出した。それによれば、工事費は44万4７９円の見込だった。この調査には、煤田開採事務所の松本事務副事務長以下数名の技術補助員が同行した。明治12年8月14日、クロフォードは、山内事務長に建言書を提出し、幌向太を鉄道の終端とすることに反対し、この鉄道を江別太まで伸ばすか、または江別、札幌を経由して小樽の手宮港まで直通とするよう主張した。彼は、幌向太地域には沼沢地が多く、住民や工事人の衛生に害があること、春秋に川の出水があり、それは4～6尺（1・2～1・8ｍ）の深さに達すること、6カ月もの間、川面が凍結ないし氷片の奔流（激しい流れ）によって船が航行不可能になることなどを指摘した。

一方、ゲントは、札幌到着後直ちに石狩川の調査にとりかかり、河口深浅図を添えて、「石狩港修築案」を開拓使に提出した。ゲントにとって不運だったのは、この年4月20日から降り続いた大雨が石狩川を氾濫させ、氷塊や流木を含んだ濁流が下流一帯に大被害を与えたことだった。河口部の堤防は決壊し、人家30戸が全壊した。ゲントは、これによって現在の河口では、船舶の出入りが危険であることを知り、新河口の開鑿と新港の建設が必要との提言をした。それは巨額の資金がともなう大事業になるはずだった。

明治12年12月、開拓使は茅沼炭鉱からの坑夫10人と秋田県からの坑夫若干名を幌内に入れて、官営（国営）幌内炭山を開坑した。

小樽、札幌間鉄道の開通

クロフォードは、幌内炭田の石炭搬出には小樽と直通する鉄道が最良と考え、そのためにまず銭函、小樽間の道路を改修して鉄道敷設が可能であることを実証しようとした。

明治12（1879）年5月5日、クロフォードは、最大の難所、カムイコタンの道路改修にとりかかった。人夫30人を使ってのこの工事は、約一カ月で竣工した。クロフォードはこれによって小樽・札幌間の鉄道敷設は可能と判断し、開拓使に報告した。彼の見積によると、小樽、札幌間道路の全線を馬車道化するための工費は5万円、年内着工で11月には完成、その後、その道路上に鉄道線を敷設するというのであった。開拓使は直ちにこの道路改修を承認し、工事は6月から開始され、予定通り11月中に竣工、12月6日に新道開通式をおこなった。この工事の、短期かつ予算内の約4万4千円での完成を受けて、開拓使は、幌内炭山からの石炭搬出方法は幌内、小樽間の鉄道輸送とすることを決定した。開拓使は、煤田開採費150万円のうちの船舶費、河口改修費などを鉄道敷設費に転用することと、全路線鉄道敷設による不足分2万円の下付（下げ渡し）を政府に要請、承認された。

同年12月、開拓使はクロフォードを技師長、松本荘一郎を副技師長に任命し、鉄道路線の測量、用地買い上げ、工事用木材切出などを始めた。同時に、クロフォードをアメリカに派遣し、機関車、車輌、器材の購入に当たらせた。明治13年1月8日、工事は小樽郡若竹町第3トンネルから始められ、クロフォードの綿密な計画に従って、松本はじめ日本人技師たちによって進められた。同年6月12日、クロフォードがアメリカ人技師らを伴って帰任、工事は進捗度を早めた。同年9月28日、機関車2輌を含む鉄道器材がアメリカから小樽港に到着した。10月1日、小樽手宮港桟橋から軌条（レール）設置開始、同月24日、試運転、11月11日、手宮、銭函間仮運行、同月18日、軽川（現手稲）までの仮運行、同月20日には、開拓使本庁に近い札幌空知通り（現札幌市北5条通り）の仮停車場まで軌条が繋がった。わずか11カ月という短期間工事での小樽、札幌間鉄道35㎞の開通だった。明治13年11月28日、開拓使は「手宮・札幌間汽車運転式」を行った。辨慶号と名づけられた機関車に引かれた3輌の客車は、午前9時、手宮駅を発車、同12時に札幌停車場に入った。運転手は米人技師ハロウェイ、客車にはフロックコート姿のクロフォード、松本荘一郎らが乗りこんでいた。この間、オランダ人ゲントの石狩川水運利用の石炭搬出計画は、幌向太での船への積換、洪水、石狩川河口新港建設、冬季結氷などの難題に有効な対策を見いだせないまま行き詰まっていた。

　クロフォードは、明治12年8月14日、小樽、銭函間道路改修工事のさなか、煤田開採事務長の山内隄雲に幌内炭山鉄道に関する長文の提言をし、最後に「余（私）ハ更ニココニ一言ヲ呈（献呈）セントス。即チ、幌向太ヨリ小樽ニ由テ石炭ヲ運送スルトキハ、石炭ノホカニ運送費ヲ負担スベキモノナシト雖モ、鉄路ヲ小樽ニ延長スルトキハ、荷物、乗客ヨリ生ズベキ利益ハ、コトゴトク石炭ノ運送費ヲ減少スベキ補助トナルベキコトナリ」として、石狩川水運による石炭搬出策は不要と断じた。すなわち、石狩川水運利用では、石炭輸送以外の用は為さないが、鉄道輸送ならば乗客、荷物（貨物）の運賃収入が得られ、その分、石炭輸送費が安くつくというのである。

　結局、ゲントは石狩川水運利用計画を断念、開拓使を去り、その後、病を得て明治13年末に横浜で死去した。石狩川河口改良事業は、測水所を除いてすべて中止になった。

　明治14年2月、クロフォードは、小樽、札幌間の鉄道敷設成功の功により、日本政府から勲四等旭日小綬章を授与された。明治14年8月の明治天皇の北海道巡幸時には、この鉄道は天皇一行を最高級客車「開拓使号」に乗せて、小樽・札幌間を走った。

幌内炭山、小樽手宮間の鉄道全通

明治14（1881）年2月、開拓使は、札幌、江別間の鉄道敷設工事に着手した。この2点間には、豊平川、厚別の沼沢地、野幌の大丘陵地帯があり、これらの部分の難工事を経て、翌15年6月、この鉄道はようやく完成した。

この間、明治14年6月には、江別、幌内間の工事が始まっていた。これは、①江別・郁春別（現岩見沢駅の西、上幌向駅。現幾春別とは位置が違う）間②郁春別・市来知（現三笠市、空知集治監の所在地）間③市来知・幌内間の3工区に分け同時に着工した。①の工区は、江別川（現千歳川）、幌向川をはじめ、多くの大小河川、沼沢地、大森林が連続する地帯だった。江別川は現空知郡栗岡地点で千歳川と夕張川が合流し、江別太で石狩川に流入し、幌向川は郁春別川（現幾春別川）、利根別川、清真布川などを合流し、石狩平野中部を流れ、幌向太の石狩川大蛇行部分に至る川だった。②工区も沼沢地、森林地帯で、中小河川が多かった。③工区は、山岳部、渓流部の堅い岩石地域でその掘削には火薬が使用された。

これらの工区での難工事のあと、明治15年6月、札幌・江別間の仮開業、同年10月20日、市来知までの試運転、同年11月12日には、幌内までの試運転が行われ、同年11月13日、札幌・幌内間の営業運転を開始した。結局、幌内炭山からの石炭は、札幌を経由して、小樽の手宮埠頭へ直接搬出されることになったのである。

明治16（1883）年9月17日、札幌で、小松宮彰仁親王（のち陸軍参謀総長）、農商務卿代理大山巌陸軍卿、井上勝工部省鉄道局長などの列席の下、官民500人が出席して手宮、幌内間鉄道の開業式が盛大に行われた。この日、鉄道乗車は無料で市民に提供された。

第15章　囚人労役の時代

集治監という思想

明治5（1872）年から実施された、いわゆる「開拓使十年計画」は、政府が、北海道の道路、鉄道、都市の整備、官営工場、石炭採掘、屯田開墾、移民の入植、などに1千万円（道内からの租税投入なども含めると2千万円以上と推定される）の巨費を投じて北海道の開拓を推進するという大計画であったが、実際には、その半分近くが行政費に費やされ、事業費は約3分の1で、道路造成費や資源調査費も不十分だった。官営のビール工場、味噌醸造工場なども、お役所的放漫経営で、その多くは赤字だった。

それ故、移住者もさほど増えず、屯田兵も士族限定、世襲制という条件があり、且つその訓練と生活の厳しさが知られるに及んで応募は少なく、逆に脱落者が多かった。明治11（1878）年以降には、旧尾張藩（愛知県→山越郡）、旧長州藩（山口県→余市郡）、旧鍋島藩（佐賀県→石狩郡）、旧福岡藩（福岡県→札幌郡）、旧加賀藩（石川県→岩内郡）、旧鳥取藩（鳥取県→釧路郡）などの士族授産を目的とした集団入植、明治15年以降は、開進社（徳島県→札幌郡）、赤心社（岡山、兵庫県→浦河郡）、晩成社（静岡県→十勝郡）、興産社（徳島県→札幌郡）北越殖民社（新潟県→札幌郡）、山口団体（山口県→夕張郡）など日本各地からの各種開拓団の入植はあったが、十勝の晩成社、釧路の鳥取士族団以外はおおむね北海道南西部（札幌周辺、日高地域も含む）への入地であり、北海道北部、東部の内陸部はほとんど未開未詳地で、わずかに幕府、松前藩時代以来の漁場（場所）が海岸部に点在しているという状況だった。内陸部の開拓のための道路を作る労働力は絶対的に不足していた。

明治10年1月、内務卿（実質的な首相）大久保利通は太政大臣三條実美に対して「徒流（徒刑と流刑）ニ刑を起こして、該囚（該当する囚人）を遠地に発遣す（追いやる）べし。その地たるや北海道に若く（比べられる地）はなし。役限（刑期）満ちて郷土に還るのことを廃し、永住の産（仕事）につかしむべし。北海道の地たる遼遠（広大）隔絶、畏懼（恐れおののく）する所ありて、反獄（脱獄）逃走の痕を絶つべし、田漁（農業、漁業）の利を興し、一挙両得である」との上申をした。

明治7年の佐賀、同9年の熊本神風連、秋月、萩、同10年の西南戦争と続いた士族の反乱で、4万3千人にもおよぶ「賊徒」が生じ、この動乱の中で、全国に殺人、強盗などの一般破廉恥罪人が増加し、政府はこれらの確定罪人の収監場所の確保に苦慮していた。明治12年には、東京と宮城に集治監（大型監獄）を作ったが、これだけではまったく足りなかった。この2集治監は応急の施設であり、大久保内務卿は、これらの「罪人たち」の最終的な大規模収監施設を北海道に置き、その囚人を北海道の初期開拓（農地開墾、道路開鑿など）にあてようと考えたのである。

元老院（国家功労者、学者などから成る立法機関、明治8年設置）はこれに賛同し、明治11年、「全国の囚人を一島嶼に纏め、これを総懲治監とする」との決議をなした。この「一島嶼」とは北海道を指している。この件で政府から諮問を受けていた開拓長官黒田清隆は「根室支庁にその地を選定させ、これら国事犯（政治犯を千島の志古丹島、国後島、得撫島に移す」ことを提案した。明治12（1879）年9月17日、内務卿伊藤博文（大久保内務卿は同年5月15日暗殺された）は、三條太政大臣に、集治監設置の適地について、幕府時代の壱岐島、薩摩諸島、五島諸島、天草島、八丈島などの例を挙げ、「伊豆若クハ日向以西ノ諸国ヲ以テト相ス（適地を占う）ベシ」としながら、「墾地（農業）ト工業ノ本源、広且大ナル地ヲト定《ぼくてい》シ、以テ万全鞏固（堅牢）ノ獄舎、兵廨（軍隊の営舎）ヲ営ムニ非ザレバ、罪質（犯罪的性格）ノ賊盗、棍匪（無頼の悪党）ニ出シ、狼子野心（狼の如き獣心）ノ囚徒ヲ管束（管理）シテ、工業ヲ授ケ、恩厳（恩典と厳罰）並行ノ関棙（ぜんまいをあんばいする）ヲ以テ、能ク懲治遷善（罪を懲らし善に導く）ノ効ヲ奏セント計ルコト甚ダ難シ」として、結局「故ニ遣犯（罪人を送り込む）ノ地ハ北海道ニ如カズト思料ス（考える）。本道ハ、天候風土他ノ諸道ノ等宣（同等）ニ非ザルモ、延袤（広さ）数百里、尤モ肥沃ノ土壌ナレバ、遣犯ニ科シテ（罰として与え）之ヲ墾起シ（開墾し）、或ハ鉱山ニ役シ、沍寒凝固（凍りつく寒さ）ノ日ハ当応ノ座作（室内作業）ニ服シ、流囚及ビ徒刑人ノ如キ、各々制規（規則）ニ由リテ放圄《ほうぎょ》（出監）ノ後、或ハ耕耘（農耕）シ、或ハ工業ヲ営ム、漸次（徐々に）生歯（人民）ノ繁殖ヲ期セザルベカラズ」との具申（意見を申し述べること）をした。それは、北海道開拓の基盤である、大森林の伐採による農地の開墾開拓、内陸部の縦断ないし横断道路網の開鑿、炭山、硫黄山などの鉱山での掘削作業などの労働力として、これらの囚人を使役しようとする意図によるものであった。

この時期、元老院の議員、政府高官、そして一般日本人にとって、北海道は、原生林に覆われ未開の山野が広がる文化果つる地であり、流人の島であり、それ故、莫大な富の収穫が期待できる宝の島であった。集治監とはその富の吸収のための捨石であり、同時に、反政府人士とその思想を抹殺しうる一挙両得の施策だった。

明治13年2月、太政官政府は伊藤の献策を諒承し、「獄舎建築等ノ場所ハ、開拓使協議ノ上取極メ、囚徒発遣其他実施ノ方法並ニ経費等申シ出ルベシ」と内務省に命じた。

北海道集治監の建設計画

黒田開拓長官は、集治監建設場所の選定についての伊藤内務卿からの依頼に対して、開拓使内部で検討させた結果、①石狩国樺戸郡スベツプト（スベツ川の石狩川への流出口、須部都太と表記。現月形町）②胆振国と後志国境界の後方羊蹄山（羊蹄山とも）山麓③十勝川沿岸地域の3カ所を候補地として選び、その旨を回答した。

伊藤は、調査団を派遣することとし、その団長に、内務省御用掛の月形潔を任命した。

月形は福岡藩藩士の子で、維新後福岡藩小参事として贋札事件の調査、西南戦争の鎮圧などでの功績を認められ、司法省八等出仕、東京裁判所（行政機関）小検事を経て内務省御用掛となり、佐賀の乱の指導者江藤新平の裁判においては、大久保内務卿のもとでこの事件の糾明に当たった人で、伊藤博文、山懸有朋の彼への信頼は厚かった。

明治13年4月、月形以下、内務省所属の雇員たち、海賀直常、守口如瓶、小田為孝、佐藤甫、中井美俊、吉川貞夫、筑紫寛亮の計8人で、北海道集治監設置場所の調査団が編成された。彼らは、同年4月21日函館に上陸、七重勧業試験場で湯地定基主任、室蘭で仙台藩亘理からの開拓士族団指導者田村顕允（常盤新九郎）に集治監適地についての意見を求めた。湯地、田村は、いずれも羊蹄山山麓が最適地とした。月形は彼らの意見に従って、ここで調査団を2つに分け、海賀、守口、小田には羊蹄山山麓を調査し、その後十勝川沿岸を検分させることとし、自分は他の4人と須部都太を調査することにして、ひとまず札幌に向かった。札幌の開拓使庁の調所広丈書記官と鈴木大亮権書記官は、須部都太を強く推した。この地は農耕に適する広大な沃野に恵まれ、かつ石狩川水系の水運にも優れているという理由によってであった。

当時、開拓使にこの地域に関する知識がどの程度あったのかは不明だが、これは、実際には政府ないし開拓使が北海道開拓の次の段階として、石狩平野北部と上川地方（現旭川市とその周辺地域）への進出を考えていたということによると思われる。彼らは、須部都太（現月形町）をこの地域の農業開拓の拠点とし、これを上川地方へ至る道路開鑿の前進基地として、ここに大量の囚人労働力を集中的に投入しようとしていたのである。

明治13年5月2日、月形調査団は須部都太へ向けて出発した。調所は、アイヌ語に通じる開拓使八等出仕の船越長善を地理案内人とし、開拓使測量師梁田政輔ら総勢28人に及ぶ補佐団を編成し、月形一行に同行させることにした。それに加えてアイヌ9人を雇い舟操、荷役等にあてるという破格の待遇であった。彼らは、豊平川岸の雁来村から、大型丸木舟3艘で石狩川へ乗り出し、対雁村で上陸した。対雁にはカラフト千島交換条約によってカラフト島から移住させられたアイヌたちが居住していた。ここから恵別村（現江別市）まで陸行し、再び丸木舟で、幌向太、美唄達布を経て、5月4日、石狩川と須部都川との合流点、須部都太に着いた。それは「四顧（周囲）ただ密樹鬱蒼、乱草蒙茸（茸の繁茂）を見るのみ。山間にありて四方の嶺を望む能はず、天常に曇り、霧常に深く蔽い、時に数十日間日光を見ざることあり」（『樺戸集治監沿革略記』）という場所だった。

ここで、たまたま石狩生振村のアイヌ、レコンテと遭遇し、彼に案内を頼んでこの原生林に踏み込んだ。熊笹、蔦木をはらい、沼地と沢地を抜け、山蛭と糠蚊に苦しめられて、ようやく須部都山山頂に立つと、眼下には丘陵と谷と平野と大河で構成される大森林地帯が広がっていた。足下の須部都丘陵の尽きるあたりから東に平原がどこまでも続いている。椴松、楢、栓、桂、春楡、泥柳、岩楓などの樹相がそれらを覆い尽くしている。彼らは、この地域の平坦部の地質を調べ、ここが農耕に適した地であることを確信した。

月形らの紀行記録には、しばしばアイヌたちが姿を見せている。それらはおおむね地理案内人であり、荷役人夫であり、舟操人であり、強制移住の漁民であり、日本人にとっての便利な使用人、ないし日本的文化への不同調者としての姿であったが、この中で、私たちにとりわけ印象深いのはレコンテである。開拓使は、明治5（1872）「北海道土地売貸規則」、明治10（1877）年「北海道地券発行条例」などを制定し、移入日本人へ北海道の土地をほとんど只同然の価格で切り売りないし貸与した。しかしそれはあくまで「流入日本人」を対象としたものであり、それまでアイヌたちが河川、海岸、森林などで比較的自由（とはいっても幕藩時代から相当な制約はあったが）に行ってきた魚漁、狩猟、伐木、採集などが実質的に禁止されたことを意味した。それらの土地は日本人の土地（私有地または公有地）になったのである。開拓使は、明治2年、旧幕藩体制下の「場所請負制」を「従来、商人ノ身トシテ諸場所土地人民ヲ始、請負支配致シ候儀、名分に於テ宣シカラズ」として、直接生産漁民に漁場を与える方針を示し、明治9年9月にようやくこの制度の廃止に至った。しかし、この過程の中で、河川の鮭漁や、海の魚介、昆布などの漁業権は、ほとんど日本人漁民に独占され、アイヌたちに与えられることはなかった。開拓使は、明治8年、十勝海岸部でアイヌ、日本人共同の漁業組合を作り、釧路、日高ではアイヌたちへも漁場割渡しを行ったがこれらは例外的で、それもその後、ほとんどが日本人に騙しとられる結果になった。

また、明治8（1875）年9月「胆振、日高両州方面鹿猟仮規則」（同年11月石狩国夕張、空知、樺戸、雨龍、翌年1月十勝国へも拡大）を作り、アイヌ伝統のアマッポ（仕掛け弓）を免許鑑札制とし、かつそれを設置する場所を届け出ることとした。明治9年9月にはアイヌたちが毒矢を用いて猟をすることを「獣類生息妨害尠ナカラズ」として禁止した。銃猟に転換する者には猟銃を貸与するとしたが、同時に狩猟者を北海道全体で600人に限定し、それも流入日本人農民を優先したので、実際にはアイヌたちにはその資格はほとんど与えられなかった。同年11月には「北海道鹿猟規則」(北海道全域対象)を定め「免許鑑札ヲ受ケズシテ鹿猟ヲナスヲ禁ズ」とした。アイヌたちはその主食であり交易の資だった鮭漁も鹿猟も禁止され、違反すると厳しく罰せられた。これらの結果アイヌたちは「漸次(次第に)食ヲ絶チ、飢餓旦夕《たんせき》(朝夕)ニ迫リ、只座シテ死ヲ待ツガ如シ」という状態になった(『晩成社日記』)。この月形らの調査行(明治13年)の記録からは、レコンテがどんな目的で須部都太に来ていたのかは不明だが、おそらく生活の資を得るための狩猟だったと思われる。それが彼らの生業であり、石狩川流域一帯が彼らの生活圏だった。

札幌に戻った月形らは、羊蹄山山麓と十勝川沿岸の調査を終えた海賀らと落ち合って、集治監設置の適所を検討した。羊蹄山地域は日本人の民家が近すぎ、十勝川地域は道がなく、交通の便が悪い。一方、須部都太は石狩川の水運に恵まれ、かつ未開の地であるから囚人を入れるのに適し、背後の山岳は囚人の脱走を阻むのに有効、直線距離で南西五里のところに旧仙台藩岩出山の士族入植地当別村があり、そこに道を通せばその先5里余には石狩港がある、また須部都太の樹林帯から切り出した樹木は獄舎等の建築に使うことが出来る、として彼らは須部都太が集治監設置の最適地と結論した。

同年6月上旬に帰京した月形は、松方正義内務卿(明治13年2月28日就任)に「須部都太ハ開墾スベキ地所凡ソ三千五百万坪余(是ハ全ク概見ニ出タルモノニシテ実測完了ノ日ヲ待タザレバ現実ノ坪数確定シガタシ)、獄舎等建築スベキ地所、拾壱万坪余(既ニ実測済)」、「地質膏腴(肥沃)、樹木繁密、実ニ天然ノ良地ニ之有リ。獄舎ヲ建築シ、開墾、樹蓄、養蚕等ノ事業ヲ興サバ、将来囚徒授産ノ道相立、幾多ノ公益ヲ得ベキ見込ニ付……」と報告し、この地を強く推した。

内務省はこの報告をもとに、この地に3千人の囚人を収監する大集治監を建設することとし、政府に総額17

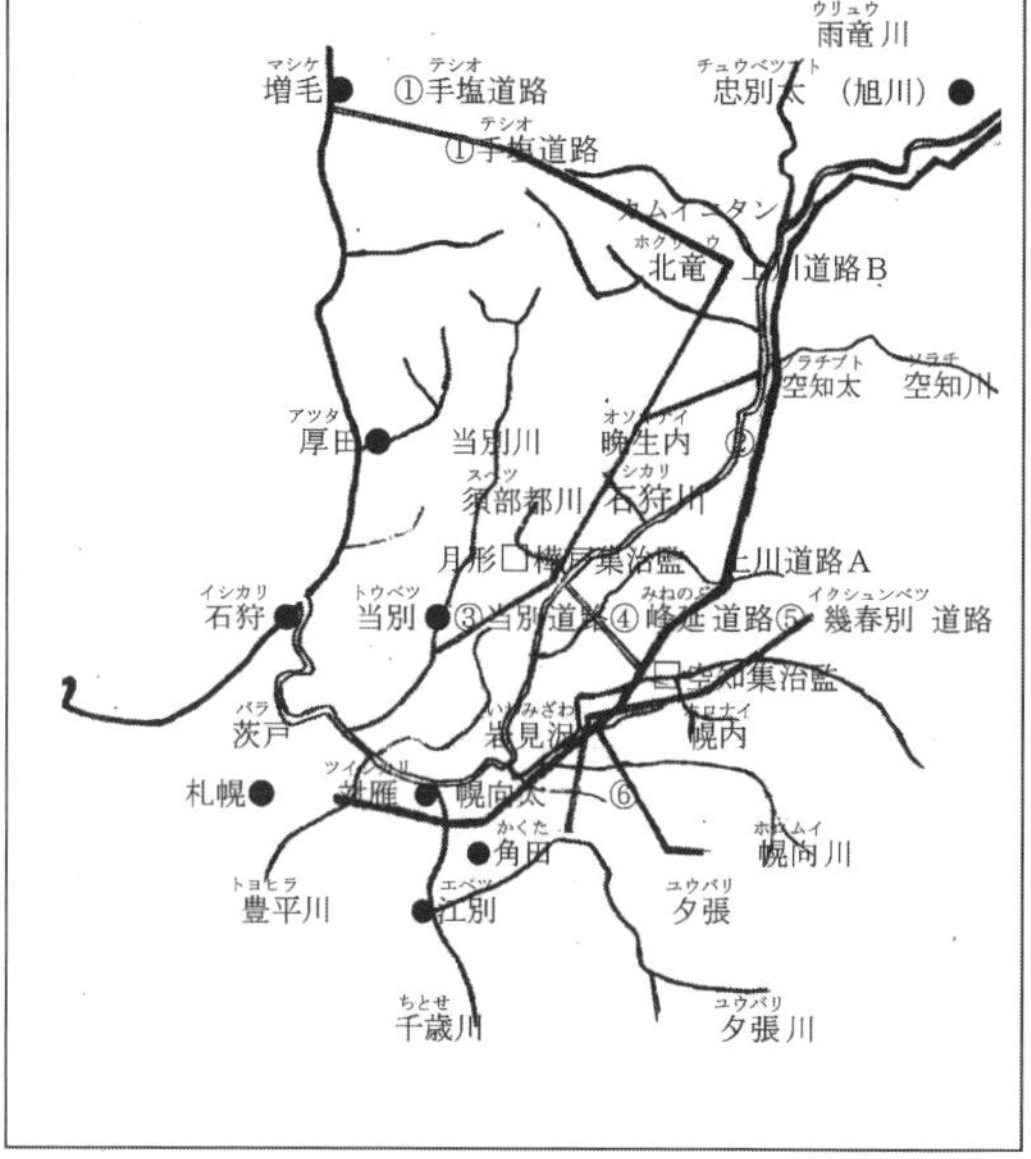

樺戸、空知二集治監の開鑿《かいさく》した道

万6千974円6厘の予算を要求した。それへの政府回答は大幅に遅れ、明治13年10月30日、総額10万円、必要な官吏の月俸、旅費などもその中から支払うこと、との案が示された。内務省は計画を縮小し、囚徒数1700人前後とし、第1年度分予算として5万円の支出を要請し、認められた。

明治3（1870）年、政府は、「新律綱領」（刑法典）を編纂し、府県に公示した。これは中国唐代以来の笞、杖、徒、流、死、の刑罰体系に基づくものであった。明治5年には、懲役刑が制定され、笞、杖刑は日数に換算して懲役刑とした。しかし、幕末時に欧米露列強国と結んだ諸条約中の治外法権撤廃には欧米並の刑法を持つことが必要条件と考えられたので、明治13年、政府はフランスのナポレオン刑法を模倣した改正刑法、翌明治14年には改正監獄則を公示した。北海道の集治監は、これらの法規に則って設置された。

樺戸集治監の設置

須部都太の集治監の建設は、政府の軍関係御用達商人大倉喜八郎の大倉組商会（現大成建設）が請負い、明治14（1881）年春から大倉組雇用の人夫たちによって始められた。この集治監の建設には、月形潔の建言で東京集治監の囚人40人も当てられることになり、重労働に堪えられそうな囚人が選ばれ、東京から須部都太に押送（監視付移送）され、現場の倉庫に収容された。倉庫の小さな窓は、天井近くにつけられ、頑丈な鉄格子がはまっていた。囚人たちは、東京出発時から朱色の獄衣を着せられ、両足首に鉄輪をはめられ、その鉄輪に腰縄から垂らした鉄鎖を結び、さらに鉄輪には1貫（3・75kg）の鉄玉を鉄鎖で結びつけてあった。その上、彼らは2人ずつ鉄鎖で繋がれ、逃亡はおろか碌に身動きさえできない姿だった。その姿で彼らは建築資材の運搬および集治監隣接地の原始林を伐採、木の根や大石の掘り起し、農地開墾の作業などに使役された。月形によれば、この囚人使役は無報酬労働だから建築費節約になり、かつ囚人押送の実地訓練になり、使役労働時と集団収容時の囚人心理の観察は今後の集治監経営に役立つというのであった。同年6月下旬、囚人たちの開墾した約1町歩の畑には、当別村の農業開拓を参考にして、大麻、大麦、幾種類かの豆、野菜類が植えられ、やがて芽を出し始めた。

明治14年7月1日、開拓使は須部都太を月形潔の名をとって「月形村」とするという通達を発した。集治監設置によって、囚人と集治監関係者からの各種需要が増え、やがて民間人の人家も増え、戸籍役場、郵便局、警察署、学校、各種商店、遊興施設などの管理の必要が生じることを想定した措置であった。１７００人の囚人の集治監の設置は、当時の北海道では最大級の村を生んだ。同年8月10日、内務省はこの集治監を「樺戸集治監」と命名し、開拓使管理から内務省直轄に移管し、その典獄（監獄長）には月形潔を任命すると発表した。この任命は伊藤博文の推挙によるものであった。樺戸集治監は「農事監獄」とされ、その第1期建築工事は、同年8月中に完了し、9月3日、集治監開設式が行われた。アイヌ語カパト（kapato）は水草「こうほね（河骨）」のことで、石狩川支流の川（現浦臼町と新十津川町の境）の名だったが、これをこの地域の郡名として樺戸郡としたのであった。

樺戸集治監本庁舎（現月形樺戸博物館）
7千坪の構内に、獄舎、炊事場、食堂、風呂場、病監、教誨室、暗室、各種工場、本庁、看守詰所、倉庫などの建物が配置されていた

通説によると、この「月形村」命名については、「町の世話役沢木吉五郎が、慈父のごとく敬愛されている月形潔の姓をとり村名を月形村としてはどうか、と提案したところ、全住民の賛成を得、内務省から同9月2日認可がおりた。月形潔は深く感銘した」（熊谷正吉『北海道風土記・月形』など）と伝えられているが、その真相はよくわからない。囚人に対してはかくも冷酷非情な集治監の典獄を「慈父のごとく敬愛」する住民たち、とは不思議な話である。明治という時代にはこういう奇妙さが時々見える。

樺戸集治監の獄舎は、土台をコンクリートで固め、壁は1尺（約30㎝）丸太を積み重ね、その内側には8分（約2・4㎝）の厚板が張られていた。開設時には獄舎、倉庫、集治監庁舎、看守詰所各1棟、敷地の周囲に高さ18尺（約5・5ｍ）、厚さ5寸（約15㎝）の高塀をめぐらし、集治監の周囲には官舎、大倉組の事務所、倉庫、飯場（工夫宿舎）、数軒の仮商店などが並ぶという規模だったが、次々と各種の施設が増築され、まもなく総面積7千坪を超える大集治監になった。官舎数は94に及び、必然的にこの地域は集治監を中心としてひとつの町の形になっていった。

森林伐採と農地開墾

明治14年10月18日、樺戸集治監の月形潔典獄は、獄舎の囚人たちの不穏な動きを封じ込めるために、囚人たちに、獄舎の南方、石狩川沿岸一帯の原始林を伐採、開墾して農耕地とする作業を課した。すでに収監された囚人は200人に近く、彼らは一応恭順の姿勢を見せてはいたが、囚人の扱いに慣れた看守たちにはその裏に危険な暴発の気配が感じられた。10月27日には初雪が降り、11月1日には本格的な降雪になった。囚人たちは薄い獄衣で、手袋、足袋もなく、足と腰を鉄鎖で縛られ、二人ずつ鉄鎖で結ばれたまま、足が雪に没してもこの作業を強要された。それは、ほとんどの者が凍傷で動けなくなった11月6日の夕刻まで続いた。この作業の結果、わずか19日間で1万8千6百余坪（約6・2町歩）が開墾され、畠地になった。ただし、これらの労役の結果、この年の病死者は88人、逃亡斬殺者2人で、死亡率はこの年の収監人375人の24％にのぼった。樺戸集治監には殺人、強盗、破廉恥囚徒とともに多くの国事犯（民権派の政治犯）が収監されていた。それは明治政府の彼らへの超法規的政治的報復であり、苛酷な労働と劣悪な生活環境を与えることで、その思想はおろか存在自体まで抹殺してしまおうとする意図によるものであった。

樺戸集治監は、翌明治15年春から本格的に農地開墾に着手した。月形典獄は、最初に開墾した獄舎近くの6町歩の土地を「須部都農場」、その西方10町の新開墾地30町歩を「知来乙農場」と名づけ、毎年それぞれに大量の囚徒を送り込んでそれらを拡げていった。アイヌ語スペッ「shi-pet」は「大きい川」、チライオツ「chirai-ot」は「いとう（サケ科の大形淡水魚）の多い処」の意味という。明治19年までに集治監の囚人たちが開墾した耕地の合計は、325町歩に達した。

明治20年4月、樺戸集治監は開墾地を道庁に引き渡し、道庁は知来乙農場の開墾地234町歩2反9畝16歩、他に未墾地若干を合せ、これを北越殖民社に払下げた。須倍都農場の土地73町歩余は、同年に土田政次郎に払い下げられた。その後も集治監はさらに開墾を進め、それらを次々と各種農耕者（含屯田兵村）に払い下げていった。これらの集治監開墾の農耕地が、その後のこの地域の農業経営の基盤になったのである。

樺戸集治監はまた、夏季の2か月間ほど、石狩川の上流約2・5里（10㎞）の札比内《サッピナイ》に外役所を置き、その地域一帯の原生林を伐採し、筏に組んで集治監そばの船着場（監獄波止場と呼ばれていた）まで運び、集治監の木工場で製材して販売した。明治17年以降、石狩川には結氷期を除いて「神威丸」「安心丸」の二隻の官用汽船（監獄汽船と呼ばれていた）が運航するようになった。これとは別に大倉組は、運搬用汽船「樺戸丸」を江別、月形間に就航させていた。

明治18（1855）年春、樺戸集治監初代典獄月形潔は、体調不良を訴えて内務省に典獄辞任を願い出、それは認められた。同年5月下旬、2代目典獄安村治孝（旧長州藩士）が赴任し、8月（6月とも）上旬、月形は家族とともに月形村を去った。彼は明治27年、49歳で故郷福岡県で死去した。極寒地樺戸における過酷な勤務が命を縮めたのだろうと推測される。安村は、幕末戊辰戦争、西南戦争を戦い、兵部省、東京府、警視庁などを経て、東京市ヶ谷未決監署長、石川島監獄署長、宮城集治監典獄など刑務畑を歴任して来た人物で、新任地樺戸集治監でもその経営に武断的に取り組もうとしていた。

空知集治監の設置と幌内炭山

明治14（1881）年4月、内務省は太政官政府に、九州、兵庫に設置予定の2カ所の集治監建設計画をやめ、その経費20万円を北海道集治監の開設費に転用したいとの伺を出した。その伺書によると、東京、宮城の集治監には既に空監がなく、北海道に建設中の樺戸集治監は予算削減によって収容予定人員を減らしたので、現在、集治監に収容すべき囚人4000人の収容が困難になった、この20万円で北海道に大規模な集治監を建設し、これらの囚人を収容するとともに、これを北海道の開拓に用いたい、ということであった。政府はこれを認め、北海道に新たに2カ所の集治監を設置することになった。

はじめ内務省は開拓使に、新集治監設置場所として根室近辺の「五里（20㎞）四方の開墾適地、漁猟その他の工業適地、河川などによる交通の便利な土地」を要望し、開拓使は、根室郡、厚岸郡、川上郡など数か所をその候補地として挙げた。

明治14年7月、内務省権少書記、渡辺惟精は北海道各地を実地調査し、開拓使とも協議の上、結局空知（アイヌ語地名 so-rapchi、滝がごちゃごちゃ落ちる川）郡字岩見沢のイチキシリ（同、i-chikir-ushi、熊の足跡の多くある処）に新たに集治監を設置することを決定した。これは、第一に、幌内炭山での労役にここの囚人を使うためであり、第二に、建設中の樺戸集治監が、石狩平野中部の沼沢地帯と石狩川を挟んだ北西約5里の位置にある、という理由による。当時はまだこの両集治監間の連絡道路はなかったから、ここから樺戸集治監へは、幌向太までの陸路とそこから石狩川を遡行する大迂回の通行にはなる。しかし、いざという場合（囚人の暴動、脱獄、逃亡など）に協力体制がとれるというのは両集治監にとって心強いことであった。

明治15年春、雪解けを待ってイチキシリに集治監建設工事が始められ、6月に入って獄舎1棟と官舎、合宿所が完成した。同年6月21日、開拓使はこの土地を「市来知村」と名づけ、渡辺惟精を典獄に任命して、同年7月5日、「空知集治監」を開監した。

空知集治監は、開拓使から10万5731haの土地を与えられ、1200人の囚人の収容を予定していた。初年度第1次の入所者70人、その年の入所者は297人だった。彼らは、まず集治監付近の森林を農地に開墾する作業に使役された。その後、諸施設が続々と増築され、囚人数も増加し、最盛期（明治23年）には3048人に達した。この年の職員（看守、諸役人など）は457人、家族を含めるとその4～5倍の居住者数と考えられ、それらの需要に応じて商店、各種職人、運送、土木などの業者が集まり、それらの人々がこの山間の地に一大集落をなしていたのである。

明治15年7月、空知集治監は、幌内に外役所を設け、同年12月、囚人100人をここに移して、囚人採炭労役に備えた。外役所には、事務所、獄舎、炊事場、浴場、倉庫などのほかに看守宿舎、合宿所などが作られた。獄舎の房室は狭く、窓も小さく、通風も悪かった。その建物は頑丈な扉で閉じられ、屋上には見張所が置かれていた。

明治16年7月1日、囚人たちは炭山の地下鉱脈へ出役した。坑口と外部につながる箇所は、すべて金網と外柵でふさがれていた。彼らの労役は12時間連続、午前5時と午後5時に囚人の入替、昼夜は毎週交代、1日1人の課量は採炭1トン、運炭は873mを6回半だった。坑内は真っ暗闇で、各自の小灯火だけをたよりに坑内を進み、切端（採炭場）に到り、柔らかい炭層ではつるはしをふるって石炭を掘る。硬い炭層では、せっとう（大型金槌）、鏨（鋼製の鑿）で炭層の数カ所に90cmほどの穴を穿ち、火薬を詰めて発破する。狭い切端ではしばしば横臥、仰臥姿勢での作業になる。炭層から出る可燃性ガスはしばしば爆発を起こし、頻発する落盤、落炭事故は囚人たちの腕や脚をもぎ取り、時に命までも奪った。坑内の空気は薄く熱く、炭粉と塵が立ち籠めて濁り、しかも現場での排便排尿による悪臭が充満していた。これは、どんな囚人にも、一歩先に死が待つ、逃げ場のない絶望的な苦役だった。飢餓と飢渇、わずかな休憩時間。

三笠市の炭鉱住宅（炭住）
この２階建長屋は、住友奔別炭鉱が昭和 40（1965）年代前半に建て、まだ現役の住宅である。三笠市の奔別炭鉱は明治 35（1902）年開坑、のち住友系の炭鉱となり、戦後の最盛期には 4400 人が働いていたが、昭和 45 ～ 46 年に閉山となった

この労役に動員されていた空知集治監の囚人は、常時その２割は衰弱、怪我ないし疾病、身体不具などによって、労働不能の状態にあったといわれる。死亡者は、明治17年には69人（在監者の6・7％）、同19年は83人（同４・１％）、同20年には２６５人（同13・５％）だった。明治20年の突出した死亡数は、「夏、麻刺利亜性熱病、大ニ流行シ、其勢猖獗（荒々しく）、臥床者（寝たきりの病人）数百名ノ多キニ至」ったことと、１人の囚人が数度に亘り数種の病を併発したことなど（『北海道庁事業功程報告』）によるが、その遠因は苛酷な労役、劣悪な労働環境、栄養失調、非衛生な獄舎環境などにあったことは明らかである。その２６５人の死因は、伝染病57、栄養失調９、皮膚および筋病７、骨および関節病５、血行器病１、神経系および五官（感覚器官）病24、呼吸器および肺病40、消化器病93、泌尿器および生殖器病３、中毒２、外襲性変死24だった（田中修『日本本主義と北海道』による）。それ故、厳重な監視と懲罰の体制にもかかわらず、逃亡はあとを絶たなかった。明治15年までの逃亡者は３７６人、そのうち発見されその場で斬殺された者73人、捕縛されて帰監した者１８０人、逃走中の者12人だったという。近在の村々の住民たちには囚人逃亡者は脅威だったから、彼らは集治の追跡、捕縛行動に全面的に協力した。

この炭山では囚人以外の一般労働者（全体の14～18％）も、採炭以外の坑道などの掘鑿、坑内外の作業などに従事していたが、囚人への賃銭は彼らの約４分の１、１日６～７銭ほどであった。

金子堅太郎の囚人論

明治18（1885）年、太政官政府大書記官の金子堅太郎は、参議伊藤博文に北海道視察を命じられ、7月下旬から70日間に渡って札幌、根室、函館地域の視察を行い、政府に詳細な復命書（報告書）を提出した。これは、前記岩本の北海道視察と並行して行われた。

伊藤は、北海道三県分治制が、指令系統の不統一、事務の繁雑化、役人数の増大、県費の膨張による増税などによって混乱し、この制度を廃すべきとする声が増大してきたのに応じて金子を派遣し、その実情を知ろうとしたのである。伊藤（長州閥）は、かねてから北海道の行政組織が、ほとんど薩摩閥の人脈に握られ、三県時代にもそれが続いていることに強く反撥しており、その解体の機会をねらっていた。金子の派遣はそのための布石（準備）でもあった。

金子堅太郎は、福岡藩士の子で、明治3年、藩主黒田長知から藩留学生に任じられ上京、翌4年、岩倉使節団の一員の藩主に従ってアメリカへ渡り、そのまま滞米してハーバード大学で法学を学んだ。帰国後、大学豫備門（旧制第一高校の前身）英語講師、元老院大書記官などを経て、制度取調局に入り、伊藤博文のもとで、井上馨、伊東巳代治とともに明治憲法起草の任にあたっていた。明治18年当時、彼は、欧米流の法律知識を誇る32歳の切れ者少壮官僚だった。

金子は北海道視察復命書において、厳しく三県制の不能率を批判し、その廃止を提言した。その中で彼は、北海道開拓には集治監囚人を積極的に使用し、特に道路開鑿にそれを集中すべしとの提案をした。それは、原始林の伐採、山岳部の掘削、湿地帯の排水などをして新道路を開鑿するのに民間の道路工夫を使えば多額の賃金を払わなければならず、これに囚人たちを使えば国家財政にとって大いに節約になるという理屈からであった。

彼はその復命書に「（彼らは）モトヨリ暴戻（暴力性で無徳義）ノ悪徒ナレバ、ソノ苦役ニタエズ斃死（野垂死）

スルモ、（民間の）工夫ガ妻子ヲ残シテ骨ヲ山野ニ埋ムルノ惨状ト異ナリ、マタ今日ノゴトク重罪人多クシテ、イタズラニ国庫支出ノ監獄費ヲ増加スルノ際ナレバ、囚徒ヲシテコレヲ必要ノ工事ニ服セシメ、モシコレニタエズ斃レ死シテ、ソノ人員ヲ減少スルハ、監獄費支出ノ困難ヲ告グル今日ニオイテ、万ヤムヲ得ザル政略（政治的戦略）ナリ。」と記した。彼の試算によれば、民間工夫を使えば、1日の賃金は40銭以下ということはないが、囚人使役ならばその経費は1日18銭で済む、囚人労役はあくまでも懲役労働であり、また彼らの死は監獄経費の減少になるからむしろ歓迎すべきであるというのである。

金子の北海道視察に先立って、樺戸集治監典獄の月形潔（明治18年5月、典獄辞任）は、「北海道開拓私儀」を記し、金子に「奸悪無頼（狡賢く乱暴）ノ罪人ヲ利用シテ、此ノ開拓要求ノ土工（土木工事）ニ従事セシム。国家ノ経済ハ、一挙ニシテ両得（開拓推進と囚人抹殺の一石二鳥）ナルニ非ズヤ」という提案をした。金子の政府への報告は、これを下敷にしたものだといわれる。金子は、のち第3次伊藤内閣の農商務相、同4次伊藤内閣の法務相、貴族院議員、日露戦争の終戦工作特使、枢密顧問官などを歴任して、昭和9（1934）年、伯爵に叙せられた。

釧路集治監の設置

明治18（1885）年11月10日、内務省は、釧路（アイヌ語「クシル」＝超える道の意味か）国上川郡熊牛村字標茶に集治監を開設した。根室周辺に集治監を設置することは、明治14年時点で決定されていたが、空知集治監の設置を優先した結果、この地方へのそれは遅れたのである。

明治17年12月15日、内務省准奏任官大井上輝前と五等官森八男は、標茶、弟子屈地域を検分し、内務省に、この地が「中央ニ釧路川ヲ挟ミ、其両岸樹木林立、土質最モ高腴（肥沃）、川流深沈（深くゆったり）、運搬ノ便善ク、（集治監設置場所として）至極適当」であると報告した。

しかし、根室県県令湯地定基は、そこは一般移民の入植地として適切であり「（その地）ヲ挙ゲテ集治監用

釧路集治監本庁館（現標茶町郷土館）
もと標茶高校の敷地にあった釧路集治監は、現在は本庁舎のみ塘路湖畔に移されている。瀟洒な外観がこの木造洋館と集治監の重いイメージとの落差に驚く

地ニ属セシメ候時ハ、自然、移住出願者ノ志想（意欲）ヲ阻喪（失う）」させるであろうとしてこれに反対した。

　結局、明治18年9月4日、内務卿山縣有朋の決済を経て釧路集治監は標茶に作られることになった。典獄には大井上輝前が任じられ、空知集治監と東京、宮城仮留監から１９２人の囚人が移送されてきた。釧路集治監の囚人数は明治19（１８８６）年には７７２人、最多時は明治27年の２２８５人で、明治19年から同30（１８９７）年までの平均は約１２００人だった（ただし明治24年開監の網走分監分は除く）。

　大井上輝前（１８４８〜１９１２）は、伊予（現愛媛県）大洲藩士の家に生まれ、同郷の先輩武田斐三郎が教える箱館奉行所調所で学び、十代でアメリカ西海岸に留学、帰国後新政府に入り、箱館戦争に参戦した。その後、開拓使勤務を経て、明治16年、内務省監獄局で北海道集治監建設の事務に就いた人だった。

民権思想家たちの投獄

　明治14（１８８１）年6月10日、秋田県秋田町で秋田立志会の中心人物、農民柴田浅五郎らが強盗殺人および内乱陰謀罪で逮捕された。警察資料によれば、彼らは横手町に放火し、警察署、郡役所、銀行、秋田県庁を襲撃し、これらを占拠する一方、豪農を襲い軍資金を得、仙台に向かい、宮城県の同志と合流、宮城集治監から反政府士族たちを解放、仙台鎮台（陸軍司令部）、警察署、県庁を打ち壊し、富者から軍資金を掠奪して東京に進撃するという計画だったという。自由党成立以前に起きたこの事件の真相は実際には謎である。

明治15年11月28日の夜、福島県喜多方町に県下3千人の農民が集まり、警察署を囲み、県令三島通庸（旧薩摩藩士、のち警視総監、子爵）の暴圧県政に抗議し、逮捕された会津自由党の幹部の釈放を要求した。警察巡査隊は、サーベルを抜いて農民らに襲いかかり、片端から彼らを検束し、これを蹴散した。三島は、福島県下の自由党員および同調者千数百人を逮捕し、河野広中ら幹部6人を内乱陰謀罪で検挙した。翌16年、三島は栃木県令を兼任、ここでも相変わらずの暴政を敷いた。福島、栃木、茨城の急進派自由党員と河野広中の甥廣躰らは彼の暗殺を図ったが、警察に察知され、急遽幹部16人が茨城県加波山で蜂起し、結局追いつめられて捕縛された。彼らは、国事犯としてではなく、常時犯として、死刑7人を含む重刑に処せられた（加波山事件）。明治16年3月、新潟県高田町で、政府転覆を図ったとして頚城（新潟県南部の古称）自由党員ら37人が検挙された。これは明らかなデッチあげ事件だったが、3人が国事犯として起訴され、赤井景韶が重禁固9年の判決を受けた。のち赤井は脱獄して殺人を犯し、捕らえられ死刑となった。

明治17年5月の群馬事件、同年8月～11月の武相（武蔵・相模）困民党運動、そして同年11月の秩父（埼玉県西部地方）困民党事件は、松方デフレ政策で困窮した養蚕農民たちの生存をかけた蜂起だった。彼らは自由党急進派と結びついて、借金軽減、高利貸し襲撃から、警察署、鎮台への攻撃、政府転覆計画に至る行動を展開したが、いずれも短期間で政府の鎮圧に屈した。

旧自由党急進派の反政府、立憲制樹立の行動は、地租軽減、徴兵制廃止、貧民救恤（救済）の要求を含みながら、明治17年12月の飯田事件、翌18年11月の大阪事件、翌々19年7月の静岡事件と続いた。資金集めのための銀行、富豪、役場への強盗や爆裂弾製造などの強硬手段もとられた。結果として、多くの民権家たちがさまざまな「罪状」で投獄されることになり、明治国家は民権派を駆逐し、政府は国権派が主導することになった。

それらの民権家で「徒刑」判決を受けた人たちは、明治14（1881）年以降北海道に新設された「集治監」に送られた。

北海道の集治監に送られた民権家たち（供野外吉『獄窓の自由民権家たち』1972年による）

秋田事件	柏木第六、館友蔵、川越庫吉
群馬事件	岩井丑五郎、小林安兵衛、宮部襄、深井卓爾、湯浅理兵
秩父事件	堀口栄次郎、菊池貫平、宮川寅五郎、姉川義藤、（森川作三）
加波山事件	小林篤太郎、草野左久馬、五十川元吉、玉水嘉一、原利八、天野市太郎、河野廣躰、鯉沼九八郎、門奈茂次郎
名古屋事件	鈴木桂太郎、中條勘助、皆川源左衛門、種村鎌吉、奥宮健之、佐藤金次郎、青沼傳次郎、塚原輪吉、久野幸太郎、山内徳三郎、寺西住之助、安東浅吉（山内藤一郎）（鬼頭弥助）
静岡事件	湊省太郎、鈴木辰三、宮本鏡太郎、中野次郎三郎、鈴木音高、清水高忠、藪重雄、木原成烈、小山徳五郎、足立邦太郎、名倉良八、小池勇、川村弥市
尻無川事件	間直三、下村治幾

（ ）内は著者の推定。尻無川事件とは、明治20年、大阪尻無川河畔で反政府グループが資金提供依頼者を殺したとされる事件。

第16章　北海道庁の時代

初代長官岩村通俊

明治18（1885）年12月、政府は、行政の強化、能率化をめざして太政官制を廃止し、内閣制度を施行し、明治4年以来三條実美が務めていた太政大臣職は廃止された。それまで「卿」の名称だった外務、内務、大蔵、陸軍、海軍、司法、文部、農商務、逓信、各省の長は「大臣」と改称され、それらを内閣総理大臣が統括する体制に改め、これを国家運営の最高行政機関とした。宮内省は内閣の外に置かれ、宮内大臣は専ら宮中のことを司どることになった。

明治19年1月26日、政府は北海道のいわゆる三県一局制を廃止し、北海道庁を設置してその初代長官に岩村通俊（旧土佐藩士）を任命した。北海道庁（通称道庁）とは、北海道全域の地方行政、開拓行政、屯田兵、集治監、農学校、炭鉱鉄道などに関する業務を担当する政府の一官庁であり、その長官は、他府県の知事が内務大臣の管轄下にあるのに対して内閣総理大臣の直接指揮下に置かれていた（明治23年以降は内務大臣管轄）。ただし、これは北海道を他府県に比べて優遇するという意味ではなく、逆に北海道ではさまざまな制度を「単純簡易ノ構造」にして「殖民地適当ノ政治」を行い、開拓の成果を速やかに実現する（明治20年5月、岩村長官の施政方針演説）という意図によるものだった。すなわち、札幌県、函館県、根室県の廃止、郡長、区長と警察署長の兼務、小学校教育の簡素化（年限短縮）などで行政、民生分野を安上がりに抑え、官営事業の民間払い下げ、官貸金の棄捐（放棄）、鉱物資源の調査開発、道路港湾の開鑿改修、水産税、出港税の軽減、廃止などによって本州資本を北海道に惹きつけ、短期間のうちに北海道を「我国ノ富強ヲ佐クル」土地にするための政策だった。

岩村は、明治4年2月、開拓使判官に任じられ、島義勇に代わって札幌の都市建設を行ったが、明治6年1月、黒田開拓次官と衝突して免官されて札幌を去った。これは黒田が薩摩閥のみを重用し、北海道の実情を知らぬまま東京から指示を出す姿勢に反撥し、また自身の内陸部開拓論が黒田の石狩地域開拓優先論と対立した結果だったといわれている。その後、岩村は、佐賀県令、山口裁判所所長（行政官）、鹿児島県令、沖縄県令などを歴任したあと、明治15（1882）年7月、会計検査院院長の時、三條太政大臣から北海道三県体制の巡回視察を命じられた。彼は三條大臣に、北海道は一つの行政単位に統一する必要があり、その中心を上川地域とし、ここに離宮（皇居別宮）を設け、殖民局を置いてこれを管理すべきとする「北京《ほっきょう》ヲ北海道上川ニ定ムルノ議」建議書を提出した。明治18年8月、司法大輔（次官相当）になっていた岩村は、三條太政大臣から3度目の北海道行を命じられ、永山武四郎屯田事務局本部長とともに上川に入り、近文山（標高229m、現旭川市の西方、石狩川北岸部）からこの地域を国見した。その帰途、函館で、ふたたび「北京ヲ上川ニ奠クノ議」を書き、三條大臣に郵送で提出した。その岩村が北海道庁初代長官に任じられ、札幌に赴任したのである。

アトサヌプリ硫黄山

明治18（1885）年、標茶に釧路集治監が置かれたのは、屈斜路湖近くのアトサヌプリ（アイヌ語 atusa-nupuri は「裸の山」、跡佐登と表記）硫黄山の、囚人使役による硫黄採掘を主たる目的としたからである。硫黄は、火薬、マッチ、ゴムなどの製造に不可欠な発火性の鉱物で、この時代、日本国内での需要はもとより、輸出品としても貴重な物資であった。

跡佐登の硫黄は、すでに松前藩の時代から採取されていたと伝えられるが、明治9（1876）～10年、元釧路場所（漁場）の請負人だった佐野孫右衛門が、開拓使の許可を得て本格的な採掘を始めた。製錬方法はかなり原始的だったが、この硫黄は質が高く、明治10年には2475石が採取されていた。この鉱山の最大の問

現在のアトサヌプリ硫黄山光景
硫黄山は明治20（1887）年、安田善次郎に譲渡され、その利益は安田財閥の形成に大いに寄与したが、産出量の減少で、明治29年採掘をやめた

題は、釧路港までの搬出手段の確保にあった。佐野は、跡佐登、標茶間に道路を開き、この間は荷駄馬で、標茶の船着場からは釧路川の水運を利用して硫黄を釧路港へ運んだ。明治14年に佐野が死去し、明治18年、硫黄鉱山の経営は函館山田銀行の山田慎に譲渡された。

明治19年、大井上典獄は、山田と10カ年契約を結び、囚人１人につき１日15銭の工賃で硫黄採掘を請け負った。大井上は、跡佐登鉱山に外役所を設け囚人２５０人を置いて、硫黄採掘の労役に当てた。それは、釧路集治監に半年で１万１５００円余の収益をもたらした。囚人たちは、毎日、早朝から日没まで亜硫酸ガスと硫黄の粉塵に咽びながら坑道を掘り、硫黄をモッコ（藁筵の袋）につめて運び出した。就役１カ月で彼らの目は爛れ膿で閉ざされ、失明する者が続出した。看守にも同様の障害が出た。

この年６カ月の間に囚人３００余人のうち患者数は１４５人、そのうちの42人が死亡した。翌明治20年６月には過労と栄養失調による病（脚気）が発生し、このために死亡する者が30人に達した。囚人たちは、有毒ガスを全身に浴びて、肺を侵され、口辺が爛れ、皮膚は青黄色く変色し、痩せて骨が浮き出し、腹が異様に膨れ、頭髪が抜けた。感覚や判断力は朦朧状態に陥り、自分の食物を食い終わると他囚の食物に手をのばし、殴られてもそれを繰り返す。看守たちも常軌を逸してきて徒に苛立つようになり、囚人の小さな失敗にもサーベルを抜いて襲いかかり、しばしば斬殺に及んだ。

明治19年４月、山田は北海道庁から跡佐登・標茶間24哩《マイル》（約38・６㎞）に「鉱物運搬用鉄道」の敷設を許された。山田は、この鉱山の採算性を高く評価したが、近代的な製錬法の導入と搬出路（道路、鉄道、港、船舶など）の開鑿には莫大な資金がかかることを知り、明治20年1月、この鉱山の経営を断念し、安田銀行の安田善次郎にこれを譲渡した。安田は山田と同じ富山県出身で、これまでもその誼で山田に資金の融資を続けていたが、山田はその返済に窮し、結局、安田にその経営を委ねたのである。

明治20年11月、安田はこの鉱物運搬用鉄道を完成させた。それは、硫黄山、標茶間を、凹凸地は切通と築堤で均し、大小の河川には木製トラス式（結合構造）の橋を架け、その上に敷いた鉄製レールの上を、蒸気機関車が牽引する8輌の貨車が時速12〜16㎞で硫黄を運搬するというものだった。標茶からは釧路川水運を使って釧路港へ運んだ。

安田は、アメリカから1・5トン機関車2輌と4トン積貨車19輌、客車2輌を輸入し、機関車には「長安」「進善」（安田善次郎の名から命名）と名づけた。標茶停車場構内には上下線のレール、途中8カ所に上下線行合用複線、方向転換用Y字線、数カ所に機機関車給水用の休泊所を設けた。鉄道橋の最大のものは高さ45尺（13m）、長さ180尺（54m）だったという。この鉄道は、沿線に移住者が増えてくると彼らを無賃で乗車させ、生活物資の運搬などもした。これらの鉄道工事も、釧路集治監の囚人たちによって行われたとされるが、それに関する資料は残されていない。

安田は、標茶に硫黄精錬工場を作り、標茶の船着場を整備し、釧路川を浚渫し、6トン積の汽船3隻、達磨船、曳船などを配備した。この浚渫作業のほかに標茶、釧路間の道路48㎞と電話架設工事も囚人使役で行われた。安田は、年間7万石の硫黄産出を目標値として次第に出役囚人を増やし、その数は最多時には500人に及んだ。

上川仮道路の開鑿

北海道庁長官岩村通俊は、「石狩国上川郡ハ、本道ノ中央ニ位シ、原野曠漠（広々として）、地味肥沃、河川其間ヲ貫流し、水利頗ル便ニシテ、殖民ノ地ナリ。加フルニ、其位置、正ニ東海岸、十勝及釧路ニ達スルノ衝路（重要路線）ニ当ルモ、未ダ路線ノ通ズルモノアラズ。早晩（遅かれ早かれ）必ズ大ニ之ガ開通ヲ謀ラザルヲ得ズ。乃チ、先ズ基本年度ニ於テ、金四千円ヲ目途（めど）トシ、假道ヲ築キ、馬蹄（馬車道）ヲ通ズルヲ以テ度（手本）トシ、其工事ニ着手ス。」（北海道庁『明治十九年度功程報告』）として、明治19（1886）年2月、道庁属官の高畑利宣に上川地域への道路開鑿のための実地調査行を命じた。高畑には、明治5年、当時開拓判官だった岩村からの辞令を得て、開拓使官として初めて上川地方を踏破し、その概要を報告した実績があった。その後、高畑は開拓使をやめ、札幌で旅館と風呂屋を営んでいたが、明治14年会計検査院院長になった岩村に同院に招かれ、岩村の道庁長官就任とともに再び道庁に入っていた。上川地方は、明治初期以来、この時期まで、依然日本人の入地はほとんどないままであった。

高畑は、明治19年4月26日、札幌を発って石狩川を遡り、まず樺戸集治監に向かい、旧知の安村典獄に面会した。

高畑の記録によると、この時、安村は「夫《それ》ナラバ、僕ガ請負人トナリ、囚人ヲ以テシタナラバ、手易イ事デアルカラ、二萬円ガ二千円位デ、二、三、四月位デ出来ル」と言い、それが上川道路の囚人使役の端緒（始まり）になったとするが、実際は囚人使役の件は、道庁ないしは政府の既定方針だったと思われる。

同年4月29日、高畑は安村典獄とともに、樺戸集治監囚徒20人、看守ら7人を率いて、石狩川を遡行し、空知太（空知川の石狩川流入地、現滝川市）、カムイコタン（現深川市と旭川市の境）、忠別太（現旭川市）などを跋渉（歩き回る）調査し、新道の路線をほぼ確定して札幌に戻った。その報告を受けて、岩村長官は、高畑を測量担当、安村を工事担当として、上川仮道路開鑿の着工を命じた。

工事は明治19年5月16日に起工され、工期を短縮するために、空知太に拠点を置き、そこから北方と南方に向けて進められた。樺戸集治監からは、安村典獄以下大量の囚人が空知太に送り出された。

工事はまず北方道路から始められ、これは同年6月23日竣工（工事完了）、続いて南方道路に着手、これも同年8月20日に竣工し、わずか4か月で市来知・忠別太間21里32町が繋がった。石狩平野の原始林を一直線に伐採し、地面を均し、湿地帯の水を抜き、川と沢に橋を架け、カムイコタンの難所では川岸の岩盤を掘削して進むなどの困難を考えれば、これは驚くべき速さだった。

上川仮道路は、高畑によれば「空知郡停車場岩見沢（幌内炭山鉄道の駅）ヲ起測トナシ、石狩川ノ南方山河ノ中間ニ路線を取リ、岩見沢以東、字タップ山（現三笠市西部、達布山）ノ北麓ヨリ道鑿ニ着手シ、上川郡忠別太ニ達ス。此里程二十三里（92㎞）。該道（この道路）築造ノ方法ハ、草木笹等ヲ九尺（2・7ｍ）幅ニ伐採シ、而シテ道幅則チ馬踏（馬道）ヲ六尺（1・8ｍ）ニ作リ、各川沢（川と沢）ハ六尺幅ノ土橋（土で覆った木橋）ヲ架設シ、湿地ノ箇所ハ適宜排水ヲ設け、漸ク人馬ノ往来ニ堪ユル道形ヲ築造シタルモノ。」（岩村長官宛竣工報告書）の道路だった。

高畑の報告書によると、空知太・忠別太間仮道路開鑿（39日間）に要した延人員は、囚人用仮小屋、宿舎、物置などの建築人夫、炊事夫、渡船夫、運送夫、役人、看守、その他を含んで、合計19万３８６０人、そのうち樺戸の囚人は18万５７６０人とある（北海道道路史研究会『中央道路物語』）。費やした工事費は、全工程（現岩見沢、旭川間）でわずか３千７８７円94銭（これ以下とする説もある）だったとされる。「仮道路」（本道路への先行道）とはいいながら、普通ならば優に数万円はかかる工事が、岩村と安村の示した４千円をさえ下回って、しかもこの短期間で完成したのである。

単純に考えて、５月16日から８月20日までの97日間、１日40円以下で１㎞弱の道を開いたことになる。現在の物価水準を当時のおよそ４千倍とすれば、当時の40円は現在の約16万円である。それは、原始林、沼沢地、山地を切り開き、橋を架け、害虫、害獣の襲来、看守の懲罰に脅えながらの作業であり、まさに囚人たちの「骨ヲ山野ニ埋ムルノ惨状」によって進められた。これが囚人使役の「成果」だった。

仮道路から本道路へ

上川仮道路は、わずかに人と馬が行き来できるいわゆる笹刈り道だった。カムイコタン付近の山道は「峻険

上川道路（現国道12号）美唄市茶志内あたりの光景
集治監の囚人によって開鑿された道路をたどって、屯田兵や一般移民たちが入植した

ニシテ、徒歩セザルベカラズ。（人馬ともに）其困憊（疲れて動けない）甚シ」（『北海誌料』）という道だったという。

明治20年6月、空知太・忠別太間仮道路の本道路への改修工事が始められた。高畑の見積記録によると、それは「全里程13里（平地8里、山道3里、石山道1里、湿地1里）の道を道幅3間（5・4m）に拡げ、勾配を均し、道の左右に2尺（60cm）の排水溝を掘り、76カ所に架橋して、馬車の通行を可能にする道」だった。必要人員は43万4500人、工事費用は2万7700円45銭、その46・9％は囚人給与、38・8％は囚人食料費と見積もられている。この工事も仮道路の時と同じく、空知太を起点にして北方と南方に進めていく方式がとられた。

北方への工事は樺戸監獄署（明治20年1月～同23年7月の間、集治監は監獄署と改称）の囚徒たちによって進められ、明治20年には音江村法華（現深川市南部）まで、翌21年は国見峠（音江の東）まで進み、明治22年11月忠別太に達し、完了した。

南方への工事は、明治21年4月から、主として空知監獄署によって進められ、翌々明治23年9月に、空知太・市来知間、約33kmの工事が完了した。

明治21年6月から8月には、札幌監獄署の囚人が「其間最も険悪の箇所」の達布山北麓と空知太間の道路補修に投入されたという（『事業功程報告』）。

この間の囚人出役は延べ17万7660人、工費は1万2714円31銭6厘だったと『空知監獄記録』には記されている。

北海道中央道路計画

上川道路は、開拓使が「中央道路」と呼んでいた北海道内陸部の縦断ないし横断道路の一部をなすものとして計画された。「中央道路」は、開拓使時代の末期、明治14～15年頃、計画された長大道路だった。それは、札幌から石狩原野を北上縦断して忠別太（旭川）に達し、忠別太から美瑛川沿いに南下して富良野原野へ抜け、東進して中央山地（狩勝峠）を越えて新得に出、十勝川に沿って十勝原野を横断し、利別川沿いに北上、足寄から足寄川に沿って東進、釧路国への国境（釧北峠）を抜けて阿寒湖、弟子屈に達し、釧路湿原中の標茶を経て太平洋岸釧路に出、さらにそこから昆布森を経て根室に至る、文字通り「北海道の中央」を走る道路として計画された。それは、北海道内陸部を開拓するための道路開鑿計画だった。

明治21年6月15日、陸軍少将永山武四郎が第2代の北海道庁長官に就任した。彼は、もしロシア軍が日本に侵入してくるとすれば、その上陸地点は北海道のオホーツク海海岸（現湧別町あたり）と想定し、この地域に防衛線を敷くことが緊急の課題であると考えていた。しかし、当時この地域は、道央（札幌地域）からも、日本海岸、太平洋岸からも道路はなく、いわば「陸の孤島」状態だった。永山は、北海道庁長官就任後、部下たちに訓示し、「本年度ニ於テ、上川郡忠別太ヨリ北見國網走ニ至ル新道ヲ開鑿シ、以テ南北ノ交通ノ連絡ヲ図ラントス。要スルニ兵備上殖民上緊急ノ事業ナリ。シカレドモ土木費不足ニシテ、工費の出途（出どころ）ナシ。ヨロシク細費（細かい支出）ヲ節約シ、以テ土木費に充用シ、忠別太、網走間

空知、釧路監獄署（集治監）開鑿《かいさく》の道東道路

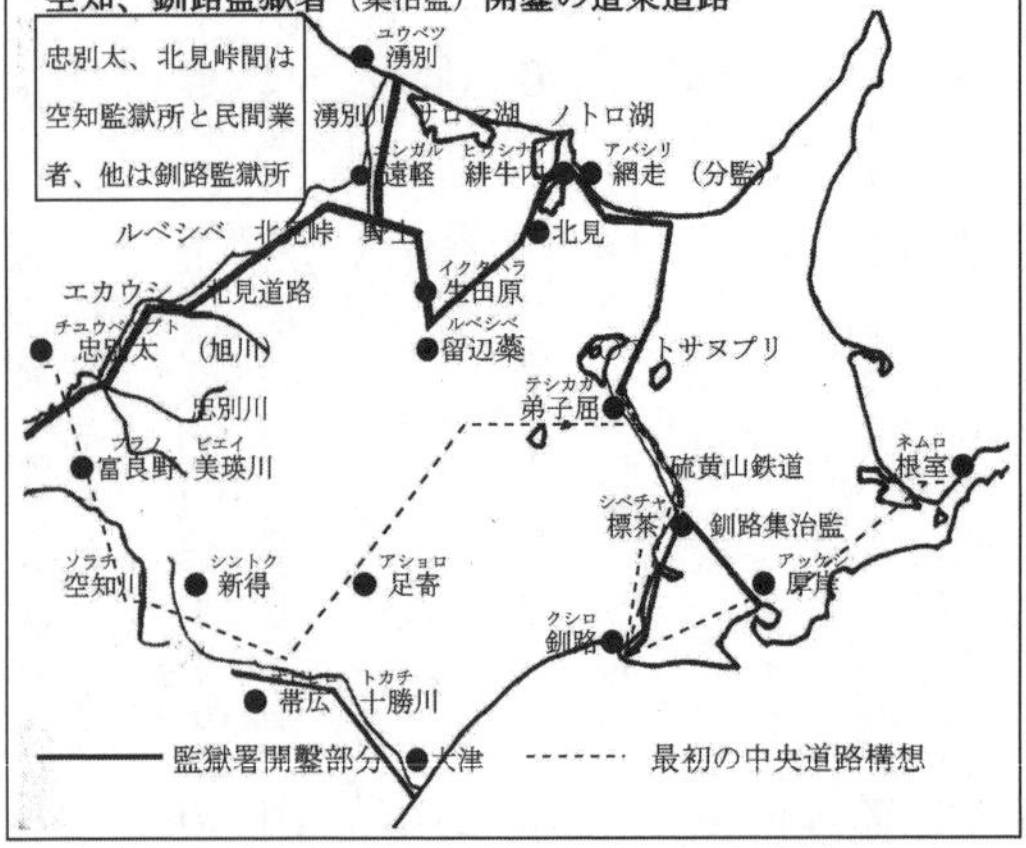

ノ工費ヲ補塡（不足分を埋める）スベシ」と述べた。永山は、当初の十勝から釧路への中央道路計画を変更し、忠別太、網走間の内陸横断路線とすることにしたのである。それは彼にとってはロシアの侵攻に備えてオホーツク海岸警備の拠点（屯田兵村）を作るための「兵備上、殖民上緊急ノ事業」であった。彼のこの判断は、北海道庁長官としてでなく、陸軍少将としてのものであったといえる。

明治22年6月29日、空知監獄署の武川鈴之助看守長は、同監獄署の囚人37人を率い、看守3人、押丁（看守補佐）2人、馬8頭とともに北見国へ向かった。彼らは忠別太から幅6尺（約1・8ｍ）の仮道を切り開きながら上川、北見の国境（北見峠）を越え、そこから北東へ向かってオホーツク海海岸の湧別に達し、湧別からは既成のサロマ湖外海沿いの砂洲道と能取湖口の海岸道路を補修改良して進み、約60日間で網走に至った。距離はおよそ２１６㎞、工費は１万３３０９円66銭5厘だった。

峰延《みねのぶ》道路の開鑿

明治19年8月21日、すなわち上川仮道路が開通した翌日、樺戸集治監は、月形、峰延間道路の開鑿に着手した。これは樺戸と空知の2集治監を結ぶための道路であった。樺戸集治監側からすれば、これを経由して、既に開通している幌別炭山鉄道で札幌、小樽までの往来が出来るようになる。それは、石狩川水運と当別道路を使用の不便を解消することになる。

工事は、月形から峰延まで16・3㎞は樺戸集治監、市来知から峰延までの4㎞は空知集治監の分担とされた。『中央道路物語』によると、現ＪＲ峰延駅近くの川内川（アイヌ語 ka-ush-nai、糸罠をかける川。地名は光珠内がその分岐点だったようである。

月形・峰延間の低地は常に水が停滞していて、路線の測量すら不可能とされる泥炭性の沼沢地だった。樺戸集治監の典獄安村治孝は、空知集治監典獄の渡辺惟精と協議して、樺戸集治監西北の円山と空知集治監西方の達布山に狼煙をあげて方向確認の目印とし、その間を直線的に突っ切って峰延に向かう道路を作ることにした。

道路幅は3間（約5・4ｍ）とし、左右9尺（約2・7ｍ）の樹木を伐り払い、見通しを良くして工事を進めていった。

沼沢地では、小舟に乗った測量師の指示で、ほとんど半身水に浸かった囚人が、9尺の測量竿を突き立てると、それは容易に土中に没し、わずかに上部を水面に出すという状態だった。囚人たちは2人ずつ足を鉄鎖で繋がれたまま、水の中で船を押し、竿を担いで移動した。その道路面の両側に、幅4尺、深さ3尺の排水溝と支溝を掘って水抜きをし、掘り上げた土を道路面に盛っていく。

その年の秋から冬、樺戸集治監の囚人たちは、病人、障害者以外の全員が木材の伐採作業に駆り出された。原始の山林から数万石の丸太木を伐り出し、結氷した石狩川の上を対岸に運んでおき、春の融雪後、排水溝を運河にして、縄を結びつけた丸太木を囚人たちが運河の両側から曳いていく。道路予定路線上に、道路幅に切りそろえた丸太木を敷き並べていき、その上に1尺（約30㎝）厚に土を盛り、さらにその上に砂利を2間（約1・8ｍ）幅、2寸（約6㎝）厚に敷きつめていく。その土と砂利は石狩川の河原から運んだ。石狩川には渡し場が設けられたが、途中の大小の河川には木橋を架けなければならない。それは、東方4里（約16㎞）の峰延に到達するまでの難行苦行の連続であった。この工事は明治20年8月30日に竣工した。

一方、空知集治監側の峰延までの工事は、明治20年5月15日に始まった。市来知から達布山南麓地域の森林伐採、崖の切り崩し、沢への架橋などを重ね、工事は9月3日に終了し、月形・市来知間道路は全開通した。明治20年9月4日、樺戸集治監では、北海道庁長官岩村通俊らを迎えて「樺戸空知新道」の開通式が行われた。この道路は、月形側からは「峰延道路」、峰延側からは「樺戸道路」と呼ばれた。

幌内炭鉱と鉄道の民間払い下げ

明治15（1882）年2月、開拓使が廃止され、幌内炭鉱と幌内鉄道は工部省の管轄となり、翌16年には、農商務省の北海道事業管理局の所属となった。明治19（1886）年1月、北海道庁（道庁）の設置とともに、これらは道庁内の炭鉱鉄道事務所に移管された。

翌明治20年4月、それまで道庁炭鉱鉄道事務所長だった村田堤は、「辞任して幌内炭の一手売捌きを請負う事業に当りたい」との請願を道庁に提出、道庁はそれを容れ、採炭は空知監獄署、鉄道は鉄道事務所の管轄とし、石炭販売を村田に委ねた。

もともとこの鉄道は官営幌内炭山の石炭積出用であり、旅客と貨物輸送の運賃は別に設定されていたが、石炭輸送は無賃だった。それ故、鉄道経営自体は赤字で、中央省並の予算を持たない道庁がこの鉄道を維持するのは無理だった。

同年12月、村田は道庁に幌内鉄道の運輸請負と幌内、幾春別炭鉱（新開発炭鉱）間の鉄道敷設の許可願を出した。この願は、翌明治21年3月、許可され、村田は「北有社」を設立して、同年4月から道庁の定めた運行規定（運賃と運転回数など）により幌内鉄道の運営を始めた。幾春別鉄道は、同年12月7日に完成、開業した。これらの施策により、幌内鉄道は業績を回復、営業係数（100の利益をあげるための支出割合）は70程度になった。

北有社自体は利益を出していたが、この鉄道は、積雪、結氷による運転休止、線路、橋梁の不完全、などの弱点が指摘されていた。この状況を見て、この時期道庁理事官だった堀基は、北有社に代わる鉄道会社の設立運動を始めた。

堀は旧薩摩藩士で、鳥羽伏見戦争に参戦のあと、箱館裁判所（行政機関）監察として北海道に渡り、明治2年、開拓使に出仕、黒田清隆開拓次官の下で中判官、大書記官、屯田事務局長を歴任、西南戦争には陸軍准大佐として屯田兵を率い薩摩軍と闘った。彼は黒田の補佐役として対ロシア交渉にもあたっていた。明治15年、開拓使廃止とともに官を退き、小樽を本拠にして商社、海運業などなどを経営していたが、初代道庁長官岩村通俊に請われて北海道庁理事官になった。明治21年6月、永山武四郎が2代目北海道長官に就任すると、堀も道庁を辞し、新たな活動の場をこの炭山と鉄道の経営に求めようとしたのである。

村田はこれに対抗して、明治22年6月、政府に幌内炭山とその鉄道施設の払い下げを請願したが、結局堀側の攻勢に敗れ、これまでに投資した物件等の償還金として三十数万円を受け取ることで、既得の権利を道庁に返上することに同意した。今風にいえば、これは会社乗っ取りである。

明治22（1889）年8月9日、「北海道炭礦鉄道会社（鉄道資金500万円、炭業資金150万円）」の創立許可願が、堀基、徳川義禮（侯爵、旧尾張藩藩主徳川慶勝の養嗣子）ら13人の連著で永山長官に提出され、同年11月18日、これが許可された。永山長官はただちに、幌内炭山と手宮、幌内間鉄道および幌内太、幾春別間鉄道、およびこれらの付属物件の払い下げ命令書を同社に下付した。払い下げ額は、鉄道関係24万7千余円、炭山関係10万4千余円で、計35万2318円、これを10年の年賦で払う。これは、これまでに投入された資金と現有資産の価値に比べれば、ほとんど無償に近い譲渡額だった。また、新鉄道線建設に要する鉄道資本、株式払込額への利子および利益補給（1カ年につき5分）は官から補給する、新設鉄道線とその付属地は無税、炭鉱での囚人の使役の継続などの恩典もあった。社長、理事は政府（道庁）の任命によること、会計監査、保護移民の無賃乗車、非常時の農作物半額輸送などの義務規定はあったが、それらも含めてこれはまさに半官半民ないし官起私益型というべき特権企業の典型だった。この認可の翌日、11月19日、北海道庁長官永山武四郎は、堀基を社長に指名した。かくして「北海道炭礦鉄道会社（通称北炭）」が発足した。

実は、この構想は、堀と永山、そして堀と黒田（清隆）との協議によってあらかじめ出来上がっていたのである。黒田と永山とは、堀の薩摩藩の先輩と後輩だった。黒田は、明治21年4月30日、内閣総理大臣に就任していた。

この新会社は、民間経営にもかかわらず囚人使役の特権を与えられ、その結果、幌内炭鉱での囚人使役者数は、払下げ以降むしろ増加し、明治24（1891）年には1132人の最大数に達した。炭鉱労働者の70～80％が囚人だったのである。この囚人使役は、明治27年まで続いた。かくして、北炭株式会社は利益を出し続け、株主たちはその成果を享受しつつ、近代日本は北海道から石炭という大動力源を得たのである。

明治24年12月、第2回帝国議会で田中正造（栃木県選出代議士）は、この炭鉱と鉄道の破格の安値による北炭への払下げは、官と私との利益癒着（不正な結びつき）ではないかと質したが、議会の解散によって政府答弁は得られなかった。

北見道路の開鑿と網走分監の設置

明治23（1890）年3月、北海道庁長官永山武四郎は、釧路監獄署に、北海道中央道路の忠別太（現旭川市）から網走（アイヌ語 cipa-sir「幣場の島」に由来か）への道、通称「北見道路」の本工事開始を命じ、「是非、本年以内ニ竣工ヲ要ス」とした。この本道路は、仮道路の、網走からサロマ湖外海沿いの砂洲道を経て湧別へ出、そこから遠軽に達する部分が、網走湖西岸を通って緋牛内（現端野町）に出、野付牛（現北見）、留辺蘂へ西進、そこから北上し、生田原を経て遠軽（野上）へ達する路線に変更された。これは、野付牛に屯田兵村を置く計画があったことと、この路線地域が農業開拓に適しているという判断によるとされている。

工事は、忠別太からルベシベ（北見峠の西。現留辺蘂町とは別）まで15里34町（約60㎞）と網走からルベシべまで41里15町（約163㎞）の東西2方面で行われることになった。これは、永山長官の「本年以内の竣工」命令を実行するための工期短縮策だった。

西側は忠別太からエカウシ（伊香牛）までを空知監獄署の囚人労役、エカウシからルベシべまでは土木業の佐藤倉吉に請負わせた。民間請負の部分では火薬も使われた。佐藤は新潟県生まれ、明治4年に渡道、土木、鉱山、木材業で成功し、当時の北海道では知られた事業家だった。

東側は、釧路監獄署の囚人労役によって進められることになっていた。釧路監獄署典獄の大井上輝前は、このための外役所（完成後「囚人宿泊所」と改称）を網走に設置することを決定し、自身で網走へ赴き、市街地西方30町の能取村字最寄（俗称網走番外地）に用地を選定、確保した。明治23年4月、釧路監獄署の看守岩越雄介は、看守数名、囚人50人を率いて網走に入り、仮監獄、仮事務所の建設をおこなった。

博物館網走監獄入口の通路橋
釧路集治監網走分監は、現在は天都山山麓に移転されて、観光客用の博物館になっている

『網走分監沿革史』によれば、「敷地に充つべき箇所は、網走川の北岸に位置し、四面は丘陵囲繞（取り囲み）し、地勢卑湿（低湿）に位置し、起工に適せざるを以て、凹所瀦溜《ちょりゅう》（水溜り）の部分は、まず埋立より着手し、凡そ二か月を以て、略、仮監、仮事務所の落成を告げ」、囚人５００人を釧路監獄署（在標茶）から移した。その後、同年末までに獄舎34棟、その他の施設が完成し、囚徒１６００人を収監する大監獄になった。当時の網走の人口は６３０人（含アイヌ人口）だったという。

明治24年４月５日、北見道路の工事は網走から着工された。ほぼ３里半（14㎞）を１工区とし、全体を13工区にわけ、まず小屋掛隊（囚徒25人）を出し仮監獄（囚人休泊所）13カ所を置いた。土工隊は、囚徒を２２０人ずつの隊に分け、１工区の両端から２隊がそれぞれ進んで行き、中間地点で合体するという方法をとった。各１隊には看守27人が配備され、足首に鉄玉をつけ２人ずつ鉄鎖で繋がれた囚人を見張ることとした。そのほかに民間大工30人を全区の設計監督とし、アイヌ20人を食糧輸送の荷駄馬役に雇った。

同年６月27日、網走囚人宿泊所は「釧路集治監網走分監」、同年８月16日、「北海道集治監網走分監」と改称された。これは、集治監本監を樺戸、分監を空知、釧路、網走とする内務省告示によったものであった。

有馬四郎助の工事督励策

明治24（１８９１）年８月22日、有馬四郎助が網走分監初代監長として赴任した。彼は、各工区分担の２隊のうち、先に中間点に先に達した隊に次の工区着手地の選択権を与えることにした。

１工区の中心点に近づくと、相手隊の動きが察せられる。前方から、看守たちの罵声、樹木伐採の響き、囚人たちのかけ声や悲鳴などが聞こえてくると、互いの看守たちは焦り、サーベルを抜いて囚人たちを威嚇し、作業を急きたてる。囚人たちは、食事をとるのも忘れて働き続け、それは次第に狂気じみたものになっていった。作業は昼夜兼行の2交代になり、夜間には篝火が焚かれて作業が続けられ、山岳、渓谷地帯では火薬による危険な発破もしばしば行われた。

未開の大森林と渓谷とを切り開いていく工事には、比較的平坦な場所と峻険（険しい）な場所とでは、その作業の量と質に大きな違いがある。すなわち、有馬は囚人たちの間に、競争心と次の工区での作業軽減の期待に煽られて、「工事督励（急がせる）ノ方法、如斯クナリシヲ以テ、激烈ナル競争心ヲ奮起シ、夜間篝火ヲ点ジテ就業シ、一区域ノ間、僅カ一箇月計リニシテ竣工セシモノ少シトセズ」（『網走分監沿革史』）という状況を作り出そうとしたのである。

当然、事故、怪我、過労、病気、逃亡などによる囚人の死が激増した。明治24年11月4日の『網走分監報告』記事によれば、同年8月15日から11月30日までの病囚の総計は１９１６人、全治者１６２５人、未治者１３３人、水腫性脚気死亡１５６人、胃病死２人、縊死１人、逃亡死３人だった。ただしこれは、永山北海道庁長官への報告であり、他の資料とは相当の違いがあって正確な人数は特定できない。この年の夏は雨が続き、網走湖経由での食糧が現場に届かず、生鮮物の欠乏から水腫性（水ぶくれ）脚気になる者が続出した。過労で衰弱した身体に栄養失調が重なって、多くの囚人が死に至ったのである。この間、看守4人も死亡している。

工事の進展につれて囚人たちの絶望と疲労は深まり、逃亡者も増加したが、その多くは看守たちの銃で撃たれて殺され、あるいは捕縛され、拷問されたあと鉄鎖と縛縄をつけたまま路傍に放置された。のちにここに入地した人々は、小さな盛土から遺骨とともに鉄鎖が出土するのを見て、その場所を「鎖塚」と呼んだ。その状況から見て彼らは生きたまま土をかけられたこともあったのではないかとも思われる。たまたま逃亡に成功した者も、この広大な原始林と山岳地帯の中をさまよい、結局餓死ないし凍死するか、羆や狼の餌食になったのだろうといわれている。こうして工事は驚くべき速さで進捗し、明治24（1891）年12月27日、北見国と石狩国の境界（北見峠）で忠別太側からの開鑿道路と繋った。すでに雪が大地を厚く覆い、滝が凍りつく季節だった。網走側からここまでの路線距離は41里15町45間（約163km、ただし資料により増減あり）、道幅2間（3.6m）の道だった。

遠軽から湧別までほぼ直線の道路、6里20町（25・7km）は、明治25年4月1日に着工、同年10月末に竣工した。この工事における死亡者は19人だった。ただし、屯田兵村の配置は日清戦争（明治27年8月～28年4月）のために延期となり、戦争の終結を待つことになった。

明治30（1897）年5月、囚人たちの開鑿した北見道路、湧別道路をたどって屯田兵5中隊499戸が入植し、野付牛と湧別に屯田兵村が形成された。永山北海道庁長官兼陸軍少将の対露防衛構想はようやくその一部が実現した。

網走分監の初代分監長有馬四郎助は、鹿児島県生まれ、鹿児島師範学校附属小学校訓導（教諭）補助、京都府巡査、鹿児島県刑務補を経て、明治19年、22歳の時、北海道集治監の看守募集に応じて来道、看守兼書記となった。空知集治監勤務を経て、網走分監の分監長になったのは27歳だった。この異例の昇進は、開拓使内の薩摩閥の庇護を得てのものと思われるが、有馬本人にも相当の「看守魂」があったのであろう。彼はこの時、上司の常識離れの強引な命令でも平然と囚人に課する「能吏」だった。彼は、囚人たちから鬼畜の如く恐れられながら、彼らの屍を乗り越えて、ほぼ9カ月という恐るべき短期間で北見道路を完成させたのだった。

有馬は、しかしその後、釧路集治監のキリスト教教誨師大塚素を知るにおよんで、その人格とキリスト教の教理に深く影響されたという。東京巣鴨監獄署長に転じると、明治31年、37歳で、霊南坂教会留岡幸助牧師（当時巣鴨監獄署教誨師）によってキリスト教の洗礼を受け、その後半生は、キリスト者として、底辺社会の人々への愛と奉仕の人生に徹した。有馬の人生もまた、時代と個人の関わりから生じた、不思議な生涯であったといえよう。

囚人労役の中止

集治監（監獄署）での囚人たちは、常に栄養失調ないし飢餓状態での重労働、夏季には害虫（糠蚊、マラリア蚊、ブヨなど）、害獣（羆、狼など）の恐怖、酷寒期でも冬装備なしの野外労働、火気はもちろんほとんど夜具さえもない獄舎生活、そして看守たちからの暴力、懲罰、過労、事故、凍傷、怪我、各種発病などで、次々と倒れ、その相当数が死に至った。囚人同士の怨恨、同性愛の縺《もつれ》などからの暴力行為も多かった。稀に必死の逃亡があっても看守たちの執拗な探索と追跡でほとんど失敗し、その場で斬殺されるか、捕縛されて冷酷な懲罰、拷問刑を課された。看守たちと囚人たちとの間には、常に険悪で陰惨な空気が漂っていた。

看守たちはおおむね失業士族の出で、もともと武士的暴力性情の者たちであったし、一方、囚人監視において失策を犯せば彼ら自身が過酷な減給処罰を受け、時に免職となって家族もろともたちまち生活の術を失う立場にあったから、その監視、逃亡探索行動も必死だった。明治政府の武士特権廃止に遭った士族たちは、今や集治監において旧士族を含む囚人たちと仇敵同士になって、まさに「死の闘い」を繰り広げていたのである。こうした状況の中では、囚人たちには生き永らえること自体がほとんど奇跡に近いことだった。

この頃、井上馨外務卿は、欧米列強国との不平等条約を改正するための一助として、キリスト教の宣教師、牧師、神父を招いて優遇していた。一方、日本一致教会（プロテスタント）は、監獄の囚人教誨（悔い改め指導）によるキリスト教の布教を図り、明治21（1888）年1月、神戸仮留監の教誨師だった原胤昭（1853～1942年）を釧路監獄署（集治監改称）に派遣した。

原は、幕府与力の家に生まれ、江戸石川島の人足寄場の見廻役となり、維新後は東京府の役人になったがこれを辞し、錦絵商人になった。明治7年、キリスト教の洗礼を受け、東京銀座に原女学校と十字屋書店を開いた。明治16年、福島事件で政府批判の演説をして、新聞出版取締法違反の罪により石川島監獄に投獄され、ここで囚人への非人間的扱いを知り、出獄後、彼らの魂の救済を志し、監獄署教誨師になった人だった。

原は、跡佐登硫黄山囚人労役のあまりの惨状に驚き、大井上輝前典獄にその中止を進言した。大井上は、米国留学時、キリスト教を学び、その教義に共鳴していた。現場でその実状を確認した大井上は、原の説に同意し、明治21年11月、安田との契約を破棄し、囚人労役を硫黄の坑内採掘から雑役労働に切り替えた。ただし、硫黄山労役は大井上の釧路からの転出後、明治27年に再開され、明治29年の鉱山廃業まで続いたとされる（『新北海道史年表』による）。大井上は、明治23年9月、空知集治監典獄に転じた。

明治24年7月、内務省は、北海道の集治監組織を改組し、樺戸集治監を本監、空知、釧路、網走を分監とした。同年8月、大井上は樺戸本監の典獄に任じられた。

樺戸本監では、明治20（1887）～24年に、石狩新道、当別道路、増毛（手塩）道路などの開鑿に毎年数百人、明治25、26年には旭川に設置予定の陸軍第七師団のための滝川、旭川間の道路整備、架橋、家屋建設などに1100人ほどが出役した。

明治25年、釧路分監は十勝外役所を大津（十勝川河口）に置いて、大津港から芽室（帯広の西部）までの道路開鑿の外役労働を行った。

北炭幌内炭鉱での囚人労役は、死傷者を出し続けていた。大井上本監典獄、有馬網走分監典獄および留岡、原らの教誨師は炭鉱への囚人外役の廃止を唱え、道庁幹部、内務官僚らと激しい論争を展開した。それはようやく明治25年の第4回帝国議会において議論され、北炭との出役契約が切れる同27年限りで廃止されることになった。

明治28（1895）年3月、十勝外役所は北海道集治監十勝分監（在帯広）となり、「農業監獄」と位置づけされた。同年7月、集治監は内務省の直轄となり、その後、北海道各監における囚人労役は農業開発を主体とした内役労働に転換された。

空知分監、釧路分監は明治34（1901）年7月10日に廃監、釧路分監の囚人は網走分監（監獄署）に移された。北海道集治監樺戸本監は大正8（1919）年、廃監となった。網走分監、十勝分監は継続され、現在の網走刑務所、帯広刑務所に至っている。

第17章　大日本帝国の時代

明治憲法体制の形成

睦仁天皇（明治天皇）は、明治8（1875）年4月に「立憲政体樹立の詔」を発し、「元老院」を設けて憲法案の作成を命じた。元老院議官（国家功労者、学識者ら30人）たちは、明治9年12月～13年7月まで3次にわたり「日本国憲按」を作成したが、いずれも政府首脳の不承認、ないし元老院議長の却下などによって不採択となった。民選議院の設置、天皇の地位、大臣、参議への弾劾権などをめぐって政府の同意を得られなかった。

明治14（1881）年10月12日、政府は突然、天皇による「国会開設の詔」を発布し、明治23年に国会を開くと宣告した。これは、過剰インフレによる生活困窮への民衆の怒りと、同年8月に明らかになった開拓使官有物払下への民権派とジャーナリズムの激しい追求への政府の苦し紛れの対処策だった。当時、明治7～10年にかけて相継いだ士族反乱（含西南戦争）鎮圧の戦費調達を大量の不換紙幣を発行して切り抜けた政府は、しかしそのために貨幣価値の下落と物価高騰という深刻な現象に直面していた。崩壊の危機に晒された政府は民権派からの「国会開設」要求を受け入れる形でこれと妥協をはかり、この危機を回避しようとしたのである。開拓使官有物の払下も中止された。

この「国会開設」戦略は民権派の意表を突き、民権派は「約束された憲法」の検証を十分にしないまま、天皇詔勅中の「假スニ時日ヲ以テシ（準備時間を与えよ）」の文言、すなわち、明治23年までのほぼ10年間の準備期間が必要という条件までを呑んだ。そのあと政府は、この10年という時間の中で着々と「明治憲法体制」

と呼ばれる強固な国民統制の体制を作って民権派を徹底的に押さえ込んでいく。「国会開設の詔」発布と同時に、旧長州藩と旧薩摩藩出の7人の参議たち、伊藤博文、井上馨、山縣有朋（以上長州）、黒田清隆、西郷従道、松方正義、山田顕義（以上薩摩）は、3大臣（三條実美太政大臣、有栖川熾仁左大臣、岩倉具視右大臣）と謀って、薩長閥による強力政府を作るべく、参議大隈重信（佐賀藩）を辞職（実際は罷免）させた。彼らは、大隈の「2年後の議会開設、議院内閣制、政党政治」論は民権派と同調したものとみなしたのである。「明治14年の政変」と呼ばれるこの事件は、明治政府の考える「立憲体制」とは、根本的に反民権的なものであったことを示している。

政変後、筆頭参議になった伊藤博文（旧長州藩農民、のち公爵）は、山積する政治課題に「神経差症」になり（『佐々木高行日記』）、明確な憲法構想を持ち得なかった。彼は、寺島宗則（薩摩藩郷士、当時元老院議長）、井上馨らの提案で憲法調査のために渡欧することになり、明治15（1882）年3月、横浜港を出立した。彼は、欧州では、憲法学者グナイスト（在ベルリン）、シュタイン（ウイーン大学教授）らから、超憲法的立憲君主制のあり方や憲法を運用する行政組織の重要性などを学び、「アドミニストレーション（統治）におけるアクチュワル（現実）のポリチックス（政策）の方法を得た」（井上馨宛書簡）と自負して、明治16年8月、帰国した。ここに伊藤、岩倉、井上（馨）らの合意が成り立ち、「神聖ニシテ侵スベカラズ」とされる「万世一系ノ天皇」による統治を謳う「大日本帝国憲法（明治憲法）」の骨格が成った。明治14年7月の岩倉具視意見書（井上毅起草）は「欽定（天皇による憲法制定）、皇室規定は憲法外、大臣、内閣は天皇にのみ責任を負う」などの憲法を主張していた。これがこの明治憲法に実体化されたのである。

明治17（1884）年3月、伊藤は参議のまま宮内卿となり、皇室制度の改革にのり出した。彼は、来るべき立憲政体において天皇の超憲法的権限（天皇大権）を保持するために、皇室の予算や経費を国家財政から分離し、天皇および皇室を政府と議会から独立させた。一方、伊藤は、皇室の独立性と権威を高めるために皇室財産の大幅な増大を図り、全国の遊休山林地（入会地や北海道の「無主地」など）や各種鉱山の皇室財産への編入、民間銀行、企業からの天皇家への株券寄贈などを進め、明治17年以降、皇室財政は急速に豊かになった。その結果、各方面への多額の下賜金配布などを通して政府と民衆への皇室の影響力は高まった。

明治17年7月7日、政府は「華族令」を公布し、明治2年制定の旧華族制（華族＝旧藩主、公家）を改編、国家への「勲功」者にその度合に応じて、公・侯・伯・子・男の順位で爵位を与え、これらの家系を男子世襲の華族家とし、各種の華族特典を与えた。第一回の授爵は公爵11、侯爵24、伯爵76、子爵３２７、男爵74の５１２家で、公爵家は公家五摂家、徳川宗家のほかに三條実美家、岩倉具視家、島津宗家、島津久光家、長州毛利家とし、木戸孝允家、大久保利通家（孝允、利通は既死）は侯爵、伊藤博文家、黒田清隆家、井上馨家、西郷従道家、山縣有朋家、大山巌家は伯爵家となった。その後、明治20年までに旧華族４８３家、新華族83家が華族とされ（板垣退助、後藤象二郎、大隈重信は明治20年伯爵位受爵）、新華族のほとんどは、薩長土肥出身の士族だった。この大量の華族創出は来るべき議会開設に備えて、民選の衆議院に対抗する貴族院を設置する基盤つくりであった。

明治18（１８８５）年12月22日、政府は伊藤博文の主導により太政官制度を廃止、「内閣制」を発足させた。初代の総理大臣には伊藤自身が就任した。参議職は廃止された。宮内省は内閣の外に置かれ、宮内大臣（伊藤博文の兼任）の統括の下に置かれた。各国務大臣は天皇への政治責任を負う。天皇は政策決定に直接関与せず、したがって政治責任を負わない。法律、勅令は内閣が起草し、首相の副署をもって発効する。内閣制の実施は伊藤らの考える「立憲君主制」憲法制定のための制度改革であった。

内務大臣山縣有朋は、明治21（１８３０）年4月7日「市制、町村制」、明治22年5月「府県制、郡制」を施行し（ただし、北海道、沖縄県は除外）、全国の町村の合併を進め、その数をおよそ6分の1に縮小し、中央行政の地方への浸透力を強化した。市町村会、郡会、府県会の議員選出は納入税額の多寡による等級選挙とし、町村長は町村会から地方名望家ないし資産家を選出し、無給を立前とした。市長は市会から3人の候補者を推薦し、内務大臣が天皇に上奏、その裁可によって決めた。これらは、地方自治の充実を看板にしつつ、実際には政府による官治的支配の体系作りであり、官民対立の緩和のための地方支配層の体制側への取り込み策だった。

西南戦争終結のあと、明治11（1878）年8月23日、皇居警備軍の近衛砲兵の反乱（竹橋事件）が起き、これに衝撃を受けた山縣有朋（当時陸軍中将兼陸軍卿）は、同年10月12日、自らの手になる「軍人訓誡」を軍の将兵に配布し、さらに明治15年1月4日には、天皇が大山巌陸軍卿(明治13年就任)に与えるという形で「朕(自分=天皇）は汝ら軍人の大元帥なるぞ」とする「軍人勅諭」を発せしめた。さらに、山縣は、警察制度の強化を図り、内務省から府県警察に直通する強力な中央集権的機構を作り、全国の農、山、漁村の隅々にまで駐在所、派出所、交番所を配置（「散兵警察」制度と呼ぶ）して、民衆の日常生活への監視機能を強化した。警察官の大多数は士族出の巡査で、その民衆への支配者意識は、それぞれの地域社会に国家権力の威圧を示すことになった。また、陸軍内部の犯罪取り締まりのための憲兵警察（明治14年1月設置）に、一般人にも警察権を行使する機能を与えた。その後「国内の安寧を掌る」という名目での超警察的憲兵隊の活動は、民衆の恐怖の的になっていく。その一方、山縣は、徴兵令の改正（明治16年、同22年）での国民皆兵制、中等以上の学校生徒、卒業生への短期現役兵、一年志願兵への勧誘、学校教育全体の軍国主義化などによって国民に皇国主義思想を注入することに熱中した。それらは竹橋事件の恐怖からのものであった。

讒謗律（天皇，皇室，官吏への誹謗の罰則。明治8年）、新聞紙条例（明治8年）、集会条例（明治13年）、保安条例（明治20年）などもそれぞれ「改正」され、国民への監視、規制、科刑の体制はますます強化された。この周到な民衆支配の体制の上に、明治22年2月11日、「大日本帝国憲法」は発布されたのである。これらを総称して「明治憲法体制」と呼ぶ。

「征韓論」の源

江戸時代中期の元禄期（1688~1704年）、日本古代の精神への復古を理想とする「和学」、「皇朝学」、

「古学」が始まり、それは、契沖（1640～1701年、仏僧、尼崎松平家家臣）、荷田春満（1669～1736年、京都伏見稲荷神官）、賀茂真淵（1697～1769年、京都賀茂神社神官）、本居宣長（1730～1801年、伊勢松阪の豪商）などに継承され、平田篤胤（1776～1843年、秋田藩士）に至って神道的要素を発展させ、激しい国粋的立場からの排外的尊王論に「昇化」した。それらは儒学、仏教という「外来思想」を排撃し、それらに影響される以前の古代日本精神を純粋のものとし、古代天皇権力の復活を主張したから、徳川幕府にとっては「危険思想」であった。平田篤胤は幕府に忌避されて、江戸から秋田藩に戻され、その地で病死したが、地方の神官、村役人層にはその誇大妄想的排外主義、国粋的尊王論に信奉者が多く、諸国に数千人の「門人」を得ていたという。これが幕末の攘夷論の民衆的基盤になったのである。

これらの思想家たちの奇妙さは、『古事記』（712年）、『日本書紀』（720年）などの神話的伝説ないし捏造記事を歴史的事実として受け入れ、その中の「神功皇后の三韓征伐」の一段を根拠にして、朝鮮半島の日本支配権を正当化して疑わなかったことにある。このくだりの「記紀」の記述にはほとんど具体性がなく、明らかに空想ないし主観的願望によって書かれている。その時代に、日本が大規模な軍団と船団を仕立て、玄界灘を渡り、朝鮮半島に攻め入る力があったとは思えないし、攻められた新羅国がひたすら畏れおののいて、何の抵抗もせずに「素幡《しろきはた》上げて自ら服ひぬ」（日本書紀）などということがあったとはとても思えない。第一、神功皇后とその夫たる仲哀天皇自体が、現在では非実在の人物と目され、また「記紀」の年代記述をそのまま加算すれば、この事象自体が、「弥生時代」中期、卑弥呼の時代になってしまう。8世紀前半、おそらく建国まもない日本の支配者たちの内国支配体制確立への焦りと朝鮮半島の先進文化への劣等感とから生まれたこの記述が、やがて日本人たちの歴史感覚を狂わせ、朝鮮半島の諸国の人々と文化とを蔑視する気質を生み、ついに「征韓論」にまで至ることになろうとは「記紀」の編者たちには想像できなかったことであろう。

1375（永和1）年、室町幕府の三代将軍足利義満は、朝鮮の高麗王朝に「日本国王使」を送り、それに対して高麗国が「信を通わす使者」を派遣してきたことに発するといわれる、いわゆる「朝鮮通信使」（名称は時期により異なる）を仲立とする日朝友好関係は、朝鮮李王朝（１３９２～１９１０年）に引き継がれ、豊臣政権（１５８５～１６０３年）の前期まで断続的に続いた。豊臣秀吉の無知と妄想から始まったいわゆる文禄、慶長の役（１５９２、１５９７年、朝鮮側の呼称は「壬辰、丁酉倭乱」）は、この友好関係を根こそぎ破壊した。しかし、日本人の間にはこの侵略行為を英雄視し、これを「朝鮮征伐」ということばで表す風潮が広がった。これも記紀の「三韓征伐」が下敷きになっているのである。

　徳川幕府は、朝鮮王国との関係の改良に努め、朝鮮側もこれを受け入れたので両国の友好関係はしばらく保たれた。慶長12（１６０７）年、朝鮮通信使の派遣も復活し、以後これは徳川将軍の代替わりの祝賀として慣習化された。江戸前期の通信使は、３００～５００人で編成され、色彩豊かな朝鮮民族衣装をまとい、正使の輿を中心に幡を翻し、法螺貝、喇叭、太鼓、鐃鈸（シンバル）などの音楽隊を先頭に大坂から江戸までの街道を行進し、各地で官民と交流し、日本の民衆や知識人らを魅了した。ただし、この時代にも「伝統的」朝鮮蔑視感覚は残存し、その後朝鮮貿易が停滞してくるとそれが使節一行との諸摩擦となって現れ始める。結局幕府は、接待の莫大な出費を理由に、文化８（１８１１）年の第12回通信使を対馬での「易地聘礼《へきちへいれい》（場所を変えての招待）」とし、これを最後に通信使の受け入れをやめた。朝鮮側も巨額の派遣費用が重い負担になっていたのである。

　江戸中期の排外的尊皇論は、幕末期の尊王思想家、吉田松陰（長州藩士）などによって明治国家に引き継がれた。吉田は安政1年（１８５４）年3月、海外密航を試みて失敗し、幕府役所に自首、投獄されたが、その獄中で『幽囚録』一編を書き、「（欧米列強が弱国日本を併合しようとしている今、日本は）急に武備を修め、艦、略足らば（戦艦がほぼそろったら）、即ち宜しく蝦夷（現北海道）を開墾して諸侯（諸大名）を封建し（その領主とし）、間に乗じて加摸察加、隩都加（カムチャッカ、オホーツク）を奪い、琉球に諭し（教え諭し）、朝覲会堂（日本天皇にそろって謁見）すること内（内国）諸侯と比しからしめ、朝鮮を責めて質を納れ（人質をとり）、貢を奉ること古の盛時の如くならしめ、北は満州の地を割き、南は台湾、呂宋《ルソン》（フィリピン）の諸島を収め、漸に（次第に）進取（侵攻）の勢を示すべし」と、北方、西方、南方アジアへの膨張（侵略）策を説いた。これらがやがて吉田松陰門下の木戸孝允（桂小五郎）、伊藤博文、山縣有朋ら明治政府首脳たちの「征韓論」となって、朝鮮国に襲いかかっていくのである。

元禄期以降の復古思想家たちの営為は、明治期になって「国学」と呼ばれるようになって権威化された。「三韓征伐」の記述をそのまま信じようとする国学者たちの姿勢は、天皇家の権威復活への願望から発したものであり、事実に基づく主張ではない。それは「学」の名には値しないであろう。その根拠のない倒錯した論理は「国学」自体の信頼性を損なうに十分であった。

朝鮮三策

徳川体制下の身分秩序のもとで不遇だった下級武士、公家、神官、村役人、尊皇学者たちの積年の不満から発した維新エネルギーは、幕藩体制の破壊と上級武士層を排して自らが支配階級の主役になる方向に流れ、民衆の解放と救済の方向へは向かわなかった。下級武士層であっても、彼らは、支配者の意識を持つ武士階級の一部であることに変わりはなく、それ故、彼らは民衆の身分制度からの解放は絶対に阻止すべきことと考えた。明治新政府が恐れたのは、むしろ旧武士階級の権威と権力の喪失であった。

こういう性格の明治政府が、アジア諸国と共同して欧米列強に対抗するという政策をとることはないであろう。「維新」の実行者であった長州藩、薩摩藩を中心とする武士たちは、当初の攘夷運動が列強の軍事力の前にあえなく挫折すると、一転、欧米列強を悪模倣して近隣アジア諸国への侵略政策をとり、それらへの圧迫者ないし支配者たらんとした。彼らは列強に屈服せざるを得ないという劣等感と不平等感を、アジア諸地域に植民地を獲得しそこから利益を吸い上げるという方法で埋め合わせようとした。道義的立場からいえば、むしろ列強に圧迫されているアジア諸国と共同戦線を張って、その圧迫に対抗すべきところであったが、明治政府はその道をとらなかった。自国民に対してであれ、アジア諸国民に対してであれ、日本士族すなわち元武士たちは、支配的身分と優越感を失うことには耐えられなかったのである。彼らは、強引な文明開化による富国強兵策によって、すばやく「停滞する」アジア世界から抜け出し、アジアの強国となって、進んで自らの母体であるアジア世界への侵略者になろうと欲したのである。

明治1（1868）年12月19日、日本政府は対馬藩を通して朝鮮政府に日本が「王政復古」したことを通告する文書を発したが、朝鮮国摂政大院君（国王高宗の実父）は「この文書中、清国皇帝にしか用いることができない皇、勅の語を日本天皇について使っているのは朝鮮国を日本国の下に見るものである」として受け取りを拒否した。これを契機に日本政府は国民に「征韓論」を煽りたてた。通告文書は朝鮮側の反撥を引き出すための挑発だった。

明治2年12月、日本政府は、政府首脳の一人で熱心な征韓論者木戸孝允を欽差（勅命）全権大使として清国、朝鮮国へ派遣し、日清間の条約締結交渉を始めようとした。しかしこの時期、日本国内は難問題続発で、とても木戸が海外へ出られる状況ではなく、この計画は実現しなかった。明治3（1870）年1月、明治政府の外務卿澤宣嘉（公卿）は、過激な征韓論者として知られた外務省少録森山茂（大和国十市郡出身）と同省判任出仕佐田白茅（旧久留米藩士）を対馬藩に派遣し、日本と朝鮮の旧来の関係を調べさせた。彼らは、外務省少録斎藤栄（旧幕臣）、医師広津弘信（旧久留米藩士）とともに対馬に渡り、対馬厳原での調査のあと、朝鮮国の「釜山草梁倭館《そうりょうわかん》（チョヤンウェグァン）」に入り、二週間ほどここに滞在して朝鮮側の事情を見聞調査した。「倭館」とは、豊臣軍の侵攻以前に朝鮮国が、朝鮮と日本との交易のためにいくつかの港湾都市に設置した日本人居留施設のことで、江戸期には釜山（プサン）の草梁地域のみに置かれていた。草梁倭館は、朝鮮国が対馬藩の宗氏との交易の便宜のために設置した施設であり、日本国の在外公館ではなかった。草梁倭館の広大な敷地内には常時400～500人の対馬藩士や商人たちが居住していたが、彼らは朝鮮の民衆や士人に接触することは許されず、食料や日常必需品も朝鮮側から支給されていた。

佐田、森山、斎藤は、外務省に「文書受理拒否を理由に、日本は諸藩の兵を動員して朝鮮に攻め込み、国王を捕虜にせよ。清国が援兵を出せばこれも討つ。そうすれば、台湾も呂宋（フィリピン）も取れる。朝鮮の米麦および諸物資は豊かで、日本の富強のもとになる。（不平士族による）日本内乱の危機を外征に向ければ一挙両得である。」と進言する報告書を提出した。これは、まさに伝統的朝鮮支配論に、不平士族宥和策と植民地収益論を絡めた独善的国益論であった。

外務省はこれらの建白（上位者への意見書）を受けて、同年（明治3年）4月15日、いわゆる「朝鮮三策」を策定し、太政官政府に提出した。それは、①朝鮮国との国交を一時断絶し、対馬藩の朝鮮国への臣従の自然消滅を待つ②木戸孝允、宗重正（対馬藩主）を朝鮮国に派遣、朝鮮諸港の日本への開港、開市、日本人の往来自由を談判（強硬交渉）し、朝鮮国が聞き入れなければこれを「征討」する③日清対等の条約を結び、朝鮮国を日本国の下位に置く、というものだった。明治3年9月、日本政府は、森山、広津と外務少丞（丞は第三等官）で尊皇主義者吉岡弘毅を草梁倭館に駐在させて朝鮮国との交渉に当たらせた。

日清修好条規のねらい

明治3年6月、「朝鮮三策」の戦略に沿って、日本政府は外務権大丞柳原前光（公卿、妹愛子は大正天皇の母）を清国に派遣し、日清修好通商条約の予備交渉にあたらせることにした。柳原は、天津で、曽国藩（ツェングォファン）、李鴻章（リホンジャン）らの清国政府大官に「日本と連帯して西洋列強に対抗する日清条約締結の必要性を説いた。この提案は明らかに欺瞞であった。柳原の渡清前、参議大久保利通は大納言岩倉具視に「外国（英国、仏国）へ信義を立てさせらるるの一端を示す」ために英、仏の艦隊と陸軍の新たな中国侵攻作戦に食料、薪水の提供などを行えとの意見書を出し、政府はそれを採用した。これは西洋列強への対抗どころか、むしろ彼らの清国侵攻に進んで協力する姿勢である。日本側の「日清条約」締結の狙いは「朝鮮三策」の③の如く、日本を朝鮮の宗主国清国と対等関係に置くことで朝鮮国を日本国の下に位置づけるところにあった。しかし、清国政府は日本政府の「列強への対抗」の言を信じ、対日交渉に応じることにした。

翌明治4（1871）年5月、日本政府は大蔵卿伊達宗城（伊予宇和島藩主）を全権公使、柳原前光を副使として清国に派遣、交渉を始めた。日本側の「対清欧米各国条約を基本とする条約案」に対して清国側が提出した「他国（西洋列強）からの不公、軽藐《けいばく》（藐＝軽んじる）にたいする相助、友誼の同盟（2条）」事項をめぐって両国は対立したが、日本側はそれを「平時のささいな紛争の調停」と解釈して受け入れ、7月29日「日清修好条規」を締結、調印した。

日本側はこの条約の「日清邦土（領土）への相互不侵越（1条）」「外交使節の居留、往来、内地通行の承認（3条）」「両国在留の自国民への領事裁判権の承認（8、9、13条）」などは日本が朝鮮の宗主国清国と同格対等であることを示しており、従って朝鮮国は日本国の下位にあるとした。欧米各国の駐日公使は「2条」を不満とし、日本政府内にも、欧米恐怖の感情から「日清修好条規」締結に激しく反対する論があったが、日本政府は「これは日清同盟ではない」と釈明し、これらへの説得に努めた。

明治5（1872）年3月20日、森山茂、広津弘信は、相良正樹（旧対馬藩士、外務省十等出仕）とともに、朝鮮政府に「日本国の廃藩実施（明治4年7月14日）とそれにともなう対馬藩伝統の対朝鮮家役（通商、交渉、連絡仲介など）の廃止」を通告する日本政府の文書を提出しようとした。朝鮮国側の担当事務官は、この文書の受理には東莱府《とうらいふ》（倭館の上部役所）の訓令と中央政府の指示が必要であるからそれを待つように伝えた。約束の期限を過ぎても明確な返答を得られず、しびれを切らした相良と草梁館司深見六郎は同年5月26日、倭館を出て東莱府に向かった。朝鮮側は、これを欄出《らんしゅつ》（許可なく外出すること）の罪として問題にした。これら一連の経過を、旧対馬藩と朝鮮側との共謀妨害工作として吉岡らは怒り、深見を倭館に残して日本に引き揚げた。吉岡は、草梁倭館の宗氏代官、対馬商人らをすべて退去させなければ「内奸（内部の裏切り）ノ根ヲ断チ得ズ」と外務省に報告した。

外務卿副島種臣（旧佐賀藩士、のち伯爵）はこれを受けて、草梁倭館を日本外務省の直轄運営にすることを決め、明治5年8月10日、外務大丞花房義賢（旧岡山藩士、のち子爵）を軍艦春日（排水量1015トン、全長74ｍ、旧薩摩藩軍艦、もとはイギリス貨物船）、有功（トン数、幅長等不明、旧仙台藩軍艦）の護衛付で草梁に派遣した。この頃の日本海軍は、旧幕府、旧藩の艦船をそのまま引き継いで艦隊を編成していた。花房らは、草梁倭館を接収してこれを「日本公館」と改称し、日本と草梁との往来にも宗氏の特許状は不要とした。これに対する朝鮮側の抗議、主張は無視し、不慮の事態が起れば、日本艦隊が駆けつけ鎮圧するとした。まさに「征韓」姿勢の誇示であった。

朝鮮政府は、日本を非難し、倭館の監視員に「彼（日本人）ハ、制ヲ人ニ受クルト雖モ（人間として生まれても）恥ジズ（恥知らずであり）、ソノ形（服装や髪型）ヲ（西洋風に）変ジ、俗（風俗習慣）ヲ易ウ、コレ則チ日本ノ人ト謂ウベカラズ、我ガ境ニ来住スルヲ許スベカラズ」と命ずる文書を発し、これを草梁倭館の門に掲示した。日本政府はこれをまた「無礼」「侮日」として「征韓」の口実にしようとした。

明治6（１８７３）年4月、日本政府は副島外務卿を渡清させ、同月30日、清国政府と「日清修好条規」の批准書（国家の承認書）を交換した。

江華島事件

明治6（１８７３）年10月、日本政府内では「征韓」の時期をめぐって、西郷隆盛ら即時実施派と大久保利通、木戸孝允らの時期尚早派とが対立し、西郷派が敗れ、野に下った（通称明治6年の政変）。西郷は「征韓派」ではなかったという説は現在でも根強いが、朝鮮国と事を起こして日本内部の問題を解消しようとする姿勢は即時派、尚早派の両者に共通し、その点では西郷も「征韓論」だったことは間違いない。

明治6年11月、朝鮮国では国王高宗が大院君に代わって親政を敷いた。明治7年6月、日本の台湾出兵事件に動揺した朝鮮政府は、草梁倭館を通して、日本政府と応接するとの意思を伝えたが、なお朝鮮国内の攘夷勢力は強く、両国交渉はただちには実現しなかった。日本政府は、これを朝鮮に開国を迫る好機とし、朝鮮近海に軍艦を出して国交交渉開始に圧力をかけようとした。

明治8（1875）年5月25日、日本海軍の軍艦雲揚（排水量245トン、全長37m）と第二丁卯（排水量236トン、全長36m）が予告なしに釜山港に入り、示威行為を繰り返した。雲揚も第二丁卯も旧長州藩がイギリスから購入した木造汽船である。雲揚艦は朝鮮半島西海岸を「測量」して、9月20日の朝、江華島（カンファンド）沖に現れ、江華水道（幅200～300m、水道は水路、海峡の意味）の漢江（ハンガン）河口付近に碇泊した。漢江は首都漢城（ハンソン、現ソウル）に通じる大河で、この水道沿岸にはいくつかの要塞（砲台）が設けられていた。その日の午前、雲揚は「飲料水補給のため陸地に向かったボートが砲撃を受けた」として、江華島の草芝鎮（チョジジン）砲台を艦砲射撃した。朝鮮側の旧式大砲からの砲撃弾は雲揚艦には当たらず、雲揚の新式大砲（イギリス製）からの砲弾は要塞を直撃した。日本軍は江華島への上陸は干潮のため断念したが、その日の午後、永宗島（ヨンジョンド、江華島の南10㎞）の永宗鎮砲台を砲撃し、上陸して要塞施設と付近の民家を焼き払い、大砲38門と兵器類を押収した。日本側の損害は死者1名、負傷者1名で、永宗島の守備兵600名は死者35名、捕虜16名を残して逃走したとされる。雲揚は9月28日、長崎に帰港した。これを「江華島事件」と呼ぶ。さらに日本は同年10月3日、軍艦春日と孟春（排水量357トン、全長44・5m、旧佐賀藩艦）など軍艦8隻を釜山に入港させ、艦隊は礼砲（空砲）を応酬し合って朝鮮側を威嚇した。

同10月5日、日本政府の参議木戸孝允は、太政大臣三條実美に、江華島事件についてまず朝鮮の宗主国清国に「中保代弁（交渉周旋）」を求め、それが拒否されれば独自に朝鮮と交渉すべしとし、自分がその任にあたりたいとする意見書を出した。これは承認されたが、このあと木戸は病に倒れ、11月14日、外務少輔森有礼が特命全権公使に任じられた。森は翌明治9（1876）年1月5日、北京に入り、イギリス公使、ロシア公使に協力を依頼したが同意を得られず、河北省保定（ハオチン）で清国北洋大臣李鴻章に会い、その意見を聞いた。

日本政府は、朝鮮国のこの「暴挙」（実際は日本艦侵入への警告発砲と応戦）に対して、賠償と「日本との通商航海条約」締結、すなわち開国を要求し、参議、陸軍中将の黒田清隆を特命全権大使、井上馨をその副使として朝鮮に派遣することにした。黒田は当時開拓使長官だったが、通常は東京で日本政府要人として活動していたのである。

黒田らは、明治9年2月10日、艦船6隻、兵員、乗組員総勢800人で江華島に上陸、同月27日に、朝鮮国と「日朝修好条規12款」（通称「江華条約」）を締結した。これは、山縣陸軍卿に開戦準備をさせ、艦隊と軍隊を下関に待機させた上での日本政府の威圧的「談判」だった。この条規は「朝鮮国は清国の属邦ではなく、したがって独自の立場で日本と交渉できる。日本と朝鮮の外交使節の、双方首都（漢城と東京）への派遣。釜山と他に2港を開港し、それぞれに日本人居留地を設ける。日本人居留民は日本管理官（のち領事）の治外法権で保護される。日本の朝鮮沿海海域測量は自由。」などを規定していた。朝鮮王国は、日本からの開国要求の強圧に屈したのである。

これに続いて同年8月24日、両国は「修好条規附録」「通商章程」を結び、「修好条規ニ付随スル往復文書」を交換し、「日本人は開港地から4㎞以内の旅行権、通商権を持ち、自国の通貨を使用できる。輸出入品には関税をかけない。」ことなどを取り決めた。朝鮮政府は、この条規に従って1880（明治13）年、朝鮮半島東海岸の元山（ウォンサン、現北朝鮮）、1883（明治16）年、漢城に近い西海岸仁川（インチョン）を開港した。また、この条規締結のあと、清、米、英、独、伊、露、仏、墺（オーストリア）とも貿易ないし通商条約を結んだ。それは、朝鮮王国の鎖国政策の終焉であった。

「旅のノートから」11　朝鮮王国の事情

朝鮮王国、近代化への試み

日本政府は「日朝修好条規」の締結に際し、黒田全権大使派遣への回礼使を朝鮮政府（高宗と閔妃一族の勢道政府）に要請、これを受けて、朝鮮政府は１８７６（明治9）年5月、「朝鮮修信使」を日本に派遣し、開国後の日本の状況と軍事技術の視察の任務を与えた。

その修信使一行約80人は、金綺秀（キムギス）を正使とし、釜山→下関→横浜を船、横浜からは鉄道で、同年5月29日、東京に入った。新橋駅から華麗な民族衣装の一行が楽隊を先頭に行進を始めると、沿道の見物人から哄笑が湧き、嘲笑が浴びせられた。日本民衆は、日本は既に文明国で、朝鮮は依然として未開であるという錯覚と優越感の中にいた。この民衆次元での朝鮮使節への傲慢さは、日本人の過去の朝鮮蔑視意識が「文明開化」でさらに昂進したことを示している。

金綺秀らは、日本の急激な文明開化ぶりに大いに驚いたが、その文明的価値には賛同せず、滞在期間（5月23日～6月19日）も短かったので、日本状況の把握度は浅かった。朝鮮政府は、１８８０（明治13）年、金弘集（キムホンジプ）を修信使に任じて、再度の日本視察を命じた。金弘集一行58人は、同年8月（太陽暦）から9月にかけて東京に滞在し、日本政府要人と会談したり、官庁視察や諸制度の調査などを精力的に行った。彼はこの間、駐日清国公使の何如璋（ヘリュツァン）を訪ね、ロシア脅威論、欧米諸国との国交論、自国強化論などを教えられ、何が公使館員の黄遵憲（ホワンツンシェン）に書かせた『朝鮮策略』という冊子を贈られた。それは「朝鮮国の急務は、ロシアの進出を防ぐことであり、そのためには中国に親しみ、日本と結び、アメリカと連携することが必要だ」と主張していた。清国政府はアメリカを「紳士の国」と考えていたのである。『朝鮮策略』と金弘集の日本報告で、朝鮮政府内には政治改革の気運が高まり、１８８１年1月、新たに「統理機務衙門」を設置して、事大（対大国外交）、交隣（対隣国外交）、譏沿（往来船舶照検）、軍務、辺政（隣国偵探）、通商、理用（財政）、機械、軍物、船艦、典選（人材、物資調達）、語学の12部門を統轄する最高官庁とした。また、日本政府の勧告に従って、同年5月、日本軍に倣った「別技軍」（新式小銃部隊、80人）を創設、日本公使館付陸軍工兵少尉堀本礼造（34歳）を軍事顧問として軍事訓練を始めた。この新設部隊の兵士は、待遇も装備も従来の軍（火縄銃、約2千数百人）より格段に優遇された。

同1881年5月、朝鮮政府は「朝士視察団」と名付けた隠密の調査団（朝士12人、随員27人、その他23人）を日本に派遣し、8月まで、日本の文部、内務、農商務、大蔵、司法、外務の各省、税関、陸軍などを視察させた。彼らは、横浜、大阪、京都、神戸、長崎などにも出かけ、また、政府首脳や民間人（福沢諭吉など）への面会を行って、実際の政策進行の様子を詳しく調査した。

一方、清国北洋大臣李鴻章（リーホンチャン）は、朝鮮王国に欧米諸国への開国を勧めていた。清国の関心は日本とロシアの進出阻止にあり、欧米諸国を朝鮮に引き入れ、その力を利用して、日露を牽制しようとしたのである。李鴻章の仲介で、1882年5月22日、朝鮮政府は清国の天津（ティエンチン）で、アメリカとの修好通商条約を結んだ。この条約には関税条項があり、これによって日本との無関税規定は撤廃されることになった。

壬午《じんご》軍乱の勃発

これらの開国政策は朝鮮国内の攘夷派の強い反感を呼び起こし、彼らの期待は、高宗（コジョン）と閔妃（ミンピ）一族によって権力の座から追われた大院君の復活に集まった。閔氏政権の下では、国費の濫用、売官売職が盛んになり、国家財政は逼迫し、役人の苛斂誅求（税金などの厳しい取り立て）や賄賂、横領などの不正が復活していた。

1882（明治15）年7月23日、首都漢城で軍隊の反乱が起きた。直接のきっかけは、別技軍への優遇に比べて旧軍将兵は装備も訓練も粗末で、給料（米の現物支給）も13カ月遅配、ようやく支給された数カ月分の米は倉吏（倉庫管理官）たちの横領で、その半分は屑米、腐米、砂まじり米、という不正と不公平への怒りだった。

兵士たちは倉吏や軍営官と乱闘となり、倉吏1人を殺した。担当官僚の閔謙鎬（ミンギョムホ）は反乱の首謀者たちを捕え、死刑を宣告した。しかしこの反乱は、米の高騰に苦しめられていた貧民、市民の共感を呼び、たちまち数千人に膨れあがった民衆の一団は、別技軍とともに閔謙鎬の私邸に押しかけその家屋を破壊した。

こうなった以上、暴動の罪を免れ得ないと考えた一団は、最後のよりどころとして大院君を頼り、その私邸に集まった。大院君は、この機に乗じて閔氏政権を倒すべく、彼らを煽動して日本公使館に向かわせた。反乱軍民は兵器庫から武器を奪い、刑務所から仲間を救い出し、その日の夕刻、日本公使館を取り囲んでこれに銃撃、投石を加え、堀本礼造少尉ら日本人数人を殺した。翌24日、花房義質公使（旧岡山藩士、のち子爵）はこれ以上の防禦は不能と判断し、公使館に火を放ち、日本人28人とともに囲みを突破して漢城の外港仁川に逃げた。

同日、反乱軍民は領議政（首相相当）李最応（イチェウン）の私邸を襲って彼を殺し、さらに昌徳宮（チャンドックン）に押し入って閔謙鎬や、京畿道観察使金輔鉉（キムボヒョン）ら閔氏系高級官僚数人を殺した。閔妃をも殺害しようとしたが、彼女は宮女を装って宮殿から脱出、忠清北道の僻村に身を隠した。7月25日、高宗は「大院君に政権を委ねる」とする王命を発した。大院君は、政権から閔氏戚族を追放し、かつての体制を復活させた。

仁川に逃れた日本公使一行は、漢城からの連絡で蹶起した仁川府兵に襲われ、6人の死者を出したが辛くも脱出し、たまたま沖合にいたイギリス測量船に乗ることを得て、7月29日深夜、長崎にたどりついた。この軍乱での日本人死者は13人だった。

8月1日、軍乱の発生を知った清国政府北洋大臣代理の張樹声（ジャンシュウシェン）は、朝鮮からの使者として天津に滞在していた金允植（キムユンシク）と魚允中（オユンジュン）に意見を求めたところ「この事件は、国王高宗の開国政策に反対する勢力のクーデターであり、これを放置すれば、日本公使が再来した時、大院君と衝突し、結果として日本の進出を許すことになるから、速やかにこの事件に介入し、乱党を鎮圧してほしい」と要請された。清国政府は、これを好機として朝鮮国への宗主権を回復しようとし、兵を送ることを決定した。

8月5日、駐日清国公使は、日本政府に「派兵をともなう調停」を伝えた。清国海軍提督（艦隊司令官）の丁汝昌（ディンルシェン）の率いる軍艦3隻は、魚允中と馬建忠（マジァンホン、李鴻章の幕僚）を乗せて、

8月10日、済物浦《さいもつぽ》（チュムルポ＝仁川の古称）港に入った。

8月13日、日本政府の全権委員として花房義質が軍艦2隻、輸送艦1隻、陸軍兵300人とともに仁川府に入った。日本政府は後続の艦隊と合わせ、軍艦4隻、輸送艦3隻、陸軍歩兵1個大隊を仁川周辺に終結させ、花房はこの軍事力を背景に漢城に入京した。この時、花房に与えられていた任務は、①朝鮮政府から公式謝罪②被害者遺族への扶助料支給③犯人、責任者の処罰④日本政府への損害賠償⑤朝鮮警察による日本公使館警備⑥場合によっては巨済島（コジェド）、欝陵島（ウルルンド）の割譲⑦日本軍の仁川地区占領、などの約束を朝鮮政府から引き出すことだった（のちに⑧咸興（ハムフン）、大邱（テグ）、楊花津（ヤンファジン）の開市⑨外交使節の内地旅行権⑩通商条約上の権益拡大を追加）。

8月20日、呉長慶（ウチャンギン）提督が率いる清国軍3000人の兵が、軍艦3隻に守られて馬山浦（マサンポ、済物浦の南40km）に入った。同じ8月20日、花房は、王宮景福宮（キョンボックン）内で高宗、大院君と会見して、日本政府の要求を伝えた。朝鮮政府がこの過大な要求に回答をためらったので、花房はいったん仁川にひきあげた。馬建忠は、日朝間の斡旋行動を続け、同24日には仁川の花房を訪れて意見を交換し、翌25日に朝鮮全権との協議に応ずるという花房からの言質（口頭約束）を得た。

8月26日、馬建忠は、大院君政権の解体を意図し、「清国皇帝が冊封（王として認める）した朝鮮国王をしりぞけたのは清国皇帝を軽んずるものである」として大院君を天津に拉致し、その後保定（パォティン、中国河北省中部）府に幽閉した。同28～29日、呉長慶麾下（采配下）の袁世凱（ユアンシーカイ）は、朝鮮軍の反乱兵士170余人を逮捕、うち11人を処刑した。これによって、高宗と閔氏の政権が復活、閔妃も帰京してこの反乱は一応終息した。以後、袁世凱は朝鮮国に威圧的な言動をとるようになる。1882年は東洋暦で壬午（みずのえうま）の年なので、この反乱を「壬午（イムオ）軍乱」と呼ぶ。

同1882年8月28～30日、仁川で日朝交渉が行われ、朝鮮政府の公式謝罪、軍乱首謀者の逮捕、処罰、日本人被害者遺族への賠償金5万円、日本政府への賠償金50万円、日本軍による日本公使館警備の承認、などが合意された。これを「済物浦条約」と呼ぶ。これと同時に「日朝修好条規続約」が結ばれ、日本政府は、釜山（プサン）、元山（ウォンサン）、仁川（インチョン）の日本商人の通商範囲を10里（4㎞）から50里へ拡張、漢城近郊楊花津の開市、日本外交官の朝鮮内地旅行権などを獲得した。

甲申《こうしん》政変の失敗

１８８２（明治15）年10月4日締結の「朝清商民水陸貿易章程」は「朝鮮は久しく（清国の）藩邦に列す」と清国の朝鮮国への宗主権を明文化し、清国の商務総弁官を朝鮮国首都漢城に駐在させ朝鮮の通商に干渉できるとした。

朝鮮国王の高宗は急進開化派の、趙寧夏（チョニョンハ）、金弘集（キムホンジプ）、金玉均（キムオッキュン）らを登用し、閔氏政権の下で朝鮮の政治、経済、軍事の改革を進めた。しかし、まもなく閔氏戚族は、急激な改革を嫌う開化派を排除し始め、金玉均を閑職に追いやり、政権から遠ざけた。金玉均はこれを挽回せんとして、日本からの外債３０００万円の募集を企図し、１８８３（明治16）年6月、高宗の委任状を持って日本へ渡った。しかし、駐朝日本公使竹添進一郎（同年1月着任。旧熊本藩藩士、のち東京帝大漢文学教授）は金らを軽薄才子だとして嫌い、井上馨外務卿にこれに応じないように申し送った。この公債募集は失敗し、フランス公使やアメリカ公使への働きかけも実らなかった。金玉均は失意の裡に帰国した。

明治17年8月にベトナムの支配権を争って清仏（仏＝フランス）戦争が起きると、日本政府井上外務卿は、清国は漢城駐留の清国軍を撤収させると見て、その空白に乗じて朝鮮国への「積極策」を企てた。竹添は井上の意を体して、一転開化派支援の姿勢をとり、済物浦条約賠償金残額約40万円の放棄、汽船一隻と山砲（山地用大砲）2門の贈与と軍事支援を申し出た。金玉均らは、これらに力を得て、反閔クーデターを計画した。

明治17年12月4日、金玉均らは一挙に形勢を挽回せんと決起したが、それは追いつめられ、焦った開化派が日本側の甘言に惑わされた決起で、明らかに準備も不足、時機も未熟、支持基盤も貧弱だった。

同12月6日、竹添らと朝鮮開化派の「新政府」は日本公使館警備の日本陸軍仙台鎮台所属の1中隊150人の手で高宗、閔妃らを昌徳宮に「保護」し、続いて、高宗から諸政革新の「政綱」の裁可を得たと発表した。これを「甲申（カプシン）政変」（1884＝甲申年）と呼ぶ。現代風に言えば「ク・デタ」である。

閔妃は清国側に密使を遣り、国王と自身の救出を要請した。翌7日午後、袁世凱の率いる清軍1300名が昌徳宮を攻めた。日本軍と竹添らは、裏門から脱出、公使館に戻った。金玉均は国王を奉じて避難しようとしたが王はこれを拒否した。金玉均ら9人は他日を期して竹添らと同行したが、開化派の洪英植（ホンヨンシク）、朴泳教（パクヨンギョ）と、日本の陸軍戸山学校留学（金玉均の方針）から帰国してこの政変に加わった学生7名は王に従ってとどまり、のち清国兵に殺された。他の同志たちは、国内に潜伏することとしてこの場を去った。ク・デタは失敗し、高宗、閔氏政権が復活、朝鮮王国は事実上清国の支配下に入った。

日本の内政干渉に怒った漢城市民は、公使館に避難しなかった日本人の漢城居住者数十人を殺傷した。この時、日本人婦女子30余名が清兵に凌辱、虐殺されたといわれる。竹添は公使館に火を放ち、朝鮮軍500人の追撃を逃れて、日本兵140余名、公使館関係者100余名、漢城在住の日本人ら計260名とともに仁川に向かい、停泊中の日本船「千歳丸」に逃げ込んだ。竹添は、金玉均らの引き渡しを要求する朝鮮軍の要求に応じようとしたが、船長辻勝三郎はこれを拒否し、「この船舶の事、皆我が権内にあり、諸君皆安んじて可なり」として、自刃を覚悟した金らを船底に匿い、12月11日、長崎へ向かって出航した。

その後、朝鮮政府は政変に参加した急進開化派を、朝鮮国王への「謀叛大逆不道罪人」とし、家族も含めて迫害、投獄し、彼らの多くは自死、獄死、財産没収などの運命に至った。金玉均は、東京三田の福澤邸に匿われた後、その存在が外交上の負担と考えた日本政府によって北海道や小笠原島などを転々させられたのち、上海に渡って潜伏したが、明治27（1894）年3月28日、閔妃の放った刺客洪鐘宇（ホンジョンウ）に襲われ、殺された。

日清対立の深化

明治17（1884）年12月30日、日本外務卿井上馨は、陸軍2個大隊およそ1200人の軍を率いて朝鮮王国の首都漢城に入り、翌年1月9日、朝鮮政府と「漢城条約」を結んだ。この条約で日本政府は、朝鮮政府から甲申政変の事後処理として、日本国への謝罪、日本人被害者遺族と負傷者への賠償金11万円、焼失した日本公使館と兵営建築の敷地と再建資金2万円の提供、「反日暴徒」の処罰などの約束を得た。日本側の政変への関与については不問とされた。井上は、竹添公使の朝鮮内政への干渉には触れず、むしろ日本側がこの政変の被害者であったと主張したのである。

その後、日清両政府は、これ以上朝鮮に関わるのは双方に得策でないとして、明治18（1885）年4月2日、駐清イギリス公使パークスの仲介によって、清国天津で日本政府全権大使伊藤博文と清国政府全権大使李鴻章との会談を持ち、甲申政変後の朝鮮についての日清間の協約について協議した。イギリス政府は、ロシアの東アジア地域への南下政策に対抗する必要から、日清対立の平和的早期解決を望んだのである。

この会談は7回開かれ、同年4月18日、①朝鮮からの日清両軍の4カ月以内の撤兵②日清両国は軍事教官を朝鮮に派遣せず、朝鮮政府にその他の国の軍事教官の採用を勧告する③将来日清両国が、争乱、重大事件で朝鮮に派兵する場合は「行文知照（相互事前通知）」し合い、事態解決後は即時撤兵する、という3カ条の「天津条約」を締結した。これによって1893（明治26）年7月まで朝鮮国から外国軍隊が姿を消すことになった。

しかし、朝鮮王国は依然「朝清商民水陸貿易章程」で清国の宗主権の下にあり、それに対抗して朝鮮国での利権を確保したい日本政府は、やがて清国との武力衝突、すなわち「日清戦争」を想定し、そこに向かって突き進んでいく。

福澤諭吉の脱亜論

福澤諭吉（１８３５〜１９０１年）は、明治10年代の自由民権運動の高揚を目の当りにして、その活力に恐れをなし、それまでの「万民平等、一身独立、一国独立」論から「国権優先、官民調和、内安外競」論に転向した。彼には開化先導者の自負があり、民衆の勝手な行動（民権運動）を嫌悪した。それを認めれば自分の立場が否定されるのである。

彼は日本人に対して欧米流の個人尊重の思想が日本近代化には必要と説く一方で、その欧米列強が暴力的に東アジアに襲いかかっている現実を認識し、強い危機感を抱いていた。福澤は、日本は清国、朝鮮国と共同してそれに対抗すべきであるが、この両国は未だ頑迷な王朝政治にとらわれ、この危機に鈍感で、頼りにならない、それ故、欧米文化を取り入れて近代化した日本が「東洋の盟主」となって東アジアの欧米植民地化を防ぐべきだ、とした。一見筋の通った主張のように聴こえるが、それは現実局面では、清国、朝鮮国を武（軍事力）を以て威しこれを支配（自称保護）すべきとする思想になり、アジアを守るためにアジアを害するという基本的に矛盾した論理だった。福澤の「日本はすでに遅れたアジアから抜け出した」とする自負は、「中国、朝鮮は非文明、落伍民族」説と表裏一体であり、それは、日本民衆にさらなるアジア蔑視観を植え付けた。福澤は、日本帝国主義と日本軍部が東アジアに「進出」して行く道を開いたのである。

福澤は、明治14（１８８１）年6月、朝鮮政府の派遣した「朝士視察団」の来訪を受け、そのうちの2人を慶應義塾に入学させた。翌年2月には朝鮮国王の命で来日した金玉均らと面談し、朝鮮独立開化派との連帯、留学生の受け入れなどを約束した。この時、金らは、後藤象二郎（自由党幹部）、井上馨（外務卿）、大隈重信（立憲改進党総理）、伊藤博文（政府首脳）らとも面会し、日本の援助による朝鮮の近代化を構想するようになった。福澤は、彼らのその「自主的朝鮮改革」に大きな期待をかけた。

明治15（１８８２）年2月、壬午軍乱の謝罪のため朴泳孝（パクヨンヒ）を正使とする朝鮮修信使が来日し、これに随行した金玉均は、後藤（象二郎）、福澤の仲介で、横浜正金銀行から12万円の借款に成功した。その学生派遣の資金にされた。福澤は、朴泳孝の帰国に際し、門弟の井上角五郎（のち衆議院議員、北炭会社取締役など）を同行させ、開化派への支援活動を命じた。甲申政変時、福澤は、井上角五郎を通じて日本刀、拳銃、弾薬などを開化派に提供した。この政変の失敗と、事後の清国と朝鮮国による開化派人士と近親者への残酷刑の執行は、福澤に深い失望を与えた。

福澤は、明治18（1885）年3月16日、自身の発行する新聞『時事新報』に「脱亜論」を書き「我国は隣国の開明を待ちて共に亜細亜を興すの猶予あるべからず、寧ろその伍（隊伍）を脱して西洋の文明国と進退を共にし、その支那朝鮮に接するの法も、隣国なるが故にとて特別の会釈に及ばず、正に西洋人が之に接するの風に従いて処分すべきのみ」と主張した。

第18章　教育勅語の時代

明治初期、国民教育の方向をめぐる争い

明治1（1868）年2月22日、太政官政府の参与、復古派の岩倉具視らは、新国家の教育制度調査のために、平田鉄胤（国学者、旧伊予新谷藩士、平田篤胤に入門、その女婿）、玉松操（国学者、尊王攘夷家）、矢野玄道（国学者、旧伊予大洲藩士、尊王攘夷家）を学校掛に任じた。

政府は同年3月2日、京都の「学習院」を再興し、3月19日に開講することを決定した。この学習院とは弘化4（1847）年、京都に開かれた公家の子弟のための学校で、明治10年に東京に設置された皇族、華族の子弟の教育機関の学習院とは別組織である。京都学習院は、朱子学、陽明学、古学の儒学各派に和学を取り入れて教授する教育機関だったが幕末の政治的混乱で一時閉鎖されていた。同年4月15日、政府はこの再興学習院を古代律令制の教育機関「大学寮」にちなんで「大学寮代」と改称した。

同年6月23日、平田ら国学派は朝廷に建白書を提出し、「大学寮代が漢学、洋学を取り入れようとしているのは、遺憾（不本意）」とし、これへの反対を表明した。これに対して「聖人之至道ヲ履ミ、皇国之懿風ヲ崇ム」（儒教の聖人の道をふまえて、皇国の精神を崇めること）ことを標榜していた学習院派は激しく反撥した。ただし、この対立は学問思想上の違いからというよりも、両派の学者たちの威信と国家教育の主導権獲得を懸けた世俗的争いであった。

この争いに手を焼いた政府は、同年9月16日、大学寮代を廃し、京都に「皇学所」と「漢学所」を設け、その規則を「一、国体（国家の形体）ヲ弁シ（明らかにし）、名分（身分とその道徳）ヲ正スヘキコト。一、漢土、

西洋ノ学ハ共ニ皇道（天皇の治世）ノ羽翼（補佐）タル事。但シ、中世以来、武門、大権ヲ執リ，名分取違候者巨多之有リ、向後（今後は）屹度心得ベキ事。一、虚文空論ヲ禁ジ、着実に修行、文武一致ニ教諭致スベキ事。一、皇学、漢学共ニ是非ヲ争ヒ固我（自己）之偏執アルベカラザル事」とし、皇学所は主として国学派の王政復古体制のための教育機関、官学所は主として学習院派による漢学のみの教育機関とした。双方の顔を立てたようなこの文言は、実質的には「虚文空論」の国漢両派への切捨て宣告だった。それは、欧米露諸国の強大な軍事力に接し、その背景としての西洋文明を知った日本が選択すべき教育は、結局の所、国学、漢学ではなくて、洋学（西洋の学問）以外にないとする政府ないし在野の学識者たちの皇漢学教育放棄宣言であった。

明治2年3月、政府は全国の府、藩、県に「小学校を設けて、児童に、国体、時勢をわきまえ、忠孝（主君に忠義、親に孝行）の道を知るべきよう教諭せよ」との通達を発し、その年6月には東京市に小学校を6校作った。

同年8月、政府は、教育および教育行政の機関として「大学校」（同年12月「大学」と改称）を設置し、その規則に、これからの学者は日本の神典や国典を重視し、皇道を尊び、国体を明らかにすることを何よりの務めとすべきであり、その上で儒学の孝悌彝倫《いりん》（父母に孝、年長者には従順）、治国平天下（固煮を治め天下を安んじる）の学、あるいは西洋の格物窮理（自然科学）、開化日新の学（近代思想）を取り入れるようにすべきだ、と示した。この規則の力点は、明らかにその後半部分、すなわち、優れた西洋の学問はすべて取り入れて、わが国のものとすべきであり、特に軍事に関する学問と医学は「国ノ興敗、民ノ死生ノ繫ガル所、政務中ニ於テ、尤モ重スベキ事」とするところにあった。大学校は、本校（旧幕府の昌平黌）で皇漢学、開成学校（旧幕府蛮書調所、「大学」改称とともに「大学南校」）で一般西洋学、医学校（旧幕府西洋医学所、のち「大学東校」）で西洋医学を教授することとした。明治3年7月、洋学派との争いに負けて、皇漢学の大学校は閉鎖された。

「學制」発布

明治5年（1872）年8月2日、文部省（明治4年7月設置）は「學（学）事奨励ニ関スル被仰出書」（通称「学制序文」）を発布、その翌日に「學制（学制）」を公布した。

学制序文は「人々自ラ其身ヲ立テ、其産ヲ治メ、其業ヲ昌ニシテ、以テ其生ヲ遂ル所以ノモノハ他ナシ、身ヲ脩メ、智ヲ開キ、才芸ヲ長スルニヨルナリ。而シテ其身ヲ脩メ、智ヲ開キ、才芸長スルハ、学ニアラザレバ能ハズ。是、学校ノ設アル所以ニシテ、日用常行言語書算ヲ初メ、士、官、農、商、百工、技芸及ビ法律、政治、天文、医療等ニ至ル迄、凡ソ人ノ営ムトコロノ事、学アラザルハナシ。」「従来、学校ノ設アリテヨリ、年ヲ歴ルコト久シト雖モ、或ハ其道ヲ得ザルコトヨリシテ、人、其方向ヲ誤リ、学問ハ士人以上ノ事トシ、農工商及ビ婦女子ニ至ッテハ之ヲ度外ニ置キ、学問ノ何者タルヲ弁セス。又士人以上ノ稀ニ学ブ者モ、動モスレバ国家ノ為ニスト唱へ、身ヲ立テル基タルヲ知ラズシテ、或ハ詞章記誦ノ末ニ走り、空理虚談ノ道ニ陥リ、其論高尚ニ似タリト雖モ、之ヲ身ニ行ヒ、事ニ施スコト能ハザルモノ少ナカラズ。是即チ、沿襲、習弊ニシテ文明普カラズ。才芸長ゼズシテ、貧乏、破産、喪家ノ徒多キ所以ナリ。」「自今以後、一般ノ人民、華士、農工商及ビ婦女、必ズ邑ニ不学ノ戸ナク、家ニ不学ノ人ナカラシメン事ヲ期ス」（原文旧漢字、濁点なし）と封建教学を否定し、学校教育はもっぱら個人の立身、治産、昌業、を直接の目的にし、四民平等で、女性をも対象とする教育理念を提示した。新政府の意図は、教育が個人に利益をもたらす事を強調することで、旧藩によって植え付けられた民衆の地域意識や封建的主従関係意識を取り払い、徐々に国民としての意識や中央集権的制度に慣れさせていくことにあったといわれているが、とりあえずこの「学制序文」には、新時代の人間観があふれているのを見ることが出来る。これは福澤諭吉の『学問のススメ』の主張と似た論法であった。

それに続く「学制」は、学区制、学校、教員、生徒、及び卒業、海外留学、学費の6篇109章から成る。学区制は、フランスの制度に倣い、全国を一般行政区画とは異なる8大学区、（東京、愛知、石川、大阪、広島、長崎、新潟、青森）とし、大学区ごとに1大学、各大学区に32の中学区、その区ごとに1中学校、各中学区を210の小学区とし、その区ごとに1小学校を設ける、1小学区は人口600人を単位とする「8大学、256中学校、53760小学校」という壮大な計画であったが、実際には絵に描いた餅のような計画で、財政的にも人材面でも無理な計画であった。計画の中心となるべき大学の開設も中学校の設置も当面は紙上の規定にとどまった。最初の大学として第一学区の東京大学が出来たのは、明治10（1877）年だった。

この「学制」の主要なねらいは、小学校の義務教育化と、それへの国家による監督統制にあった。中央集権制国民国家の形成には、小学校での識字、算数、愛国心、尊皇心の教育が不可欠との判断があったのである。

全国の各学校は、文部省が直轄し、大学区には各大学本部ごとに「督学部」を設けて「督学官」を置き、その大学区内の教育行政を監督することとした。督学官は、文部省の意向を奉じて、地方官（府知事、県長官）と協議し、大学区内の諸学校を監督し、教則の得失、生徒の進否などを検査し、これを論議改正できるものとした。また各中学区には地方官がその土地居住の名望家を選んで「学区取締」を10〜12ないし13人任命し、各取締は20〜30の小学区を分担し、これらを統轄指導し、担当学区内の就学の督励、学校の設立、保護、経費など、学事に関するいっさいの事務を担当すべきものとした。この「学制」は当時の日本の状況には合致しない部分が多かったが、ともかくこれによって、文部省→大学区→府県→中学区→小学区という上意下達式の教育行政の系統と、小学校→中学校→大学校という学校体系の基本が成立し、近代日本の中央集権的国家教育制度が発足したのだった。

明治5年5月29日、「学制」公布の2カ月前、文部省は、小学校の設置に必要な小学校教師養成のために、東京湯島の昌平学校（旧幕府昌平黌）内に「東京師範学校（修学期間2年）」を設置し、「和漢通例ノ書をヲ学ビ得タル、年齢二十歳以上三五歳マデ」の者を募集し、試験の上、54人の入学を許可した。彼らには、在学中、学費、生活費（月額8円）が支給され、卒業免許取得者には小学校教師服務の義務を課した。「学制」では特記事項として「小学校ノ外ニ師範学校アリ」とされ、師範学校の設置は小学校設置の前提措置であり、明治6

年から7年にかけて、文部省は「学制」による全国7大学区（明治6年、石川大学区を外す）に各1校の官立（国立）師範学校を設置した。明治8年には東京に女子師範学校を設置した。ただしこの時期、佐賀、萩、熊本、福岡、鹿児島での士族反乱が相継いで、その戦費調達のために国家財政はほとんど破綻に瀕し、政府は、明治10～11年、東京師範学校と女子師範学校以外の官立師範学校をすべて廃止し、府県立の師範学校、女子師範学校の設立を奨励した。

北海道の事情

開拓使は、開拓が始まったばかりの北海道では、この「学制」施行は困難であるとして、明治6（1873）年12月、文部省に学制施行の延期を願い出、許可された。開拓使は「当使（開拓使）、民政ニ於テハ、専ラ其ノ産業督励ヲ主トシ、未ダ他府県同様学務施行ノ場合ニ至リ申サズ」「現今悉ク其ノ成規ヲ踏候テハ、実施差支ノ廉少ナカラズ」「因リテ管内教育ノコトハ、一般施行スベキ時」になるのを待って、文部省との協議の上、実施したいとした。そして「尤モ、函館ニ中学、小学。其ノ他、有珠ト余市ニ郡ヲ初メ、各所ニ郷学のノ設之有リ。漸次学制ニ依リ、循可致ス見込ニ候」と、以降は学制の実現に努力していく旨を表明していた。

幕末期から明治初頭期、箱館、亀田、松前、江差、檜山、爾志、久遠などには、寺子屋、私塾が70ほどあり、寿都、岩内、美国、余市、小樽までの西海岸、箱館から室蘭までの東海岸にも相当数の教育施設があったといわれる（山崎長吉『北海道教育史』）。維新後は、移住士族団などによる、いわゆる「郷学校（郷学、郷塾とも）」がこれに加わった。前記開拓使文書の「有珠ト余市ノ郷学」とは、仙台藩伊達邦成（明治3年4月移住）と、会津松平家家臣団（明治4年9月移住）の郷学校と思われる。函館の「北門社郷塾」（明治3年7月～5年9月）は開拓使の支援を受けて、旧幕府箱館奉行所の学問所や洋学所を継承した中等程度の漢学（儒学、中国史など）、英学（洋学）教授を行っていたとされる。札幌地域では、明治5年前半に、白石村、手稲村、札幌村、平岸村、篠路村に私塾が開かれ、開拓使は同年11月21日、それらに筆算教師を任命し、手当てを支給した。琴似屯田兵村では明治8年7月、屯田兵の入村と同時に屯田司令部によって仮学校が作られ、山鼻兵村でも兵たちの自学組織が作られた。屯田事務局は両村に経費を出して校舎を建て、屯田兵に限らず兵村近在の者の子弟も対象として、西南戦争従軍後の明治11年春から授業を始めた。

一方、明治4年、開拓使官員の子弟のための官立（開拓使立＝国立）学校が函館と札幌に作られた。同年10月11日開校の官立函館学校は漢学と英学を教えたが、翌5年7月から一般人の入学も認め、西洋算術（数学）科も設けた。『開拓使事業報告書』によれば、開校時には、教員4人、生徒30人（男子のみ）となっているが、明治6年3月の函館支庁「函館学校改革案」では「生徒至りて少なく、随て学業敏達の者も之なし」であるから閉校し、成業の見込みある生徒のために「変則中学校」（「学制」規定で正規の中学校に類似した学校）を開き、いずれはそれを正則の中学校にしたいとした。一方、開拓次官黒田清隆の建言で、明治5年10月、函館学校には「魯（ロシア）学科」が併設された。明治6年9月、函館富岡町の称名寺内に「変則中学校」が設置され、官立函館学校は魯学科（「ロシア語学校」と改称）をのぞいて閉校になった。この変則中学校では13～18歳の者に、洋学、数学を教えた。前記開拓使文書の「函館に中学、小学」とはこれらを指すと見られる。

札幌には、明治4年10月26日、官立「資生館」が設置された。その前身は、明治3年12月、開拓使が開拓使本陣（官員用宿舎）内に設置した「仮学校」である。資生館では漢学、皇学を教え、札幌はもちろん、余市、紋鼈（現伊達市）などから、開拓使官員の子弟150～160人が集まったという。明治5年2月、資生館は、14歳以下の一般人の子弟の入学を許可し、彼らに数学、習字などを教えるようになった。明治6年9月、開拓使札幌本庁は、管内の郷学校を「教育所」と改称し、さらに各地に教育所を設置することを勧奨した。これらの教育所は明治10年6月、「学校」と改められた。

資生館は、はじめ開拓使の教育行政機関である「資生館係」（明治6年6月「学校係」、同7年12月「学務局」と改称）を兼ね、事務課、教授課、女学課が置かれていたが、その後、教育機関としての資生館はこれと分離され（その経緯は不詳）、その後「札幌学校」（明治6年?）「雨竜学校」（同8年）「公立第一小学校」（同9年）

「創成学校」（同14年）「創成小学校」（同16年）と改称を重ねた。

明治7年6月9日、開拓使函館支庁は、「ロシア語学校」を「松蔭学校」、「変則中学校」を「富岡学校」と改称し、富岡学校には14歳以下の児童が「士・民の別なく」入学できる「予科」を置き、和算、習字を教えることにした。同年12月、函館支庁は、東京師範学校第一回卒業生の城谷成器を富岡小学校に迎え、同校教員に小学校開校のための「新式教授法」の伝習を始めた。これは前年8月以来文部省に依頼していたことの実現だった。

続いて開拓使は、富岡学校の英語科、数学科を松蔭学校に合併し、翌8年8月、会所町に「会所学校」（小学校）を開校し、富岡学校の予科生もそこに移した。富岡学校は廃止され、教員は会所学校に移った。会所学校は、東京師範学校制定の「小学校則」を採用し、北海道の普通小学校の始まりとされる。松蔭学校は、同年11月、ロシア語、英語、数学の三科を、元町の官舎に移し、「官立元町学校」と改称された。明治8年末の元町学校は、教師10人、生徒37人だったが、その後生徒は減少し、明治9年4月廃校となった。

一方、開拓使函館支庁は、明治8年7月、函館会所学校に「小学伝習所」を設け官費生、村費生、私費生、手習師匠ら40人、それに札幌本庁からの委託生15人に小学校教科内容と教授法を伝授した。同所では翌9年2月、官費生を募集し、試験の上、17人の入学を許可、以後毎年これを行った。

明治8年10月、福山（松前）に教則などを函館会所学校に準じた「松前学校」ができ、翌9年5月「公立松城学校」と改称された。この学校は、福山城（松前城）本丸を校舎にした。

明治9年8月、開拓使は、札幌公立第一小学校（旧資生館）、同10年3月、福山松城学校、同10年11月、小樽量徳学校（旧小樽教育

函館博物館一号（青柳町函館公園内）
明治12年に開館。明治初期の洋風建築としては珍しいアメリカ風の様式であるとのこと

所）に「教員速成科」を置き、東京師範学校流の小学校教授法の普及を図った。

明治11年1月、開拓使函館支庁は「村落小学教則」を定め、正則小学校（上・下、8年制）ではなくて、「学制」の「僻遠ノ村落、農民ノミアリテ、教化素ヨリ開ケザル地」条項による、5年で卒業できる「村落小学校」を設置することを認めた。これにより、函館支庁管内では、函館、福山、江差の市街地以外の小学校はすべて村落小学校となった。明治11年7月、檜山郡江差に「公立柏樹学校」が正則小学校として開校した。開拓使はこの学校にも「教員講習所」を設置した。この時期、小学校教員の養成は国家的急務であった。

国家主義教育への転換

明治7年以降、自由民権運動が、学問、教育の自由と民衆の自主性とを結びつけようとすると、政府はこれに脅威を感じ、「学制序文」における「個人の実益のための教育」から「富国強兵のための知識進歩教育」という国家主義教育への転換を始めた。

明治12（1874）年9月、文部省（寺島宗則文部卿）は、「学制」の画一的強制が、地方の負担になり、国民生活から遊離しているとして、アメリカ合州国の教育制度に倣い、教育行政の地方分権化、学区制廃止、小学校の設置基準と4年間就学強制の緩和、教則の自由、私立学校の開設などを認める「教育令」（通称「自由教育令」）を公布した。これによって、女子の就学促進のために、男女別学制、裁縫科設置なども認められた。小学校は町村立となり、その運営にあたる学務委員も公選になった。これらは文部大輔（次官）田中不二麿（旧尾張藩士。岩倉使節団に随行、のち子爵）の構想によるものであった。

しかし、それを受けた町村側は、教育費の削減、学校縮小などに走り、県令らは「自由」許容のために就学率が低下したと田中を非難した。さらに西洋風教育を忌諱（忌み嫌う）する睦仁天皇（明治天皇）とその周辺からの批判を受けて、田中はその職を解かれた。

明治12年夏、27歳の睦仁天皇は、侍講（天皇の教育係、明治10年設置）の元田永孚（旧熊本藩士、儒学者）、佐々木高行（旧土佐藩士、国学者）らに「教学大旨」および「小学條目二件」を起草させ、これを「教学聖旨」として、伊藤博文内務卿、寺島宗則文部卿に示し、儒学的道徳教育の強化を指示した。

その総論にあたる「教学大旨」は「輓近（近頃）、専ラ智識才藝ノミヲ尚トビ、文明開化ノ末ニ馳セ（末節に走り）、品行ヲ破リ、風俗ヲ傷ナウ者少ナカラズ」として、「学制」以来の教育政策は知識教育に偏っており、その弊害を正すために「君臣父子ノ大儀、仁義忠孝」を基本とした儒教教育の必要を説き、「小学條目二件」は、小学校での徳育でそれらを幼年期に脳髄に刻み込むこと、農商階級の子弟には「長上（目上）ノ人ヲ侮リ、懸官（役人）ノ妨害」となる「高尚」な教育ではなく、その家業に応じた「実学」を与えよ、というものであった。

伊藤内務卿は日本の近代化そのものを否定する元田らの主張を「現実離れの空論」として拒否したが、道徳教育の強化には同意したので、天皇にそれまでの政府教育方針の継続を認められた。元田らはまた、天皇親政論を掲げて侍講の閣議臨席を要求、それに対抗して伊藤は岩倉右大臣と謀って、侍講制度の廃止を検討した（明治18年廃止）。これ以降、天皇側（いわゆる宮中勢力）と政府側には複雑な対抗関係が生じることになる。

明治13（１８８０）年1月、文部省は「読書、習字、算術、地理、歴史、修身の6科を備え持たない小学校は、変則小学校とする」との省達を出した。これを受けて、開拓使は北海道の「小学校則」「小学教則」「変則小学教則」を制定し、修学条件を緩めた。これによって正則小学校とされたものは、全道の官立1、公立１３０の小学校のうち、札幌本庁管内の１０校、函館支庁管内の15校だけで、他はすべて変則小学校となった。

明治13年12月28日、文部省は、「自由教育令」に大改正を加えて、3年間の修学義務、町村の権限制限、学校設置基準の厳格化、文部卿、府知事、県令の監督強化などを盛り込んだ「改正教育令」を公布、歴史教育には「凡そ、歴史を教育するには、尊皇愛国の志気を養成せざるべからず」として「高天原の神々による建国」「神武天皇の即位」以下、「万世一系の天皇が日本の統治者であること」「天皇に対する忠臣らの事跡を明らかにすること」などの教授要項を示した。

それまで各道府県の任意設置だった師範学校は「改正教育令」では義務設置とされることになったので、その公布直前の明治13年10月20日、開拓使函館支庁は「小学教科伝習所」（会所学校に併設）を「函館師範学校」（2年制）とした。

明治14年9月、文部省の制定した「小学教員心得」は、小学校教員は「生徒をして皇室に忠にして、国家を愛し、父母に孝にして、長上を敬し」「人倫の大道に通暁（十分に知る）せしめ」、生徒に多くの知識を与えるよりも、国家に対して従順、善良な人間を育成すべしとした。

明治15年2月、開拓使は、札幌の創成学校（旧資生館）内に併置の「教員速成科」（2年制）を「仮師範学校」と改称し、翌16年5月、「札幌県師範学校」（4年制、当時北海道は3県制）とし、創成学校をその附属小学校とした。

明治15年12月、文部省は、天皇侍講元田永孚編纂の『幼学綱要』（和綴本、7巻3冊）を公刊し、同年12月2日の地方長官（府知事、県令）の宮中参内の際、天皇の勅諭「方今学科多端、本末ヲ誤ル者亦鮮ナカラズ。年少就学者モ当ニ忠孝ヲ本トシ、仁義ヲ先ニスベシ。因リテ、儒臣ニ命ジテ此書を編纂シ、群下ニ頒賜シ、明倫修徳、要（大事なことは）茲ニ在ル事ヲ知ラシム。」とともに彼らに下賜し、続いて皇族、上級官僚、官公立小学校にもこれを配った。私立学校へは、実費徴収の上で下付した。『幼学綱要』は、菅原道真、楠木正成、諸葛孔明、顔真卿など、日本、中国の「義臣」の例話、各種挿絵によって幼児に孝行、忠節、和順などの儒教的道徳意識の育成を図ろうとする小学校児童用の副読本だった。

森有礼の「学校令」

明治18（1885）年12月、内閣制度が発足した。初代内閣総理大臣伊藤博文は、森有礼（38歳、旧薩摩藩士）の教育思想を高く評価し、彼を文部大臣に起用した。森は閣内最年少大臣だった。

森は、薩摩藩の藩校造士館と洋学校開成所で漢学、英学を学び、慶応1（1865）年、藩からイギリス留学を命ぜられ、五代友厚（政商、大阪財界の指導者）らと密出国、ロンドン大学に学んだ。その後ロシアを旅行、慶応3年アメリカ合州国へ渡り、アメリカの教育に関心を持ち、その学校教科書などを集めた。明治1年新政府樹立後に帰国、外国官権判事（上級外交官）に採用されたが、廃刀論など急進的改革を唱えて保守派の反撥を受け免官された。まもなく再召され、駐米公使、駐清公使、駐英公使を歴任、文相登用時には、参事院議官兼文部省御用掛だった。

政府は、明治19年3月2日、「帝国大学令」、同年4月10日、「小学校令」「中学校令」「師範学校令」「諸学校令」（総称して「学校令」と呼ぶ）を公布した。これらは森文部大臣主導のもとに作成され、これまでの学校の諸規定を、明確に国家主義的に切り替え、その実現のために、強制力の強い勅令（天皇の命令）として発布されたのであった。

「小学校令」では、学齢期児童（満6歳以上）には、普通教育すなわち「道徳教育、国民教育、生活に必要な知識、技能教育」を授けること、文部大臣検定の教科書を使用することと規定した。小学校は、尋常（4年）と高等（4年、のち2年）の2段階とし、学齢期児童の保護者には「普通教育ヲ得サシムルノ義務」を課した。この「義務」は「国家に対する国民の義務」の意味で、現在の「こどもに対する保護者の義務」ではない。はじめ保護者たちは、授業料の自己負担（明治33年まで）、若年労働力の喪失、こどもの精神増長への警戒、教育自体への無関心などから、これに消極的で就学率は低く、明治18～23年で50％（男子60％、女子40％）だった（牧原宣夫『民権と憲法』）。高等小学校は、尋常小学校卒業者にさらに高い初等教育を与える所とした。

「中学校令」は「（中学校は）実業ニ就カント欲シ、又ハ高等ノ学校ニ入ラント欲スル」男子の教育機関とし、各府県に尋常中学校（5年制、のち「中学校」と改称）と、その卒業者のための学校として全国5地区（東京、仙台、京都、金沢、熊本）に高等中学校（3年制、明治27年「高等学校」と改称され、岡山、鹿児島、名古屋にも設置）が置かれた。専門学校、高等商業学校などへは尋常中学校卒業で入学できた。

「帝国大学令」によって「東京大学」は「帝国大学」と改称され、「国家の須要ニ應スル学藝技藝ヲ教授シ、及ビ其蘊奥ヲ攷究スルヲ以テ目的トスル」とされた。帝国大学は、従来の東京大学に工部大学校を合併し、法科、医科、文科、理科、工科の各分科大学とその大学院で構成されることになった（農科大学は明治23年設置）。

日本の帝国大学は、当時のドイツの大学を模して作られたといわれるが、ドイツの諸大学で普遍的だった「教授の自由」「修学の自由」は日本の帝国大学には存在せず、また明治30年に京都帝国大学が設置されるまで、日本における唯一の大学であったので、ドイツのように他大学と競い合って学問を進展させるという目標も持ち得なかった。それは、明治国家の運営に必要な高級官僚や技術者を養成する機関であり、学生たちは、自らの立身と富国強兵国家の進展をめざして、東京に集まってきたのであった。

私立学校と女子中等教育機関

幕末期以来、各地に多数誕生していた民間の教育機関（私塾、私園）は、その大部分が弱小で小規模だったので、官公立の初等教育機関が整備されてくると次第に減少していったが、その一部は、明治7年8月に文部省が規定した「私立学校」に移行して継続された。それらは官公立の小学校との競合を避けて、中等教育分野に存立の場を求めた。「学校令」等によってその分野にも官公立の学校が設置されてくると、私立学校はさらにその上の分野に侵出せざるをえなくなった。しかし、自由民権運動のたかまりを警戒する政府地方行政府の史学冷遇策や弱体化策を受けて、その多くは経営難に陥り、官公立学校へ転換するものや、帝国大学への予備門化するものもあった。慶應、早稲田などの私立学校はすでに帝国大学の水準にあったとされるが、それらが「大学」として公認されたのは、大正7（1918）年の「大学令」によってであった。現在もなお私たちに存在する「学校の官尊民卑」意識や、それに対抗して「私学の精神」による学問を志向する私立学校は大学、高校に偏るという社会構造は、こういう事情の下で作られたのである。

女子の中等教育機関としては、官公立の女子師範学校（明治13年に14校）以外はごくわずかだった。明治15年には、東京の官立女子師範学校に附属の高等女学校が作られ、男子の尋常中学校に対応する女子中等学校と位置づけられた。都市部にはキリスト教系のフェリス女学院、明治女学校、神戸英和女学校、同志社女学校、櫻井女学校、東洋英和女学校などや、良妻賢母主義の跡見女学校、仏教系女学校などの私立女学校が次々と設立された。公立（地方政庁立）の高等女学校は、明治32年の「高等女学校令」によって各道府県にその設置が義務づけられ、修学年限は原則4年、中産階級以上の良妻賢母の育成を主眼とするとされた。「高等女学校令」で、特色ある私立女学校の多くも高等女学校として法的に位置づけられたが、それと別枠の専門学校の道をとるものもあった。

三重の社会構造へ

「師範学校令」は、その第1条に「師範学校ハ教員トナルヘキ者ヲ養成スル所トス。但シ、生徒ヲシテ、順良、信愛、威重ノ気質ヲ備ヘシムルコトニ注目スヘキモノトス。」とし、将来小学校教師となるべき師範学校生徒には国家の教育方針を忠実に受け入れる事を要求した。師範学校は、尋常師範学校（4年制、府県立で各府県に1校、小学校教師の養成）、と高等師範学校（3年制、官立で東京に1校のみ、尋常師範学校教員の養成）とされ、生徒には修学期間中、食費、学用品費、日用品費、その他学業に必要な経費を含めた学資が支給された。尋常師範学校卒業後は、小学校教員服務が義務づけられた。

師範学校は、国家の教育方針に従って小学生を指導する要員を養成する学校であり、それは、帝国大学へと連なる学校系統とは異なる、いわば傍系の学校と位置づけられたのである。小学校教師に学問や思想は不用で、むしろ国家を体現する威厳が求められた。また師範学校では、知識教育のほかに、兵式体操（軍事教練）、隊列行進訓練が課せられ、唱歌指導の履修も重視された。これらは小学生に、軍隊的意識や集団的一体感を生み出すために必要とされた。

尋常師範学校の全寮制、軍隊式集団生活では、1、2年生には3、4年生への下僕的服従が強制された。師範学校伝統の、順良、信愛、威重の気質はこの上級生への絶対服従で育成され、それは小学校の教育を通して国民一般に伝授されることになった。

北海道では、北海道庁の設置（明治19年1月）後、同年9月、函館、札幌の両師範学校を廃止し、札幌に「北海道師範学校」（4年制）を新たに設置、これを道庁と札幌農学校に隣接する札幌区北2条西3丁目に置いた。函館師範学校は「北海道師範学校女子部」に改編されたが、翌20年4月、これも廃止された。

「学校令」実施の結果として、大別して①尋常小学校または高等小学校で学業を終了する庶民、労農漁工民などの被支配階層育成コース②高等小学校または尋常中学校を卒業して各種専門学校または尋常師範学校、さらに高等師範学校などへ進む、教師、公務員、医師などの中間管理職階層育成コース③高等中学校を経て帝国大学ないし私立上級学校（のち私立大学）へ進学する上級官僚、政財界指導者、大学教員、その他文化人などの支配階層育成コース、の3つの修学過程が生じることになった。これは、忠君愛国の庶民層、庶民層を直接指導する中間知識人、社会的支配者たる選民、という国家構造に合致した教育制度であった。森有礼の学校論は、「小学校は国民教育、中学校は半ば学問、半ば国民教育、大学は学問」の区分論であり、そのためにはそれぞれの学校段階に応じた複数の学校令が必要であるという考えだった。それは、明治国家がめざした新しい階級区分社会による富国強兵政策に見合う教育制度であった。

しかし、この文部省の、伝統無視、欧化主義、かつ画一的強制の姿勢は、国粋的な儒学者、復古主義者、天皇親政派たちを怒らせ、その憎悪は森個人に集中した。明治22年2月11日、大日本帝国憲法発布の日、森有礼はその式典に参列しようと官邸を出たところで、神道家の西野文太郎（23歳）に襲われ、出刃包丁で脇腹を刺され、翌12日、死去した。享年は43歳だった。

教育勅語の発布

明治23（1890）年2月、第3代首相山縣有朋の下で開催された「地方長官会議」で、全国の知事（任命制）たちから「師範学校卒業の教師たちの知育により、こどもたちには軽佻浮薄、父母軽視、抗争紛擾などの気風が増大している」との認識が示された。知事たちは「(小学校では) 第一ニ徳育ヲ先ニシテ智育ヲ後ニセ

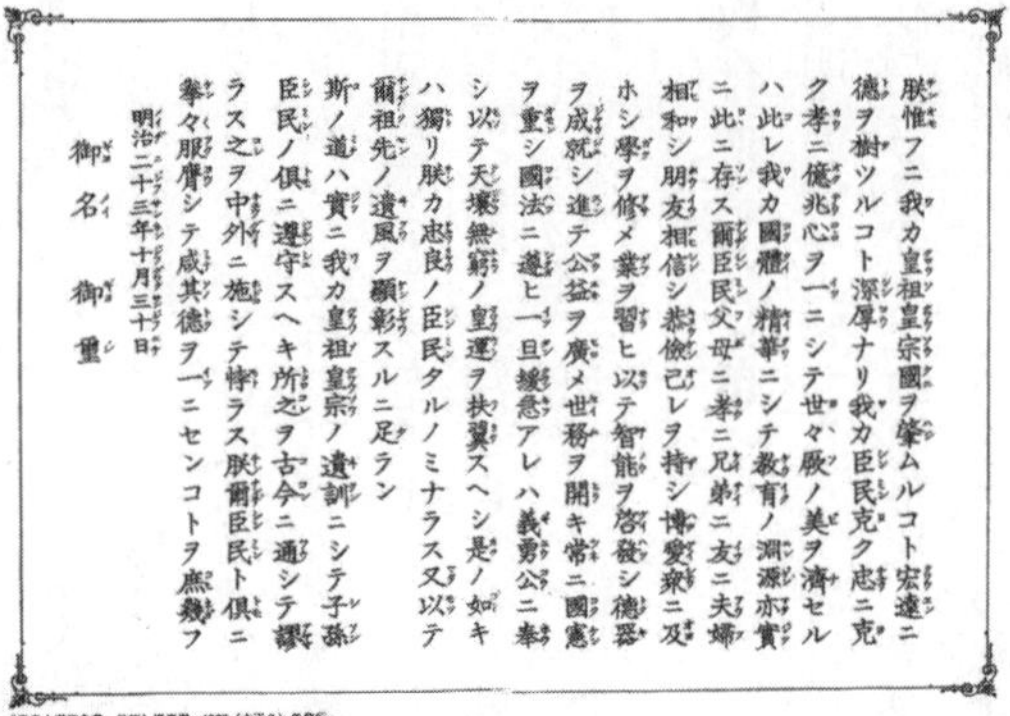

朕惟フニ我カ皇祖皇宗國ヲ肇ムルコト宏遠ニ德ヲ樹ツルコト深厚ナリ我カ臣民克ク忠ニ克ク孝ニ億兆心ヲ一ニシテ世々厥ノ美ヲ濟セルハ此レ我カ國體ノ精華ニシテ教育ノ淵源亦實ニ此ニ存ス爾臣民父母ニ孝ニ兄弟ニ友ニ夫婦相和シ朋友相信シ恭儉己レヲ持シ博愛衆ニ及ホシ學ヲ修メ業ヲ習ヒ以テ智能ヲ啓發シ德器ヲ成就シ進テ公益ヲ廣メ世務ヲ開キ常ニ國憲ヲ重シ國法ニ遵ヒ一旦緩急アレハ義勇公ニ奉シ以テ天壤無窮ノ皇運ヲ扶翼スヘシ是ノ如キハ獨リ朕カ忠良ノ臣民タルノミナラス又以テ爾祖先ノ遺風ヲ顯彰スルニ足ラン
斯ノ道ハ實ニ我カ皇祖皇宗ノ遺訓ニシテ子孫臣民ノ倶ニ遵守スヘキ所之ヲ古今ニ通シテ謬ラス之ヲ中外ニ施シテ悖ラス朕爾臣民ト倶ニ拳々服膺シテ咸其德ヲ一ニセンコトヲ庶幾フ

明治二十三年十月三十日

御名　御璽

『尋常小学修身書　巻四』児童用。1920（大正9）年発行。

「尋常小学修身書」（大正９年版）記載「教育勅語」

ンコトヲ望ムモノニシテ、……総テ我国家ヲ知ラシムルヲ勉メ、真ノ日本人タルニ恥ジザル者ヲ養生センコトヲ翼望ス」（岩手県）、「尋常手段ヲ以テ挽回ハ到底望ムベカラズ。陛下直轄御親裁モ望ム所アリ」（熊本県）などと語った。政府内では11年前の「教学聖旨」発布当時から、学校教育が知育に偏り、徳育がおろそかになっているということが繰り返し問題にされていた。かねてから、世の「急躁過激之空論」を抑えるには教育分野を支配、管理するのがもっとも効果的であり、国会開設（予定布告は明治23年中）すなわち民党の国政介入の機会が生じる前に、教育に関する「天皇勅語」を発する必要があると考えていた山縣は、知事たちの建言に力を得て、同年5月、文部大臣榎本武揚に替えて、内務大臣の芳川顕正を文相に起用し、天皇自らが芳川に「教育上の箴言（教訓的文）」を編むよう命じる形でこの作業を急がせた。

芳川は、まず元老院議官の中村正直（『西国立志篇』の翻訳者）に草案を書かせたが、そのキリスト教色彩の濃い人倫論は枢密院顧問井上毅に忌避された。その後常枢密院顧問官の元田永孚の草案が井上毅の修正を経て、明治23年9月9日頃に天皇にしめされたと見られる。山縣は之に同意して閣議を通し、同年10月21～24日、天皇に奉呈した。同年10月30日、睦仁天皇は、これを「教育勅語」として発布した。そのほぼ一月あとの11月25日、第一回帝国議会が開かれたのである。

教育勅語の実質的な起草者は井上毅だったと思われる。井上毅は、旧熊本藩士で、慶應3年、江戸に遊学し、横浜のフランス語伝習所で学び、その後東北戊辰戦争に従軍、大学南校を経て、明治4年12月、司法省法制局に出仕、フランス、ドイツに派遣され歴史法学を調査研究、明治6年帰国後は大久保利通の片腕として清国、朝鮮国との外交交渉にあたった。明治11年5月に大久保が暗殺された後も、井上は岩倉具視、伊藤博文らの知恵袋として活躍を続け、帝国憲法の起草、国会開設方針の策定などにも腕をふるった。

教育勅語は、「軍人勅諭」の「朕は汝等軍人の大元帥なるぞ」「大日本帝国憲法」の「天皇は神聖ニシテ侵スベカラズ」などの文言とともに、天皇の国家における超越的権限を国民に示したものであり、天皇に教育、軍事、行政上の「大権」（議会の介入を受けずに行使される権能）を委ねる宣言ないし宣告の一部であった。それは、いわゆる「天皇制国家」形成の原点になった。

以後、資本家、軍部、官僚層らのめざす方向を政府が追認し、教師、役人、文化人、報道人たちが、それらを民衆化していく一種の無責任体制が形成されていくことになる。実際問題として天皇個人がすべての責任を負うことは不可能である以上、国家行為の責任所在は曖昧になり、それぞれの段階の当事者は、上からの命令の実行を下からの主体的行動として行動していくという虚構の論理の下で、それぞれの役割を演じることになった。それは結局誰にも自己の行為の責任の自覚がないまま事態が進行していくという巨大な無責任体制になった。

それは西洋文明の進歩性の体裁を備えつつ、頑迷な前近代的保守主義の下に統治される国家であった。

第19章　アイヌ民族受難の時代

土地の奪取

近世（いわゆる江戸時代後期）、松前藩、本州商人、出稼ぎ漁師、幕府らによる蝦夷島の鮭、鰊の大量捕獲、森林資源の大伐採などと、アイヌたちへの低報酬、酷使、虐待労働の強要、詐欺、生活破壊の放置、女性への性暴力、結核、梅毒などの伝播等々は、アイヌ民族をほとんど存亡の危機に追い込んでいた。

それだけですでにアイヌ民族には十分すぎる苦難であったが、その上に明治政府の「文明開化政策」は、強大な機械力と組織力を以てアイヌ民族に襲いかかった。アイヌ民族にとって「近代日本国家」の登場は、幕藩時代とは次元の違う大規模な差別と収奪の始まりを意味した。

明治政府は、蝦夷地はそれまで「無主の地」であったとし、その土地をすべて官有地とし、その後その資本主義的活用を図って明治5（1872）年9月、「北海道地所規則」（「土地売貸規則」はその抜粋）を作成、北海道への移入日本人に、一人10万坪を限度として売り下げることとした。ただしその対象からはアイヌ民族を除外していた。

その地所規定第7条には、「山林川澤《せんたく》、従来は土人（アイヌ）等漁猟伐木仕来シ地ト雖モ、更ニ区分相立テ、持主或ヒハ村請ニ改メ、是又地券ヲ渡シテ後十五年間除租、地代ハ上条ニ准スヘシ」とあって、それまでアイヌたちが漁猟伐木に使用していた土地でも、新移入日本人またはその所属村の所有とした。これはこれらの地域でのアイヌたちの鮭漁、鹿熊猟、住居、生活資材の伐木などの禁止、すなわち彼らの生活基盤の破壊、奪取であった。

明治4年10月、開拓使は、アイヌ民族の農耕化を図り、「居家、農具を支給するので、死亡後の居家自焼、入墨、耳飾りなどの風習、風俗をやめ、日本語を学び使用せよ」とする「厳達」をアイヌたちへ向けて出した。明治8〜9年頃には、開拓使はアイヌ民族の日本戸籍への編入を完了したとされるが、その戸籍には「旧土人」と記載すること、日本人風姓名を持つこと（創氏改名）を強要した。

明治9年9月30日、開拓使は「アイヌノ風俗ニ関スル布達」を発し、「北海道旧土人、従来の風習ヲ洗除シ、教化ヲ興シ、漸次人タルノ道ニ入ラシメンガ為、辛未十月中、告諭ノ趣モ之有リ、既ニ誘導ヲ加エ候処、未ダ其風習ヲ固守候者之有ル哉ニ相聞キ、旨趣貫徹致サズ、不都合ノ次第ニ候。元来誘導教化ハ、開明日新ノ根軸ニ候処、今ニ右様陋習之有リ候テハ、往々知識ヲ開キ、物理ニ通ジ、事務ヲ知ラシメ、均シク開明ノ民タラシムルノ気力ヲ振作スルノ妨害ト相成リ、忽ニス可カラザル儀ニ候條、就中男子ノ耳環ヲ着ケ、出生ノ女子入墨致ス等、堅ク相成ラヌ旨、父母タル者ハ勿論、夫々篤ク教諭ヲ尽シ、自今出生ノ者ハ尚更ニ厳密検査ヲ遂ゲ、此風俗ヲ改メ候予防方法相立テ、取締リ致スベシ。而シテ自今万一違反ノ者之有リ候ハバ已ヲ得ズ厳重ノ処分ニ及ブベキ筈ニ付キ、時々ニ具状致スベキハ勿論、予テ能ク此懲罰アルヲ戒メ置クベシ。」とした。

「開明日新」の明治政府が「陋習固守」のアイヌ民族を「教化」し「人タル者ノ道」に「誘導」するというのである。この文面からは、開拓使にはアイヌの伝統文化への理解力と想像力が完全に欠如していたこともよくわかるが、同時にアイヌたちの抵抗で、この政策がなかなか進展せず、開拓使側が苛立っている様子も窺われる。民族差別の本質は、いつも無智と無自覚である。

この頃アイヌの鹿猟も、移入日本人の銃による乱獲、狩猟鑑札制、猟税設定などで大幅に減少し、鮭漁も漁場の日本人私有化や各種禁漁措置などによってほとんど出来なくなっていた。これらによって、各地のアイヌ民族は深刻な食糧難に陥り、飢餓で倒れ死ぬ者が相継いだ。

明治10年12月13日、開拓使は本州島以南の「地租（土地への課税）改正」に対応する「地租創定」と称する「北海道地券発行条例」を制定し、その第1条に「土地ノ種類ヲ分チ、宅地、耕地、海産干場、牧場、山林トシ、官有地ヲ除クノ外、人民各自之ヲ所有セシメ、其経界歩数ヲ正シ、地位等級ヲ定メ、地券ヲ発行シ、地租ヲ課ス」と定め、第16条では「旧土人ノ住居ノ地所ハ、其種類ヲ問ハズ、当分總テ官有地第3種ニ編入スベシ。但シ、地方の景況ト旧土人ノ情態ニ因り、成規ノ處分ヲ為ス事アルベシ」とした。この条例には、アイヌ民族居住地を官有地とすることで、彼らを移入日本人から保護するという性格があった。しかし現場の担当役人らの交代、引継ぎ不足などによって、アイヌ居住地を官有地に編入した経緯が忘れられ、それらの土地は「一般官有地」と誤認されて日本人に払い下げられ、アイヌたちはそこから追い出されることになって結局「地券発行条例」によってアイヌ民族の土地の多くが失われた。この条例によって土地を取得できたアイヌは、明治14年時点で石狩、後志、手塩、胆振、北見、十勝の6カ国16郡の724戸、全道アイヌ戸数の19%、しかも一戸平均わずか310坪だった。

第16条の但書部分は一般に「状況によってはアイヌの土地私有を認める」と解釈されているが、それは同時に「場合によってはアイヌ小集団（アイヌコタン）を移住」の示唆でもあった。明治5年から30年代にかけて、日本人移住民の植民、市街地形成、天皇家御料地の設置、果ては「衛生上の理由」によって、アイヌコタンを交通不便の遠隔地、農耕不適の荒蕪地などに強制移動させる例が相継いだ。「アイヌ民族の農耕民化」政策は実際には机上の空論であった。

これらの開拓使施策によって、明治5～18年の間に、主として石狩、渡島、後志、胆振の諸国に、移住日本人への売下私有地2万9239町歩、無償貸付地7768町歩が生まれた。しかもこれらの規則には不備、曖昧部分が多く、薩摩閥に支配されていた開拓使行政の下では、藩閥官僚、政商、華族、下級役人らによって不正な土地処分が横行した。

明治15年2月、政府は弊害が多かった開拓使を廃止、北海道を函館、札幌、根室の3県に分け、それらを農商務省北海道事業管理局に統轄させる変則的体制（3県1局制）をとったが、それはかえって北海道の行政を混乱させた。

救済と放棄

明治10年代には、開拓使の施策の下で日本人による鮭や鰊や鹿の濫獲と、アイヌ民族への実質的禁漁猟措置のために、アイヌたちは飢餓状態に陥っていたことが、当時の官庁文書、農業団体の記録から知ることが出来る。小川正人氏の『近代アイヌ教育史研究』によると、それらには「両三年前ヨリ移民増殖ニ随テ、漁業、銃猟モ繁劇（激増）ナルヨリ、自ラ土人ノ取獲スル漁獣、逐年其高ヲ減セシ……、去ル明治十一年、天候不順、降雪甚キ為ニ、大ヒニ庶種（農作物）ヲ相減セシ所。爾来前述ノ通、獲殺烈敷タメ、山中ノ土人等ハ食糧ニ窮シ、殆ント飢餓セントスル者有之」（明治15年11月、根室県令伺書）、「昨冬、官吏ヨリ捕鮭禁止ノ令アリシカバ、土人ハ漸次食絶ヘ、飢餓旦夕（日々）ニ迫リ、只座シテ死ヲ待ツガ如シ。此日、積雪深キニ、土人部落飢饉ノ由ヲ聞キ……」（『晩成社日誌』明治17年4月10日）などと記されているという。

この状態への「救済」として、札幌、根室の2県は、アイヌたちの農耕民化施策をとった。これはアイヌに土地を貸与し、初年度のみ種子、農具、食糧を給与し、開墾に成功すればその土地を無償で下付するというものだった。計画では、根室県では明治16年から5年間、札幌県では明治18年から10年間、それぞれ県内のほぼ全領域で実施するというものだった。行政側は、定めた土地にアイヌたちを集め、そこに農業勧業員、農業教育者を派遣して、農業指導に当たらせ、アイヌたちを5戸1組にして、協力体制をとらせた。それは、各戸2人以上は農耕に従事させるとしたり、「農業ノ余暇ハ、漁猟ニ従事スル事ヲ得ルト雖モ、担当官ノ承認ヲ受ケシム」であったり、農耕に従事しない者には「戒諭督責」や「食糧補給停止」の罰則を課したり、いかにも威圧的、恩恵的な救済策であった。

足寄（十勝地方内陸部）では、農耕不適地に郡内のアイヌを移転させ、酷暑の中で耕作を強行したので、アイヌたちは次々と熱病に倒れた。担当の役人たちは、その困難に対してほとんど為すすべを知らず、またそれを解決する熱意も見せなかった。あるいは、釧路地方では、役人たちはアイヌたちを雪裡川上流（釧路湿原の北部）に移転させ、これが「旧土人ヲソノ儘土着シ致シ置キ候ハバ、土地ノタメ最モ宜シカラズ」と釧路の市街地形成からのアイヌ排除であることを露骨に示した。また、沙流川（日高地方中部）下流では高台のアイヌたちを農耕のために川岸の低地に移転させたが、この土地は明治31年の洪水で浸水し、農耕不能の状態になった。

こうして、各地とも農耕の成果はあらわれず、結果として貸与地の多くが日本人移住者の手に落ちた。この施策は、アイヌたちをそれまでの生活と生業から引き離し、それが失敗した場合の代替案を持たなかったから、その後アイヌたちは「生活の困難、実に憫然（憐れむべき）の模様に之有候」（美幌、明治31年）ということになっ

北海道の土地制度等の変遷と主な移入民政策

明治	事項	概要
2年7月	蝦夷地分領支配	1省1府24藩2華族28士族2寺院に自前での開拓割り当て。仙台藩、淡路島稲田家士族集団移入。
2年11月～4年7月	「北海道移民扶助規則」	札幌郡移住農民に農地、家屋、農具、種子、食糧（3年間）等支給。
3年12月	「北海道移民規則」	札幌、石狩、空知郡移住農民に1反に2両の開拓料支給。
5年9月	「北海道地所規則」（「土地売貸規則」）	移入民に、10万坪以内を売り下げる（アイヌは除外）。
8～32年	士族屯田兵（8～23年） 平民屯田兵（23～32年）	開拓の先兵、開拓地の中核、対ロシア防衛、地域治安対策等多目的。
10年12月	「北海道地券発行条例」	全土地に所有権設定、課税。アイヌ住居地所は官民共同地に編入。
19年6月	「北海道土地払下規則」	富民の移住勧誘策。盛大事業には10万坪枠撤廃。
30年3月	「北海道国有未開地処分法」	開墾用１５０万坪、牧畜用２５０万坪、植樹用２００万坪を無償貸し下げ。華族、政商、官僚ら続々大農場開設。

た。役人たちはこれを「土人の気質による失敗」であるとして、この施策を放棄した。

明治19（1886）年1月26日、政府は北海道全域を管轄する北海道庁（略称「道庁」）を設置し、その長を「長官」（他府県は知事）とし、内閣総理大臣の指揮下にこれを置いた。道庁は、北海道の「拓地殖民」を遂行するための政府機関と位置づけられたのである。同日付で岩村通俊が初代長官に任じられた。明治19（1886）年6月29日、道庁は「北海道地所規則」を廃し、「北海道土地払下規則」を公布した。これは、北海道の「国有未開地」を一人10万坪（約33町歩）まで10年を限度に無償で貸し下げ、開拓成功の場合、開拓者当人に千坪あたり1円で売却する、ただし「盛大の事業」を行う場合には制限以上の貸し下げを認めるというものであった。

明治20年5月11日、岩村長官は、全北海道の郡長、区長を前にした施政方針演説で、その開拓政策を「自今以往、貧民ヲ植エズシテ、富民ヲ植エン。是ヲ極言スレバ、人民ノ移住ヲ求メズシテ、資本ノ移住ヲ是求メント欲ス」と述べ、それまでの「移住民への直接保護」政策を改め、開拓の基礎事業たる、殖民土地の選定、道路、港湾の整備など、「間接ニ公衆ニ利益ヲ与フルノ保護」をし、その上で、「内地大資本」の導入と投資を勧誘して、開発を進める方針への転換を明示した。

身分意識的支配に、欧米流の国民国家理論（集権制、単一文化、国民の義務設定など）、帝国主義国家理論（君主制、領土拡張、富国強兵、人種差別など）との結合によって発足した明治日本国家は、その国民を文明開化の熱狂に巻き込みながら、未成熟、暴力的なままに時代を走り始めていた。北海道の先住アイヌ民族は、民族総体としてもアイヌ個々人としてもその直接の被害者であった。

異化と同化

明治2年8月、明治政府は、通称「蝦夷が島」を公称「北海道」とし、この島の山野河海は総て日本国の領土であり、日本人が住まうべき場所であると宣言した。それは、この地の先住民であるアイヌ民族の文化の否定、異化（排除）であり、彼らに日本文化への服従、同化を強要することであった。

この異化と同化の両面政策は、アイヌ民族からその土地と生活と文化と言語（アイヌ語）を奪い、日本民族の土地所有制度と生活習慣と言語（日本語）をアイヌたちに注入するという方法で押し進められた。

自己優越意識を根底に持ちながら他民族を同化しようとするとき、その民族への蔑視が生じる。明治政府の高官や官員たちも、各種移住民や出稼ぎ漁夫たちも、この自己優越的蔑視感覚に取り憑かれており、したがってどんな罪悪感もなしに、この異化と同化の行動が出来たのである。それらは、短期的には「近代的」法律、規則、罰則などの手段と、強制あるいはしばしば詐欺的手法によって直接的に行われたが、長期的には、いわゆる「アイヌ学校」（行政上の名称は「旧土人学校」）での教育によって、徐々にアイヌ民族の矜持（誇り）と自立心を失わせるという方法で進められた。明治政府の北海道開拓とは、結局の所、アイヌ民族の生活と文化の実質的消滅を意図したものであった。

明治8年5月の「カラフト・千島交換条約」の結果として、北海道石狩国対雁に送り込まれたカラフトアイヌたちは、始め日本政府の農民化政策に頑強に抵抗していたが、石狩川川尻の鮭漁場と厚田郡の建網場の供与などでやむなく妥協した。しかし、彼らは日本語や日本文化の受容には関心がなかった。『対雁の碑』（樺太アイヌ研究会編、１９９２年）によると、明治10年11月、開拓使は対雁に設けた製網所内に「教育所」を開き、アイヌの子供たち30人の教育を始めた。明治13年6月には教育所の校舎を建て、校名を「対雁学校」とし、開拓使勧業課雇いの大河内章三郎を教師（校長）として、70人のアイヌ子弟に、日本語、イロハ習字、綴り方等を教えるようになった。大河内はそれ以前には樺太で医師をしていてアイヌ語を理解できたのでこの役に選ばれたという。

開拓使はアイヌ子弟たちに、農業と養蚕の技術を教え、構内の空き地3千坪を畑にして諸種の作物を作らせ、その収穫物を生徒の昼食にした。さらにアイヌたちが学校に子供たちを通わせる代償として、生徒一人につき、一カ月、米9升、塩5合を扶助した。生徒には、学用品や菓子、衣類（いわゆる和服であろう）までも与えられた。この手厚い就学督励策は、それなりの効果を上げたと見られるが、米の給付を廃止すると、すぐに生徒は減少し、出席一日につき金2銭を与えることにするとまた復活し、開拓使は「実ニ学校ニ出ルハ、官の賦役人足ニ出ルガ如キ有様ニシテ、少シモ自己ノ為幸福ヲ招クノ機会ト云フコトアラザルニ似タリ」と嘆かざるを得なかった（札幌郡学務課文書）。アイヌたちにはもともとこの「日本文化の教化」策を受け入れる必要性も意志もなかったのだから、この無反応はむしろ当然だったであろう。

この対雁教育所が、日本人による最初の「アイヌ学校」とされる。それ以前のアイヌ児童への教育の実態は不明だが、「学制以後、就学したアイヌ児童のほとんどは日本人の児童とともに、官公立の小学校に入学していたと見てよいであろう」と推定されている（竹ケ原幸朗『近代北海道をとらえなおす』２００１年）。

対雁のアイヌ学校設置のあと、行政側ないしそれに同調する立場の日本人によって、広尾（明治12年、十勝国）、大津（明治13年、十勝国）、平取（明治13年、日高国）、紗那（明治13年、千島国）、瀬棚（明治13年、後志国）、白老（明治14年、胆振国）、千歳（明治14年、胆振国）、室蘭（明治14年、胆振国）、遊楽部（明治15年、渡島国）、色丹（明治17年、根室国）、虻田（明治17年、胆振国）、有珠（明治17年、胆振国）、白糠（明治18年、釧路国）にアイヌ学校が設置された。そこではおおむね、ある程度アイヌ語ができる日本人教師が、日本語で日本語、修身、算術などを教えたという。これらは、アイヌの習俗を「改良」し、彼らを農耕民化する政策の一環だったといえよう。

「旅のノートから」12　金成太郎の足跡

金成太郎については、研究者によって生没年やその事跡の説明が異なり、私たちは若干混乱するが、各種資料から勘案すると、その足跡は大筋以下のようだったらしい。

彼は、幌別村（現登別市）の有力アイヌ、カンナリキ（アイヌ語で「神の再来」の意味）の長男として、慶応2（1866）年に生まれた。明治維新後、カンナリキは、村役人から金成喜蔵という戸籍名を与えられ、当時農業開拓、鱒養殖に成功し、街道沿いに旅籠を経営し、幌別村に納税していたという。ちなみに、神成家は、幌別アイヌの総本家といわれる知里（チリパ・ハエプト、「鳥」の雅語）家と縁戚関係にあり、金成太郎は、知里家の幸恵、真志保ら姉弟にとっては「太郎兄さん」であった。

金成喜蔵は、明治10年4月（8月とも）、太郎の将来を考えて、彼を室蘭の民権家本多新の「常盤学校」（明治9年開校、生徒39人）に入学させた。幌別～室蘭間は5里34間（約20㎞）である。太郎のほかに、アイヌ子弟がいたかどうかは不明だが、学校での教育が一般的でない時代に、アイヌの太郎の入学は相当奇異の目で見られたと思われる。太郎はここでよく努力し、抜群の成績を収め、その評判は幌別郡、室蘭郡を越えて函館、札幌にまで届いた。もちろん、学校での学習は太郎にとって「外国語」である日本語、日本語各種教材によってなされ、その指導者も日本人教師だった。この時期、開拓使の教育行政の担当官だった三吉笑吾（旧徳島藩洲本城代稲田家家臣、のち北海道師範学校校長）は、明治10年の出張旅行記に「（伝聞によると）本年四月、幌別旧土人カンナリキの一子太郎、室蘭の学校に入り尓来黽勉《びんべん》倦まず、今小学読本を読み、亦能く字を記すと。蓋し北海道土人就学の先鞭者なり。」と記した。

明治13年、金成太郎は、札幌創生小学校内の師範速成科（2年制、のち札幌県師範学校）に特待生として入学した。太郎は入学当時三吉の家に下宿していた（いつまでかは不明）。札幌県令調所広丈は、彼に管内のア

【訂正および正誤表】

本書に以下のような誤りがありました。お詫びして訂正させていただきます。

＜訂正＞

訂正箇所	正
P.176 「和田神社と和田屯田兵村被服庫」の説明文を正の文に訂正	説明板によれば、この被服庫は明治18年ころの建造、アメリカ西部開拓時代の、内部に柱がなく壁板で家屋、屋根を支えるballoon《バルーン》 frame《フレイム》構造とのこと。

＜正誤表＞

訂正箇所	誤	正
P.286　6行目	ちなみに神成家は、	ちなみに金成家は、
P.291　13行目	古川、住友、安田など	古河、住友、安田など
P.303　2行目	小池嘉孝	小池喜孝

【正しい言葉遣い】

次に示すのは、ある日本語の言葉遣いについて、正しいものと誤ったものを比較した表である。この表を見て、以下の問いに答えなさい。

<問1>

正	誤	正答率
		61.9%

<問2>

正	誤	正答率
さわり	さわりではない	6割
古いうどん、さん、ごはん	古いうどん、さん、ごはん	18割 183.9
小銭入れ	小銭入れ	2割 308.9

イヌコタンを巡回し、教育の必要性を説かせ、就学勧誘をさせた。調所、三吉らは、アイヌによるアイヌ教化（日本人化）をねらって太郎をこの「師範学校」に入学させたのだった。

明治16年、太郎は小学校教員免状を受け、翌17年2月、師範学校附属創成小学校の筆墨科予備教師になった。しかし、彼は正規の教員にはなれなかった。札幌県は「アイヌの教師に教えられることは和人（日本人）にとって不名誉」として彼を採用しなかったのだという。

明治17年、太郎は幌別に帰る。それは失意の帰郷だったと思われるが、一方、アイヌ民族を日本人の蔑視と差別から解放したいという志を抱いての帰郷でもあっただろう。それは師範学校在学中のアイヌコタン巡回から学んだアイヌ同胞たちの悲惨な現状への怒りによるものであっただろう。

明治18年5月、太郎はジョン・バチェラー（John Bacheler）と出会う。英国聖公会宣教師のバチェラーは、明治10年、函館に赴任して以来、アイヌ民族への宣教を志し、有珠、平取のアイヌコタンで、アイヌ語、アイヌ習俗を学んだ。それはもち論宣教師としての使命感からであったが、彼はその過程の中で自然の摂理の中に生きるアイヌたちに魅了され、アイヌたちもまた暴力と奸智ばかりの日本人にはない彼の誠実な人柄とその説くキリスト教の教義に心惹かれるようになった。しかし彼は、平取でアイヌの飲酒癖をめぐって日本人の酒商人やアイヌたちと対立し、この地での伝道を中断して、このとき、幌別のアイヌコタンを訪ねていたのである。

太郎の父喜蔵は、バチェラーを訪ね、「幌別で伝道活動を続けたいのならば、私の家の地続きに、居間、寝室、台所、便所のある小屋を造ってあげる」と申し出た。バチェラーは喜んでこれを受けた。バチェラーはまた、日本語に堪能で小学校教師の免状を持つ太郎の存在を喜び、喜蔵に勧めて、太郎がアイヌ児童に勉強を教える家を造らせ「相愛学校」と名づけた。太郎は、明治18年のクリスマスに函館元町の聖公会教会でキリスト教の洗礼を受けた。アイヌ民族における最初の受洗者である。

バチェラーは、「相愛学校」を足がかりにして正式にアイヌ学校を開設したいと考え、太郎を表に立てて、北海道庁などにその許可を求めた。これには太郎の弁舌と文書作成能力が大いに役立った。ＣＭＳ（Church

Missionary Society 聖公会伝道本部)、日本知識人、地元アイヌなどから多くの募金が集まり、この学校は明治21年9月10日、開校式を行った。生徒は、アイヌ児童15人、日本人児童1人、校長は金成太郎。生徒はローマ字を習い、アイヌ語の読み書きを学んだ。バチェラーは、ここで日曜学校を開き、アイヌ児童11人、日本人児童12人に、祈りと聖書の伝道を行った。この学校は「愛隣学校」と名づけられた。

この年の末、金成太郎はバチェラーに校長職を解任される。太郎はバチェラーが禁じていた酒に溺れるようになり、職務を果たせなくなったのだという。明治26年、バチェラーは再び太郎を助手として採用し、各地のアイヌコタンに派遣するようになったが、その後まもなく太郎は幌別を出奔したと思われる。その後の足取りはわからない。

彼は「明治28年11月9日、数え年30歳、札幌の病院で死んだ」(仁多見巌『異境の使徒』)とも、「不良の徒と化し、衆人の擯斥する所となる。後、函館に在りて歿す」とも「病痾(結核であろう)に罹り、明治30年1月20日、函館で死んだ」(以上2説は富樫利一『維新のアイヌ』)、また「明治28年、35歳、結核で死んだ」ともいわれている。

抜群の能力と向上心を持ったこのアイヌ青年の心にはどんな思いが去来していたのだろうか。

華族農場の出現

明治22(1889)年10月、内大臣(天皇補弼の官職)公爵三條実美、侯爵菊亭脩季(公卿)、侯爵蜂須賀茂韶(旧徳島藩主)の3人を発起人とする華族組合農場が、「北海道土地払下規則」の「盛大の事業」を口実にして、石狩国雨竜原野の1億5千万坪の貸し下げ願いを、道庁に提出した。三條は、明治23年の議会開設を前に、衆議院に対抗すべき貴族院の強化を図り、華族財産の形成のために、彼らに北海道の大土地を所有させようとしたのである。三條らは、道路、排水溝の工事、農場の設計、管理者の派遣なども道庁に要求していた。国家の権力を背景にしたこの法外な要求は、同年12月18日、道庁2代目長官永山武四郎（旧薩摩藩士）に許可された。この雨竜農場の、貨物運搬、道路、排水溝の設置、建物の建築、初期開墾などの作業には、永山の命令で樺戸集治監の囚人が動員された。ただし、この大農場計画は、明治24年2月、三條の急死で挫折し、華族組合農場は26年3月に解散となり、出資華族たちは、既開墾地を分配し、菊亭脩季は雨龍郡深川村の150万坪　蜂須賀茂韶は雨竜郡雨竜村の1874万坪、戸田泰康（旧松本藩主）も雨龍村の386万坪を受け、改めて農場を開くことになった。

華族たちの「盛大の事業」名目の、北海道の大土地取得は、明治24年、加藤泰明（旧伊予大洲藩主）の虻田郡虻田村131万坪、明治28年、前田利嗣（旧加賀藩主）の札幌郡石狩村2130万坪、同年、松平直亮（旧松江藩主）の上川郡鷹栖村399万坪、同年、京極高徳（旧丸亀藩主）の虻田郡東倶知安村（現京極村）12万坪、明治29年、池田仲博（旧鳥取藩主）の中川郡凋寒村505万坪、明治32年、島津忠重（旧薩摩藩主）の夕張郡長沼村85万坪（島津一族は他に明治33年、空知郡富良野村152万坪、明治37年、山越郡長万部村469万坪）と続いた。

この間、明治30年には「北海道国有未開地処分法」が制定施行されて、それまで開拓成功後の土地は「開拓者当人に売却する」とされていた土地は「無償ニテ付與スベシ」となり、一人当たりの貸し下し面積も、開墾地は150万坪以内、牧畜地は250万坪以内、植樹地は200万坪以内、と大幅に引き上げられ、さらに会社、組合からの申請にはこの2倍までを認めるとした。これは、帝国議会貴族院の華族たちと、起業家、地主の利益代表組織「北海道協会（明治29年設立、会頭は貴族院議員近衛篤麿）の圧力による「規則改正」であった。彼らは北海道の土地への投資と、そこからの利益回収に意欲的だった。この法律は、明治41年、再び改正され、土地の無償付與の廃止、自作農者への土地貸与などを盛り込む一方、会社、組合への土地売却面積は、個人の5倍に引き上げ、華族、政商、地主らへの優遇はさらに昂進した。

有島記念館（現ニセコ町有島）の有島武郎像
有島農場は有島武が明治32年、マッカリペツ原野に90万8千坪（最終的には約136万坪、小作70戸）で開き、明治41年、長男武郎名義に変更した。大正11年、武郎はこれを小作人に無償開放。農場は狩太共生農団信用組合によって運営され、昭和24年、農地改革によって所属各農民の私有地となった。有島武郎『カインの末裔』の舞台でもある

これらの大農場は、初期にはおおむね大農法（機械化による大規模農法）による直接経営を目指していたが、日清戦争（明治27年）前後には、すべて不在地主（農場に居住しない地主）による農場になった。大地主たちの近代農業への試みは、元手をかけないで利益を回収出来る小作農民雇用の農場経営の誘惑に勝てなかった。

政府の初め考えていた「自作農民の育成」は、零細で自立資金を持たない農民たちにはとうてい無理だったし、一方、大土地占有者にあらかじめ優秀な土地を奪われた上での自作農地経営は困難で、結果として流入農民たちは小作人としてこれらの大農場に雇われるしかなかった。

奥山亮『北海道史概略』（1958年）は、大正2年の道庁内資料と思われる「政客、華族の農場」を44例挙げているが、そのうち43例が10万坪以上である。その一覧には、前記の大農場主の華族たちに加えて、佐藤昌介（札幌農学校教授、のち北海道帝国大学初代総長）、北垣国道（第4代北海道庁長官）、湯地定基（旧薩摩藩士、根室県令など歴任）、町村金彌（札幌農学校卒業、農牧場経営）、鳩山一郎（東京帝大卒業、昭和29年首相）、大倉喜八郎（大倉組社長）、徳川義親（尾張徳川家）、有島武（旧薩摩藩郷士、大蔵官僚、のち実業界）、など、学界、政官界、実業界の人士が並び、近代日本の支配層の、飽くなき利益追求の姿を如実に物語っていて興味深い。

資本の本源的蓄積

北海道への大農場主の登場と零細小作民の流入は、「松方デフレ政策」の結果であった。

対幕府戦争と旧武士層の相継ぐ反乱に対して、維新政府と地方政庁は、内外からの借金と不換紙幣の乱発で軍事力を整え、その力でこれらを制圧した。大量の政府発行不換紙幣の存在と、戦火の連続による物資不足は、貨幣価値の下落と物価急騰、いわゆるインフレーション現象を招いた。それは中小経営者、都市下層民、旧武士層の生活を破壊した。

加えて士族家禄処分のための膨大な公債発行、多数の国立銀行（明治5年制定の国立銀行条例で設置、民営）発行の紙幣、そして貿易の赤字による正貨（金、銀）の国外流失、などが重なって、国家財政は困窮し、地方政庁の負債まで抱え込んだ政府には莫大な借金が残ったが、その返済の見通しは全くなく、明治政府は存亡の危機に立った。明治14年、大蔵卿に就任した松方正義は、強引な「松方デフレ政策」によってこの危機を乗り切ったが、しかし、このデフレ施策は、農民層に深刻な打撃を与え、農村部から都市部への人口流出が急激に進んだ。その結果、大地主、金融業者（銀行、高利貸し）、大資本経営者には膨大な土地が集積された。これを学者たちは「資本の本源的（または原始的）蓄積」と呼んでいる。

この強引な金融政策が一応の成功を収めると、松方は、全国の殖産興業の工場、造船所、鉱山などを三井、三菱、古川、住友、安田などの大商人たちに払い下げ、大資本産業を育成しようとした。この富民育成、貧民切り捨て政策が、日本資本主義を形成したのである。この富民育成政策を利用して、開拓使官有物を私物化しようとした開拓使長官黒田清隆と旧薩摩藩閥の開拓使官僚、政商五代友厚らによる開拓使官有物民間払い下げ計画は、「明治14年の政変」に遭って挫折したが、これは例外的な失敗で、この種の官有物払い下げは政府の政策であった。開拓使の廃止、3県1局を経ての「北海道庁」設置、「北海道土地払い下げ規則」の制定などは、この富民育成政策の流れから出て来るものであり、岩村通俊の「北海道への富民移植政策演説」はそのための行政粗略化、小作制大農場の導入宣言であった。道庁と不在地主たちは、貧窮小作民の労働から巨大な利益を吸い上げる仕組みを作ろうとした。

その一方で、道庁は、明治19年以降、開拓使が経営する官営の麦酒（ビール）醸造所、葡萄酒醸造所、缶詰製造所、製糖所、製粉所、製紙場、製網場、味噌工場、醤油工場、木工場、牧場、鉱山などを民間に払い下げ、新たに造られた民間の製糖工場、製麻工場などには手厚い保護を加える方針をとった。当初、その払い下げ基準は、当時の評価額の4分の3程度とされたが、50年、60年の年賦返済などの好条件がつき、実際には評価額の20%ほどの価格になった。数万円を投入したと言われる麦酒醸造所は、明治19年11月、政商大倉喜八郎に2万66 72円、50年年賦で払い下げられたあと、大倉に渋沢栄一（大蔵官僚から銀行、製紙、紡績業界へ転身）、浅野総一郎（アサノセメント創業者）らを加えた札幌麦酒会社に5289円で付帯設備一切とともに委譲された。この会社は、明治39年には日本最大のビール会社、大日本麦酒株式会社（現サッポロビールなどの前身）になった。26万円以上を投じた紋鼈製糖所は、伊達邦成にわずか995円で払い下げられた。およそ230万円の官費が投じられた幌内炭鉱とその鉄道は、明治22年11月、35万2318円で「北海道炭礦鉄道会社」（通称北炭）に払い下げられ、まもなく三井財閥の系列に入って、夕張、空知炭田にも新炭鉱を開き、「北海道の三井王国」と呼ばれる炭鉱会社になった。

皇室御料地の設置

旧幕藩体制下での皇室の財政基盤は貧弱で、維新後、木戸孝允、徳大寺実則（侍従長）、元田永孚（天皇侍講）らは、太政官政府（太政大臣三條実美）に皇室財産の拡充を求める意見書を提出していた。

明治14年、自由民権運動の高まりと開拓使官有物払い下げ問題に押されて、太政官政府は、10年後に立憲制による国会開設を約束した。しかしそれが実現すると、皇室予算も含めて国家予算はすべて国会の承認を要することになる。右大臣岩倉具視らは、それは天皇親政制にとって重大な弱点になると考え、皇室の予算が国会に縛られないように、国会開設前に国有財産の相当部分を皇室財産に移し、それを国会から遮断してしまおうと考えた。このままでは、彼らが欧州で学んで来て実現しようとしていたプロシア王室風の強い皇室を作ることはできない。皇室直属の兵団を養うこともできない。

彼らが着目したのは、廃藩置県によって「国有林」とされた旧藩の藩有林、村落共同財産の入会山、北海道の「無主」の原野、山林などだった。

これらの「御料地」化なら帳簿の書き換えだけで実施でき、皇室の経済的基盤を飛躍的に強化できる。「御料地」とは、中世以来天皇家の生活維持の料にするために設置されていた山林、地所のことである。こうして明治20年頃までに、それまでの国有林は大部分が皇室御料林に転換され、明治5年に1000町歩だった御料林は、明治23年には365万町歩に拡大された。

一方、明治17年以降、大蔵卿正松方正義の建議によって、日本銀行、横浜正金銀行、日本郵船などの政府保有株は次々に皇室に献上され皇室の財政基盤を固めた。これらの山林、地所、建物などの不動産、有価証券の配当金からの収益は巨大だった。その後、財閥系の企業を中心にして皇室基金の献上は増加し、やがて皇室は日本最大の金融資本となっていく。それはまもなく実施されるはずの立憲政治、議会政治の束縛から天皇家を隔離し、天皇大権を中核として日本帝国を形成していくための布石だった。

この膨大な御料地、御料林のうち、およそ200数万町歩は北海道に置かれた。これは北海道の全面積の20％以上に当たる。それは明治政府が「蝦夷島＝無主の地」論によってアイヌ民族の生活圏だった蝦夷島を日本人の土地とし、ここに膨大な官有地を設定したことによる。近代天皇家（皇室）の生活基盤の形成のための北海道御料地の設定は、アイヌ民族の権利と生存権の無視によって成り立っていたのである。

道庁2代目長官永山武四郎は、上川平原（現旭川地域）に、皇居の離宮を造り、ここを北海道の政治と軍事の拠点としようと考え、明治22年11月、「上川離宮設置建議」を政府に提出、認可を得て、旭川郊外（現上川神社敷地辺）に1万552町歩の新宮建設予定地その他を設置し、これを御料地に編入した。これは明治15年と18年に、岩村通俊が太政官政府に建議した計画の再燃であった。永山は、三條実美、岩村通俊らとの合議で、華族、士族たちの北海道の大土地所有とひきかえに、これを進めようとしたと思われる。ただし、その後この計画は、旭川に北海道の中心部を奪われることを懼れる札幌、小樽勢の猛反対に遭い、道庁内部の反対派の手でうやむやにされて消滅した。

北海道の御料地は、千島国以外の10国、渡島、胆振、後志、石狩、手塩、日高、十勝釧路、根室、北見すべてに設置された。ただし、明治26年、北海道庁長官北垣国道から宮内大臣への願い出で、これらのうち約140万町部は拓地殖民に必要として官有地に移管することになり、北海道の御料地は約63万町歩（のちの計測では90万町歩）になった。これは、大土地所有を狙う華族たちと皇室とのいわば「仲間内の土地争奪戦」の結果だった。大日本帝国憲法（明治22年2月発布）では、皇室財産の管理は一般の法律によらず、国会の干渉を受けない「皇室財産法」で規定されることとされた。

北海道には現在も、御料という地名が各地に残っている。

「旅のノート」13　シベリア鉄道の敷設

ウラジオストクは、清国の綏芬河（ソイフェンホー）が日本海に注ぐ河口湾（函館とほぼ同緯度）にロシアが東アジアに得た待望の不凍港だった。この湾は古く渤海国（698～926年）の領土で、その使節が日本へ向けて出港した港であった。1854（嘉永7）年春、ロシア海軍の中将プチャーチンの率いる対日使節艦隊がこのあたりの海岸線を調査中に「発見」、同乗の士官名をとってポシェト湾と命名した。1858（安政5）年6月、プチャーチンの指示でのシベリア小艦隊の調査を経て、1859年6月、東シベリア総督ムラヴィヨフがピョートル大帝湾と改称、それ以前は「海参葳」（イシェンウェイ＝なまこの丘）と呼ばれる清国の一漁村だったこの湾の奥の半島部を「ウラジオストク」（ウラジ・ボストーク＝東方を征服せよの意という）と名づけ、軍港化したのである。

この地域は1858年5月の「愛琿条約」で清国領から清露共同管理地になり、1860（万延1）年11月の「北京条約」で、ロシア領「沿海州」になった。ロシアは、欧米列強の干渉による清国の弱体化と混乱に乗じて清国領土をかすめ取ったのだった。

1891（明治24）年2月、ロシア・ロマノフ朝13代皇帝アレクサンドル3世は、露仏協約によるフランスからの借款を得て、「主として軍事的、政治的な思惑」によって、シベリアを横断し、ヨーロッパロシアと極東（ユーラシア大陸最東部）ロシアのウラジオストク間7400kmを結ぶ鉄道（通称シベリア鉄道）を建設することを決定した。これは、イギリスが清国東北部、ロシア沿海州との近接地域に鉄道敷設を計画しているという情報に刺激されたものだった。

イギリスはすでに1885年、カナダ太平洋鉄道を全通させ、これと太平洋航路を結んで東アジアへの侵出を促進させることを目指しており、イギリスが清国北部に鉄道を敷設し、この地域に清国とイギリスの兵力が強化されれば、ウラジオストクは孤立し、ロシアは清国内の権益を失うことになる。1891（明治24）年5月19日、ロシア皇太子ニコライ（のち最後の皇帝ニコライ2世）はウラジオストクにおいて、シベリア鉄道の建設起工式を挙行した。

彼はこれに先だち、ロシア艦隊を率いて、アジア諸国を歴訪、日本来訪中の同年4月に9日、滋賀県大津で巡査津田三蔵に襲われ、こめかみに軽傷を負った。そのあと、彼は東京訪問などの予定をすべて取りやめ、横浜港から函館港を経由（推定）してウラジオストクに向かった。

この時、起工した鉄道路線は、ウラジオストク～ハバロフスク間のウスリー鉄道で、それはやがてウラル山脈の西から延びてくるシベリア横断鉄道と繋がり、遠くモスクワに達する鉄道になる予定だった。西からのシベリア鉄道も、ウラジオストクと同時に、ウラル山脈の東側チェリャビンスクで起工され、ザバイカル（バイカル湖の向こう側の意味）鉄道のスレチェンスクまで一応完成したのは、着工から10年後の1900（明治33）年初頭だった。

工事は、ロシア軍兵士やサハリン島の受刑者などを動員する突貫工事で進められた。バイカル湖南岸は地形が険しく、工事が困難だったので、イルクーツクからはバイカル湖上の水上交通として、夏はフェリボート、冬は氷結した湖面に線路を敷いて列車を走らせ対岸のザバイカル線と結んだ。

当初はスレチェンスク~ハバロフスク間のアムール川（中国名黒龍江、ヘイロンチァン）北岸を通り、ウラジオストクに至る計画だったが、これにはアムール川大鉄橋の架設など厖大な出費と難工事が予測されたので、ロシア政府は、1896年（明治29）年、清国と「露清密約」を結んで清国内の鉄道敷設権を得、シベリア鉄道を、チタ東方地点から清国領満州里へ延ばし、大興安嶺（ターシンアンリン）と満州地域を横断して、哈爾浜（ハルビン）からロシア領沿海州に至る鉄道（東清鉄道）を建設することにした。

またロシアは1898年には清国と「旅順、大連（リーシュン、ターリェン）租借条約」を結び、1903年1月、哈爾浜と遼東（リャオトン）半島とを結ぶ「東清鉄道南満州支線」を完成させた。ロシアが清国内鉄道敷設権を獲得したのは、日清戦争後の日本への三国干渉で遼東半島を清国に返却させたことへの見返り要求によるものだった。

1903（明治36）年7月、東清鉄道はロシア沿海

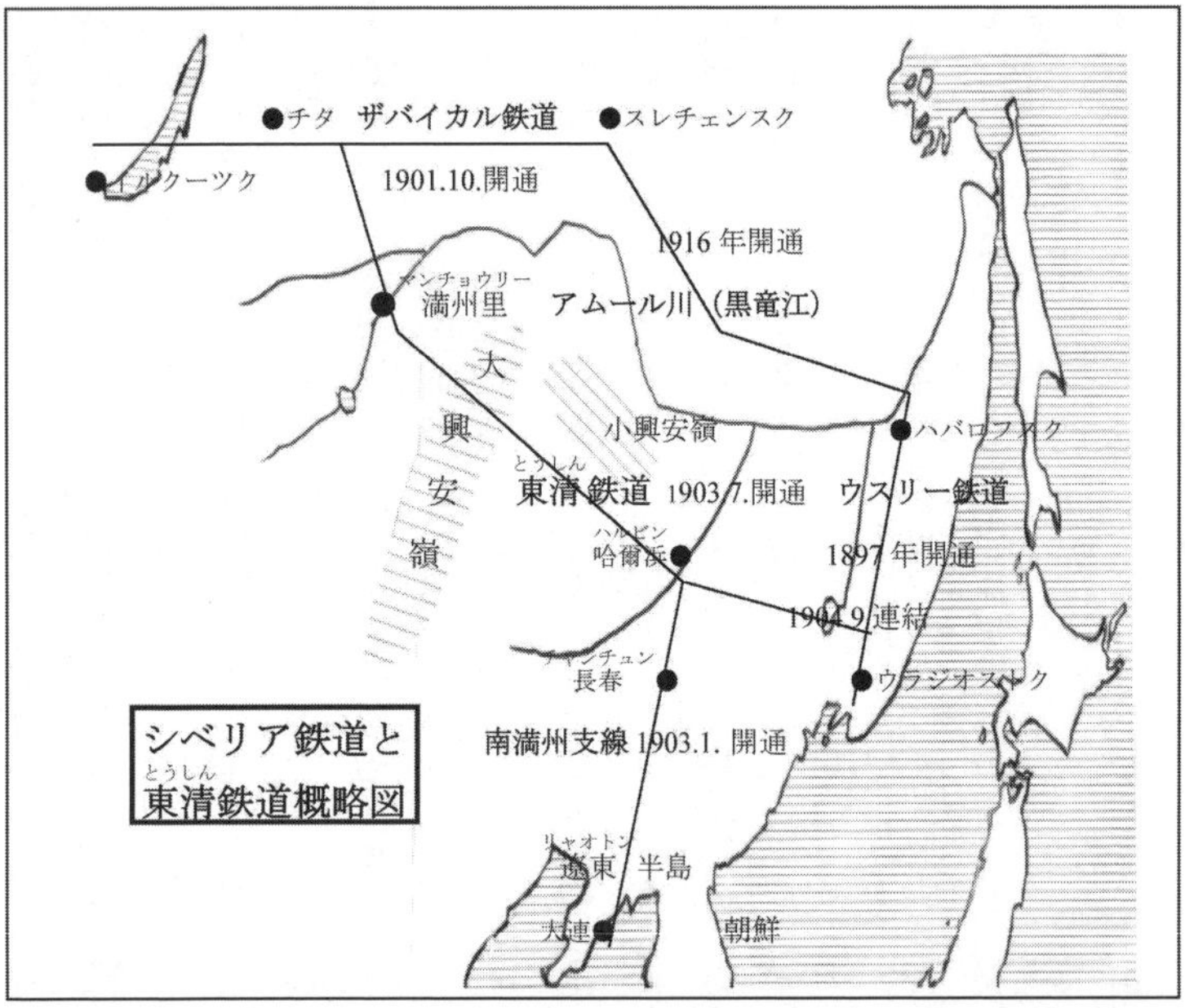

シベリア鉄道と東清《とうしん》鉄道概略図

州との国境に達し、翌年9月、日露戦争の最中、ついにモスクワとウラジオストクとは鉄道で連結されることになった。

東清鉄道南満州支線は、日露戦争後１９０５年9月、「ポーツマス条約」で日本に譲渡された。日本政府は、その費用の半額を出資し「南満州鉄道株式会社」（通称満鉄）を設立し、各種の保護と監督の下に、これを満州経営推進の基盤とすることになる。

第20章　膨張と抑圧の時代

外征軍の編成

松方正義は、大蔵卿に就任（明治14年10月12日）以来、猛烈なデフレ政策を強行し、それは民間大資本と大地主層（含天皇家）に膨大な資本の蓄積をもたらした。この一応の財政安定を基に、政府はかねてからの軍備拡張と東アジア（朝鮮国、清国）への軍事的侵出の計画を進めようとした。それは岩倉具視の『機密意見』によれば、日本政府の「まさに失わんとするの威権を恢復し、ほとんど潰散（潰れ崩れる）せんとする人心を収攬する」ための政略であった。

明治11年12月の陸軍参謀本部設置以来、同15年2月までその長であった山縣有朋と軍部（軍人たちの政治勢力の総称）はその戦略を練ってきたが、それまでの財政困難がその実現を許さなかったのである。

明治6年から施行された「徴兵令」は、建前としては満20歳以上の男子による国民皆兵制度であったが「戸主及びその相続人」「北海道、沖縄在住者」「代人料の上納者」は兵役免除された。それは慢性的財政難のために、政府は租税負担者の確保と軍備非拡大策を取らざるを得なかったからである。政府は、徴用経費の負担を避け、財政の安定を優先した。

明治15年8月15日、山縣は、陸海軍拡張に関する上申書を政府に提出し、軍事予算の大幅増額を要求した。それは朝鮮をめぐる日本と清国の対立に備える近代的軍備を装備するための資金だった。

清国を仮想敵国とする思想は、この時期日本政府首脳の間に広がっていた。天皇は、明治15年12月、太政大臣三條実美に、軍備拡張計画の具代化を命じる勅語を発した。三條は天皇の意向を各省の卿（長官）に伝達し、その貫徹を促した。その結果、それまで一般会計歳出の10％だった軍事予算は、明治17年から20％になり、明治23年にはついに31・3％、2369万円になった。

民衆の、労働力を奪取する徴兵への忌避行動や、過剰な軍備拡張策への反抗の動きも激しかったが、政府はそれらを鎮台（治安と外敵防御軍）兵や旧藩兵の武力で鎮圧しつつ、明治10年代後半、ようやく財政的裏付けを得て、外征可能な兵員数の確保に至った。

海軍は、明治16年以降の8年間に、大艦5隻、中艦8隻、小艦7隻、水雷砲艦12隻を新造する目標だったが、結局、明治27年6月、日清戦争開戦直前には、甲鉄艦1、海防艦3、鋼甲帯巡洋艦1、小型鉄甲装帆哨戒艦2、小型木造帆船艦1、一本マスト帆船艦6、報知艦1、砲艦7、装帆艦3、水雷艇24など、合計55隻、6万1373トンの艦隊を所有することとなった。

陸軍は、明治21（1888）年5月12日、従来の6軍管区（東京、仙台、名古屋、大阪、広島、熊本）の6鎮台制を第1〜第6の師団制に改め、東京の近衛師団（皇居警備軍）とともに7師団編成に変えた。師団とはそれぞれが司令部、歩兵旅団、砲兵連帯、騎兵連隊、工兵連隊、輜重（食料、弾薬等の補給、輸送）兵大隊を持ち、一定の期間ある地域で独立して軍事行動ができる単位であり、これは大陸における軍事行動を想定した編成替えだった。

明治22年12月、第3代首相となった山縣有朋は、その『外交戦略』（明治23年3月）において「国家独立自衛ノ道、二ツアリ。一ニ曰ク、主権線ヲ守禦シ、他人ノ侵害ヲ容レズ。二ニ曰ク、利益線ヲ防護シ、自己ノ形勝（守るに優れた地勢）ヲ失ハズ。何ヲカ主権線ト謂フ、彊土是レナリ。何ヲカ利益線ト謂フ、隣国接触ノ勢、我ガ主

明治16〜23（1883〜90）年の軍人数

明治	陸軍	海軍
16年	4万4805人	5528人
17年	4万6767人	6541人
18年	5万0774人	8012人
19年	5万4648人	9197人
20年	6万1797人	1万0304人
21年	7万8945人	1万0092人
22年	7万8024人	1万0004人
23年	6万7822人	1万1359人

『日本近代思想体系4　軍隊・兵士』（岩波書店）による

権線ノ安危ト緊シク相関係スルノ区域、是レナリ。国家ノ独立ヲ維持セントセバ、独リ主権線ヲ守禦スルヲ以テ足レリトセズ。必ズヤ進ンデ利益線ヲ防護シ、常ニ形勝ノ位置ニ立タザルベカラズ。…我邦利益線ノ焦点ハ、実ニ朝鮮ニアリ。西伯利鉄道ハ已ニ中央亜細亜ニ進ミ、其数年ヲ出ズシテ竣工スルニ及ンデハ露都ヲ発シ数十日ニシテ、馬ニ黒龍江ニ飲ブベシ。吾人ハ西伯利鉄道完成ノ日ハ即チ朝鮮ニ多事ナルノ時ナルコトヲ忘ルベカラズ」として、その「利益線ノ防護」のための外征軍建設の必要性を明白に述べた。

日本商人の朝鮮進出

明治6年の「日朝修好条規」（江華島条約）締結のあと、その日本側の特権規定と日本軍艦の庇護とによって、釜山（プサン）の日本人貿易商人たちは「日朝貿易」を拡大した。1877（明治10）年～1881年間の、日本からの輸出総額は約460万円、その88％がイギリス綿製品（金布《カナキン》＝ポルトガル語canequinと呼ばれた敷布、肌着、シャツなど）を中心とする欧米商品の中継輸出品だった。植民地インドの綿を、機械織りしたイギリス綿製品は、均質で比較的安価だったからたちまち朝鮮の中、上流社会に浸透した。その後、清国人商人がこの分野に進出すると、日本商人は、日本製の安価で粗悪な綿製品を朝鮮に持ち込み、庶民層に売った。そのため朝鮮在来の家内工業的綿織物業は没落し、綿作農業も成り立たなくなった。これは朝鮮の農村経済に深刻な打撃を与え、農村の疲弊を進行させた。

この間の朝鮮から日本への輸入総額は約510万円、米（約30％）、金地金（約19％）、大豆（約11％）などが主だった。朝鮮米はジャポニカ種で日本人の食味に合い、価格が日本産米の約3分の1だったから、日本の都市労働者からの需要が多かった。この日本商人の朝鮮米大量買い占めのために、朝鮮内での価格は2～3倍に急騰し、朝鮮民衆の生活を直撃した。それ故、この時期の日朝貿易を「綿米交換体制」と呼ぶことがある。

釜山開港時の日本人商人の様子は「釜山港ハ、従来対州（対馬）辺ノ無頼徒移住シ、生ヲ異境ニ計ル者多ク、常ニ韓人ヲ陵辱シ、売買ノ際、不正ノ秤量ヲ用ヒ、彼レノ眼目ヲ暗マシ不理ノ利ヲ豪奪スル等ノ悪風アリテ、韓人既ニ之ヲ嫌忌スルノ念ヲ生セリ。」（明治13年日本農商務省『商況報告』）と報告されている。釜山の日本人商人は、おおむね対馬の小商人たちで、朝鮮へ新たに進出してきた大坂、九州の政商や大商人からの圧迫による劣勢を朝鮮商人からの不正利益で回復しようとしていたのである。

大倉喜八郎は、明治9年8月、大久保利通内務卿からの依頼を受けて、釜山に雑貨を運んで売った。同年11月、彼は大倉組釜山支店を開き、以後朝鮮国への進出を続けた。日本資本主義体制の創成者の一人渋沢栄一は、明治11年、日本政府から10万円の貸し付けを受けて、釜山に第一銀行の支店を開設、続いて明治20年、首都漢城にその出張所を置いた。彼は、潤沢な資金を仲買人に貸し出し、彼らに朝鮮の米を買い占めて日本で売らせる一方、朝鮮ではイギリスから輸入した綿製品を売らせ、それらの利益から利子を吸収し、その資金で朝鮮の金と銀を買った。朝鮮からの金銀の輸入なしで、日本の金本位制への移行は不可能だったといわれる。

北海道の鉄道敷設

明治22年11月に発足した北海道炭鉱鉄道会社（通称「北炭」）は、その設立案に「空知、夕張、幌内、幾春別の炭鉱の開発を行い、新たに室蘭から岩見沢までの鉄道を敷設して、幌内鉄道（幌内炭鉱~小樽）と繋ぎ、小樽と室蘭の両港に石炭を搬出すること」を謳っていた。北海道庁は、内閣一等技師松本荘一郎を派遣して、その建設指導に当たらせることにした。明治22年12月30日、松本は室蘭に入り、線路予定地を踏査、翌23年2月29日、その報告書を北炭社長の堀基に提出した。工事は、室蘭線（室蘭~岩見沢）と夕張支線（夕張~追分で室蘭線に接続）を第1工区、空知線（岩見沢~空知太=滝川）と歌志内支線（歌志内~砂川）を第2工区として、明治23年5月、空知線、同年10月、室蘭線の工事を始めた。これらは明治25年10月に完成予定とされた。工事は沼沢地や泥炭地、小河川の交錯、丘陵、山岳部などに阻まれて難航したが、明治24年7月に岩見沢~歌志内間、明治25年8月に、岩見沢~室蘭間の工事が完成した。「北炭」は、明治23年に夕張炭鉱、明治24年に空知炭鉱を開鉱していた。

明治29年5月、第9帝国議会は、貴族院議員近衛篤麿ら提出の「北海道鉄道敷設法」を可決した。これは、北海道に拓殖と対ロシア防衛を目的として鉄道を敷設するための法律だったが、拓殖に必要とされた路線は、おおむね華族、政商らの大土地所有者の地域に関連していた。防衛上では、稚内、網走、根室に通ずる路線が重視されていた。ここで旭川はそれらの交通の要衝として、軍事基地の性格を付加されたのである。

明治31年7月1日、「北海道鉄道部」は、最初の官設鉄道上川線（空知太～旭川）を開通させた。同鉄道部は、明治32年8月、十勝線の旭川～富良野間、同36年9月、天塩線の旭川～名寄間を開通させた。

明治37年10月、北垣国道（道庁4代目長官、のち男爵）を社長とする「北海道鉄道株式会社」（旧名「函樽鉄道株式会社」）は、函館線（函館～小樽高島）を開通させ、翌38年8月、これを小樽（現南小樽）に延ばし、北炭鉄道と接続させた。これで函館、旭川は鉄道で結ばれることになった。

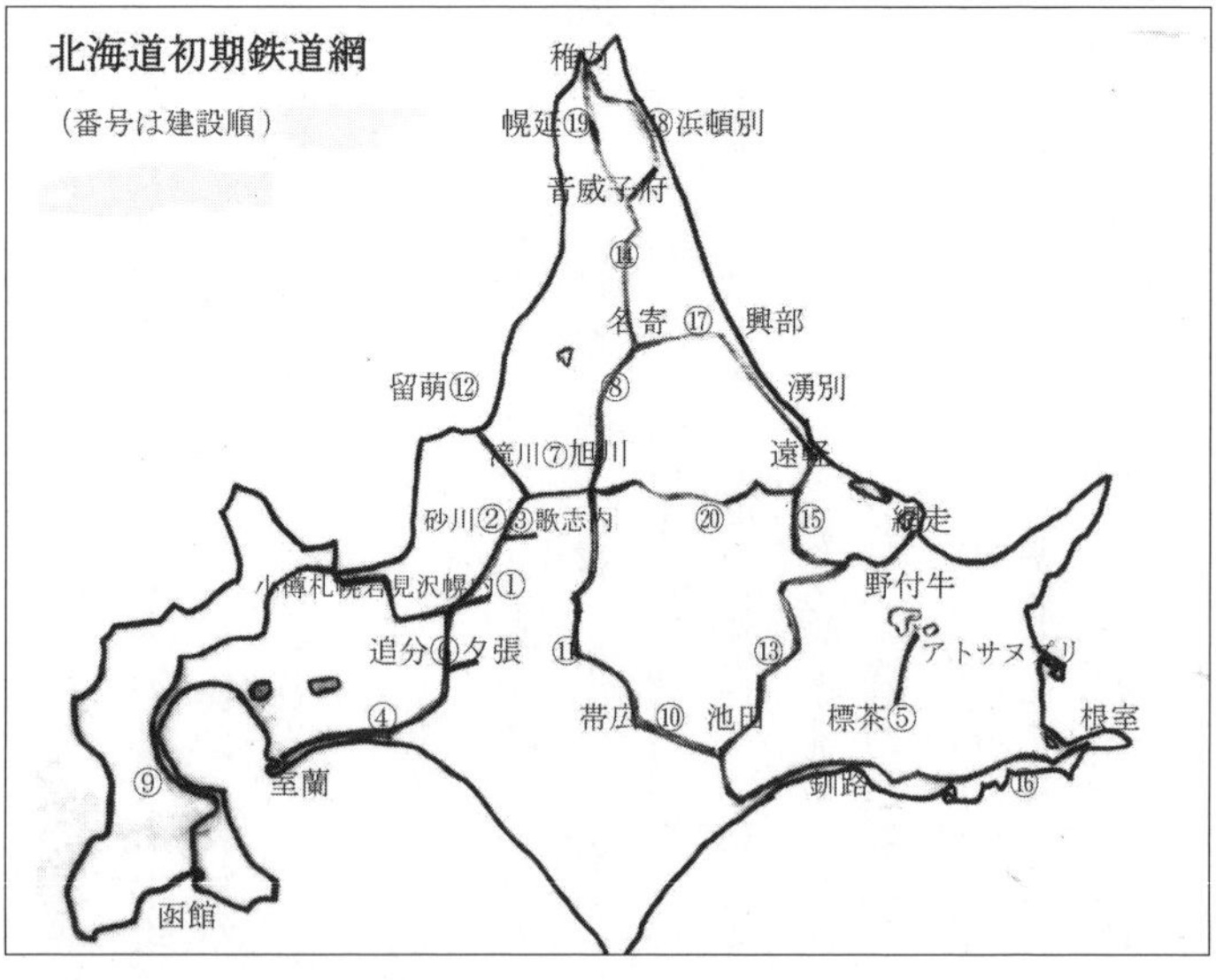

北海道初期鉄道網
（番号は建設順）

明治38年10月、「北海道鉄道部」は釧路線（釧路～帯広）を開通させ、明治40年9月に完成した狩勝トンネルで富良野～帯広間が開通、これによって、旭川と釧路が鉄道で繋がった。明治30年3月、第22帝国議会で「鉄道国有法」が可決され、公布された。これによって北炭鉄道と北海道鉄道は、政府の買収の対象になり、明治40年に国有鉄道（国鉄）になった。この政府買収措置で北炭は多大な資金を得たが、北海道鉄道は建設費（1

195万8615円）を下まわる買収額（1145万2千円）だった。

タコ部屋の発生

小池嘉孝『常紋トンネル』（1977年）によれば、『日本鉄道請負業史』（鉄道建設協会、1967年）には「夕張線の工事では、各業者ともに人夫払底に困却した。大井組では、青森、岩手方面から、遠くは磐城平より二百人許り、羽後酒田地方から三百人許を招致したのである。」「ところが未開地の無聊に堪えかね、一ヶ月くらいすれば、十人二十人と群をなして毎夜逃亡する。番人をつけて厳重監視していても何時の間にか逃げ出す。これには閉口した。偶逃亡者をとらえた時には〝見せしめ〟と云うので、相当ひどい制裁を加えるが、これでもなかなか制し切れなかったという」とあるとし、小池氏はいわゆる「タコ部屋」（土工部屋ともいう）の発生は、この夕張線の工事からだという。

直接的には人夫払底がタコ部屋発生の元だっただろうが、その根底には北炭会社の利益追求、大手元請け土木業者（夕張線では鹿島組、早川組など）の中間搾取（その中から各層政治家たちへの賄賂）、中小土木業者の利益追求体質、石炭を求める産業界と軍隊、監督機関（官庁、警察、司法当局など）の違法黙認、性急な軍備拡大を推進する日本政府の姿勢、などの構造連鎖があった。

「タコ部屋」の名称は一般に「地雇」（地元雇）に対してこれらの労働者を「他雇」と呼んだことに由来するといわれるが、庶民の間では、自分の足を食って飢えをしのぐという「蛸」にその労働者をなぞらえたものと信じられている。労働者たちは、青森、秋田、宇都宮、前橋、高崎、東京、横浜、静岡、名古屋、大阪、神戸、下関、門司、若松、八幡、福岡などの「募集屋」によって集められ、周旋人（俗称ポン曳き）の「北海道での、高給で気楽な仕事」の口車に乗せられ、飲食と多少の遊興を提供されたあとに軟禁され、そのまま北海道に送り込まれた。その間の飲食、飲酒、遊興、旅費、弁当代その他は前借金とされた。また、募集屋に仕事を頼みに行って、そのまま前借金漬け、タコ部屋送りになる場合もあった。騙されてタコになった若者たちの中には、大学生や大学卒の者も相当いたという。時代が下がると、朝鮮人、中国人のタコ労働者も多くなった。

山間僻地や断崖絶壁地に作られたタコ部屋では、親方（部屋頭）、世話役（職長）の下に、上飯台、中飯台と呼ばれる監視役が、下飯台（労働者）を監視し、作業現場では監視人（棒頭）の暴力の下で酷寒期でも一日15時間以上の重労働が強制された。夜間は飯場（宿泊所）には1カ所のみの出入口に外から厳重に施錠し、獰猛な大型犬が見張っていた。下飯台の食事は立ち食いで一日4～5回、ただし、米飯に粗末な汁と副食だけだったから、栄養失調と脚気、その他の発病が頻発した。タコたちへの賃金は、普通の人夫の半分、そこから食費、布団代、その他の生活物資購入費が差し引かれ、実際には彼らの借金は膨らんでいく仕組みだった。逃亡の試みはほとんど失敗し、捕まって棒頭たちに凄惨な私刑を受け、殺されて山中に遺棄されることも多かった。

明治29年に「北海道鉄道敷設法」が施行され、上川線、天塩線、十勝線、釧路線が起工されると、その工事請負人によるタコ部屋が北海道各地に広がった。その後、道庁の「北海道十年計画」（明治33年～。予算3300万円、ただし日露戦争で挫折）、では、鉄道敷設のほか、鉱山開発、道路、橋梁、港湾、河川、水力発電所、水田用灌漑溝などの工事が実施され、タコ部屋はそれらの現場に続々発生した。日露戦争（明治37年）以降には、ロシアから割譲されたカラフト島南半分の鉄道、港湾、工場、製紙、炭鉱、水産、軍事施設、都市施設などの工事にタコ部屋が進出し、その「盛況」は北海道以上だった。新殖民地カラフト島では、膨大な土木、建築工事の発注があり、土木、建設業者には、競合相手の少なさ、行政監督の緩さなどで「天国」だったという。

元請けの丈夫会社からの工期や工程の厳しい指示を受けたタコ部屋業者の利益は、通常元請け、下請け、孫請け業者の各10％ほどのピン（上前）撥で、元請け価格の70％以下であった。その条件の中で利益をあげるためには私刑も殺人も許される、と彼らは考えたのである。

しかし、タコ部屋とその労働の実態は、今もほとんど歴史の闇に閉じこめられて、解明されていない。それはあくまでも「民間企業」の行為とされ、記録もなく（ないしは焼却され）役人も企業も、関係者らは証言を避ける。私たちのタコ部屋についての知識は、「生還」した元タコ労働者の証言、タコ部屋近在生活者の目撃証言、

JR特急列車「オホーツク」の車窓から
札幌から石北（石狩国・北見国間）線で、北見、網走に達する長距離列車

など民衆の間に伝えられている各種の悲劇から、民間の研究者、研究グループがそれらを粘り強く丁寧に掘り起こしたものである。ただ、これらの工事の発注、受注の仕組みが同じである以上、タコ部屋は北海道全域に亘って存在したことを推定させる。

昭和21年8月、北海道警察は、札幌市内真駒内ＧＨＱ（占領軍最高指令部）の土木工事を請け負っていた新野組を臨検、土工夫300人のタコ部屋状態を確認し、部屋頭北河秋蔵（40歳）ら4人の幹部を札幌検事局に送検した。驚いたＧＨＱは、タコ部屋の全廃を日本政府に命令し、道警に全道一斉の取調べとタコ部屋の一掃を指示した。しかし、これでタコ部屋がなくなったわけではなく、昭和27年頃までに相当数が残存していたらしい。茅沼炭鉱ではその頃まで暴力団によるタコ部屋があったという証言がある。

北海道の開拓が、タコ部屋を最前線とする恐るべき「資本の論理」によって推進され、その道路、鉄道、トンネル、橋梁、炭鉱、発電所、農事灌漑溝などが、これらタコ部屋ないし、それに先行する囚人労働によって作られたという事実は、今北海道を旅する私たちを戦慄させるに十分である。

朝鮮王国への干渉

1882（明治15）年12月、朝鮮政府は、清国北洋大臣李鴻章とその幕僚馬建忠の勧告に従って、ドイツ人外交官メルレンドルフ（言語学、法学、東洋学の学者）と清国外交官馬建常（建忠の兄）とを政治顧問として招き、外交、内政、軍事部門の改革をおこなった。メルレンドルフは、朝鮮王国はあくまで独立国であり、清国の朝鮮干渉は不当だとして、ロシアによる清国牽制を画策した。彼は、高宗や閔妃の同意を得て、軍事教官の派遣をロシアに求めた。しかし、これは朝鮮政府の拒否によって失敗し、高宗はメルレンドルフのすべての役職を解いた（第一次朝露密約事件）。

1885年4月1日、イギリス艦隊は朝鮮半島南側の済州海峡の巨文島を占領した。それは、当時イギリスと敵対関係にあったロシアの朝鮮進出を阻止すべく、この島にウラジオストク攻撃の軍事基地を設けるためだった。この状況の中で、日本政府は、イギリス、ロシアの朝鮮進出を阻止しようとして、清国に協調を呼びかけた。外務卿井上馨は駐清公使榎本武揚を通して、李鴻章に「日清両国が提携して朝鮮王国の改革を推進する。その政策の主導権は清国に委ねる」ことを提案したが、李はこれを「朝鮮への清国宗主権への干渉」として拒否した。

李鴻章は、高宗と閔妃の「引俄拒清」（ロシアに接近、清を拒否）の姿勢を見て、1886年5月、アメリカ人法律家デニーを外国人顧問として朝鮮に派遣した。だが、デニーは李の意に反して、「国際法の見地から見て、清国は横暴である」として清国を非難した。

イギリスが巨文島に居座る中、高宗と閔妃、その側近は、駐朝ロシア代理公使ウェーベルに密書を送り、「ロシアの力でイギリスを巨文島から撤退させ、かつロシアの保護によって清国との宗属関係を解消し、清国と対等な関係を作りたい」と申し入れた。これが、朝鮮政府内の閔泳翊（ミンユンイク）から袁世凱への密告によって清国側に露見し、あわてた高宗はこの密書の返還を求めたが、ロシア側は拒否した（第二次朝露密約事件）。

1887（明治20）年2月27日、デニーがロシアから「イギリスが巨文島を撤退すれば、朝鮮のいかなる地点も占領しない」という言質を取り、イギリスはこの島から撤退した。その後、デニーの建言によって、朝鮮政府は、自主独立国家の体面を示すために、欧米各国への全権使節派遣を決定した。袁世凱は、その使節を公使に格下げし、当該国の清国公使を最初に訪問するという条件でこれを了承した。

しかし、同年11月、朝鮮王国駐米公使朴定陽（パクチョンヤン）は、アメリカ大統領クリーブランドへの国書奉呈に駐米清国公使の先導を拒否し、袁世凱の怒りに触れて朝鮮に召還された。朝鮮王国の「清国への属国自主」政策はきわめて難しい局面を迎えていた。

「旅のノートから」14　朝鮮王国、東学農民戦争

朝鮮王国の東学（トンハク）思想による政治改革運動は、政府の大弾圧と非合法化、初代教祖崔済愚（チェジュウ）の処刑で一旦は下火となったが、1880年代後半、2代目教祖崔時亨（チェション）の下で、教典と組織が整備され、慶尚道、全羅道、忠清道へ拡大した。しかし同時に崔時亨ら中央派の「個人内省主義」と異端派の「民衆の意識変革を求める」路線の違いが現れるようになった。

1892（明治25）年10月、異端派徐璋玉（ソジョンオク）らは、政府の苛斂誅求（苛酷な税取立て）停止と東学の合法化を叫び、忠清道の公州（コンジュ）で集会した。

その後東学全体は「教祖伸冤」（崔済愚の無実の罪を晴らす）を唱え、全羅道の参礼（チャムネ）で数千人規模の集会を持った。翌年3月28日、東学は首都漢城に進出し、中央派の朴光浩（パククァンホ）を疏頭とする上疏（国王への上申）団80人が王宮景福宮の光化門（クァンファムン）で伏閤上疏し、三日三晩、痛哭して東学の公認を求めた。

異端派はこれに満足せず、各国公使館、外国人学校、キリスト教教会、東大門、西大門などに「斥洋斥倭」（欧米、日本を排斥せよ）の掛書（張り紙）をした。しかし、朝鮮政府は東学を認めることはなかった。

その後、東学農民たちは地方に戻り、同年4～5月、忠清道の報恩（ポウン）、全羅道の金溝（クムグ）でそれぞれ2万人の大集会を持った。中央派の報恩集会は政府に対して妥協的で、政府から派遣されてきた役人

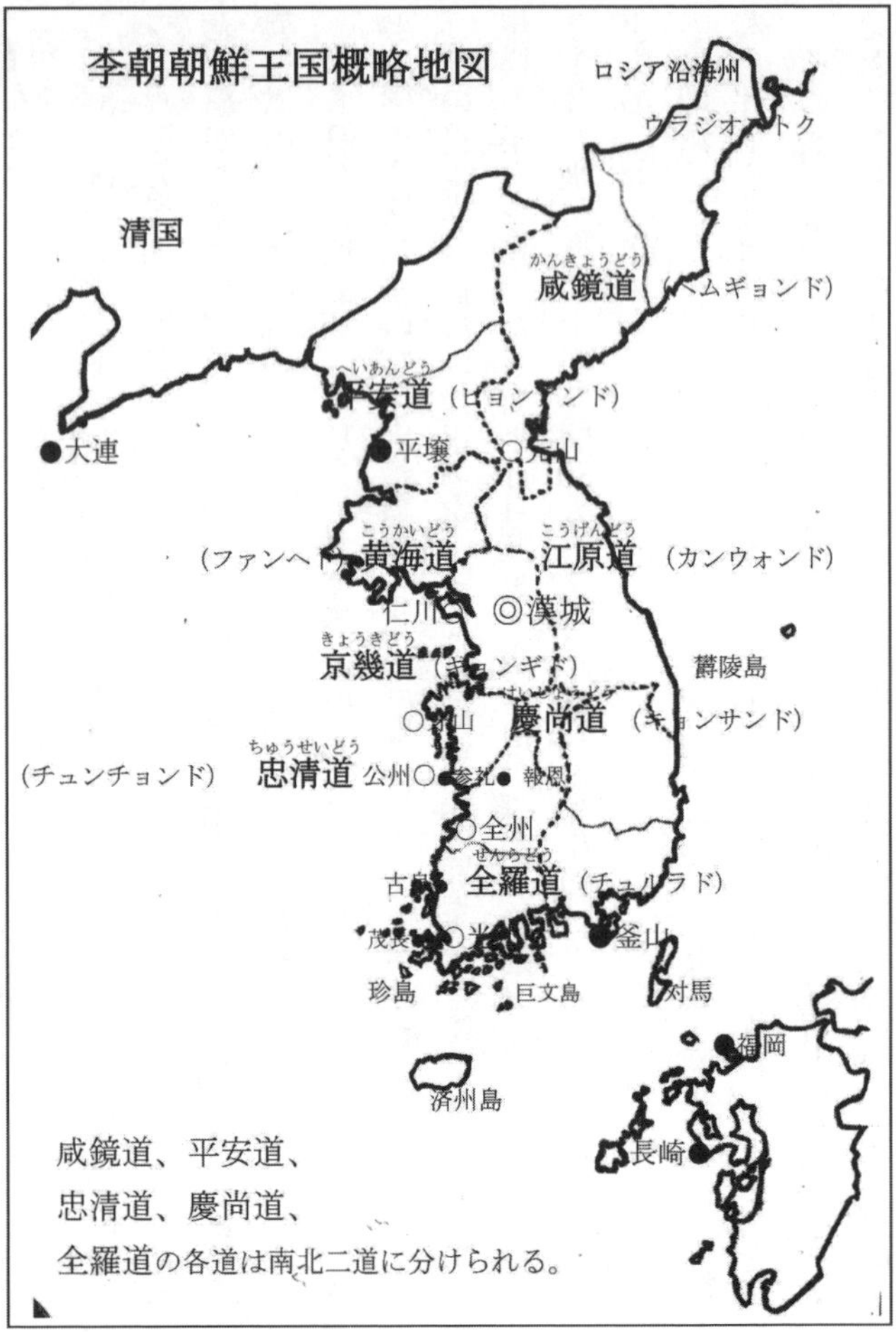

の説得で集会を解散したが、金溝集会では異端派が中央派をとりこんで、反政府運動をさらに激化しようとした。

1894(明治27)年2月15日、全羅道古阜(コブ)で、異端派の全捧準(チョンホ)が村民500人ほどを率いて、郡衙を襲撃、武器庫を奪い、郡主超秉甲(チョビョンカブ)を駆逐し、囚人を解放し、収税庫を開いて米穀を村民に分配した。古阜は穀倉地帯だったが、1892年から凶作で住民は飢饉状態だったところへ、新任の超秉甲が悪辣不法な苛斂誅求を行っていたのである。

1万人ほどに膨れあがった蜂起民は、この勝利に沸き、「輔国安民倡大義」(国を輔け、民を安らげ、大義を倡える)の大旗を掲げた。この蜂起団は、政府の懐柔と強圧策で一時解散に追い込まれたが、そのあと再結集して古阜から脱出し、金溝や泰仁(テイン、全州近郊)の同志の協力で、3000人の兵を集め、全羅道の茂長（ムジャン）の異端派指導者孫化中（ソンファジュン）の下で、4000人の農民軍となった。同年4月28日、彼らは古阜に戻り、政府按覈使（罪人糾明の役人）を追放、同月30日、白山（ベッサン）で大会を開いた。

農民軍は、泰仁の金開南（キムグナム）勢も加えて、総勢6000～7000人になり、大将に全捧準、総管領に孫化中、金開南を選んだ。徐璋玉は忠清道で農民軍を組織して全捧準軍の北上を待つことになった。農民軍のほとんどが竹槍、火縄銃だったが、紅色服の軍楽隊を先頭に、厳正な軍律の下で進軍、5月11日、2000人の政府軍を破り、5月27日、招討使洪啓勲（ホンゲフン）の率いる新式武装の京兵800人を撃退した。政府軍の士気はきわめて低く、農民軍の鎮圧に自信がなかった洪啓勲は、5月23日、政府に清国への支援依頼を要請していた。5月31日、農民軍は全羅道監営のある全州（チュンジュ）に無血入城した。これを「東学農民戦争」（朝鮮では甲午〈カプオ〉農民戦争）と呼ぶ。

1894（明治27）年5月末、洪啓勲からの清軍派兵要請を受けて、朝鮮政府兵曹判書閔泳駿は、清国の漢城駐在官袁世凱と協議し、6月1日、国王の認可を受けてこれを決定した。

第21章　帝国憲法と議会開設の時代

国会開設までの民権派の動向

明治14（１８８１）年10月12日、政府は天皇からの勅諭として「明治23年を期して国会を開設する」と布告した。これは過剰インフレに苦しむ民衆の不満と開拓使官有物払い下げに怒る民権派への宥和策でもあった。

同年10月末、板垣退助を総理、中島信行を副総理、後藤象二郎、馬場辰猪、島本仲道、末広重恭、竹内綱らを幹部として「自由党」が結成された。板垣（旧土佐藩士、維新後は参議）は、明治6年の征韓論争に敗れて政府を追われ、民権運動に入っていた。中島（旧土佐藩郷士）は、土佐勤王党、坂本龍馬の海援隊などで活躍、維新後は神奈川県令、元老院（立法機関）議官などを歴任していた。

自由党は、「人民の自由拡大、権利保全、幸福増進の善美なる憲政体の確立のために、あくまで政府と対峙（睨み合う）する」と宣言したが、薩長藩閥政府が、憲法体制、議会開設へ向けて着々と権力構造を固めつつあるの

明治	政府と民権派の動向
14	10月12日、「明治23年国会開設」の勅諭
〃	10月、板垣退助ら自由党結成（17年10月解党）
15	3月14日、大隈重信ら立憲改進党結成
17	12月、大隈、立憲改進党脱党。（21年2月入閣）
19	10月、民権派全国有志大懇談会で「大同団結」提案
20	9～12月、「三大事件建白運動」
〃	12月25日、「保安条例」５７０余人東京退去命令
21	夏、後藤象二郎遊説旅行。大同団結運動、全国に拡大
22	2月、「大日本国憲法」、「衆議院議員選挙法」公布
〃	3月、後藤象二郎、入閣。民権運動混乱、分裂
〃	5月、「愛国公党」結成
23	1月、「自由党」再興
〃	7月、第一回衆議院議員選挙
〃	8月、「立憲自由党」結成（24年3月自由党と改称）
〃	11月、第一議会開会、民党１７１、吏党１２９

に対して、党員たちに具体的な争点や目標を提示出来ず、運動は分散傾向を帯びた。

明治15年3月14日、大隈重信を総理、河野敏鎌を副総理として「立憲改進党」が結成された。大隈（旧佐賀藩士）は薩長藩閥による明治14年の政変で参議の地位を奪われていた。河野（旧土佐藩士）もこの政変で元老院幹事を辞していた。立憲改進党には、前島密（旧幕臣、明治14年政変で元老院議官辞任）、東洋議政会（慶應義塾、郵便報知新聞系の矢野龍渓、犬養毅、尾崎行雄ら）、嚶鳴社（横浜毎日新聞系の沼間守一、島田三郎ら）、鷗渡会（東大系の小野梓、鳩山和夫ら）など多様な人脈が集まった。彼らは、「王室の尊栄を保ち、人民の幸福を全うする」「内地（国内）の改良を主とし、国権（国家の対外的権利）の拡張に及ぼす」とし、漸進主義、合法主義、国家主義的な運動を展開すると宣言したが、政府側の締付を受けて、次第に活動不振に陥った。大隈自身、明治17年12月、立憲改進党を脱党して、民権運動の指導を放棄、立憲改進党は事実上活動を停止した。大隈は、明治21年2月には、民権派の分断を狙う伊藤博文首相に乞われて外務大臣に就任し、完全に政府側に立つことになった。一方、自由党も板垣、後藤の洋行資金の出所などをめぐる立憲改進党との軋轢に直面し、国会開設までの運動指導は困難として、明治17年10月、解党した。これらによって、初期の民権運動はひとまず終息した。

明治19年10月、旧自由党の星亨、末広重恭、中江兆民らが、民権派の大同団結を呼びかけて「全国有志懇談会」を開き、後藤象二郎を首領に擁立した。

明治20年6月、民権派は「地租軽減、言論、集会の自由、外交の挽回」を政府に要求し、同年11月18日、元老院に、これらについての建白書を提出した。これを「三大事件建白運動」と呼ぶ。

これに対して政府は、出版条例違反、集会条例違反、官吏侮辱罪などの名目で、関係者多数の検挙、処罰を行った。明治20年12月25日、政府はついに「保安条例」を発布、星亨、島本仲道、竹内綱、尾崎行雄、林有造、片岡健吉、中江兆民、吉田正春ら570余人に皇居から三里以遠への退去を命じた。しかし、明治21年夏、後藤象二郎らは、北陸、関東、東海地方への遊説旅行を行い、大同団結運動は全国に拡大した。

明治22年2月14日、「大日本国帝国憲法」（通称明治憲法）、「衆議院議員選挙法」が発布された。同年3月、突然、後藤象二郎が黒田内閣の逓信大臣として入閣、後藤のこの裏切りで、大同団結運動は混乱し、「政社派（大同倶楽部）」と「非政社派（大同協和会、のち再興自由党）」とに分裂した。同年5月、板垣退助、林有造らは「愛国公党」を結成。翌明治23年1月、大同協和会の大井憲太郎、中江兆民、斎藤珪次らは「自由党」を再興した。

明治憲法の性質

明治憲法成立以前の日本政府とは、その武力によって徳川幕府を打倒した、薩摩、長州、土佐、肥前らの諸藩連合が立てた軍事政権ないし武力政権であった。したがって、その権力の正当性について何らかの客観的な検証作業、たとえば選挙などによる、その合法性、道義制の確認は不要だった。権力は実力（武力）で敵から奪い取るものであり、要するに「勝てば官軍」なのであった。

彼らは、その権力の正当性は「王政復古の大号令」すなわち古代天皇家の権威と政治機構を現代に復興するという宣言と、弱冠16歳の睦仁天皇が、その王朝の上級官僚とともに祖霊に誓った「五カ条の御誓文」でその証明は尽くされていると考えた。これは、現代の私たちには相当乱暴な後付論理と見えるが、この時代の人々、支配者層にも被支配者層にも、権力の移譲とは本来そういうものであり、自身の正当性の証明は、その程度で十分だった。それが時代の常識だった。「明治維新」と呼ばれる歴史事件ないし現象は、そういう時代の人々に担われて成り立ったのである。

大日本帝国憲法は、睦仁天皇の「告文」、「憲法発布勅語」、「御名御璽（天皇署名とその印）」とともに、内閣総理大臣黒田清隆、枢密院議長伊藤博文以下諸大臣の連署の下、「臣民」に宣布された欽定（君主の定めた）憲法であった。枢密院（明治21年設置の天皇の最高諮問機関。実質的に「天皇の意思」を決定した）からは、その第4条「天皇ハ国ノ元首ニシテ統治権ヲ総攬シ、此ノ憲法ノ条規ニ依リテ之ヲ行フ」について「天皇を憲法の下に置くものだ」との批判が出ていたが、伊藤博文は、この条項がなければ西洋諸国から日本は憲法政治の国と認定されないと主張してこれを押し切った。この憲法は「天皇ハ帝国議会ヲ招集シ、其ノ開会、閉会、停会、及ビ衆議院ノ解散ヲ命ズ」（7条）、「天皇ハ行政各部ノ官制及ビ文武官ノ俸給ヲ定メ、及ビ文武官ヲ任命スル」（10条）とし、議会の解散権も、行政官である内閣総理大臣と各大臣の任免権も天皇の大権（議会の非関与権限）とした。

また、「天皇ハ陸海軍ヲ統帥（統率支配）ス」（11条）とし、12、13条では軍隊の編成、宣戦、講和、条約締結も天皇の大権とした。実際の総理大臣の任免は、元老（薩長閥の政治家たち）あるいは天皇の重臣たちによって、また陸海軍の編成等は参謀本部（軍令機関）によって決められるのが通例だったが、その元老、参謀本部についての憲法上の規定はなかった。それ故、議会開設当初は、藩閥政治家たちが、いわゆる「超然内閣」を作り、議会、政党の動向とは無関係に政策を遂行し得たのである。最初の政党内閣の出現は、明治31年6月、憲政党の大隈内閣であった。ちなみに現在の「日本国憲法」では、この分野の規定は「天皇は国会の指名に基づいて、内閣総理大臣を任命する」（6条）また「（天皇は）国務大臣及び法律の定めるその他の官吏の任免並びに全権委任状及び大使、公使の信任状を認証すること」（7条）とされている。

また、「貴族院ハ皇族、華族及ビ勅任セラレタル議員ヲ以テ組織ス」（34条）とした。予算先議権は衆議院にあったが、それ以外は、貴族院（第一議会では248人）は衆議院とほぼ同等の権限を持っていた。

また国民の教育については、勅令によって処理されるものとして、憲法にその条項は設けられなかった。

明治憲法には、これらの反民衆的要素が多く含まれ、それは「憲法」という近代的な衣装をまとった皇帝の専制帝国の誕生宣言であり、まさに「王政復古」の具現の性格が強い。

衆議院議員選挙と第一議会の開会

明治23年7月1日、「衆議院議員選挙法」に基づき、北海道、沖縄県、小笠原諸島をのぞく全国257区で、議員定数300人の第1回衆議院議員選挙が行われた。有権者は1年以上国税15円以上を納入した25歳以上の男子、約45万人（人口比1・1％）で、その30歳以上の者に被選挙権があった。

第一議会の開会に先立って、明治23年8月、「自由党」が再興され、「愛国公党」「大同倶楽部」が合流し、板垣退助を総理として「立憲自由党」が結成され、「九州同志会」もこれに合流した。第一議会開会（同年11月29日）時の衆議院議席数は「立憲自由党」130、「立憲改進党」41、「大成会」79、「国民自由党」5、「無所属」45だった。この選挙で自由党議員に当選した中江兆民は、「立憲自由党」「立憲改進党」の171人を「民党」（反政府政党）、「大成会」「国民自由党」「無所属」の129人を「吏党」（親政府政党）と命名した。

この選挙（投票率92％）の結果は、政府にとって予想外なものだった。政府は少数の高額納税者に限定しての選挙でよもや民権派に敗れるとは予想していなかった。むしろ政府は、この選挙で政府支持者が多数であることを国の内外に示し、政権の基盤を固めようとしていたのである。しかも当選者の約半数は地租納税額30円以上の地主層だった。この「地主議会」で民党が過半数を占めたのである。これ以降、政府はあらゆる手段で民党崩しにかかることになる。

北海道の選挙と兵制

第1回衆議院選挙は、北海道では行われなかった。北海道は、沖縄県、小笠原諸島とともに、「将来、一般ノ地方制度ヲ準行スルノ時ニ至ルマデ、此ノ法律ヲ施行セズ」とされたのである。この10年後の明治33年、ようやく札幌、小樽、函館の3区と、函館、札幌、根室の旧3県から各1人の議員選出が認められ、明治35年の選挙からこれが実施された。全北海道での施行は、大正7（1918）年からである。

北海道では明治10年、陸軍省の管轄する函館砲兵隊（40人規模）の兵士補充のために、函館、福山、江差の市街に徴兵令が施行されたが、この部隊は明治20年に廃止され、兵士徴募も中止となった。明治22年、上記3地域に徴兵令が復活施行され、徴募兵士は、第二師団（仙台）所属の青森歩兵第5連帯に入営した。

一方、屯田憲兵隊（いわゆる屯田兵）は、明治15年、開拓使の廃止にともない、陸軍省に移管され、明治18年、

旧檜山爾志郡役所（江差町）
洋風建築は明治政府の威信を示した。当時の職人たちの技術に驚く。左の平屋は拘置所

屯田兵本部、同22年、屯田司令部が設置され、次第に正規の陸軍に近い扱いを受けることになった。同23年、それまでの士族屯田兵制が平民屯田兵制に拡大されると、屯田兵司令官は天皇直属になり、師団長とほぼ同格とされた。北海道の渡島、後志、胆振、石狩の４カ国に徴兵令が施行され、第七師団が設置されて、屯田兵も同師団の下に置かれたのは、日清戦争後の明治29年である。明治31年には北海道全域（千島諸島も含む）に徴兵令が敷かれた。屯田兵の募集は、明治33年に中止され、同37年「屯田兵条例」は廃止された。

北海道の地方行政は、明治30年公布の勅令によって、区、一級町村、二級町村、戸長役場という独特の制度で運営されることになり、明治32年10月、札幌、函館、小樽が区、翌33年7月、亀田郡大野町など16町村が一級町村、その翌々35年4月、石狩町、札幌郡札幌村など5町55村が二級町村とされた。

一級町村は、ほぼ他府県の町村制に準じていたが、その段階に達していないと認定された二級町村は、道庁の厳しい監督下に置かれ、自治程度は低かった。区、一、二級町村制が未施行の地域には戸長役場（明治11年設置）制度を残存させ、道庁長官の任命する戸長、副戸長が行政を行った。

鈴江英一氏の調査によると、明治30年北海道の人口は１０４万５８３１人で、区地域は21万７８６０人（20・７％）、一級町村地域は17万４３６１人（16・７％）、二級町村地域は25万５７８８人（24・５％）戸長役場地域は39万７８２２人（38・０％）だったという（『北海道の歴史・下』北海道新聞社）。

ロシアの進出への警戒

イギリス帝国（British Empire）は、トラファルガー海戦（１８０５年）でナポレオン艦隊を破って以来、大西洋、地中海からインド洋の制海権を握り、インドを植民地として中国との不正貿易などによってアジアにおける権益を増大させてきた。１８６９年にはスエズ運河を開通させ、これを支配下に置いた。

ロシア帝国は１８８８（明治21）年、カスピ海鉄道を完成、中央アジア、トルクメン地方の綿花を輸入して紡績業を発展させ、インド産綿花によるイギリスの紡績業に対抗する勢いを見せていた。ロシア帝国のシベリア鉄道建設計画は、イギリスのアジアでの権益を東からも剥奪し、パクス・ブリタニカ（イギリスの下での平和）は危機に瀕することになるのである。

ロシア帝国のアジア進出は、16世紀末、西シベリアに送り込まれた戦争捕虜や政治犯による殖民拠点の形成に始まり、ロマノフ王朝（１６１３〜１９１７年）による流刑労働者の投入と逃亡農民たちの流入増加で、この地域のロシア化は進行した。ロシア帝国は、17世紀中頃に、中部シベリア、同世紀後半には東シベリアへ進出した。この間、「征服」された各地の先住民族は、ロシア人の奴隷同然に扱われた。

その後ロシア帝国は清国との間に紛争を繰り返しながら、ついにアイグン条約（１８５８年）によってアムール川（黒龍江）北方域をロシア領とし、ペキン条約（１８６０年）でウスリー川以東、朝鮮国境に至る太平洋（日本海）に面した地域をロシア領沿海州とし、１８５９年、その南端部にウラジオストク軍港を建造した。

１８８０年、ロシア帝国のアレクサンダー三世皇帝は、シベリア横断鉄道計画の検討を始めた。シベリアを横断してヨーロッパロシアとユーラシア極東地域とを繋ぐこの大鉄道計画は、イギリスはじめ欧米列強諸国の脅威であるだけでなく、この鉄道によって大量のロシア軍が容易に沿海州、朝鮮直近地域に送り込まれることになれば、朝鮮王国からの利権を狙う日本にとって重大な障害になる、と日本政府の首脳たちは考えた。

西暦年	ロシアの東アジア進出とシベリア鉄道略史
1654	黒龍江上流地区にネルチンスク城塞建設
1727	清国とキャフタ条約（国境、通商条約）
1859	ウラジオストクに軍港建造
1880	シベリア横断鉄道計画の検討を始める
1891	5月シベリア鉄道ウスリー南線（ウラジオストク→グラフスカヤ）着工（1895年開通）
1894	（明治27年）7月日清戦争（～1895・3）
1895	4月三国干渉で遼東半島を清国に返還させる
1896	ウスリー北線（グラフスカヤ→ハバロフスク）着工（1897開通）
	5月露清密約で東清鉄道（満州里→哈爾浜→綏芬河）敷設権獲得
1897	8月東清鉄道着工
1898	3月旅順大連租借条約、東清鉄道南満州支線（哈爾浜→大連）敷設権獲得
	シベリア鉄道、イルクーツク到達
1899	秋東清鉄道南満州支線着工
1900	前半東清鉄道本線、綏芬河（露清国境）到達。シベリア鉄道、スレチェンスク到達
1903	1月東清鉄道南満州支線全通
1904	（明治37年）2月日露戦争（～1905・5）9月東清鉄道、ウラジオストクに到達

第22章　軍備拡張の時代

山縣有朋の軍備拡張政策

朝鮮への介入を図る日本政府に対して、朝鮮王国の宗主国清は激しく反撥し、壬午軍乱（１８８２年）、甲申政変（１８８４年）をきっかけとして藩属国への内政不干渉の原則を捨てて、朝鮮王国へ軍事介入し、日本の進出を排除しようとした。未だ軍事力において清国に劣る日本は、当面は朝鮮の単独支配を断念せざるを得なかった。以後、日本はロシア脅威論をひとまず措いて、清国を仮想敵国として、軍備各拡張政策に猛進することになる。

日本陸軍の実権者で、明治22年12月に首相になった山県有朋は、明治23年1月25日、第一帝国議会冒頭での施政方針演説で、「主権線」、「利益線」という用語を使い、この利益線の確保のために「巨大の金額を割いて、陸海軍の経費に充つる」と述べた。

清国との戦争に向けての軍備拡張政策は、すでに明治15年、朝鮮の壬午軍乱の年に策定され、閣議でそれが承認されると、大山巌陸軍卿と河村純義海軍卿は、明治16年度から同23年度に至る8年間の軍備拡張計画を三條実美太政大臣に提出した。

松方正義大蔵卿は、酒、煙草などへの増税で、軍艦製造費、毎年３００万円、陸軍備費毎年１５０万円、その他軍艦維持費、砲台建設費を捻出するとの案を作成、閣議の承認を得た。

陸軍軍備費は、明治17年度２００万円、同18年度以降は毎年４００万円に増額され、海軍も、軍艦製造費の大幅増額と軍艦製造期間の短縮を要求した。このため、松方デフレ政策で租税収入が落ち込んでくると、予算編成自体が困難になり、政府は深刻な緊縮財政を強いられた。しかし、これらの混乱の中でも、明治18年から同27年までの10年間に、陸軍は5万4124人から12万3千人へ、海軍艦船は25隻、2万3千トンから6万3千トンへと、2倍以上に増強された。国家歳出総額への総軍事費の割合は、日清戦争開戦の明治27、28年には70％近くに達している。

清国の海軍力

清国では18世紀末から19世紀中期にかけて、中央政府への大規模な反乱が続発し、政府正規軍（八旗、緑営）は、腐敗と堕落でこれに対抗できず、政府は各地方の有力者に臨時の軍隊（郷勇）を編成させ、これらを鎮圧させた。これらの地方軍の中から近代装備と規律を持つ軍組織がいくつか形成され、政府はそれらを正規軍として認知した。

北洋軍は、「湘軍」を作った曽国藩（ゼングォファン）の命令で、李鴻章（リホンチャン）が組織した「淮軍」を元とし、上海（シャンハイ）に拠を置いて、江蘇（チアンスー）省、浙江（チョーチアン）省、江西（チアンシー）省、湖北（フーペイ）省の通行税と、上海、広東（コワントン）と牛荘（ニウチョワン）などからの関税などで豊富な資金を蓄積し、やがて天津に本拠を移動した。曽国藩も李鴻章も高等官吏登用試験（科挙）に合格した大知識人である。

李鴻章は師の曽国藩に代わって、首都北京（ベイジン）に直属する直隷（ヂーリー）省総監となり、北洋大臣に就任した。北洋大臣は、北洋陸海軍を統括し、派兵の権限、武器の海外発注、在外公館への指揮権などを持ち、中央政府と外交権を分有し、1881年以降は清国の朝鮮事務を管轄し、朝鮮王国の内政に干渉する資格を持っていた。

19世紀末、清国には4水師（海軍）があった。福建水師、広東水師、北洋水師、南洋水師である。福建水師は福建省と台湾島沿岸、広東水師は南シナ海、北洋水師は黄海、渤海、南洋水師は上海周辺、江蘇、浙江省沿岸を守備範囲としていた。それらは各地方軍に属する独立した海軍であり、他の水師艦隊と連合して行動する戦略は持たなかった。この頃、黄海、東シナ海で日本海軍と対峙できるのは北洋水師のみだった。清仏戦争（1884年）、で福建、南洋水師はほぼ壊滅していた。

1890（明治23）年、の北洋水師の艦隊は、ドイツの造船所に発注して建造した装甲戦艦「定遠」、「鎮遠」（ともに7335トン）を中心に「済遠」「経遠」「来遠」、イギリスで建造の「致遠」「靖遠」の2千トン級の装甲砲艦、他に複数の巡洋艦、総計25隻で編成され、それらのいずれにもドイツクルップ社製の砲が搭載され、総トン数3万6000以上、乗組乗員2800人以上、東洋一の艦隊だった。ただ、1891年以降は新規就役の艦船はなく、日清戦争勃発時には大型艦以外は旧式艦が多くなり、その機能は相当落ちていたといわれる。これは、北洋艦隊の建造資金を清帝国の独裁者西太后が、自身の隠居後の居館「頤和園」の再興費に流用したためであるともいわれているが、その真偽は不明である。

日本の軍備拡大（山田朗『世界史の中の日露戦争』から）

明治	① GNP	②総歳出	③総軍事	③②比率	④陸軍	⑤海軍・軍艦	
18	806,000				54,124		25
19	800,000						
20	818,000	79,453	22,452	28.26 %			
21	866,000	81,504	22,786	27.96 %			
22	955,000	89,714	23,584	26.59 %			
23	1,056,000	82,125	25,692	31..28 %			
24	1,139,000	83,556	23,682	28.34 %			
25	1,12,5000	76,735	23,763	30.97 %			
26	1,197,000	84,682	22,832	26.99 %			
27	1,338,000	185,299	128,427	69.31 %	123,000	15,091	55
28	1,552,000	17,8631	117,047	65.52 %	130,000	16,596	69
33	2,414,000	29,2760	133,174	45.49 %	150,000	31,114	112
37	3,028,000	82,2218	672,960	81.85 %	900,000	40,777	147
38	3,08,4000	88,7580	730,580	82.28 %	990,000	44,969	171

GNP ＝国民総生産　①②③は単位千円　④⑤は将兵、軍属の総数　日清戦争は明治27年8月～28年4月、日露戦争は同37年2月～38年9月

日本海軍の軍備拡張計画

日本政府は、朝鮮王国の壬午軍乱では、清国の「派兵をともなう調停」を受け入れ、朝鮮側からの謝罪、賠

償金、その他の利権を得たが、この時、清国との軍事力の差を痛感し、明治16年から相当の無理をして軍備拡張計画を実施することになった。

この計画では、清国の海軍力に対抗しうる海軍を作ることを優先した。海軍の薩摩派は、即事対清開戦を想定して、明治17年の海軍予算に7500万円を要求したが、これは国家予算の総額を超え、現実には実現不可能だった。

日本政府は、明治19（1886）年、フランスの海軍技術者ルイ・ベルタンを造艦顧問として招き、その意見に従って、高額費用の大型戦艦よりも、水雷艇、巡洋艦、装甲海防艦などを整備して、清国艦艇に対抗する方針に転換した。この方法は、防御を重視するフランス海軍の思想であった。

同年、日本海軍は、4000トン級の海防艦3隻（「松島」「厳島」「橋立」、三景艦と呼ばれた）の建造を決定し、これに32㎝砲各一門を搭載して清国戦艦の30・5㎝砲に対抗し、それに加えて、広島県呉と長崎県佐世保に海軍工廠を作ることで、海軍力を増強することにした。また三景艦のうち2隻はフランスに発注するが、1隻（「橋立」）は横須賀造船所で建造し、世界の造艦技術に追いつくことをめざした。しかし、この結果、日本では技術水準の低さと労働者の熟練不足で4000トン以上の艦船建造は不可能であることが明らかになり、その後の大型戦艦の製造は英国等に発注することになった。それは膨大な正貨の海外流失を結果した。

日本海軍は、明治22年には、「高千穂」「扶桑」「浪速」（以上鋼鉄製、各3700トン）、「大和」「葛城」「武蔵」（以上鉄骨木皮製、各1500トン）の6隻で常備艦隊を作り、司令官に井上良馨少将を任命した。日本海軍は、これ以降、多くの艦船に高性能速射砲を装備し、高速力の艦船を多数追加して、明治20年代半ばに、ようやく清国北洋水師の戦力水準に追いついたのである。

日本陸軍の軍備拡張計画

日本陸軍は、明治16年から全国の6鎮台を師団と改称し、これに近衛師団を加えて、7個師団の野戦軍体制にする軍備拡張計画を始めた。1個師団は2個旅団を基幹とし、これに野砲兵聯隊、騎兵大隊、工兵大隊、弾薬大隊、輜重兵大隊等を加え、平時にはおよそ1万数千人程度、戦時には予備役、後備役（元現役兵）からの動員で、ほぼ2倍に拡大することとした。此の師団化計画は、明治21年に一応完成（近衛師団の編入は明治25年）し、明治26年には、各師団の編成と正面装備（戦闘に用いる主要兵器）の配備がほぼ完了した。

初期の日本陸軍は、1師団は2個旅団、1旅団は2個聯隊、1個聯隊は3個大隊、1個大体は4個中隊、1個中隊は3個小隊として構成され、3個師団で1軍が編成された。なお、この「師、旅」とは、古代中国周国の軍単位の呼称で、「師団」「旅団」は、それぞれ英国軍の「Division」「Brigade」に相当する軍単位とされた。

第一議会、政府対民党の攻防

明治23年11月25日、第一議会(国会)が開会した。議会冒頭での山縣有朋首相の「軍備拡張」施政演説に対して、立憲自由党、立憲改進党の民党派は「政費節減、民力休養」を主張し、藩閥政府を激しく攻撃した。明治23年は、前年に続く凶作で、各地に「米騒動」が起き、商工業界も恐慌状態になり、中小企業者は大打撃を受け、都市に失業者があふれていた。これらを背景として民党は「人民富度に比較して、すこぶる多きに過ぐる官吏の俸給」と官庁人員の削減と、その削減額をもって民力休養のための地租（土地税）軽減と高利公債の償還にあてよ、と要求したのである。政府は日本の政治状況が欧米諸国から注視されていることを意識し、天皇大権による議会解散の事態だけは避けるべく、後藤象二郎、睦奥宗光の2閣僚等を通して、民党の切り崩しを始めた。これを受けて、立憲自由党から竹内綱など「土佐派」28人が脱党し、自由倶楽部を設立した。板垣退助も遅れて脱党した。立憲自由党員だった中江兆民は、「(衆議院は今や政府の前に)腰を抜かして尻餅をつき……無血虫（血気のない者）の陳列場（になった)」と党の機関誌『立憲自由新聞』で罵倒し、議員を辞職した。

明治24年3月2日、衆議院本会議は、地租軽減案を含む政府提案予算から政費651万円を削減し、軍備拡張費は先送りとした修正予算案を賛成157、反対125で可決した。貴族院では、これをそのまま認めることに猛烈な反撥が起きたが、松方大蔵相らの「予算不成立は、国家の誠に憂うべきなり」との説得に応じて、3月6日、これを可決し、明治24年度予算案は成立した。ただし、貴族院は地租軽減案を否決したので政費削減分の651万円は、そのまま国庫の剰余金となった。このあと、同年3月19日、星亨は立憲自由党の分裂状態を仲裁し、自由倶楽部を解散させ、翌日の党大会で、幹事による集団指導体制を総理の個人指導体制に変え、党名を「自由党」とし、再入党した板垣退助を総理にして党を再建した。しかし、星の意図は、自由党を民党派から離脱させ、この党の民衆政党としての性格を捨て、無産階級（労働者）の台頭に対抗する有産階級の党として選挙民からも院外団からも干渉されない議員中心の党にして、自らが政府権力の中枢に入るところにあったといわれる。

明治24年4月9日、山縣は、首相辞任と伊藤博文の首相再任を天皇に内奏（直接請願）した。しかし、伊藤はこれを拒絶した。結局、5月9日、天皇（実際には元老たち）は松方正義を大蔵相兼任のままで首相とし、他の閣僚は留任させて松方内閣を作った。

この内閣が発足した5日あとの5月11日、滋賀県大津町で、訪日中のロシア皇太子ニコライに、警備中の巡査津田三蔵がサーベルで斬りかかるという事件が発生した。その巡査への課刑について、政府の「大逆罪で死刑」と司法省側の「謀殺未遂罪で無期懲役」とが対立したが、結局5月28日の判決では無期懲役となった。津田は、同年9月、釧路集治監で病死した。この一件での政界の黒幕、伊藤博文の権力的行動は、松方内閣をゆるがせ、この内閣を空中分解させた。

5月29日、青木周蔵外務相が引責辞任、その3日後西郷従道内務相、山田顕義法務相，芳川顕正文部相も辞任した。その後の改造松方内閣は、松方以外に元勲政治家がいない初めての内閣になった。それは、表の内閣を裏の伊藤、山縣ら元老たちが操るという仕組みだった。新聞ジャーナリズムは、これを「第二流内閣」「緞帳内閣」「黒幕内閣」などと盛んに揶揄した。

第二議会、解散と大干渉選挙

第一議会閉会後、井上毅枢密顧問官は、政府に対して明治24年度予算の剰余金651万円を①治水事業②興業銀行資本③私設鉄道の買い上げ（国有化）④北海道開拓、のどれかひとつにあてるという積極政策を提言し、松方内閣はこの案を取り入れた。これは政府側からの国家的事業の振興で人心をひきつけ、政党側との協調点を見い出そうとする試みだった。民党派ははじめこれに反対したが、鉄道の敷設、延長については諸地方が熱望し、後に第2回選挙後の第三特別議会で、民党、吏党ともにこれに賛成し、「鉄道敷設法」が成立し、以後鉄道は国有化の方向をとることになった。

第二議会は、明治24年11月26日に開会、政府提出の「明治25年度予算案」を審議した。政府は、その「積極政策」に従って、明治23年の剰余金645万円にその前年の剰余金521万円を加え、1166万円を一時的財源として、陸軍軍備費、軍艦製造費、製鋼所設立費、河川修理費、北海道土地調査費などの継続事業6カ年計画を立て、そのうち315万円を明治25年度歳出予算とした。

しかし、衆議院予算委員会は、軍艦製造費、製鋼所設立費など、794万円の削減を決議し、同年12月14日の本会議に報告した。この削減決議に対して、樺山資紀海軍相は、同12日、衆議院本会議で「現政府は、此の如く内外国家多難の艱難を切り抜けて、今日まで来た政府である。薩長政府とか何政府とか言っても、今日、国の安寧を保ち、4千万の生霊（生死）に関係せず安全を保ったということは、だれの効力である（か）」と怒りの演説を行った。彼によれば、現政府は紛れもなく薩長藩閥政府であるが、この政府が国家と4千万の国民を安全に保っているのであって、君たちはこれが一体誰のおかげだと思うのか、というのである。樺山のこのいわゆる「蛮勇演説」に対して、議員たちからは嘲笑と罵声とが浴びせられ、議場は大混乱に陥った。

樺山資紀は、旧薩摩藩士で、戊辰戦争で各地を転戦のあと、陸軍に入り、明治7年の台湾出兵に参戦、西南戦争では西郷軍に対して熊本城を固守し、明治11年、陸軍大佐となり、陸軍少将、陸軍中将、海軍中将、海軍次官を経て、明治22年、第一次山縣内閣で海軍大臣となった。彼はかねてから対清強硬論者として知られていた。彼は、明治27年の日清戦争では海軍現役に復帰し、明治28年、海軍大将、同年5月、初代台湾総督、翌年伯爵位を受け、その後内務相、文相などを歴任した。

明治24年12月25日、衆議院が総額８９２万円の削減を決めると、松方首相は、ついに「開会以来、衆議院の経過此の如し。臣ら重責に当り、国事を以て是の如き議会の参画に託するの、国家の昌運、臣民の福利と相容れざることを信ず」として、天皇に衆議院解散を奏請した。天皇は是を許し、衆議院解散を命じた。予算案は成立せず、新年度当初には24年度予算が代執行されることになった。

第2回衆議院議員選挙は明治25年2月15日に行われることになった。政府は第一議会の直後に、松方首相、品川弥二郎内務相、白根専一内務次官らで非公式の選挙対策本部を作り、内閣機密費50万円、天皇お手許金10万円などをこれに投入し、大規模な選挙干渉を行い始めた。

政府は、「選挙予戒令」を発し、府県知事らに民党候補の運動への干渉（妨害）を命じた。警察官、郡町村役人たちは、民党候補者を差別的に扱い、圧迫し、中には選挙人の家を戸別訪問して、「天朝にご奉公の志があるか」、「陛下の解散した議会の民党議員を再選するのは、不忠義の徒だ」と脅して歩く者もいた。政府のお雇い壮士たちは、刀を振りかざして選挙人を脅迫した。民、吏の対立がもっとも激しかった高知県（土佐）では、民党、吏党の集団がともに銃、刀を持ち出して衝突した。ある郡では、警官隊が日の丸旗を掲げた隊長の「抵抗する者は斬れ、斬れ」の声で民党隊に突入したという。

吏党の選挙事務所が郡役所や警察署に置かれたり、民党の弁士が壇上で刺殺されても、臨検の警官は黙視しているだけ、などの事例が全国で横行した。各地の投票所で警官が投票人の記入行動を監視することも行われた。政府調査でさえ、死者25人、負傷者３８１人、流血の惨事が2府（大阪、京都）8県という結果を残して、この選挙は終了した。

政府のこれらの大干渉にもかかわらず、選挙結果は、自由党94人、立憲改進党38人、その他を合わせて民党派163人、吏党派はあわせて137人、民党派側の勝利だった。

第三議会、第二次伊藤内閣

選挙後の特別議会（第三議会）が、明治25年5月2日に開会した。民党派側は、選挙への政府干渉を激しく非難し、5月14日、衆議院に内閣弾劾決議案を提出し、可決した。松方首相は、天皇大権で議会を一週間の停会とし、同21日、保安条例違反で民党派活動家150人を東京から追放したが、再開衆議院は5月26日、保安条令廃止を決議した。

また、衆議院は、軍艦製造費、製鋼所設立費、鉄道関係法案など、政府提出のほとんどを否決、貴族院はこれらを復活可決したが、最終的には両院協議会で、軍艦製造費は不承認、明治25年度追加予算は91万円減額の189万9千円と決着した。

第三議会が6月14日に閉会すると、松方は天皇に首相辞任を申し出、伊藤博文を次期首相に推薦した。天皇の指示によって、伊藤、山縣、黒田、松方が集まり、伊藤は「黒幕総揃いにて入閣すべき説」を説いて、自ら首相を引き受ける決意を示し、いわゆる「元勲内閣」を組織した。これは、建艦費予算を獲得するための政府の窮余の策であった。

第四議会、対外硬派の形成

第四議会は、明治25年11月29日開会。民党派は、衆議院で政府提出の歳出予算案8736万円から建艦費など884万円を削減、政府に考慮の時間を与えるとして6日間の休会を決議した。伊藤首相は、民党との妥協の余地はないとして、天皇に議会停止詔勅の発令を要請、議会は15日間の停会となった。天皇は、政府と議会とに「在廷の臣僚及び帝国議会の各員に告ぐ」（通称「和衷協同の詔」）を発し、その中の一項で、「内廷費（宮廷費用）毎年30万円節約、文武官僚の給与を10％削減し、これらを6年間歳入に入れ、建艦費補足にあてる」

ことを望むとした。これを受けて、衆議院予算委員会は、歳出総額を８１１３万円、建艦費は7カ年継続事業費とし、政府案の１４７万円減額の１８０８万円とした予算案を可決した。

これは、この議会前に、自由党総裁の板垣退助が、党報に「海軍の組織を改革し、その基礎を確立し、進んで海軍拡張の大方針を定むる事」が必要だと述べたことに便乗した政府と自由党との妥協であった。もともと自由党の党是には国権拡張論が含まれており、板垣退助、星亨、河野広中、松田正久、竹内綱らの幹部は、第四議会前の11月9日頃「世間の風評に構わず、積極構造的（Positive Constructive）の方針をとり、……政府の事と雖も助くべきは助くべし」しの方針転換を決めていたといわれる。

自由党と政府の接近に、本来は吏党であった国民協会（大成会の後継党）は反撥し、伊藤内閣への不信感から、反政府的な立場をとることになった。明治26年10月1日、国民協会は東洋自由党、政務調査会、同盟倶楽部、貴族院の一部議員などと超党派の政治団体「大日本協会」を結成し、政府の条約改正案に反対する立場の立憲改進党、東洋自由党、同盟倶楽部、政務調査会、同志倶楽部とともに「対外硬派六派連合」（硬六派）を形成した。硬六派の黒幕は山縣有朋ら反伊藤派の保守勢力であった。

この頃、幕末期に結んだ列強諸国との不平等条約の改正交渉で、政府が外国人の日本内地居住、商工業の自由を認めようとしたのに対して、反政府側は、それは国民の生活への圧迫であり、また盛行する外国人の横暴は現行条約の厳格な適用によって阻止すべしとして「現行条約励行論」を対置してこれに反対し、外国人への恐怖や嫌悪に苦しむ民衆の広い支持を集めていた。しかし、自由党はこれに協同せず、逆に伊藤内閣支持を決めた。第五議会での硬六派の議席数は１７３、自由党は98になった。

第五議会、解散、第3回選挙

明治26年11月28日開会の第五議会は、その冒頭、衆議院議長星亨（自由党）への議長不信任、議員除名を可決した。これは、農商務相後藤象二郎などにもその容疑が向けられていた取引所（有価証券等とりひきの常設市場）創設に絡む収賄疑惑を理由としていた。

続いて、対外硬六派からの現行条約励行決議案建議その他の議案説明中の12月19日、議会は突然、勅令で16日間の停止となった。伊藤首相は、各国公使からの条約改正に関する抗議にたまりかね、天皇に議会停止を進言したのである。12月29日、再開国会に硬六派はふたたび現行条約励行案を提出、陸奥宗光外務相はその受け入れを拒否し、天皇は議会停止を2週間延期したが、その翌日12月30日、突然、議会解散を命じ、大日本協会の結社を禁止した。

明治27年3月1日、第3回衆議院選挙が行われた。自由党は議席を回復し１２０議席、国民協会は議席を減らしたが立憲改進党は議席を増やし、対外硬派は全体で１３０議席だった。自由党の回復は、政府の有形無形の援助に加え、自由党本来の民党精神が地方ではまだ健在だったからだといわれる。政府、自由党、対外硬派の三つ巴の抗争は、混乱した状況になった。

第六議会、解散、日清戦争へ

明治27年5月8日、対外硬派は、数千人規模の「全国同志大懇談会」を開催し、、「強硬的対外政策を執り、且つ責任内閣の完成を期すること」を決議し、政府にその実現を迫った。同年5月13日、東京及び全国76社の新聞、雑誌記者たちは、「全国同志新聞雑誌記者大懇親会」を開き、対外硬派を支持し、これとの「国民的同盟の強化」を確認した。

明治27年5月、第六議会が開会し、その冒頭伊藤首相は条約改正の必要を訴える演説をおこなったが、対外硬派はそれに激しい野次を浴びせた。自由党は、第四議会で政府が約束した行政の整理、海軍改革が不十分だとして、「内閣の行為に関する上奏案」を提出した。対外硬派もこれに便乗し、5月31日、衆議院はこれを可決した。

日清戦争前夜

この頃、朝鮮王国では、東学農民軍が政府と激しい戦いを繰り広げ、同5月31日にはついに全羅道の首府全州を陥落させた。朝鮮政府は、宗主国の清に、これを鎮圧するための派兵を要請した。日本政府は、6月2日、在朝日本公使館からの電報でこの情報を入手し、伊藤首相は天皇に「朝鮮出兵と議会解散」勅命を奏請した。天皇は大山巌（旧薩摩藩士、陸軍大将、のち元帥）陸軍大臣に「朝鮮国居留の我国民保護のため兵隊を派遣せんとす」との勅語を与え同日、第六議会は解散になった。

明治27年6月2日の閣議は、枢密院議長山縣有朋の意向で、陸軍参謀総長有栖川宮熾仁親王を同席させ、朝鮮出兵の規模を「戦時混成一個旅団」と決定した。6月5日には「戦時大本営」を設置した。大本営とは陸海軍首脳などが天皇の幕僚として対外戦争を遂行するための臨時機関で、幕領長は陸軍参謀総長、統帥者は「天皇ハ陸海軍ヲ統帥ス」（大日本帝国憲法第9条）によって天皇である。日本は実質的に戦時体制に入った。この時の大本営御前会議には伊藤首相も出席していた。

大本営は、第五師団（広島）所属の歩兵第9旅団（大島義昌旅団長）を基幹に、混成1個旅団の編成を命じた。平時の1個旅団は、歩兵約3000人の編成だが、戦時には2倍となる。急遽、中国寝四国地方一帯から予備役、後備役の下士官、兵士が集められた。この時の混成旅団は、これに騎兵、砲兵各1個大隊、工兵隊、輜重兵隊、衛生隊、野戦病院隊、兵站（兵器、物資補給）部などを加えて、総計8035人の戦闘装備の大軍であった。同6月6日、先発隊として、歩兵1個大隊、工兵1個小隊、1024人が、広島県宇品港を出港、同12日、朝鮮国仁川（インチョン）港に入った。

同6月7日、日清両政府は、天津条約の規定にしたがって、朝鮮出兵の相互通告を行った。同8日、清国北洋軍2800人が朝鮮国西海岸忠清南道の牙山（アサン、首都漢城の南約80㎞）湾に上陸、牙山、公州（コンジュ）一帯に駐屯した。日本側は、大鳥圭介駐朝公使（旧幕臣、箱館戦争で榎本武揚の幕僚）が陸戦隊420

人で漢城（ハンソン）へ入り、同15～16日、混成旅団の第一陣およそ３０００人が仁川に上陸した。

これを知った朝鮮政府軍と東学農民軍は、日清両軍の衝突で、国内が荒廃するのを恐れ、同6月11日、休戦協定（全州和約）を結び、農民軍は解散した。農民軍兵士たちは、農繁期を迎えていた故郷に帰った。その結果、日本軍は、朝鮮駐留の理由を失ったが、日本政府は、何の成果もない撤兵では国内反政府勢力の不満や非難が再燃し、政府が再び苦境に陥る事を嫌い、同6月16日、改めて清国政府に「日清両国で朝鮮国の内政を改革する。清国が受け入れなければ日本単独でこれを行う」と申し入れた。大島昌義旅団長は、同16日、後続部隊とともに仁川に上陸、日清両軍は、漢城をはさんで対峙状態になった。

同月21日、日本側の予測通り清国政府は日本の申し入れを拒否、「朝鮮の内乱はすでに平定され、日清両国で鎮圧する必要はなくなった」として天津条約にしたがって日清両軍の撤兵を主張した。これに対して日本政府は清国に「朝鮮の安全と秩序が保証されない限り、日本軍の撤退は不可能」と通告、清国との全面対決を想定して、混成旅団の第二陣約４０００人を朝鮮国に送り込んだ。この結果、首都漢城内に約１０００人、その郊外の龍山（ヨンサン）に約７０００人の日本軍が駐屯することになった。

この時、日清両国に利害関係を持つイギリスは、日本の朝鮮進出は自国に不利益になると判断して、日清両国間の調停を始め、日本に朝鮮からの撤兵をもとめた。日本はイギリスの強大な軍事力を前にしては、これを受け入れざるを得ない。しかし、清国は日本が撤兵するまでは交渉に応じないと返答し、イギリスはこの調停を断念した。

日本軍の実力を知る清国北洋大臣李鴻章は非戦論で、日本との開戦を回避すべく列強諸国に働きかけていた。西太后もほぼ同じ意見だったが、若い皇帝の光緒帝とその側近たちは主戦論であり、それがこのイギリスの調停拒否の返答になったのである。日本政府は実際にはこれを歓迎しながら、清国の調停拒否を非難した。

同年7月12日、日本政府は、清国との交渉打ち切りを決定し、同時に駐朝公使大鳥圭介に、朝鮮国への「断然たる処置」の実行を命じた。同月20日、大鳥は、朝鮮政府に、清、朝鮮間の宗属関係の破棄、漢城～釜山間の電話線敷設、日本公使館の附属兵舎設営などを要求し、３日後までの回答を要求した。朝鮮政府は、その期限の22日夜半、「朝鮮は自主的に内政を改革する。日清両軍は撤兵すべし」と回答した。

これを不満とした日本軍の大部隊は、７月23日早朝、大院君を同行（実際には連行）して王宮慶福宮に侵入、これを占拠し、国王高宗を捕虜にし、大院君を摂政（国王代理）に立てて、親日政府を作らせ、国王に清軍撤退を依頼させた。閔氏政権は事実上崩壊した。

清国内の対日方針はなかなか定まらず、李鴻章は、主戦、非戦のどちらにしても思い切った戦略を立てることが出来なかった。結局、彼は７月19日、朝鮮国牙山に向けての援軍２３００人をイギリス船籍の貨物船「愛仁」「飛鯨」「高陞」の３隻で派遣、「愛仁」「飛鯨」は同月24日に牙山に到着し、１１５０人の兵と大砲、弾薬、食糧などを陸揚げした。

日清開戦近しとの観測は、日本国内の対外硬派、自由党、各種ジャーナリストたちの反政府行動を一気に吹き飛ばしてしまった。彼らは、政府の戦争政策を熱烈に支持した。

もともと自由党には、朝鮮国や清国への根拠のない蔑視とそれと表裏一体の排外的国家意識があり、それがこの機会を得て露《あらわ》になったのである。戦争への期待と熱狂は、さまざまな生活不安に苦しんでいたはずの民衆をも襲った。全国各地で大規模な戦費献金、出征軍人への義捐金募集などの運動が起き、「義勇兵」従軍への志願が相継いだ。政府はさすがに非軍人の義勇兵志願は拒否したが、のちにそれは従軍軍夫（軍隊所属の雑役夫）志願の熱狂に替った。これはまさに伝統的征韓論の復活であった。

こうして多くの日本人は、内政の矛盾を外征への熱狂によって解消しようとする為政者の詐術に見事にはまってしまった。窮地にあった伊藤内閣は息を吹き返した。

第23章　日清戦争の時代

高陞《こうしょう》号撃沈事件

日本軍が朝鮮王宮に侵入した明治27（1894）年7月23日、日本海軍聯合艦隊が長崎県佐世保港から、朝鮮国西海岸の群山（クンサン）沖に向かって出航した。「聯合艦隊」とは、この時、主力艦艇の「常備艦隊」と沿岸警備の「西海艦隊」とを連（聯）合して新艦隊を編成したための名称である。

同7月25日、聯合艦隊第一游撃隊の巡洋艦「吉野」「秋津島」「浪速」は、朝鮮国忠清南道の牙山湾外、豊島（プンド）沖で清国北洋艦隊の一部に遭遇し、両艦隊は戦闘になった。清国巡洋艦「経遠」は戦場離脱、砲艦「操江」は降伏、同「広乙」は大破自爆した。

この時、「浪速」艦長の東郷平八郎（旧薩摩藩士、戊辰戦争従軍、イギリス留学）は、「操江」に護衛されイギリス国旗を掲げて航行中だった「高陞」船上に多数の清軍将兵を確認し、停戦させてこれを臨検した。東郷は、これに降伏を勧告したが、清軍将校はこれを拒否した。「浪速」は「高陞」に水雷弾を放ち、清兵1100人、輸送中の大砲14門もろともにこれを撃沈した。日本側は、船長らイギリス人3人だけは救助したが、海に投げだされた清国将兵たちにはガトリング銃（回転式機関銃）をあびせて殺戮した。これを豊島沖海戦と呼ぶ。

この海戦については、日清双方の当事者の証言や、日中の研究者たちの間で見解が異なり、謎が多い。またこの時点ですでに日清間は戦争状態にあったと認定できるかどうかが問題になる。戦時の敵輸送艦撃沈と平時の外国船籍輸送船攻撃とではまったく意味が違ってくる。イギリスでは、世論は日本を非難したが、「国際法」の権威である学者たちは、「浪速」の行為を「戦時における敵対的行為として容認できる」とした。ただし、当時の国際法自体が曖昧で、権威のないものだったから、これにはあまり意味がない。現実的にはこの海戦の結果、清軍の戦力は大きく削がれることになり、その後の戦局に少なからず影響したといわれている。

これが、実質的な「日清戦争」（中国では「甲午中日戦争」）の始まりであった。

成歓の会戦

明治27年7月25日、日本軍混成第9旅団の主力、歩兵約３６００人、騎兵47騎、山砲8門は、牙山の清軍と対戦すべく、酷暑の中、漢城を進発した。軽装化するために、兵士達の携行糧食は1日分だけだった。食糧、兵器、弾薬類は朝鮮人の人夫隊が運ぶことになっていた。

日本軍は、宇品（広島）出航時までに、輜重兵部隊、兵站部に必要な分の軍夫、荷徒歩車輛（荷車）の配備ができず、不足分は、「現地調達」として朝鮮に入った。牙山への進発に際し、日本軍は仁川、漢城などの日本人も動員して、約５００人の軍夫隊としたが、これではまったく足りず、朝鮮政府に地方官庁への協力訓令を出させ、暴力的に朝鮮人人夫２０００人、牛馬７００頭を徴発して運搬作業にあてることにした。しかし、水原（スウォン、漢城の南約30㎞）で宿営した7月25日深夜、朝鮮人人夫たちは、食糧、小銃弾、山砲弾とともに牛馬を連れて一斉に逃亡した。日本軍はその再補給に大苦心の末、ようやく同28日、牙山に到着、成歓（ソンファン）に布陣する清軍に対した。

成歓での戦闘は、日本軍の勝利とされているが、実際に

日清戦争の主な戦場、軍事地点

は清軍に大きな打撃を与えるには至らなかった。このあと、日本軍は、北方の清軍との次戦に備えて、7月31日、牙山を離れ、漢城郊外の駐屯地に戻った。同年8月1日、日本政府は、清国政府に宣戦布告した。

南に後退した清軍およそ3000人は、忠清南道の公州に再集結し、忠清北道から京畿道に入り、漢城を迂回して、江原道を北上、8月28日、平安南道の平壌（ピョンヤン）に入った。

日本軍の戦略

混成第9旅団を朝鮮国に送った第五師団（広島、野津道貫師団長）は、明治27年8月3日、応急的処置として香川県丸亀の第12聯隊第2大隊約900人を、朝鮮国南端部釜山港に上陸させ、同月5日、愛媛県松山の第22聯隊第2大隊も軍夫約400人とともに北部元山港に上陸した。これは、清国海軍の攻撃を恐れて、西海岸仁川への航路を避け、釜山と元山から陸路漢城へ向かわせようとしたのである。

野津師団長と師団司令部は、明治27年8月3日、宇品港を出航し、同6日、釜山港に着き、先発部隊とともに、同8日、慶尚道中路を400㎞の北、漢城に向けて出発した。この行軍は猛烈に苛酷で、野津は大本営に「道路険悪、酷暑、人も馬も糧秣欠乏、朝鮮人人夫の逃亡」を挙げて、後続部隊は仁川または元山に上陸させるように進言した。大本営もやむなくこれを認め、後続部隊は聯合艦隊の護衛の下に仁川に直行させることにした。野津らは、忠清北道の忠州（チュンジュ）に入り、そこから漢江（ハンガン）を船で下り、同8月19日、ようやく漢城に入った。元山上陸の部隊は200㎞の難路を超えて、同8月15日、漢城近くに着いた。

同8月14日、日本軍大本営は、「第三師団ヲ渡韓（韓＝朝鮮）セシメ、第五師団ト共ニ、在韓ノ清軍ヲ朝鮮半島ヨリ駆逐セシムルノ決心ヲ取リタリ」として、第五師団と第三師団（名古屋、桂太郎師団長）とで、派遣軍の最大単位「軍」を編成、これを日清戦争における日本軍の第一軍とし、朝鮮国内を占領させ、鴨緑江を超えて満州へ侵入させることを決定した。同8月30日、山縣有朋枢密院議長は、自らを第一軍司令官に任じた。

朝鮮国の「親日政権」

明治27年7月、日本軍が朝鮮王宮を占領し、大院君を摂政に立てると、日本政府は、漢城駐在の外務省書記官杉村濬（旧南部藩士）が選んだ17人の親日派要人を議員として、同7月27日、朝鮮国に「軍務機務処」を設置した。日本政府は、これを朝鮮国の内政、外交について審議、決定、執行する機関とし、穏健改革派の金弘集（キムホンジプ）をその総裁官とした。これは反日姿勢を崩さない大院君の政治関与を政治から遮断する方策でもあった。

同年8月15日、金弘集を首班とする親日政権が誕生した。金弘集は、開化派の人々とともに、封建的身分制度の廃止、家族制度の改革、官僚制度の改革、財政改革などを進めようとした。これを「甲午（カプオ）改革」と呼ぶ。しかし、この政権は、その基盤が日本の軍事力にある以上、日本政府が求めた、日本人政治顧問、軍事教官、日本通貨の朝鮮での流通、「防穀令」（日本への穀類輸出防止令）の廃止、などを受け容れざるを得なかった。

日本政府は、同年8月20日の「日朝暫定合同条款」で、漢城～釜山、漢城～仁川の鉄道敷設権、電信線設置権と、全羅道沿岸に開港場を獲得した。同8月26日には「大日本大朝鮮両国同盟」を成立させ、その規定で、朝鮮政府は日本の対清戦争遂行に全面的に協力し、日本軍への糧食補給のために最大限の努力をすること、などを約束させた。これらが朝鮮民衆の怒りとなって、東学農民軍の再起をうながすことになった。

平壌城の会戦

明治27年8月31日、日本軍大本営は「冬季作戦方針」を定め、これまでの日清短期決戦論を捨て長期戦を想定、翌年春に清国の直隷省で日清決戦を行うとし、そのために①遼東（リャントン）半島の旅順（リューシュン）を攻略②満州の奉天（フォンティエン）を攻撃し、清国軍への陽動とする③平壌（ピョンヤン）城の清軍を攻撃し、朝鮮内の清勢力を絶つ、という作戦を各師団長に通達した。

その前日の8月30日、在朝鮮の野津第五師団長は、大島混成第9旅団長と協議し、平壌攻撃のための北進を開始していた。野津らは、朝鮮政府の動揺を危惧し、できるだけ早期の平壌攻撃を決意したのだった。平壌の清軍は、約1万5千人の兵力で、堅固な城壁に囲まれた街「平壌城」の中にいくつかの堡塁（砦）と山砲28門、野砲四門、機関銃6台を備えていた。日本軍は兵力約1万2千人、山砲44門で、戦力的には清軍がやや勝っていたといわれる。

日本軍は、同9月14～15日、第五師団主力は平壌城北西側から、第9旅団は南側から、第3師団元山先発隊と第五師団松山聯隊は北東側から、と三方から攻撃した。清軍はこれを激しく迎撃し、戦線は膠着状態となり、日本軍は一進一退を繰り返した。15日午後4時40分頃、清軍は突然射撃を止め、平壌城の内郭北側に白旗を立てて降伏を告げた。その後の降伏交渉は容易に進まなかったが、その深夜、清軍は平壌城を捨てて北方へ逃亡した。清軍の降伏は、総司令官の戦意喪失によるものといわれているが、謎である。

9月16日午前0時30分、日本軍は清軍の去った平壌城に入り、これを占領した。この時、日本軍は、兵器の不備、糧食欠乏に陥っており、これ以上の戦闘を維持できない状態にあったが、清軍が放置していった米２９００石、雑穀２５００石の他に大量の兵器、弾薬、金属貨幣等を得て、ようやく飢餓と不安から救われたのだった。

清軍は、安州（アンジュ）を経て清・朝国境、鴨緑江の南岸義州（ウィジュ）に至った。

第4回選挙と広島大本営

明治27年9月1日、日本では第4回衆議院議員選挙が行われ、結果は、政府支持の自由党１０６、吏党、無所属あわせて47、対外硬派は、立憲改進党45、立憲革新党40、国民協会30、その他で１４７、対外硬派に４人以上の無所属議員が加われば過半数に達し、伊藤内閣の戦争遂行には難しい議会対策が予想された。

この事態に対処するために、政府は選挙後の臨時第六議会を広島で開催し、広島地方に戒厳令を敷いて、反政府派の活動を制限することを決めた。同年9月8日には、戦時大本営の広島移設が決定され、同13日、天皇、宮内大臣、参謀総長らは東京を発ち、広島城内の第五師団司令部に居を定めた。

黄海海戦

明治27（１８９４）年9月17日正午前、清国北洋艦隊は西朝鮮湾の沖合、約１５０km、遼東半島の南約50kmの黄海（ホワンハイ）海上で、日本海軍聯合艦隊と遭遇し、海戦となった。清国艦隊は、平壌への援軍４０００人を鴨緑江河口近くの大東湾に送り届けて、山東（シャントン）半島の母港、威海衛（ウェィハイエ）に戻る途中だった。日本艦隊は、黄海の制海権を得るために、清国艦隊との決戦を望んで遊弋していたのである。海戦は約5時間続き、日没頃、双方共にかなりの損傷を出しながら終わった。以後、日本艦隊は黄海の制海権をほぼ握り、遼東半島への直接上陸が可能になった。これを黄海海戦（中国では「大東溝海戦」）と呼んでいる。

同年9月21日、日本軍大本営は、遼東半島の旅順占領のために第二軍を編成し、陸軍大臣大山巌を司令官に任じた。陸相職は海軍大臣西郷従道が兼任となった。第二軍は、まず第一師団（東京）と混成第12旅団（熊本第六師団所属）で編成され、威海衛攻撃から第二師団（仙台）と第六師団主力がこれに合流した。

同9月22日、天皇は同10月15日、広島に議会を招集する旨の詔書を発した。

鴨緑江渡河作戦

明治27年9月25日、日本軍第一軍司令官山縣有朋は平壌に到着、清・朝国境の鴨緑江北岸に陣する清軍に向かって第一軍を進発させようとしたが、糧食の輸送に躓き、ようやく同17日に鴨緑江南岸に到った。山縣には大本営から「其前面の敵を牽制し、十月下旬遼東半島上陸予定の第二軍を間接に援助する」ことが指示されていた。

同10月24日夜、厳寒のなか、日本軍歩兵第18聯隊は、清軍を牽制しつつ、工兵隊が胸まで水に浸かり、中洲と川面に浮かべた小船を利用した軍橋を架け、同25日午前6時、これを完成させた。同日、日本軍2700人が、この橋で川幅約2㎞の鴨緑江を渡り、清軍の前進基地を攻撃した。日本軍はついに清国領に入ったのである。

日本軍は、清軍の激しい反撃でしばしば危機に陥ったが、後続部隊の支援を受けて最終的に清軍を押し切り、清軍は北方の鳳凰（フォンチョン）城方面に退却した。ここから日本軍は、二手に分かれ、第五師団は10月31日、鳳凰城を占領し、奉天方向に向かい、第三師団は西進して、遼東半島東部、黄海に南面する大東溝（タートンコウ）と大狐山（タークーシャン）の港を占領し、さらに遼東半島基部を北上して、海（ハイ）城方向へ進んだ。清軍の迎撃は激しく、日本軍の戦線が伸びると必ずその隙をついて逆襲してきた。

それよりも苛酷だったのは、冬の到来だった。日本軍は厳冬期の戦闘自体が未経験であり、しかも満州の冬は大本営の想像をはるかに越えてすさまじかった。多くの日本兵、軍夫らは凍傷に痛めつけられ、凍死する者も続出した。路面は結氷し、夏装備のままの兵も馬も転倒する。氷が張った川面を通ると、それはしばしば割れて人馬を呑みこむ。

12月12日、海城を占領したあと、日本軍は疲労と損傷で奉天への攻撃作戦を断念せざるを得なかった。

朝鮮国東学農民軍の再起と敗北

朝鮮国の東学農民軍の指導者全捧準は、1894（明治27）年10月の初め、国王からの密書（大院君の偽造といわれている）を受け、日本軍と戦う事を決意し、農民軍再蜂起の指令を発した。この「第二次農民戦争」で農民軍は、反日及び反親日政府の駆逐を目的に掲げ、自ら「忠君愛国の義兵」と称した。日本政府は、これを徹底的に武力鎮圧することを決めた。

同年11月20～22日、日本軍と朝鮮政府軍の連合軍1000人は、公州で農民軍4万と対峙し、これを破った。日本軍は、武器の質と量において農民軍を圧倒的に上回っていた。その後、農民軍は敗戦を重ねながら、何度か再結集して戦ったが、同年12月、泰仁（テイン）での決定的敗北で解散を余儀なくされた。全捧準は賞金に釣られた農民の密告で逮捕され、日本軍に引き渡されて、翌年4月23日、他の同志たちとともに斬刑に処された。忠清道、全羅道の農民軍は全羅南道西南の島嶼地域に追いつめられ、殲滅されたといわれる。

朝鮮の民衆は小柄だった全捧準を「緑豆（ノット）将軍」と呼んで敬愛し、童謡にも歌ってのちのちまで愛慕した。

旅順港の攻防戦と市民虐殺事件

日本軍の第二軍艦隊は、明治27年10月24日、黄海を北上し、遼東半島の大連の近くに上陸した。清軍の迎撃はなかった。日本軍は、同11月6日、渤海（ポーハイ）湾に面した金州（チンチョウ）城に入り、黄海側に向けた諸砲台を占領した。遼東半島先端部の旅順港防衛の清軍が増強されるという情報を得た大山巌司令官は、同11月14日、金州を進発、同21日未明、旅順攻撃を始めた。日清両軍の攻防は、同日午後4時50分、日本側の旅順市街、諸砲台占領によって終了した。

この旅順港攻防戦の前、11月18日、日本軍の偵察隊が清軍に遭遇し、戦死者を残して退却した後、清軍兵は、この戦死者の首、手足を切り取り、腹を割いた。翌日それを発見した日本軍将兵たちは「此後、敵ト見タラ皆殺シニセント」（日本軍兵士の日記）と激高した。11月21日の戦闘後、日本軍は、これへの復讐として「支那兵ト見タラ粉ニセント欲シ、旅順市中ノ人ト見テモ皆殺シタリ。故ニ道路等ノ、死人ノミニテ行進モ不便ノ倍ナリ。人家ニ居ル者モ皆殺シ、……此戦ノ後ノ調ニヨレバ、婦人四十余人ヲ殺シタリトイフ」（同前）という行為を繰り広げた。

この事件は、欧米各国の新聞、雑誌にも報じられ、かねてから「この戦争は文明と野蛮の闘いである」と主張していた日本政府を苦境に陥れた。日本政府は曖昧の内にこの事件を終わらせたが、旅順には今もこの時の被害者たちの集団墓が維持され、記念博物館も作られていると言う。

威海衛攻撃

日本軍第二軍の旅順港占領のあと、日本軍大本営は、清国の首都北京に通じる直隷平野での決戦を想定し、第一軍、第二軍司令部と聯合艦隊にその準備を命じた。

しかし、山縣第一軍司令官は北方の海城（ハイチョン）への攻撃、大山第二軍司令官は遼東半島の金州での冬営と、伊東祐亨聯合艦隊司令官と協議の上での山東半島威海衛攻略、台湾島占領作戦を主張した。結局、大本営は明治28年11月19日、威海衛攻略作戦をとり、第二師団と歩兵第一旅団などをこれに当てることにした。これらを運ぶ輸送船団は、翌年1月半ば過ぎに大連港に入り、第二軍とその司令部とを乗せて山東半島先端の栄城（ロンチョン）湾に着き、1月24日、上陸を完了した。その後、旅順と金州の砲兵隊、工兵部隊などもこれに合流した。

23の砲台に161門の大砲、機関銃などで固めた威海衛港には、黄海海戦で傷ついた清国北洋艦隊が碇泊していた。同30日、日本軍歩兵部隊は，威海衛港南岸の砲台群を攻め、209人の死傷者を出してようやくこれを占領した。同2月3日には聯合艦隊からの砲撃が始まり、同5日には水雷艇が北洋艦隊の「定遠」「威遠」「来遠」艦を撃沈した。

清軍の丁汝昌（ディルーシャン）提督は、部下たちからの降伏要求を拒み続けていたが、同2月11日、北洋大臣李鴻章に「衆心潰乱、今や奈何ともする能わず」と打電したあと服毒自殺した。清軍幹部数名もこれに前後して自殺した。翌12日、清軍は丁汝昌の名で日本軍に請降書を送り、同14日、降伏談判がまとまった。日本軍は軍事施設の多くを爆破し、直隷平野での戦闘に備えるべく大連港に戻った。清国北洋艦隊は実質敵に潰滅し、李鴻章は北洋大臣を解職され、北洋陸海軍の指揮権を手放すことになったが、内閣総理衙門大臣として、引き続き指導力を維持していた。

山縣司令官の解任と遼河平原の戦闘

明治27年11月3日、日本軍第一軍司令官山縣有朋は、「征清三策」を大本営に上申した。それは、厳冬期に入る前に第一軍が、①遼東半島東部から遼東湾を渡り、山海関（シャンハイコワン）付近に上陸し、直隷平野決戦の根拠地を確保する。②旅順まで進み、第二軍と合流する。③奉天を攻撃する、のうち、いずれかを実施するというものだった。大本営はこれらを拒否したが、山縣は第二軍の旅順占領の報を受けると、独断で、奉天攻略をめざしての海城攻撃を決意し、同12月1日、第三師団に進軍準備を命令し、大本営にもその旨を打電した。同年12月8日、大本営は、病気を理由に、山縣第一軍司令官を解任し、日本に帰国させた。後任は野津第五師団長だった。

山縣の解任は、その独断を嫌った大本営や桂第三師団長が伊東首相に訴えて、日本に召還させたのだといわれている。帰国した山縣は、天皇からの労いを受け、監軍（軍の教育、検閲などの監軍部長官）に任命され、翌年1月、陸軍大臣になった。陸相ならば作戦には直接関与しない、という判断からだったといわれている。

しかし、山縣の海城攻撃案は大本営との意見調整なしに強行された。結果として日本軍は海城占領には成功したが４００人以上の死傷者、１０００人以上の凍傷者を出した。特に防寒着なしの軍夫たちの損傷は激しく、そのために日本軍の補給能力は大幅に低下した。明治28年2月24日、日本軍第一軍の第一師団は，海城の西方、

台湾島占領作戦関連図 1

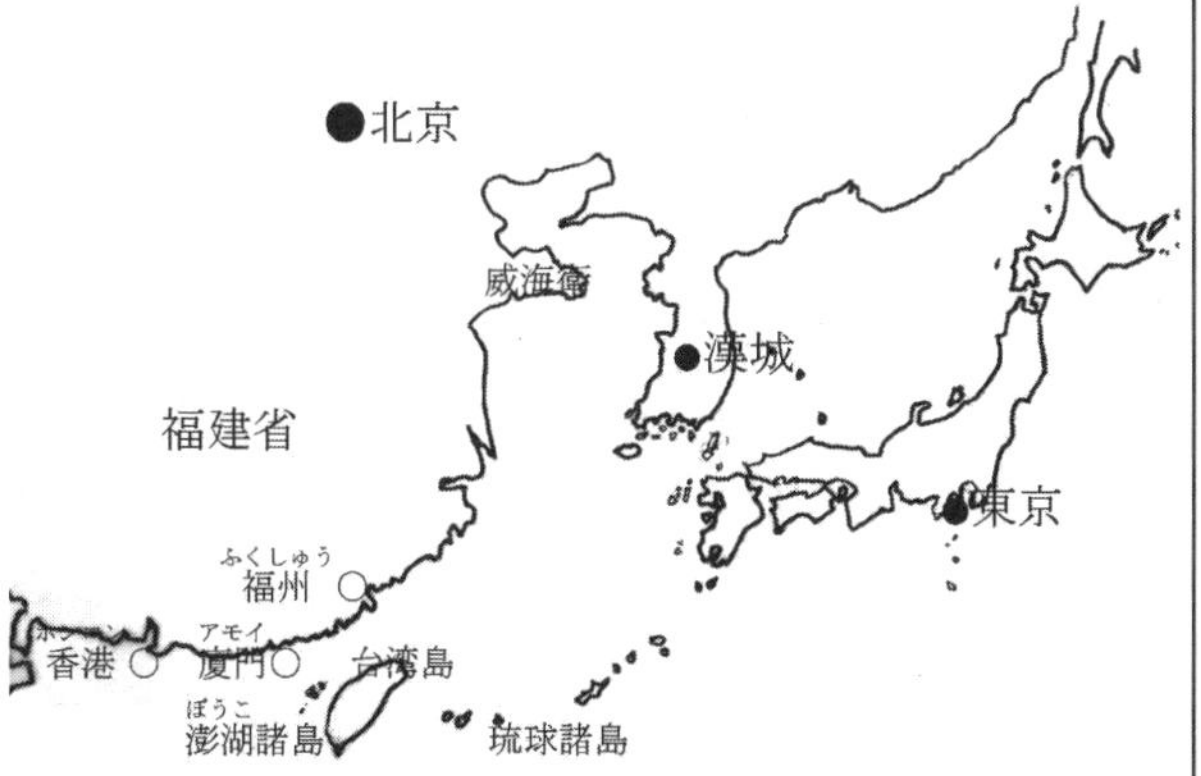

遼河（リャオホー）で清軍と闘い、3月6日、死傷者314人、凍傷者4000人を出して、営口（インコウ）を占領した。第三師団はさらに北上し、第五師団と合流して牛荘を攻撃、死傷者389人を出した。そのあとこの軍は第一師団と合流し、田庄台（ティエンヂゥアンタイ）を攻め、死傷者160人を出し、撤退時に田庄台市街を焼き払った。

日本軍の遼河平原戦闘は、日清戦争最大の作戦といわれ、この時の損傷は日本軍大本営の直隷平野侵攻作戦中止の大きな要因になったといわれる。

澎湖島占領作戦

明治27年3月1日、伊藤首相は「威海衛を衝き、台湾を略すべき方略」を大本営に提出、「苟《いやしく》も台湾の譲与をもって和平条約の一要件となす」として、日清戦争の獲得目標のひとつが台湾（タイワン）島であることを示した。明治28年3月15日、日本海軍聯合艦隊14隻は、第一師団と第六師団の後備歩兵4個大隊と軍夫、合わせて5508人を乗せて台湾島西方海上に連なる澎湖（ホンフー）諸島に向かった。後備兵とは現役、予備兵役終了のあと兵役に就く兵のことである。

この澎湖島遠征は、来るべき日清講和会議において、日本が清国に台湾島割譲を要求するためこの地域の「占領実績」を作るための作戦行動であった。同年3月24日から澎湖諸島に上陸し、攻撃を始めた日本軍は、艦砲射撃の援護を受けて清軍守備隊を破り、同3月26日、この諸島の主島澎湖島を占領、ここに「澎湖列島行政庁」を設置し、占領行政を始めた。4月15日までに他の島々も占領した。この日本軍の台湾行きの船中で、コレラが大発生し、上陸地点に設置した野戦病院は「即日充満」になり、その周囲に70以上のテントを張り患者を収容するという状況になった。コレラはほぼ1カ月後には終息したが、この間、チフス、赤痢患者も含め、派遣軍総員6194人のうち罹病者1900人、死亡者1250人に達する悲惨劇を生んだ。

ちなみに、北海道の屯田兵部隊にも、明治28年3月に日清戦争への動員令が下り、陸軍は彼らによって臨時

第七師団を編成し、これを第一軍に編入した。しかし、この師団は、東京で待機したまま同年6月、日清講和によって解散、北海道に復員した。

第24章　日清戦争後の時代

下関講和会議

1895（明治28）年、かねてから講和の機会をうかがっていた清国政府の李鴻章は、アメリカ政府の仲介で、日清講和のため日本の広島で日本側と交渉を行うことに合意した。

同年2月1日、清国講和使節が広島県庁で日本政府の伊藤博文首相、陸奥宗光外相と会見した。しかし、この清国使節には講和全権の権限がないことが明らかになり、日本側は交渉を打ち切った。

同年3月4日、清国講和全権使節として李鴻章が100人以上の随員、従者を引き連れて門司港に着き、対岸の下関において日清会談が始まった。日本側全権は伊藤博文、陸奥宗光だった。

3月24日、第3回会談の後、自由党系の壮士小山豊太郎（24歳）は、李鴻章を暗殺せんとして拳銃で狙撃、その弾は李の左頰に当たった。小山は事後に「日本の戦果はまだ不十分だから、講和会議を妨害して戦争を継続させようとした」と述べた。

睦仁天皇は直ちに詔勅を発して遺憾の意を表し、清国政府に謝罪した。日本政府もそれまで拒否していた清国政府提案の休戦協定案を、台湾島、膨湖諸島での軍事行動は除外として受諾し、謝罪と妥協の意を表することを決定した。李の傷はまもなく快方に向かい、4月から会談は再開された。

日清両国は、4月15日の第6回会談で合意に達し、同17日、「日清講和条約」（通称「下関条約」）が調印された。

それはおおむね

①清国は朝鮮国の独立自主を認める。

②清国は日本国に遼東半島、台湾島、膨湖諸島を割譲する。
③清国は日本国に軍費賠償金2億両（日本円で3億1100万円）を支払う。
④「日清通商航海条約」を締結し、清国は日本国に欧米諸国並みの特権を与え、日本国に対して、新たに清国領内の、沙市（シャーシー）、重慶（チョンチン）、蘇州（シュゾウ）、杭州（ハンジョウ）を開市、開港し、清国内での製造業、機械輸入、商品購入などの自由を認める。
⑤日本軍は占領地から撤退するが、清国の条約履行の担保として威海衛を保証占領する。というものであった。

三国干渉

明治28年4月20日、「日清講和条約」締結の3日後、駐日ドイツ公使は、ロシア、フランスの公使と共同で、陸奥外相に「直接申し上げたき緊急要件あり」と会見を申し込んできた。陸奥はあまり重要なことと思わず、病気を理由にこれを断ったが、同23日、三国の公使は相継いで林董外務次官を訪ね、「日本の遼東半島領有は、北京に対する脅威であり、朝鮮の独立を有名無実にし、極東の平和に障碍を与える」ものであるとして、日本政府に遼東半島の放棄を勧告した。この三国干渉の主役はロシア帝国だった。すでにロシアは、東ヨーロッパのモスクワから太平洋岸のウラジオストクを結ぶ鉄道建設をめざして工事を始めており、「遼東半島は、将来ロシアの発展に重大な関係を持つ」として、日本のこの地域への進出を阻止しようとしたのである。フランスは、欧州各国の複雑な利害関係の中で、ロシアとの「露仏同盟」の維持の必要性からロシアに同調し、ドイツもまた欧州における孤立を避けるためにこの機会にロシアに接近しようとこの干渉政策を支持した。イギリスは反ロシアの立場で、日本との対立を嫌い、この日本への干渉への協力を拒否した。

まもなくロシアとドイツの東洋艦隊は、日本に軍事的圧力をかける行動を取り始めた。日本にはこの三国の軍事力に対抗する力はまったくない。結局日本のいくつかの抵抗にもかかわらず、同年5月5日に至って、日本政府はこの勧告を全面的に受け入れた。

講和条約自体は同年5月8日、山東半島芝罘（チーフー）で批准書が交換されたが、その半年後の11月8日、日本政府は清国政府と「遼東半島還付条約」を結び、清国から還付報奨金3000両（日本円約4500円）を得て、遼東半島から撤退した。

陸奥は雑誌「太陽」に「臥薪嘗胆」と題して「三国の好意、必ず酬いざるべからず」とその無念を書きつけた。

台湾征服戦争

清国の日本国への台湾島割譲は、台湾先住民はもちろん、清国からの移住民にも強い反撥を引き起こした。それは、住民への相談なしに決められたのである。彼らは1895年（明治28）年5月25日、台北城で清国政府巡撫唐景崧（タンジンソン）を大統領として、「台湾民主国」樹立を宣言し、「戦死シテ台ヲ失ハンコトヲ願フモ、拱手シテ台ヲ譲ランコトヲ願ハズ」と布告して日本軍に抵抗する姿勢を示した。

当時の台湾島の人口は、先住民約45万人、大陸からの移住民約250万人で、計約300万人と推定されている。対岸の福建省の人と客家と呼ばれる広東省周辺からの外来者が多かった移住民は、主に島の中部と南部に居住し、台北を中心とした北部は、政治の中心ではあったが、人口は少なかった。島東部と山岳地帯には先住民が多かった。

大陸からの移住民は、先住民と対立抗争しつつ開拓を続けてきたので、土地への愛着が強く、かつ敵と闘う能力に優れていた。この時期は先住民諸族も彼らとともに日本軍と闘う姿勢を示していた。いわば住民のほとんどが、女性も含めて日本軍に抵抗する兵士だったのである。

日本政府は、日清講和条約の批准が終わると、ただちに樺山資紀海軍大将を台湾総督に任じ、近衛師団とともに台湾島に向かわせた。近衛師団長北白川宮能久親王は、幕末戊辰戦争時、奥羽列藩同盟に与し、一時その「天皇」に即位した人であった。

明治28年5月29日、近衛師団輸送船は、歩兵、砲兵各2個大隊、約5000人、軍夫、馬匹、車輌、その他

諸物資で護衛艦隊とともに台湾島北端部の三貂角（サンチャオチャオ）に達し、その北側から上陸し、三貂峠を越えて西北の基隆（キールン）城に向かった。

樺山総督は同年6月2日、三貂角沖の横浜丸船上で、清国側全権李経芳（リジンファン、李鴻章の甥）との台湾島引渡し手続きを終了、日本軍は同6月6日、艦砲射撃の援護を受けて基隆城を攻撃し、これを占領した。基隆守備の湘勇（湖南兵）、広勇（広東兵）は敗走の途中、住民に暴行と略奪をかさねた。それらの報を受けた台北の台湾民主国軍の兵たちは大混乱になり、城中で市民への焼打ち、略奪、暴行行為を行った。9000人といわれたこの地域の清軍は崩壊し、台湾民主国大統領唐景崧らの首脳は大陸に逃走したが、台湾住民たちによる日本軍への抵抗は、これ以降むしろ激しさを増した。同年6月7日、日本軍は台北城に無血入城、同17日、この地に台湾総督府を設置して、始政式をあげた。しかし、日本軍は、島中部以南の地域への支配力はまったく持っていなかった。

同年6月22日、日本軍は、島北部新竹（シンチュー）城を占領したが、住民の抵抗行為が増大し、樺山総督は日本軍大本営に派遣兵力の増強を要請、大本営は、第二師団（仙台、乃木希典師団長）から混成旅団を編成してこれに応じた。旅団長は伏見宮貞愛親王（北白川宮能久の弟）であった。この旅団の先遣隊は同年7月中旬、全軍は8月中旬までに台北に入り、台北、基隆地域に配置された。

近衛師団はさらに南下し、島中部の抗日義勇軍と闘い、彰化（チャンホワ）城と鹿港（ルーカン）を占領した。本来、台湾総督府は民政機関であるはずだったが、台湾島住民の激しい抵抗を受けて、すでに植民地獲得戦争遂行のための軍政組織に変貌していた。

台湾島の領有と日清戦争の終結

明治28年10月9日、日本軍は、島中部嘉義（チアイー）城を占領した。同月11日、遼東半島駐屯の第二師団主力が台湾島南部の枋寮（ファンリャオ）に上陸し、台南（タイナン）城へ向かった。同19日、日本軍は台南城の海岸に上陸した増援部隊を含め、南、北、西の三方から台南城を攻撃した。台南守備の劉永福（ルゥヴインフック）将軍は、日本軍に講和を申し入れたが拒否され、同19日、台南城外港の安平（アンピン）から台湾海峡対岸の廈門（アモイ）へ脱出した。これによって台湾民主国は国家組織としては崩壊した。樺山総督は、同11月18日、日本軍大本営に「今ヤ全島全ク平定ニ帰ス」と打電した。

しかし、同年12月、島東北部の土匪《どひ》が宜蘭（イーラン）城を包囲し、日本軍を襲撃、２８００人の犠牲者を出して撃退された。土匪とは土着匪賊、略奪集団の意味の日本側呼称である。同12月31日には、陳秋菊（チェンシュウジュ）、簡大師（カンダシ）らが元兵士や住民を組織した土匪が台北城を奪回せんとしてこれを包囲攻撃した。これらの抵抗はいずれも短期間で終息したが、日本軍はしばしば苦戦を強いられ、危機的状況に陥った。

これ以降も台湾島全域で抗日ゲリラ活動が頻発した。樺山はふたたび大本営に増援を要求し、第四師団（大阪）の混成第7旅団の派遣を得て宜蘭地域の抗日軍を鎮圧した。

日本軍大本営は、明治29年4月1日、解散した。公的にはこれを以って日清戦争の終結とする。樺山総督は、同年5月、桂太郎と総督職を交替して帰国した。

しかし、その時点でも日本の台湾島支配地域は北部、西部のみで、南部、東部と先住民の生活地の山岳地帯にはほとんど及ばず、台湾島民の抗日行動は第三代総監乃木稀典の時代（明治29～39年）まで続いた。

それは、明治31年3月、第4代総督児玉源太郎（旧

台湾島占領作戦関連図２

長州藩支藩徳山藩士、戊辰戦争従軍、陸軍大学校長、ドイツ陸軍戦術の移入、定着に尽力と日清戦争大本営参謀、のち子爵）と民生局長後藤新平（岩手県生まれ、医学者、内務省衛生局長、のち満鉄総裁）が着任し、暴力的弾圧を改め、民衆相互監視制度、土匪招降策、などで対日勢力を分断し、一方、有産階級を支配の末端に取り込むなどの懐柔策で、一応の治安を得るまでやまなかった。漢族系住民は１９０２（明治33）年、山地住民は１９０５（明治38）年頃、ほぼ抵抗をやめたとされる。

この間、札幌農学校で殖民学を講じていた新渡戸稲造は、明治34～36年、後藤に請われて、台湾総督府技官に在任し、砂糖、米などの品種改良、耕作技術改良などにあたり、台湾島の農業生産力を急速に高め、児玉、後藤の総督府行政に大いに貢献した。

この台湾征服戦争に、日本軍は当時の陸軍兵力の３分の１以上の約5万人、軍夫約2万６２００人、軍馬約９４００頭を投入した。戦死者は１６４人、負傷者は５１５人だったが、コレラ、マラリア、赤痢などでの戦病者は約2万７０００人、そのうち４６４２人が死亡した。近衛師団長北白川宮能久もマラリアに罹り、明治28年10月28日、台南城で死亡した。台湾側死者は兵士、住民併せて約1万４０００人だったという。

「旅のノートから」15　日清戦争の日本人

「日清戦争」（中国では「甲午中日戦争」）は、明治国家の体質と、その中で育てられた近代日本人の性格を明らかにしているように思われる。

第一に、アジア諸民族への軽視、蔑視。これは、明治初年の征韓論の延長であり、日本国ないし日本人の、朝鮮国、中国、東南アジア地域への進出と植民地化の精神的土台であった。朝鮮王国への内政干渉と東学農民軍への徹底した抑圧と殲滅作戦は、朝鮮官民の強い反撥を買い、以後の反日抗争の原点になった。清国からの割譲による台湾島の領有は、日本資本主義の願望だった海外植民地獲得の初期形態であった。私たちは今そこから脱却しているといえるだろうか。

第二に、それを可能にした学校、特に初等学校と軍隊での国民教育の成果としての皇国史観、国家主義、軍国主義思想の形成。わずか20年ほどの国民教育の中で、日本人一般にこの非主体的（他人任せ）思考法が形成されたのは一種の奇跡であるが、その前提として前近代からの武士的支配者意識、封建的主従意識、上意下達意識、民衆の政治への客分意識があったであろう。それは、アジア民衆への加害者意識の欠如となり、日清戦争では戦争倫理の欠如による暴行、掠奪、虐殺などの蛮行を生んだのである。

第三に、大本営による戦争指導という形態の恒常化の承認。天皇を名目的な長、陸軍参謀総長を幕僚長とし、陸海軍首脳たちをその幕僚とする武官勢力のみによる戦争指導体制は、議会はもちろん政府文官の口出しさえ許さず、しばしば現地の大物司令官の独断での作戦決行は大本営自体をも悩ませた。この軍部が戦争指揮の全権をにぎる体制は、以後の時代に受け継がれ、多くの悲劇と過ちを生んだ。「大本営発表」の欺瞞は周知の事実である。対外戦争を国家事業と考えるならば、日清戦争は国家内の合意手続きさえも無視した軍部独走であり、とても近代的国家経営とはいえない。

第四に、日本の軍指導部に限らず政治家たちの非合理、非科学性、無責任性という弱点の露呈。大陸の気候風土の知識も持たず、糧食の準備も冬季装備もなく厳寒期の戦闘を敢行するという蛮勇は、日本国内の戦闘に慣れた旧武士たちの発想であり、まったく近代的ではない。日本軍の勝利は、ほとんど兵士たちの犠牲精神と、しばしば信じられない敵失によって支えられていたといえる。しかもこれがその後の対外戦争において何度も繰り返されるのである。

第五に、日本民衆の興奮と熱狂体質の発現。それは、ジャーナリスト、知識人、学者たちによって容易に煽られ、自ら危険な世界に突入していく。民衆レベルでの戦争への熱狂は、支配層が意図的に作り出したものだ、ともいえるが、それは近世以降の日本人が、蝦夷が島と琉球王国に対して行った徹底的収奪行為の無自覚的再現であり、おそらく現代でも気づかれていない私たちの欠陥であろう。内村鑑三でさえ、当初は「日清戦争の義」を説いたのだった。

第六に、欧米化イコール近代化という錯覚。それは欧米の植民地獲得の欲望に無批判に追随する政策を生み、「悪いのは俺たちだけじゃあない」とする侵略主義擁護の免罪符になった。それは私たち日本人に、妄想と現実には明確な区別があることを忘れさせ、弱肉強食の世界で勝者になることを要求することになった。福澤諭吉の「脱亜論」は、私たちにとって悲劇であろうか、あるいは喜劇であろうか。しかし、今も日本人は、依然として欧米の悪模倣を目標にしているようにみえる。

これらの諸点は現代の日本人に相当程度継承され、結果としてしばしば日本と日本人を世界の違和っ子にしているのではあるまいかと思われる。

第25章　朝鮮王国への非道の時代

朝鮮王妃虐殺

１８９５（明治28）年10月8日午前6時30分頃、朝鮮王国の首都漢城の王宮景福宮で、国王高宗の正妃が虐殺されるという事件が発生した。殺された王妃は、閔氏の出で、一般に閔妃（ミンビ）とよばれていた42歳の小柄で聡明な人だった。彼女は、早くに両親を失くし、その背後に政治的に重要な係累のない点が国王の父大院君に気に入られて、王妃に迎えられたのだった。しかし彼女は、その後大院君との確執を経て、閔氏の一族政治である世道体制を作り上げ、国王と宮廷を支配する権力者になっていった。

彼女を殺したのは、在朝の日本軍部隊、日本公使館員、日本民間人たちの一団であった。

同日午前3時頃、日本公使館の館員と日本警察官約10人、在漢城の日本民間人約40人は、同行を渋る大院君をその隠棲所から連れだし、途中、禹範善（ウボムソン）指揮の朝鮮軍訓練隊第2大隊２００人、日本軍の漢城守備隊約１４０人と合流し、王宮に向かった。訓練隊とは、日本軍の指導で作られた朝鮮軍部隊で、この夜、兵士たちは、これは単なる夜間訓練だと聞かされていた。

一団は、40人ほどのお供に守られた大院君の輿を中心に、その前後を日本の民間人と朝鮮軍訓練隊、それらを挟む形で日本軍守備隊が先頭と最後尾を固め、漢城の西大門から市内に入った。王宮正面の光化門（クァンファムン）近くで、楠瀬幸彦中佐（旧土佐藩士家の出）ら数名の日本軍将校が加わった。しかし、大院君の遅延行動（意図的だっただろう）と日本側の連絡齟齬で予定は大幅に遅れ、彼らが王宮に達したのはすでに夜明けに近く、彼らが想定していた夜の闇にまぎれての暗殺決行はもはや不可能であった。南大門、西大門には朝市の人出が始まっていた。

国王、王妃らの居住する乾清宮（コンチョングン）は王宮の最北部にあり、そこから王宮外に通じる春生門（チュンセンムン）にはすでに日本軍漢城守備隊の村井右宗大尉が指揮する朝鮮軍訓練隊第1大隊が待機していた。一団が光化門に近づくと、訓練隊連隊長洪啓薫（ホングフン）がこれを阻止しようとした。洪は昨夜来の訓練隊の不穏な動きを察し、1小隊を率いてここに駆けつけたのであった。日本軍守備隊の高松大尉は、これに激昂して洪及びその小隊長を斬殺し、訓練隊の兵たちは四散逃亡した。

一団は、光化門の壁に、用意の長梯子をかけ、私服の日本人警官数人が壁を越えて門内に入り、内側からその鉄扉を開いた。抜刀した日本人集団は喚声を上げて王宮に突入し、躊躇することなく乾清宮へ向かって走った。当時の漢城駐在領事内田定槌の記録した進入経路図によると、一団は景福宮を南北に通じる溝に沿い、各種の宮殿や建物を避けながら迷いなく乾清宮に達したようである。その間の距離はおよそ1㎞ほどである。

大院君は彼らとともに王宮の奥に進むことを拒否し、勤政殿（カン

閔妃暗殺団の慶福宮への侵入経路（内田定槌作成）

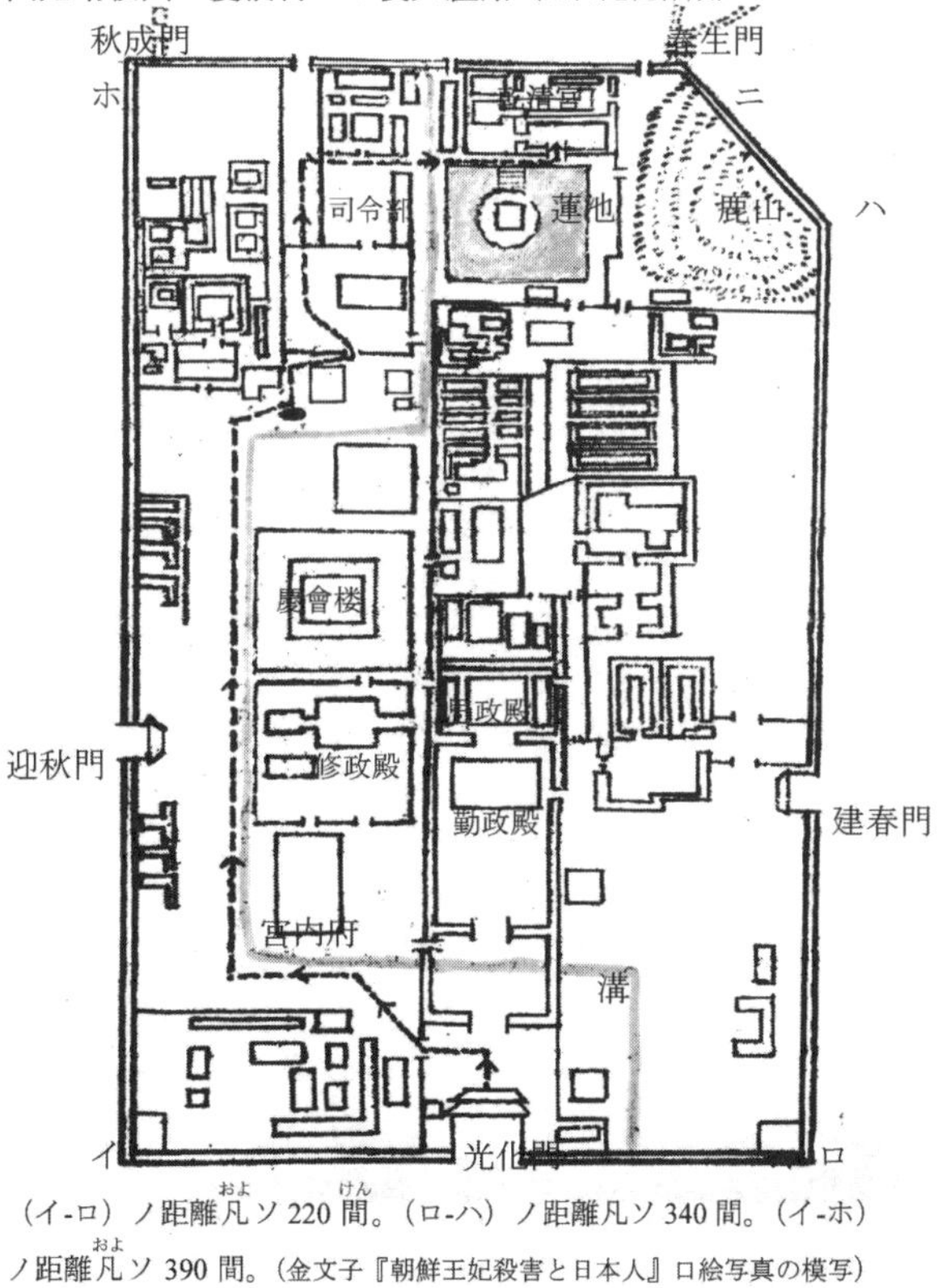

（イ-ロ）ノ距離凡《およ》ソ220間《けん》。（ロ-ハ）ノ距離凡ソ340間。（イ-ホ）ノ距離凡《およ》ソ390間。（金文子『朝鮮王妃殺害と日本人』口絵写真の模写）

ニョンジョン）のそばに輿を下ろさせ、「ここで国王の允許（許可）を待つ」として譲らなかった。

そのあとの惨劇の様子を「日本民間人」のひとりだった小早川秀雄（熊本国権党員、元小学校教師）は「抜刀の民間人は日本兵と入り乱れ、王妃とおぼしい女性を求めて、縦横に駆けめぐった。だがどこにも王妃らしい姿はない。……彼らは手当たり次第に捕らえた宮女の髪を握って引き回し、『王妃はどこだっ！王妃のありかを言えっ！』と喉元に刀を突きつけて怒号した。日本語が通じないことに思い至らないほどの逆上ぶりであった。各所から悲鳴が上がり、乾清宮一帯は文字通りの修羅場と化していた」と後に記した（『閔后殂落事件』明治40年頃か）。

朝鮮政府の「王宮事件に関する公報」は、漢城で発行されていた英文雑誌『THE KOREAN REPOSITORY』1896年3月号に掲載されたが「……かくて壮士等は一々諸室を捜索したる後、王后陛下が或る一隅の室内に匿れ居り給ひしを発見し、直ちに之を捉え、その携えたる剣を以って之を斬り斃したり」（内田定槌訳）と記した。

角田房子は『閔妃暗殺』（1988年）で、各種の記録、報告書をつきあわせ「日本人数人は、王の制止を振り切り，王妃の部屋に乱入、これを阻もうとした宮内大臣李耕植（イギョンシク）を拳銃で撃ち、肩を切りつけて地面に落とし絶命させた。暴徒たちはここで宮女たちの中の容貌、服装の美しい二人を斬殺、さらに一人の髪をつかんで隣室へ引き出し殺した。日本人たちはこの三人を他の女官と王太子に首実検させ、三番目に殺された女性が王妃だったと確認した。」と推定している。

この惨劇を現場で目撃していた外国人がいた。王宮内の宿舎にいた朝鮮政府お雇い建築家ロシア人のセルジーン・サバーチンは、同日夜明け前の午前4時、侍衛隊の将校から王宮が反乱兵士に囲まれていると知らされた。侍衛隊とは、日本の進出を阻止するために閔派が作ったアメリカ軍人指導の宮廷警備隊だった。

そこへ侍衛隊教官のアメリカ人ウィリアム・マックイ・ダイが来て、彼らは一緒に王宮内を見まわった。迎秋門には日本軍兵士が整列し、建春門には300人ほどの朝鮮軍訓練隊がいた。ふたりが乾清宮に着くとまもなく、暴徒の一団が侵入して来、歩哨兵と侍衛隊兵はみな逃げ去った。サバーチンは、抜き身の刀を持った平伏の日本人数人が乾清宮の国王と王妃の居室あたりを動き回り、王妃の御殿のものすべてを引きずり出し、階段の下に突き落とすのを見ていた。

金文子《キムムンジャ》（在日二世、奈良女子大東洋史卒）は『朝鮮王妃殺害事件と日本人』（２００９年）で李耕植を狙撃し、王妃に斬りつけて致命傷を与えたのは日本軍守備隊の宮本竹太郎少尉だったと推定している。

当時朝鮮政府顧問だった石塚英蔵の報告書によると、それは「（日本人は）深く内部に入り込み、王妃を引き出し、二、三カ所刃傷に及び、且つ裸体として局部検査（笑うべく又怒るべく）を為し、最後に油を注ぎ焼失せる等、誠に之を筆にするに忍びざるなり」という野蛮、非道な行為だった。

彼らは王妃の遺骸を井戸に投じたが、あとで発見されて罪跡が明らかになるのを恐れてこれを引き上げ、付近の松原で薪の上に置き、石油をかけて火を放った。その遺骨は池に沈めようとしたがなかなか沈まず、翌日また取り出して、今度は松原の中に埋めた、という。（後年の内田証言）これは日本軍将兵たちの行為であっただろう。

10月8日未明の一連の暴虐行為のあと、私服の日本人暴徒たちは返り血を浴びたまま、集まった漢城市民の驚愕の注視の中、「意気揚々」と引き上げていった。急を聞いて駆けつけてきた外国公使たちもこれを目撃した。同日午前8時頃、日本国駐朝公使三浦梧楼は、国王高宗の招きを受けて王宮に入った。同8時30分頃、王宮内で待機していた大院君が呼ばれ、乾清宮で国王、大院君、三浦公使の三者会談が始められ、大院君を執政とする親日政権、第4次金弘集政府の発足が決められた。

漢城市民と外国人の目撃者たちによって事件は全漢城市民、駐朝外国公使らの知る所となり、それはただちに世界中に発信された。この事件は朝鮮では「「乙未（ウルミサビョン）事変」と呼ばれている。

事件の背景

この事件の首謀者は、退役陸軍中将三浦梧楼だった。彼は、当時その急進的陸軍改革案を忌避されて、予備役に編入され熱海に隠棲していたが、この年7月17日、朝鮮国駐箚公使に任じられ、9月1日、漢城に入っていた。三浦は、軍部の朝鮮国への「弱腰」に強い不満を抱き、この公使任官当時すでに閔妃殺害を計画していたようである。三浦は、戊辰戦争の功績で陸軍少将になった。彼は、明治14年、開拓使官有物払い下げを不満として、天皇に上奏した「四将軍」の1人だったが、そのために陸軍士官学校校長に左遷され、東京鎮台、熊本鎮台の司令官、学習院院長などを経て、明治17年、大山巖陸軍卿に随行して欧州兵制を視察し、帰国後子爵位を授与された。三浦の計画は、駐朝日本軍が朝鮮王宮に侵入し、大院君の政権奪取クデターを装って王妃を殺すというものだった。そのためには大院君と朝鮮軍訓練隊の出動が不可欠の条件であり、また日本民間人の「自主的」な参加も、日本軍の直接行動を隠蔽するため必要だった。実際の行動を指揮したのは民間人岡本柳之助（旧紀州藩士）と楠瀬幸彦陸軍中佐らであったと思われるが、彼らは三浦の作った「方略書」に従って王宮に侵入したのだった。

岡本は、明治11年の竹橋事件の首謀者の一人と目された砲兵少佐だったが、この反乱事件によって「奪官、終身文武大小ノ員ニ補スルヲ禁ズ」とされ、軍から追われた。その後彼は、福澤諭吉や郷土の先輩陸奥宗光らの後ろ盾でいわゆる大陸浪人として、朝鮮、清国へ渡り、日本政府の裏外交活動をしていたらしく、明治28年当時は、朝鮮国軍部顧問官の職を得ていた。

楠瀬は、陸軍士官学校砲兵科第三期を主席で卒業し、明治18年、フランス陸軍に派遣され4年間研修した後、明治18年、陸軍中将川上操六（旧薩摩藩士）参謀本部次長に随行し、ドイツ軍参謀本部の研究に当たった、まさに陸軍エリートの一人だった。この事件当時は陸軍中佐で、のち陸軍中将になり、陸軍大臣も務めた。彼は、明治27年12月6日、臨時京城（漢城の日本側呼称）公使館付武官として漢城に入り、「朝鮮国王の委嘱を受けて」

朝鮮国軍事顧問に就いた。彼はここで朝鮮国の軍事改革と訓練隊と名づけた親日軍部隊の養成に、彼自身の言葉で言えば「全幅の精神」で取り組んだという。

日本民間人グループの中心は「漢城新報社」社長の安達謙蔵（旧熊本藩士）だった。彼はこの新聞社に集めた「熊本国権党」の一団を率いてこの事件に参入した。熊本国権党は、国威伸張、国権拡大を主張する結社で、安達は条約改正反対運動や大干渉選挙ではその壮士たちを率いての暴力事件で政財界に名を馳せ、三浦の面識を得たといわれる。

熊本国権党は、日清戦争を契機に漢城で新聞発行事業を始めたが、この新聞社は日本外務省の機密費で運営される諜報機関だった（安達謙蔵『自叙伝』による）。安達は、熊本国権党の首領になり、品川弥二郎に依頼して井上馨への紹介状をもらい、その社長になった。彼はこの事件の後、明治35年、熊本で衆議院議員に当選、中央政界でも暗躍を始め、「蝮の謙蔵」の異名をとった。のち逓信大臣、内務大臣も務め、昭和期には、軍部ファッショ政治体制の推進者になった。三浦梧楼とともにいわば近代日本の暗黒部分を象徴する人物である。

もう一人の民間人、寺崎泰吉は新潟県新発田の出身で、上京後、永田町界隈の自由党壮士団の長となり、「鹿鳴館爆破事件（未遂）」に関与して入獄、その後上海、ウラジオストクなどを経て日清戦争のあと漢城に入り、当時朝鮮政府法律顧問だった星亨の尽力で、朝鮮国法律顧問部書記生となり、月俸１００円を受けて「何不自由なく生活していた」（寺崎団）。まず典型的な大陸浪人である。

三国干渉に屈服したことは日本国の威信を失墜させ、日本の内政干渉や親日金弘集政権を嫌っていた朝鮮の王室や親露、新米勢力を大いに活気づけた。国王高宗と閔妃は、ロシアの力によって日本を抑えようとしてロシア公使ヴェーベル夫妻との交流を深めていた。駐朝公使井上馨はこれを危険な兆候と見て、朝鮮王室への３００万円提供の懐柔策や、電信線、鉄道敷設計画融和策などを示したが、日本政府の同意を得られず、かえって朝鮮王室の不興を買う結果になった。井上は朝鮮公使を解任され、その後任に三浦梧楼が任命されたのであった。この人事は異様であり、日本政府内部にも相当の異論と三浦への危惧があった。

日本政府や軍部のこの事件についての関与については諸説あるが、そのうちのひとつ「三浦単独計画」説は、事件前後の経緯から見て無理があり、やはり日本政府ないし軍部からのなんらかの支持ないし示唆、あるいは暗黙の了承、ある種の期待があったと見るのが自然ではないかと思われる。ロシアへの接近を図る閔妃を排除することが日本の国益になると日本政府は認識していた。その期待を暗に受けて、三浦は渡朝したのであろう。

閔妃暗殺自体は三浦の計画能力の貧弱と感性の欠陥を疑わせるに十分な、粗雑かつ凶暴な事件だったが、それは明治のサムライ的軍人たちの対アジア蔑視感と支配意識から出た性格であろう。幕末期の殺戮行動の「正義」が近代、外国でもそのまま通用すると考えるところが彼らの恐るべき視野狭窄と自己陶酔の性癖をしめしている。

事件後、これに関わったとされる8人の日本軍将校、三浦公使、杉村書記官、堀口九万一（堀口大学の父）ら公使館関係者、民間人ら約50人は日本へ送還され、軍人たちは広島第五師団の軍法会議、三浦らの官吏、民間人は広島地裁に送られた。明治29年1月14日、軍法会議は「朝鮮国京城の事変に関係したる所為はすべて罪とならず、よって無罪」と宣告した。広島地裁も同1月20日、公使館関係者及び民間人を全員免訴とした。三浦も免訴となった。

その後、三浦は政界入りし、枢密員顧問などを歴任した。晩年は同郷の山縣有朋とともに政界の黒幕として日本の内政、外交に強い影響力を持っていたといわれる。

第26章　「旧土人保護法」の時代

上川盆地アイヌの近文集住

上川盆地の忠別太《チュウベツプト》（アイヌ語 chuk-pet-putu、秋鮭の川の河口の意味か。明治23年「旭川」と改称）は、東南部の大雪山地から下る石狩川、牛朱別川、忠別川、美瑛川が合流し、肥沃な土地と豊かな森林、秋には石狩湾からはるばる遡上してくる大量の鮭に恵まれて、長い間、アイヌ民族の安住の地だった。アイヌたちは石狩川本流のキンクシベツ（現旭川市永山）地区、忠別川南岸、美瑛川上流の辺別川、石狩川などの合流点の北岸（現旭川市近文）などにいくつかの小集落（コタン）を作り生活していた。この安定が破壊されたのは明治19（１８８６）年以降の、上川地方への大規模な日本人の侵入による。

明治19年1月に設置された北海道庁の初代長官岩村通俊、2代目長官永山武四郎の命令で、この地域に上川道路、北見道路が貫通し、明治24〜26年、永山、東旭川、当麻地区に屯田兵１２００戸が入った。これは当時の上川アイヌ人口のほぼ１００倍だったと推定されている。その後も内地（日本本土の意味）からの各種集団移住農民、不在地主農場の小作人、商工民、官吏などの流入が続いた。

その結果、「自由ノ地ニ棲息シタル舊土人（アイヌ）モ、一タヒ和人（日

現在の旭川神社（旭川市東旭川）
明治24年から入植の旭川屯田兵村の神社。隣接して「旭川兵村記念館」がある

本人）ノ侵入スルニ當タリテヤ、徐々ニ其ノ桃源洞ヲ逐ハレ、歩一歩、生活難ニ逐ハルル境遇ニ立チタルヲ憐レミ、之ヲ一地域ニ集合セシメ、一團トシテ居住スルノ利ヲ諭シ、所謂舊土人ノ給与地テウモノヲ設置シ、土人各戸ニ五町歩ツツノ割渡シヲナシ、農耕生活ノ途ヲ奨励シタリ……」（貞光公明『鷹栖村史』）という状況になった。

明治27年5月、道庁は、鷹栖村大字近文の原野に45万坪（約180町歩）の「アイヌ用地」を設定して，上川盆地一帯のアイヌ36戸を集住させた。ただし、道庁は、これをアイヌたちへの「給与予定地」ないし「貸下げ地」として扱い、その移住条件を「農耕生活の途」のみに限定した。これは本来狩猟採集生活者であるアイヌたちには受け入れがたい条件だった。また道庁はこれに日本人移住者並みの保護、援助もほとんど実施しようとしなかったから、この集住生活への決断はアイヌたちには苦渋の選択であった。

第七師団の旭川設置

明治29年1月、日本政府は、北海道の渡島、後志、胆振、石狩の4国に徴兵令を施行し、同年5月、従来の屯田兵制を母体として、北海道に第七師団を設置することを決定した。師団長には、屯田兵部長にして陸軍中将永山武四郎が任じられた。同師団は、はじめ札幌に置かれたが、明治29年に旭川村への移転が決定された。旭川が選ばれたのは、ここが北海道のほぼ中央に位置し、道東、道北へと広がる行政範囲の治安対策上有利であり、対ロシア戦略上の基地としての役割も期待されることによると思われる。明治31年7月には札幌、小樽からの鉄道路線が開通していた。

明治32年3月1日、「北海道旧土人保護法」が公布され、「旧土人ニシテ農業ニ従事スル者又ハ従事セント欲スル者ニハ、一戸ニツ付キ、土地一万五千坪以内ヲ限リ、無償下付スルコトヲ得」とされた。これによって近文のアイヌたちも、その土地を公的に給与されることになった。

明治32年6月、陸軍省は大倉組（現大成建設）と、第七師団施設の建設工事契約を、4カ年継続、総工費3

29万9千円で結び、同年7月からその工事が近文原野で開始された。その後師団各部の札幌からの順次移転のあと、明治34年10月、第七師団司令部が新築庁舎に入所し、移転を完了した。

第七師団の旭川（近文）設置は旭川市街を急速に発展させたが、これにともなって「旭川各方面の識者間」に「一、蒙昧無智ニシテ、不潔ナル舊土人ヲ、市街ノ中央ニ介在居住セシムルハ、衛生上極メテ危険ナリ。二、師團及ビ旭川市街間ハ、必然連接シテ大市街トナルヘク、舊土人地ノ存在ハ之レカ發展ヲ妨グ。三、市街ノ發展ハ永久畑地ノ存在ヲ許サス。四、在來ノ権利ヲ保留シ、和人ト雜居生活ヲナサシムルモ、彼ラハ生存競争上、次第に和人ノ為メ泯滅驅逐セラルヘシ。五、在来の旨意ニヨリ彼等ヲシテ時代ニ適合シタル新移住地ヲ撰定シ、之ニ轉居セシムルハ畢竟彼等ノ幸福ナリ」とする見方が広がったという（『鷹栖村史』）。ようやく農耕民になる途を選んでこの土地に入ったアイヌたちを、第七師団と市街地の発展の障害になるとして、再び駆逐しようとする勢力が旭川の知識人の間に広がったのである。この流れの中で、アイヌたちを立ち退かせたあとの近文の土地を入手し一儲けしようとする各地各種の者たちが動き始めた。

アイヌ給与地詐取計画事件

『鷹栖村史』には、明治32〜33年における鷹栖村近文のアイヌ給与地の、日本人による詐取計画事件の顛末が記されている。それによると、第七師団の施設工事を請け負った大倉組社長の大倉喜八郎は、近文のアイヌたちを天塩（現名寄地域）へ転住させ、その跡地の払い下げを受けようと、時の陸軍大臣桂太郎（旧長州藩士）、道庁8代目長官園田安賢（旧薩摩藩士）に働きかけ、その内諾を得てさまざまな画策をめぐらしたという。大倉は、近文の商人三浦市太郎がアイヌたちの印鑑を預かっていることを聞きつけ、三浦に、アイヌたちから給与地移転要望の委任状をとらせようとした。

明治33年1月、鷹栖村総代人小暮粂太郎は、洋服、鬚髯の男がしきりに三浦の家に出入りするのを不審に思い、ひそかに探査して大倉の策謀を知った。驚いた小暮は、村の有志、板倉才助、中山照重、吉野貞助らにこれを伝えた。彼らは「之、舊土人ノ利害ニ関スル大問題ニシテ、又本村ノ利害問題ナリ。須臾モ放棄スヘカラサル大問題ナリ。宜シク舊土人ヲ招集シテ其事實ノ眞相ヲ確カメ、相当ノ處分ヲ講セサルヘカラス」と結論し、アイヌたちを集めて、事の経緯を尋ねた。

その結果、大倉の勧誘を承諾したアイヌたちは、三浦に「現在地の他に大倉から天塩方面にいい土地を貰い受け、相当の保護を受けられると約束されている」と聞かされ、旭川町の丸福旅館に招かれ、「大倉大将」から酒肴のもてなしを受け、その命ずるままに移転願い書に印を押したということがわかった。

彼らは、近文集住後も、開墾や農業になじめず、手塩の山地での自由な生活を望み、大倉はその心情を利用したのである。文字を解さないアイヌたちに口約束だけで書類に印を押させ、土地、財産を詐取するのは、当時の悪徳商人の常套手段だった。村の有志たちは、彼らに、大倉の言を信じて手塩に移住すると現在の居住地は直ちに彼らに奪われる、手塩での生活保障はそのための虚言だ、と教えた。アイヌたちはようやくことの真相を知り、有志たちに感謝したという。

同2月5日、小暮、板倉らは鷹栖村有志7名連著の「舊土人留住請願書」を作成し、道庁長官に提出すべく運動を始めた。彼らは、はじめ鷹栖村の花里戸長に副申（添書）を求めたが、それは拒否され奥印（事実認定の印）のみを得、直ちに上川支庁に行き、第二課長にこれを提出した。課長は受け取りを避け、この一件をうやむやのうちに葬り去ろうとしたが、有志らの勢いに押されて、支庁長に報告し、参考のためにこれを預かりおくとした。有志らは、これでは請願書は道庁長官に届かないだろうと判断して、別に一通を作り、直接道庁に提出した。

同2月28日、道庁はこれに「決行濟ニ付、詮議ニ及ビ難シ」との付箋をつけて、支庁長経由の分も含めて、2通の請願書を却下した。大倉らの計画に道庁はすでに許可を出しているから再考の余地はないというのである。

これに抗して、鷹栖村有志たちは、弁護士への依頼その他の方法でその目的を遂げようと考えた。彼らは、旭川村の有力者友田文次郎の勧めで、来旭していた札幌の弁護士朝山益雄に会い、情報を交換した。朝山は、アイヌたちからの委任状を受けとり、事件の経緯等を調査して帰札した。

これとは別に近文のアイヌ住民と浜益のアイヌ天川恵三郎は、友田の斡旋で朝山弁護士に依頼し、三浦市太郎を告訴した。ただし、これは小暮、板倉への相談なしで行われた。

弁護士の背信

帰札後、朝山は、鷹栖村有志たちとの再会見を望んだので、同年3月9日、板倉は、天川および在村アイヌの川上コヌサと村山與茂作を伴って札幌へ出た。しかし、朝山とその友人たる北海時事社社長吉植庄一郎は、板倉らの在札6日に及んでも、道庁長官との会見等の約束を果たさず、これを不審に思った板倉らの追求に対して、①三浦への告訴はモノになるまい。②長官への陳情は事実上難しい。③在札中の上川支庁長と、アイヌ移転後の対策を検討してはどうか。④鷹栖村アイヌの留住の希望達成は難しい。むしろ今後はアイヌたちのために最善の移転策を講じる方がいい。⑤諸君のこれまでの経費の負担はアイヌたちには無理だろうから、大倉から出させるのがいい。大倉はすでに「或方面」へ一万円の運動費を出しているのだから。というおどろくべき「真意」を示した。板倉らは、憤然、席を蹴って帰村した。

彼らの帰村後、同3月30日、朝山から書状が届き、三浦が不起訴になったこと、道庁はどうあっても天塩移住策を決行する意志だが、むしろその方が大倉からの金銭を得やすい、とあり、印を押さなかったアイヌが行政訴訟を起こす時には、必要経費を出してくれれば助力する、と記してあった。有志たちはこれを黙殺し、朝山との関係を絶った。

明治33年4月7日、旭川で開かれた憲政党の集会で板倉、小暮らは会衆約千人にこの一件について詳しく報告、会衆一同はこれを支援し、「舊土人留住期成會」を結成し、板倉と青柳鶴治を上京させて、問題の解決を図る運動をさせることを決議した。

同5月10日、板倉らは、まず札幌へ出て各方面を調査し、すでに道庁は2月28日付で大倉喜八郎への近文土地の付与処分を終了していたことを知った。板倉、青柳は川上コヌサ、天川恵三郎をともなって同14日、東京に着いた。旭川の「期成会」会員たちは、札幌方面にまで出張し、演説会を開いて道庁の非を訴え、聴衆から運動資金を募った。この時期、北海道毎日新聞、北海タイムス、小樽新報などはこの動きを支援する趣旨の記事を盛んに掲載した。

板倉らは、東京で、内務省北海道課長白仁武、元上川郡長磯部正勝（当時宮内省）、貴族院議長近衛篤麿、同副議長黒田長成、衆議院議長片岡健吉らの他に、岩倉具視、大隈重信、板垣退助、西郷従道、星亨、島田三郎、佐々木友房、菅原傳、板倉中ら、官僚、政治家、言論人らを歴訪し、また、在京の新聞各社を訪ね、この一件への理解と援助を求めた。

同年5月3日、板倉らは内務省を訪れ、白仁、横山北海道庁参事官とともに、在京中の園田安賢北海道長官と面談した。園田は、「近文土人で、天塩に転住するのを好まない者には強いてこれを押しつけることはしない」と言い、諸君が道庁で私に面会を求めていたのは知らなかった。「留住願」の却下は私が上京で不在中のことだった。諸君との交渉の結果は道庁に電報で知らせておく、と語った。白仁も長官が公的に認めたことだから諸君はこれ以上の疑念は持たずに安心してお帰りください、とこれを請け合った。道庁は近文アイヌたちへの天塩移転命令を取り消したのである。同日午後6時34分、青柳ほか3人は、旭川の期成会に「トリカエシタ」との電報を送った。

これが『鷹栖村史』の伝える「第一次近文アイヌ地詐取事件」の概要である。しかし、この問題はこれで終結したわけではなく、その後もこの土地は、各種各様の思惑と行動の対象となり、その帰属をめぐって揺れ続けることになる。

「旧土人保護法」の登場

明治26年の第五帝国議会に、埼玉県選出の衆議院議員加藤政之助は、「北海道土人保護法」制定を提案し、「義侠心に富む日本人が、アイヌを虐げている現状は世界に対しての恥である。」と述べた。政府委員の松平正直は、「アイヌは日本帝国の臣民の一員であるが、民族的優勝劣敗の結果として、人口も減り、財産も失い、窮乏に陥っており、保護する必要がある。」と説明した。しかしこの提案は否決された。加藤は明治28年の第八議会にも同法案を提案したがこの時も否決された。

明治31年12月6日、政府は第十三議会に「北海道旧土人保護法」を提出し、「アイヌ民族ノ古来恃《たの》ミテ以テ其ノ生命ヲ託セル自然ノ利澤ハ、漸次内地移民ノ為ニ占領セラレ、日ニ月ニ其活路ヲ失ヒ、空シク凍餒ヲ待ツノ外為ス処ナキノ観アリ。是蓋シ優勝劣敗ノ理勢ニシテ、又之ヲ如何トモスル能ハサルカ。然リト雖モ、彼又均シク我ガ皇ノ赤子ナリ。而シテ今ヤ斯ノ如キノ悲境ニ沈淪セルヲ目撃シテ之ヲ顧サルハ亦忍ブヘキニ非サルナリ。則チ之ガ救済ノ方法ヲ設ケ、其災厄ヲ除キ、其窮乏ヲ恤《あわれ》ミ、以テ之ヲシテ適当ノ産業ニ依リ、其生ヲ保チ、其家ヲ為スヲ得サシムルハ、洵ニ国家ノ義務ニシテ一視同仁ノ英智ニ副フ所以ナリト信ス。」とその提案理由書に記した。この案は審議の後可決され、翌明治32年3月2日公布、4月1日から施行、と決定された。それは次の如き法律であった。

第一条　北海道旧土人ニシテ農業ニ従事スル者又ハ従事セント欲スル者ニハ一戸ニ付、土地一万五千坪以内ニ限リ無償下付スルコトヲ得。

第二条　前条ニ依リ下付シタル土地ノ所有権ハ左ノ制限ニ従フヘキモノトス。

一、相続ニ因ルノ外譲渡スルコトヲ得ス。

二、質権、抵当権、地上権又ハ永小作権ヲ設定スルコトヲ得ス。

三、北海道長官ノ許可ニ非サレハ地役権ヲ設定スルコトヲ得ス。

四、留置権、先取権ノ目的トナルコトナシ。

前条ニ依リ下付シタル土地ハ下付ノ年ヨリ起算シテ三十年箇年ノ後ニ非サレハ地租及ヒ地方税ヲ課セス。又登録税ヲ徴収セス。旧土人ニ於テ従前ヨリ所有シタル土地ハ北海道長官ノ許可ヲ得ルニ非サレハ、相続ニ因ルノ外之ヲ譲渡シ又ハ第一項第二項及ヒ第三項ニ掲ケタル物件ヲ設定スルコトヲ得ス。

第三条　第一条ニ依リ下付シタル土地ニシテ其ノ下付ノ年ヨリ起算シテ十五箇年ヲ経ルモ尚開墾セサル部分ハ之ヲ没収ス。

第四条　北海道旧土人ニシテ貧困ナル者ニハ農具及種子ヲ給スルコトヲ得。

第五条　北海道旧土人ニシテ疾病ニ罹リ自費治療スル能ハサル者ハ之ヲ救療シ又ハ薬価ヲ給スルコトヲ得。

第六条　北海道旧土人ニシテ疾病、不具、老衰、又ハ幼少ノ為自活スルコト能ハサル者ハ従来ノ成規ニ依リ救助スルノ外、仍之ヲ救助シ救助中死亡シタルトキハ埋葬料ヲ給スルコトヲ得。

第七条　北海道旧土人ノ貧困ナル子弟ニシテ就学スル者ニハ授業料ヲ給スルコトヲ得。

第八条　第四条乃至第七条ニ要スル費用ハ北海道旧土人共有財産ノ収益ヲ以テ之ニ充ツ。若シ不足アルトキハ国庫ヨリ之ヲ支出ス。

第九条　北海道旧土人ノ部落ヲ為シタル場所ニハ国庫ノ費用ヲ以テ小学校ヲ設クルコトヲ得。

第一〇条　北海道長官ハ北海道旧土人共有財産ヲ管理スルコトヲ得。北海道長官ハ内務大臣ノ認可ヲ経テ共有者ノ利益ノ為ニ共有財産ノ処分ヲ為シ又必要ト認ムルトキハ其分割ヲ拒ムコトヲ得。北海道長官ノ管理スル共有財産ハ北海道長官之ヲ指定ス。

第一一条　北海道長官ハ北海道旧土人保護ニ関シテ警察令ヲ発シ之ニ二円以上二十五円以下ノ罰金若クハ十一日以上二十五日以下ノ禁錮ノ罰則ヲ附スルコトヲ得。

附則

第一二条　此ノ法律ハ明治三十二年四月一日ヨリ施行ス。

第一三条　此ノ法律の施行ニ関スル細則ハ内務大臣之ヲ定ム。

旧土人保護法施行の背景

明治政府の目標は国民国家の形成だった。それは多くの国民を身分的差別から解放し、一個の人間として生きることを可能にさせるとともに、すべての国民を中央政府が強力に統治し、各種の使役、納税、教育、兵役を課すことができる国家であった。又国内に異民族は存在しないという建て前の、いわゆる単一民族論に基づく国家であった。それは、北海道とカラフト島、千島諸島を自己領土として確保し、そこに住んでいた先住アイヌ民族等を日本人に同化しようとする政策になって現れた。

北海道の新領土を農業開拓によって日本化する政策は、必然的にアイヌ民族の狩猟採集生活を破壊し、彼らを農民化する方向にむかった。「旧土人保護法」第一～三条は明らかにそれを志向している。それはアイヌ民族固有の精神文化の否定であり、結果として民族の衰亡を促した。これはいわゆる「ethnocide《エスノサイド》」、民族抹殺であり、保護とは正反対の性格のものである。

孤立弱体化したアイヌたちは、当時北海道での布教活動を進めていた英国国教会などのキリスト教に救いを求め、各地の教会とその附属学校、講義所などで学び始めた。「天皇教」の立場からこれに脅威を感じた明治政府は、アイヌの子供たちを日本人教師による初等学校に入れ、幼児期から日本語、日本歴史、道徳などを教え、彼らを日本人に仕立て直そうと考えた。「旧土人保護法」第九条の「小学校の設置」はこの政策の具体化だった。

一方、政府には幕末期に欧米列強諸国と結んだ不平等条約改正という重大課題があった。諸外国の領事裁判権保有、日本の関税自主権の非保持などは国家の存亡に関わる障害であり、禍根であった。

条約改正のための一要件は、日本はすでに欧米諸国と対等な近代国家であることを示すことであった。国内の少数民族に対して差別、偏見の政策があってはまずいのである。単一民族論の日本政府としては自らの論とは多少矛盾してでも、国内異民族の存在を認め、それらを適正に保護しているという証拠を諸外国に示す必要があった。「旧土人保護法」の登場は、基本的にその状況に応える政策であった。

これにはたしかに生活に困窮しているアイヌたちを救済しようとする側面はあったが、それはむしろ副次的な要素であり、実際にも彼らの苦境を救ったということはほとんどなかったといえる。それは各条項の末尾にある「〜得。」という奇妙な文言からも察しられる。これらはいわば努力目標であり、財源の不足、その他の理由で、必ずしも実施されるとは限らないことを暗示しており、政府のアイヌ救済への熱意が疑われる表現である。

明治中期からの農民流入現象

北海道への日本からの移民は、明治初期には、士族移民、屯田兵、結社移民などの保護移民を中心にしたが、明治20年代、西日本で地主への土地集積傾向の増加とともに、そこから押しだされた農民たちの北海道移住現象が始まり、その後その動きは、北陸、東北地方に広がり、それらの地方の農村部からの北海道移民が急増した。

明治20（1887）年から大正11（1922）年までの北海道への移住者は、198万4千人とされ、その47・7％は農民、9・9％が漁民、6・6％が商工民だったという（田端宏編『北海道の歴史』2000年）。その特に日清戦争，日露戦争、一次大戦の後の不況の時代には、政府の政策として下層農民の北海道移住が進められた。下層農民たちは北海道で自作農として自立することを期待して故郷を捨ててきたが、北海道の厳しい自然環境の中で、資金も組織もなく、寒冷地農業の知識にも乏しい彼らが成功する確率は低く、生活に窮して大地主の小作人になるか、炭鉱や土木の労働者になるか、都市下層民になるかの道しかなかった人々も多かった。明治29年には65％だった自作農家は同40年には50％になり、大正11年には30％台に下がった（榎本守恵『北海道の歴史』1966年）。それに対応して、大資本、華族経営の農場、不在地主農事が増加するという仕組みであった。

大日本帝国という幻想

大日本帝国という呼称は、安政5（1860）年の「日米修好条約」批准交換の仕様書で使われたのが最初とされているが、それが当時の正式国名だったわけではなく、外交文書、国内向け文書では、主に「日本」「日本國」が使われており、大日本帝国は国号のひとつだったとされる。この時点での大日本帝国名称は、むしろ古代天皇国家のイメージによっており、近代国家群における、侵略と他国支配を旨とする「帝国主義」国家を意味していない。一般には明治22年の「大日本帝國（国）憲法」の発布によって、この名称が権威づけられ、「天皇がその憲法によって統治する国家」の意味として使われるようになった、といわれている。

明治憲法発布当時の内閣書記官長でその制定作業にも従事した伊東巳代治によるその英語訳では「Empire of Japan」であり「Great」はついていない。その後昭和10年に至って、日本外務省は、世界情勢の悪化の中で、日本の存在を誇示しようとして外交文書上では「大日本帝国」に統一することにしたのだという。

しかし、欧米文明への崇拝と屈辱の狂乱に始まった日本近代は、一方では、政治と教育と軍隊とを総動員して民衆の国家意識を育成し、琉球と蝦夷島の植民地化、官製資本

明治 19 年～大正 11 年間の北海道移住戸数順位表

1	青森	49,800 戸	25	奈良	4,092 戸
2	新潟	49,573	26	三重	3,871
3	秋田	44,973	27	栃木	3,828
4	石川	41,606	28	山梨	3,742
5	富山	41,306	29	山口	3,672
6	宮城	39,552	30	静岡	3,572
7	岩手	30,453	31	大阪	3,512
8	山形	29,332	32	福岡	3,454
9	福井	24,294	33	神奈川	3,371
10	福島	18,098	34	千葉	3,252
11	徳島	15,543	35	埼玉	2,786
12	東京	14,205	36	京都	2,726
13	岐阜	12,894	37	熊本	2,688
14	香川	12,350	38	群馬	2,660
15	広島	8,444	39	島根	2,476
16	兵庫	7,833	40	和歌山	2,434
17	愛知	7,668	41	佐賀	1,977
18	愛媛	7,571	42	大分	1,869
19	鳥取	6,532	43	鹿児島	1,810
20	滋賀	5,290	44	長崎	961
21	茨城	4,984	45	宮崎	367
22	高知	4,414	46	沖縄	41
23	長野	4,355	計 551,036 戸		
24	岡山	4,128			

三省堂『北海道の歴史60 話』から

主義の形成、官僚制国家などの確立をめざし、もう一方では、後進アジア地域への軍事的進出による富の蓄積、東洋世界の覇者たらんとする野望を燃やし続けていた。その日本人の意識が「大日本」「帝国」という名を、ある種快いものとして受け容れていたということがあったと思われる。

実際の近代日本国家の民衆は、恒常的な貧困と苛酷な労働、家父長支配の家庭、数度の対外戦争での膨大な死、さまざまな差別と迫害、……などに苦しんでいたはずなのだが、奇妙なことに民衆はしばしば支配層と一体になって日本国家繁栄への期待と満足を昂進させていたように見える。それはまさに近代日本の奇跡というべきことであった。

現在の私たちにはこれらの熱狂は理解できない。それはおそらく大日本帝国という幻想ないし妄想であったのだろう。あえて言えば北海道開拓という現象もこれらの幻想から生まれたものだった。

ときどきその開拓史観という幻想から私たちはまだ醒めていないのではないかと考えることがある。開道150年の盛大な記念式典とは、私たちの近代の歴史へのあまりにも無自覚ぶりを示しているのではあるまいか。北海道からは、日本の近代がよく見える、と思う。

あとがきにかえて

私が、北海道史を書こうと思ったきっかけは、ほぼ10年前、江差町立図書館での北前船本との出会だった。広いガラス窓を通して鴎島に向き合うこの図書館は、たいてい人気がなく、静かだった。私は、ここでしばしば至福の読書時間を過ごしていた。

北前船とは、そもそもは徳川政権の時代、東国地方の米を大坂（大阪）に輸送するために開かれた日本海交易航路の名称である。大坂から瀬戸内海を抜け、日本海沿岸の寄港地でさまざまな物資を売り買いしながら北上して東国の諸港に達し、東国からは大坂に米その他を運ぶ。この双方向航海は関西商人たちに莫大な利益をもたらした。それは松前藩の支配する蝦夷島（北海道）まで伸び、松前藩地の松前、江差、箱館の三湊に米、酒、衣類などを運ぶ一方、蝦夷島の鰊、鰊滓、鮭、昆布、木材などを本州各地に運んだ。日本農業の生産性はこの魚肥の投入で飛躍的に増大した。松前藩にとってもこの搬入米は文字通りの命綱であり、蝦夷島産物の売却利益と輸出関税は藩財政の基盤だった。北前船関連の多くの本や資料は、関西商人たちのこの冒険的商行為を褒めたたえ、かつ蝦夷地の諸産物の受容がいかに日本経済の発展に寄与したか、という観点で貫かれていた。私はこれらの説明に若干の違和を感じながらこの交易活動に興味を惹かれた。私は、かつて旅した津軽、秋田、庄内、新潟のいくつかの港町は北前船航路の寄港地、交易地であったことを知った。

しばらく北前船のあれこれを探っているうちに、しかし私は、これは蝦夷島側に立って考えれば、乱獲、乱伐、すなわち自然破壊、資源収奪ということになるのではあるまいかと思い始めた。蝦夷島史は、本来この視点で書かれなければならないのだろう。今まで読んだ北前船諸本にはこれが欠けている。これからもそうだろう。それなら私が「新蝦夷島史」を書くしかないな、と考えたのだった。ここは北海道人の意地である。

怠惰で散漫で貧乏な私が立てた計画は、①先史時代から近代までの北海道を対象にする。②資料参照は公共の図書館に依拠し、必要部分をコピーして使う。書店にある新書版、文庫版はなるべく買う。③読み込んだ資料を咀嚼し、筋を立てて文章化する。これにはパソコンを使う。④その文章を中心にして年に1回以上個人誌を出し、友人知己に送付する。⑤北海道各地を巡る旅をする。⑥5年くらいでこの作業を完了する……というものだったが、もちろんほとんど計画通りには進まなかった。まあ恰好つけて言えば、それも計画のうちであった。特に驚いたのは、蝦夷島、北海道に関する資料の多さで、これらを読んだり見たりするだけで10年過ぎた、という気がする。改めて、日本の冒険者、民間研究者、学者、役人たちの探求心と執念、出版文化の歴史を思い知った。中には明らかに政治的意図で書かれたと思われるものもあるが、そのこと自体に歴史的意味がある。

『北海道から日本の近代が見える』は、そのような立場で書き進めた蝦夷島歴史紀行の近代以降の部分である。ここから私たちは、近代日本の姿をみつめ直し、私たちの人生の意味を考えていけるのではないだろうか、それは心躍る行為であろう、と私は思う。

本書の内容は、私の個人誌『ピリカランド』（２００８～２０１６年）に連載した「蝦夷島歴史紀行」の近代編に日清戦争前後の部分を書き足してまとめたものである。これをこのまま埋もれさせてしまうのもかわいそうだなと思ったので、手持ちのパソコンとプリンターで私家版を12冊作り、先輩、友人、知己の方々に配った。これが、たまたま私の従兄にして株式会社弁釜の顧問である高橋哲司さん（北海道大学工学部卒）の目にとまり、さらに北大の大先輩でもあるアークスグループ代表の横山清さんの後押しもあって、本にしていただけることになった。高橋さんの御激励と御示唆はまことにありがたかった。出版に際しては、財界さっぽろの鈴木正紀さんに多大な御助力をいただいた。そのほかにも有形無形の御支援をいただいた多くの方々に改めて深く感謝の気持ちをお伝えします。ありがとうございました。

２０１８年８月

山家　勝

主な参考文献

1　日本近代史・北海道史の概論

・井上清『明治維新』（中央公論社「日本の歴史20」文庫版　1974・7・10）
・色川大吉『近代国家の出発』（中央公論社「日本の歴史21」文庫版　1974・8・15）
・隅谷三喜男『大日本帝国の試練』（中央公論社「日本の歴史22」　1966・11・15）
・牧原憲夫『文明国をめざして』（小学館「日本の歴史十三」　2008・12・30）
・小松裕『「いのち」と帝国主義』（小学館「日本の歴史十四」　2009・1・31）
・永井秀夫『自由民権』（小学館「日本の歴史25」　1976・3・10）
・宇野俊一『日清・日露戦争』（小学館「日本の歴史26」　1976・4・10）
・榎本守恵・君尹彦『北海道の歴史』（山川出版社　2000・9・1）
・関秀志ら『北海道の歴史・下』（北海道新聞社　2006・1・26）
・桑原真人ら『北海道の歴史60話』（三省堂　1996・3・15）
・田端宏・関口明ら『北海道の歴史』（山川出版社　2000・9・1）
・奥山亮『北海道史概説』（みやま書房　1958・10・10）
・永井秀夫・大庭幸生『北海道の百年』（山川出版社　1999・6・25）
・永井秀夫『日本の近代化と北海道』（北大出版会　2007・6・25）
・田中修『日本資本主義と北海道』（北大図書刊行会　1986・2・25）
・『新北海道史・第三巻通説二』（北海道　1971・3・30）

・『新北海道史年表』（北海道　1989・3・20）
・竹ヶ原幸朗『近代北海道をとらえなおす』（社会評論社　2010・3・25）
・田村貞雄「内国植民地としての北海道」（岩波講座『近代日本と植民地1』所収　1992・11・5）
・桑原真人「蝦夷地の幕末・維新」（中央公論社『近代国家への志向』所収　1994・5・20）
・桑原真人「北海道の経営」（岩波講座『日本史16』所収　1994・1・24）
・田中彰『小国主義』（岩波新書　1999・4・20）

2　明治政府と反政府勢力

・下山三郎「戊辰戦争と明治維新」（岩波講座『日本歴史14』1975・8・22所収）
・井上勝生『幕末・維新』（岩波新書「日本現代史㈰」2006・11・21）
・井上勝生『明治日本の植民地支配』（岩波現代新書　2013・8・29）
・松尾正人『維新政権』（吉川弘文館　1995・9・1）
・毛利敏彦『明治維新の再発見』（吉川弘文館　2010・5・20）
・田中彰編『近代国家への志向』（中央公論社　1994・5・20）
・牧原憲夫『民権と憲法』（岩波新書「日本現代史㈪」2006・12・20）
・落合弘樹『秩禄処分』（中公新書　1997・12・20）
・丹羽邦男「地租改正と秩禄処分」（岩波講座『日本歴史15』所収　1967・12・11）
・家永三郎ら編『講座日本史近代4』（岩波書店　1968・1・10）
・田端宏「福山江差騒動の研究」（清文堂『北海道の研究5』所収　1983・5・28）
・大島太郎「官僚制」（岩波講座『日本史近代4』所収　1968・1・10）
・福島新吾「警察・軍隊」（同右）

3　開拓使・士族移民・屯田兵・札幌農学校

・栗賀大介『サムライ移民風土記』（共同文化社　1988・3・20）
・鈴木常夫『北海道に渡った仙台藩士』（本の森　2005・3・3）
・榎本守恵『侍たちの北海道開拓』（北海道新聞社　1993・1・25）
・星亮一『会津藩斗南へ』（三修社　2006・4・15）
・松下芳男『屯田兵制度』（五月書房　1981・11・10）
・伊藤廣『屯田兵村の百年』（北海道新聞社　1979・3・15）
・若林滋『北の礎屯田兵開拓の真相』（中西出版　2005・9・15）
・河野民雄『士別屯田史話』（士別市郷土会　2006・10・1）
・井上勝生「札幌農学校と植民学の誕生」（岩波講座『帝国日本の学知1』所収　2006・2・24）
・高嶋正彦「農黌園」（北海道大学『北大百年・通説』所収　1982・7・25）
・「開拓使の設置と仮学校」（北海道大学『北大百二十五年史・通説』所収　2003・12・25）
・蝦名賢造『札幌農学校』（「札幌農学校」復刻刊行会　2011・3・10）

4　集治監・タコ部屋

・小池喜孝『秩父颪』（現代史出版会　1974・8・25）
・小池喜孝『鎖塚』（現代史出版会　1973・8・10）
・小池喜孝『常紋トンネル』（毎日新聞社　1977・6・30）
・重松一義『北海道行刑史』（図譜出版　1970・8・10）
・東邦彦「開拓史上の北海道集治監」（網走監獄保存財団『北海道集治監論考』所収　1973・3・15）

・供野外吉『獄窓の自由民権者たち』（みやま書房　1972・2・10）
・桑原真人「中央道路」（北海道道路史調査会『北海道道路史』所収　1990・6・1）
・秋葉実「北見への道」（同右）
・三浦宏『中央道路物語』（北海道道路史研究会　2006・3・31）
・『北海道鉄道百年史』（日本国有鉄道北海道総局　1976・3・30）
・田中和夫『北海道の鉄道』（北海道新聞社　2001・10・1）

5　アイヌ民族

・榎森進『アイヌ民族の歴史』（草風館　2007・3・1）
・竹ケ原幸朗「近代日本のアイヌ「同化」政策」（札幌学院大学『北海道とアメリカ』所収　1993・3・31）
・竹ケ原幸朗『教育のなかのアイヌ』（社会評論社　2010・3・25）
・仁多見巌『異境の使徒』（北海道新聞社　1991・8・29）
・富樫利一『維新のアイヌ金成太郎』（未知谷　2010・8・20）
・小川正人『近代アイヌ教育史研究』（北大図書刊行会　1997・5・10）
・小川正人『函館と近代アイヌ教育』（函館博物館『研究紀要25』所収　2015・3・31）
・小笠原信之『アイヌ近現代史読本』（緑風出版　2001・7・30）
・多原香里『先住民族アイヌ』（にんげん出版　2006・5・15）
・ザヨンツ・マウゴジャーダ『千島アイヌの軌跡』（草風館　2009・3・25）
・堀内光一『アイヌモシリ奪回』（社会評論社　2004・1・15）
・加藤一夫「北海道旧土人保護法」（草風館『萱野茂・アイヌ語が国会に響く』所収　2007・5・1）
・百瀬響『北海道旧土人保護法の成立と変遷の概要』（インターネット・ウィキペディア版）

・金倉芳慧『旭川・アイヌ民族の近現代史』（高文研　2006・4・15）
・佐々木馨『アイヌと日本・民族と宗教の北方史』（山川出版社　2001・11・10）
・植木哲也『学問の暴力アイヌ墓地はなぜあばかれたか』（春秋社　2008・6・15）
・樺太アイヌ史研究会編『対雁の碑』（北海道出版企画センター　1992・10・31）
・上村英明『先住民族の「近代史」』（平凡社　2001・4・25）

6　教育・軍隊

・中島太郎『教育制度論』（福村書店　1960・5・10）
・勝田守一・中内敏夫『日本の学校』（岩波新書　1964・6・24）
・山住正巳『教育勅語』（朝日新聞社　1980・3・20）
・山住正巳編『教育の体系』（岩波書店「日本近代思想体系6」　1990・1・22）
・岩本努『教育勅語の研究』（民衆社　2004・5・20）
・佐藤靖雄『近代教育制度の成立』（学陽書房　1999・5・10）
・山崎長吉『北海道教育史』（北海道新聞社　1978・6・15）
・瀬戸富永『師範学校小史』（北海道教育社　1996・3・31）
・大江志乃夫『徴兵制』（岩波新書　1981・1・20）
・由井正臣ら『軍隊・兵士』（岩波書店「日本近代思想体系4」　1989・4・24）
・澤地久枝『火はわが胸中にあり忘れられた近衛兵士の叛乱』（角川書店　1978・7・31）
・中山茂『帝国大学の誕生』（中公新書　1978・1・25）
・立花隆『天皇と東大・大日本帝国の生と死』（文藝春秋社　2005・12・10）

7　朝鮮・中国、ロシア

・木元茂夫『アジア侵略の100年』（社会評論社　1994・7・25）
・梶村秀樹『朝鮮史その発展』（明石書店　2007・6・15）
・武田幸男編『朝鮮史』（山川出版社　2000・8・10）
・韓永愚『韓国社会の歴史』（明石書店　2003・6・30）
・中塚明・井上勝生・朴孟洙『東学農民戦争と日本』（高文研　2013・6・20）
・伊藤潔『台湾』（中公新書　1933・8・25）
・周婉窈『図説台湾の歴史』（石川豪・中西美貴訳　平凡社　2007・2・20）
・水野俊平『韓国の歴史』（河出書房新社　2005・9・30）
・趙景達『近代朝鮮と日本』（岩波新書　2012・11・20）
・韓桂玉『征韓論の系譜』（三一新書　1996・10・31）
・山辺健太郎『日韓併合小史』（岩波新書　1996・2・21）
・糟谷憲一「朝鮮近代社会の形成と展開」（山川出版社『朝鮮史』所収　2008・8・25）
・角田房子『閔妃暗殺』（新潮文庫版　1993・7・25）
・金文子『朝鮮王妃殺害と日本人』（高文研　2009・2・15）
・上田信『海と帝国明清時代』（講談社　2005・8・25）
・吉澤誠一郎『清朝と近代世界』（岩波新書「中国現代史㈰」　2010・6・18）
・菊池秀明『ラストエンペラーと近代中国』（講談社　2005・9・22）
・イスラエル・エプスタイン『アヘン戦争から解放まで』（新読書社　2002・7・19）

・山本英史『現代中国の履歴書』（慶應大学出版会　2003・5・20）
・原暉之『ウラジオストク物語』（三省堂　1998・9・10）
・相田重夫『シベリア流刑史』（中公新書　1966・3・25）
・ジョージ・ケナン『シベリアと受刑制度』（法政大学出版会　1996・4・9）
・アントン・チェホフ『サハリン島』（中央公論社　2009・7・10）

8　日清戦争

・原田敬一『日清戦争』（吉川弘文館　2008・8・1）
・原田敬一『日清・日露戦争』（岩波新書　2007・2・20）
・大谷正『日清戦争』（中公新書　2014・6・25）
・藤村道生「日清戦争」（『岩波講座・日本歴史16』所収　1976・6・23）
・崔文衡『日露戦争の世界史』（朴菖熙訳藤原書店　2004・5・30）
・山田朗『世界史の中の日露戦争』（吉川弘文館　2009・4・1）
・『カイゼン視点から見る日清戦争』（インターネット辞典ウィキペディア）
・和田春樹『日露戦争・上』（岩波書店　2009・12・18）
・岡本隆司『世界のなかの日清韓関係史』（講談社　2008・8・10）

9　北海道市町村史

・『江差町史』（江差町　1982・3・20）
・『鷹栖村史』（鷹栖村役場　1914・5・20）
・『函館市史第二巻』（函館市　1990・1・30）

・『新三笠市史』（三笠市　1993・1・30）
・『札幌市史』（札幌市　1953・2・20）
・『根室市史』（根室市　1968・7・30）
・『厚岸町史』（厚岸町　1975・2・1）
・『新室蘭市史第2・3巻』（室蘭市　1983・3・20／1987・8・20）
・『当別町史』（当別町　1972・5・30）
・『平取町史』（平取町　1974・3）
・『釧路市史』（釧路市　1957・9・15）
・『登別町史』（登別町　1967・4・15）

10　事典・評伝・論考・小説など

・萱野茂『アイヌ語辞典』（三省堂1996・7・10）
・山田秀三『北海道の地名』（北海道新聞社1984・10・31）
・末延芳晴『森鷗外と日清・日露戦争』（平凡社2006・8・20）
・末延芳晴『正岡子規、従軍す』（平凡社2011・5・25）
・ひろたまさき『近代日本を語る福澤諭吉と民衆と差別』（吉川弘文館2001・8）
・本庄睦夫『石狩川』（新潮文庫版1950・7・30　初版1935・5）
・舟山馨『お登勢』『続お登勢』（毎日新聞社1969・9・15／1973・9・20）
・吉村昭『赤い人』（筑摩書房1977・11・10）
・テッサ・モーリス・スズキ『辺境から眺める』（みすず書房2000・7・18）
・池澤夏樹『静かな大地』（朝日新聞社2003・9・30）

・更科源蔵『北海道草原の歴史から』（新潮社1975・8・10）
・司馬遼太郎『坂の上の雲』（文藝春秋社1969・4・1）

その他多くの文献、写真、各地の博物館、記念館、図書館、北海道各地方の田園、森林、牧場、港湾、鉱山、道路、鉄道、工場などの歴史と風物を見ました。これらの営為と苦闘には驚くことばかりで、私にとって、この仕事は「歴史を学んで自分を知る」体験でした。これらの仕事を成し遂げた先人の方々にありがとうございました、と申しあげます。

山家 勝（やんべ・まさる）

1944（昭和19）年、稚内市生まれ。父は国鉄の下級職員。幼年時は名寄市、少年時は芦別市で生活。北海道大学文学部卒業後、函館と札幌の私立高校教師。定年退職後、七飯町に在住。

北海道から
日本の近代が見える

2018年9月20日　初版第1刷発行

著　者　山家 勝
発行者　舟本 秀男
発行所　株式会社財界さっぽろ
〒064-8550　札幌市中央区南9条西1丁目1−15
電話　011−521−5151（代表）
ホームページ　http://www.zaikaisapporo.co.jp
印刷所　大日本印刷株式会社

※本書の全部または一部を複写（コピー）することは、著作権法上の例外を除いて禁じられています。
※造本には十分注意をしていますが、万一、落丁乱丁のある場合は小社販売係までお送りください。
送料小社負担でお取り替えいたします。
※定価はカバーに表示してあります。
ISBN978-4-87933-524-1